The Issue of Temporality in Western Aesthetics
A Perspective Beyond Phenomenological Aesthetics

西方美学中的时间性问题
现象学美学之外的视野

刘彦顺 著

图书在版编目(CIP)数据

西方美学中的时间性问题:现象学美学之外的视野/刘彦顺著. —北京:北京大学出版社,2016.4
ISBN 978-7-301-27010-3

Ⅰ. ①西… Ⅱ. ①刘… Ⅲ. ①美学—研究—西方国家 Ⅳ. ①B83

中国版本图书馆 CIP 数据核字(2016)第 050099 号

书　　　名	西方美学中的时间性问题——现象学美学之外的视野 Xifang Meixue zhong de Shijianxing Wenti
著作责任者	刘彦顺　著
责 任 编 辑	闵艳芸
标 准 书 号	ISBN 978-7-301-27010-3
出 版 发 行	北京大学出版社
地　　　址	北京市海淀区成府路 205 号　100871
网　　　址	http://www.pup.cn
电 子 信 箱	minyanyun@163.com
新 浪 微 博	@北京大学出版社
电　　　话	邮购部 62752015　发行部 62750672　编辑部 62750673
印 刷 者	三河市博文印刷有限公司
经 销 者	新华书店
	965 毫米×1300 毫米　16 开本　21.75 印张　303 千字 2016 年 4 月第 1 版　2016 年 4 月第 1 次印刷
定　　　价	58.00 元

未经许可，不得以任何方式复制或抄袭本书之部分或全部内容。
版权所有，侵权必究
举报电话：010-62752024　电子信箱：fd@pup.pku.edu.cn
图书如有印装质量问题，请与出版部联系，电话：010-62756370

目 录

第一章 导论
　　——"时间性"何以成为美学的基本问题　1
　　第一节　"审美生活"构成的"时间性语法"及其可能性　1
　　第二节　审美生活重在"过程"——兼与道德生活、宗教生活、科学生活作比较　5
　　第三节　审美时间论的两种可能性　9

第二章　柏拉图美学思想中的时间性问题　14
　　第一节　无"时间性"的"相"及其运用于美学的结果　14
　　第二节　城邦美学中的"时间性"问题　28
　　第三节　抛弃"始终—指向"与对抗审美丰富性　37

第三章　奥古斯丁美学思想中的时间性问题　46
　　第一节　理想"自我"与"时间性"　47
　　第二节　"审美之恶"——与上帝争夺"现在"　64
　　第三节　"身体诸觉"在神学美学中的遗存　77

第四章　康德美学中的时间性问题　87
　　第一节　康德的三重过滤与两大难题　89
　　第二节　没有香味的玫瑰花可能吗？　99
　　第三节　康德之后：后现代美学的身体复苏　105

第四节 康德《实用人类学》美学思想中的时间性问题 111

第五章 "美,既是我们的状态,又是我们的行为"
——席勒美育思想之中的时间性问题 130

导言:在席勒美育思想中弥漫性地存在的"时间性"话语 130
第一节 第三种性格之中的时间性 134
第二节 教育的现代性及其弊端 142
第三节 "自我"的两种时间性体现 148
第四节 三种冲动之中的时间性 157
第五节 美感形态分析中的时间性维度 183
第六节 流畅的内时间意识与作品的整体性 189
第七节 "美,既是我们的状态,又是我们的行为"
——真理在艺术活动中的兴发性存在 196

第六章 黑格尔美学中的"身体"与"时间性"问题 205
第一节 静赏花开?还是恭候果实?——"理念"与虚幻的审美时间性 205
第二节 过于高扬"主体"的"艺术美学" 212
第三节 被"捧杀"的美学 216

第七章 "艺术使时间的齿轮停顿了"
——叔本华美学思想中的时间性问题 220

第一节 基于"意志"的人生哲学中的时间问题及其与美学的关联 220
第二节 审美生活的"流畅性"及其构成 230
第三节 "艺术使时间的齿轮停顿了" 247
第四节 审美生活之中的"动力""冲力"及其"同时性" 262

第八章 "实践感""时间性"与马克思美学思想 270
第一节 "实践美学"的核心与本质在于"时间性" 271
第二节 "时间剥削"与审美撕裂 287
第三节 属己的"自由时间"与完善的审美休闲 295

第九章　涌现着的意义
　　——什克洛夫斯基文学思想中的时间性问题　300
第一节　时间的节约——思维经济学与日常语言　300
第二节　"感受过程本身就是目的，应该使之延长"
　　——"陌生化"命题中的时间性　312
第三节　涌动着的意义——反对结构主义　324

后　记　339

第一章　导论
——"时间性"何以成为美学的基本问题

摘要　"审美生活"作为美学的研究对象与其他生活形态一样，具有一般"生活"的"构成特性"——"主客不分"，其在"时间性"上的体现是主客之间的"始终—指向"关系，那么一种描述"语法"就必将产生——"只有当……的时候，才会产生特定的美感体验"，因而，"时间性"是"生活哲学"的基本问题。

"审美生活"与其他生活形态的分野在于其"价值"与"意义"寻求上的差异，体现为"审美生活"的"快乐"仅仅在于"主客不分"的"绵延""持存"的"过程"之中，这就使得"审美时间性"成为美学的基本问题。

本章还分析了审美时间性在静态上的"内时间意识"与动态上的"价值或意义推动"的两种基本的可能性。

第一节　"审美生活"构成的"时间性语法"及其可能性

对于一个学科来说，确立其研究对象并且在研究过程中始终保持这一对象的全貌是至关重要的，这是一个学科之所以能够成立并且进行合乎逻辑的知识生产的始基，也是一个学科进行话语体系生成的最高语法。保持这一研究对象的完整性，而不是致其残缺、缩减、扭曲、变异，才能自然地生发出与之相应的研究方法，这在根本上决定了这一学科作为一种知识体系的耐受性，即不管新鲜的对象在历史中如何呈现，由于这一知识体系"预先"就保全了此类对象在"构成"上的完整性，那么，这一学科就会表现出极其柔韧的适应力与包容度；或者说,所要研究的"对象"的"完整性"就是这一学科最基本的、最高的"逻辑"。这意味着,在进行美学研究之初,一个绝对的、预先设置的前提是找到美学研究的对象,而且是要始终保持美学研究对象的"完整性",即没有受到任何预先设定的教条或者已有知识影响的"完整性"。"时间性"之所以成为美学的基本问题,就是因为它是解决美学研究对象尤其是解决这一对象的构成特性的唯一出路。

本文认为,"审美生活"是美学研究的唯一对象,之所以如此,是因为"审美生活"是"审美主体"一生中的一个重要的"历史事件"或者"行为","高质量的"审美生活"的获得是人类最重要的活动之一,是生活的最重要的目的之一。"审美生活"作为发生在某一个体完整的生活历程中的那一段"快乐"的时光,其本身不可分割,不管构成它的"部分"与"因素"多么复杂,都不妨碍审美生活是一个整体并以一种简洁的存在状态毋庸置疑地存在于斯世,因而,只能使用"审美生活"概念来对此进行指称,这个概念在字面上与"审美活动""审美实践""审美体验""审美经验"等并无任何差异,只是自"从优"命名的角度来看,"生活"这个汉语词汇不仅最易于为国人所普遍接受,因为"机器""天气""树叶""虫豸"也都是在"活动着"的,而且能够与我国古典哲学悠久的主客不分的生活哲学传统相衔接。它包括审美主体与审美对象这两个基本相关项以及隶属于这两个相关项之内的所有要素,而所有这些要素都隶属于审美生活这一整体,带有这一整体所具有的各种特性。

同时,"审美生活"又是作为"生活"整体的一个"类属"来存在的,它同样又服从于"生活"的"整体性"特征。对于"人生"或"生活"或"生活世界"的追问,所遵循的思路必然会在"主体"与"对象"之间的构成关系上展开,舍此别无他途。"审美生活"作为美学研究的最高对象要能够得以清晰地浮现,就必须在这里首先解决这些基本因素的"构成形态"与其他"生活形态"——科学活动、道德活动、宗教活动的"相同"之处与"相异"之处。就"相同"之处来看,这意味着"审美生活"与其他任何生活形态一样具有相同的"构成形态",因而才同属于"生活";就"相异"之处来看,"审美生活"与其他任何生活形态一样,之所以能够构成为"生活"的"部分"与"因素",就是因为各种生活形态所追求的"价值"与"意义"有着显著的差异,因而,才"值得"存在于斯世。因而,"价值"与"意义"的差异,就会导致不同形态的"生活"在"构成状态"上有着截然迥异的"取向"。

就"生活"的"构成形态"来看,"主体"与"对象"之间是一种"不分"的关系,当然,在这里的"不分"并不是无法进行"区分"的意思,更不是无法"分别"的意思——"主体变成对象,对象变成主体"或者"心物两忘",而是无法"分离"或"分开"的意思,比如,当我把手放在一块冰上的时候,感觉到了"凉","凉"就是我此时的"生活",但是"凉"既不是纯粹的主观心理感受,也不是纯粹的客观的"冰"的物理性质;对于这种"生活",如果付诸于语言描述,那么,就只能说:"当我在那一刻把手放在冰上的时候,我感觉到了'凉'"。——这就是"不可分离";一旦"分离",我就感觉不到"凉","凉"的"生活"消失了,因而,在"生活"的两个最基本的构成因素——"主体"与"对象"之间就只能是一种"始终—指向"的"不分"关系,因而,"始终"作为"时间性"的体现之一也就自然而然地进入到对"生活"构成状态进行描述的视域之内,而且是以一种绝对、先验的姿态进入到这一视域之内,因而,除了构成"生活"的两个基本的、相对而成的"主体"与"对象"因素之外,就应该再加上"时间"或者"时间性"这一"因素",当然,这一"因素"在事实上并不是一种可以独立存在的因素,而是在一种生活或者行为之中主体与对象之间的构成关系。因而,"只有当……的时候"就成为描述"生活"的"构成状态"的"时间性语法"。正如海德格尔所言:"在同上手事物打交道之际,上手状态已经得到了领会。"[1]

因而,在一个审美生活之中,"主体"与"对象"之间的构成关系就是一种"始终—指向"关系——即"对象""始终"处在"主体"统整性的延续与绵延的"过程"之中,而这种"始终—指向"就再也不是"客观时间"意义上的"始终—指向",而是"主观时间"意义之上的。在此所说

---

[1] 海德格尔:《存在与时间》,陈嘉映、王庆节译,北京:三联书店1999年版,第87页。

的"主观时间"意义上的"始终—指向"是指在"一个"(而不是多个)已经形成的"生活事件"之中"两个""相关项"——主体与对象之间的关系。如果抛却了"时间性"之中的"始终—指向",那就无法对"生活"之中的两个基本"因素"或者两个"相关项"——"主体"与"对象"之间的"构成关系"做出合乎其本貌的描述,也可以说,审美主体与审美对象的关系是:在一个已实现的"审美生活"中,审美主体"始终—指向"审美客体,两者之间无"先后"之别,也绝对无法分开而独立存在。

通过以上分析可知,"时间性"是指人的主客不分的生活、感受、感觉所具有的时间特性,这种时间性是奠基于主体"始终—指向"对象之上的,这是一种在现象学意义上的时间性,即不是客观时间,而是主观时间。主观时间与客观时间既有相通之处,又有极大的、根本性的差异。就相通的方面来看,主观时间与客观时间都具有"时间"的一般特性,比如激发、开始、绵延、持存、结束、中断、断续等等;但是就差异来看,主观时间在两大方面与客观时间有着根本的不同,也可以说是上述时间性语法的两种基本的可能,因为主体"始终—指向"对象既是一个持续的过程,更是一个受价值或意义驱动着的提升过程:

其一,就静态而言,涉及"内时间意识"的构成。人应该是"时间意识"最强的动物,即任何一种隶属于主体的主观感受都是具有时间性的——人能够意识到任何一种发生在自己身上的主观因素的生成、流逝、绵延、中断乃至结束,所以,"内时间意识"其实指的就是人的任何主观因素的构成,与客观时间的均质、单维、不可逆的特性相比,主观时间即内时间意识单纯地与回忆、滞留、前摄、视域、回坠、期待、现在感、流畅、滞阻、长与短、清晰与模糊等构成要素相关,而这些要素可能隶属于高兴、幸福、沮丧、失望、郁闷、疼痛、希望、爱、恨、愁苦等等。胡塞尔曾对此做过立场鲜明的解释:"我们所接受的不是世界时间的实存,不是一个事物延续的实存,以及如此等等,而是显现的时间、显现的延续本身。"[1]

其二,就动态而言,涉及生活的"价值"与"意义"作为向"未来"的

---

[1] 胡塞尔:《内时间意识现象学》,倪梁康译,北京:商务印书馆2009年版,第35页。

指向,"价值"与"意义"是"内时间意识"何以形成、如何构成的根本性也是唯一的动力。人总是想一天比一天生活得更好,一刻比一刻生活得更好,总是在追求"价值"与"意义"在"未来"的实现,总是不满足于现成的状态,所以,作为动态的"内时间意识"因而"在生活之中""在世界之中",因而也就在主体的个体生活"之中",在主体与自然的生活"之中",在主体与主体相交接的生活"之中",所以,"人生时间""社会时间""空间感的时间"就自然地生发出来,内在地进入到时间性的视野之中。

"主观时间"的这两大方面之间是密不可分的,相对来说,"价值"与"意义"有待于"生成"为"内时间意识","现成"的"内时间意识"是"价值"与"意义"的体现者,正是由于"价值"与"意义"作为人的生活的强大动机与动力,"内时间意识"才得以生成,而且,"内时间意识"就应该是"价值"与"意义"在当下的"现成"体现者,只不过,"现成"本身如果没有"价值"与"意义"在先的推动,它本身就是不可想象的。因而,在审美生活之中的时间性也就自然存在这样两种可能性。

但是,这还只是就"审美生活"与其他生活形态的相通之处来说的,经由"相通之处"才有可能揭示出各种生活形态之间的差异,因为差异必定建立于对共同的"构成关系"的分析之上。

第二节 审美生活重在"过程"——兼与道德生活、宗教生活、科学生活作比较

如前所述,正是因为各种生活形态所追求的"价值"与"意义"有着显著的差异,所以才"值得"存在于斯世;也正是"价值"与"意义"使得它们在"时间性"上的呈现截然有别。

审美生活与道德生活、科学生活、宗教生活相比有极大的差异,因为其所寻求的快乐仅仅体现为某一审美生活的"过程"本身,此"过程"就是一个完全体现为"时间性"的"体验流",在"时间性"的"过程"结束之后,"审美生活"本身就宣告结束;除此"过程"之外——因

为"审美生活"一旦发生并实现就必然绝对地呈现为"时间性"的"过程",就再也没有任何其他的目的,也就是说,"审美生活"存在的"价值"与"意义"就在于这个"过程""本身";一旦完成,就已经实现了"审美生活"的"终极目的";而且,在这个审美生活"过程"之中,主客之间的关系是一种绝对的"始终——指向"并在或者同在的关系,审美主体的快乐奠基于审美客体之上,它所追求的是绝对的、亲历亲为的体验"过程";而且,这一仅仅体现为"过程"的"审美生活"所追求的永远是"独一无二"的快乐,因为不同的审美客体给审美主体所带来的快乐是完全不一样的;而且,即使是同一个审美对象,审美主体在不同时间或者时刻对其的感受,在很大程度上,也是完全不一样的,因为审美主体是在"生活——之中"存在着的,任何一次需要与选择审美对象的"时机"——即"可能性"都是不一样的。从根本上说,这正是审美生活作为"价值"与"意义"在"时间性"中的体现。

归根结底,"审美生活"不仅仅是一个"过程性"的享受与愉悦,而且,这一"审美生活"的"过程性"还只能由特定的对象来奠基,也就是说,通过对《安娜·卡列尼娜》的阅读,我们所获得的是一种在这个世界上独一无二的快乐,因为审美主体所指向的审美客体本身就是独一无二的,而且其"结构"——构成作品的所有"细节"与"部分"之间构成是固定的、不容变动的,所有的"细节"与"部分"都在作品的"整体"之中承担或者发挥其特定的作用与功能;如果"部分"与"因素"可以被变动、被更易或者可以独立地存在而不在作品的"整体"之中,那就意味着这个对象不是一个"好的对象""美的对象",也就意味着"审美生活"不可能完成或者完成的质量不高。

与"审美生活"重在"过程"相比,科学生活、道德生活与宗教生活虽然同样是一种"主客不分"的"过程",科学家在进行科研活动的时候,一定是全神贯注地与科学研究的对象不可须臾分离;道德生活中的主体的任何一个行为,都指向这个行为的他人、自然或者自身;宗教生活中的信徒,也总有一个所信仰的对象,也总要通过一系列的宗教信仰活动与体制来进行。但是以上三种生活形态,正是因为"价值"与"意义"取向与审美生活的差异,这个"过程"往往只是体现为"手段",

所追求的最终"目的""意义"与"价值"在"过程"之外。

下面分而述之。

第一,就科学生活与审美生活的区别来看

人类生活如果侧重于寻求客观,就会导致科学。在科学活动中,科学家追求的是最终的对于客观对象的认知结果。尽管在科学研究的过程中,科学家对于科学探索的热情、理想、想象、展望甚至梦想都会参与其中,但是在最终的科学研究的结果之中,却不允许出现任何科学家个性化的、主观化的人格色彩与因素,绝对忠实于客观世界与客观真理是科学家的职责,所得到的只是对客观规律的抽象认知,只是冷冰冰的绝对规律。正如海德格尔所说:"在理论性行为中,我定向于某个东西,但我并不(作为理论自我)向这个或者那个世界性的东西而生。"[1]也就是说,在这一主客不分的过程之中,科学家要始终保持其研究对象的客观性。

而审美生活却是一个持续兴发的直观生活过程,不像科学活动那样依靠抽象的概念与公式来进行简化与概括。如果说对于科学活动而言,世界的感性面貌显得过于芜杂或者无关紧要的话,那么对于审美生活而言却是恰恰相反,因为任何一个审美对象带给审美主体的快乐都是独一无二的,也都是不可替代的。对于审美主体来说,他所面对的任何一朵玫瑰花都是独一无二的,因为独特的感受奠基于独特的对象之上;一个人在看这一朵玫瑰所得到的快乐不同于他看其他任何玫瑰所得到的快乐,而且,一旦不再看这一朵玫瑰,那么,这个快乐的"过程"也就随之结束,因而,在这里不存在任何审美过程之外的抽象的、具有普遍性的"结果"可言。

第二,就宗教生活与审美生活的区别来看

人类生活如果侧重于寻求主观,就会导致宗教。在宗教活动中,人所面对的是与"神"的关系。宗教的核心是对超时间的、彼岸的绝对主观存在物的信仰。在信仰活动之中,只要能够保持对神与偶像的忠

---

[1] 海德格尔:《形式显示的现象学》,孙周兴译,上海:同济大学出版社2004年版,第12页。

诚就可以了,也就是说,"信仰过程"只是通达"神"这一"结果"的"工具"与"手段"而已;对于宗教信仰来说,"神"作为"目的"只有"一个"——即绝对的"主观",但是"手段"与"工具"就很多了,而且可以改动、互相替代,只要不影响到"目的"就可以了。而在审美生活中,就不存在这样一个永远居高临下的神与偶像,而且这个神与偶像只是属于永远不可能到来的"未来""彼岸"或者"天国",人所面对的只是一个让自己身心舒畅的对象。在审美生活中,特定的审美对象带来的是一种特定的、独一无二的快乐,如果对审美对象或其构成进行更改变动,就会在根本上破坏"审美生活"在"时间性过程"上的"构成",最终导致"审美生活"的丧失。

钱锺书先生在《谈艺录》中,就曾针对"禅"与"诗"——即"宗教"与"文学""文字"之间的关系作了精辟的总结:

> 禅于文字语言无所执着爱惜,为接引方便而拈弄,亦当机煞活而抛弃。故"以言消言"。其以"麻三斤""干矢橛"等"无意义语",供参悟,如《朱子语类》卷一百二十四、一百二十六所谓"呆守"、"麻了心"者,所向正在忘言。既"无意义",遂无可留恋。[1]

也就是说,一旦宗教信仰的"目的"达成,那么原来"主客不分"的信仰"过程"就不重要了。因而,禅宗可以利用"麻三斤""干矢橛"以及陶渊明的"悠然见南山"来进行悟道,但是作为"审美生活"来说,所有人都喜欢陶渊明的"悠然见南山",有谁会喜欢把"麻三斤""干矢橛"吟咏得珠圆玉润呢?对于审美生活来说,只有现在的快乐,而且只是体现为"时间性"的"过程"自身,没有对"未来"欢愉的期待,因为这个"未来"是绝对不可能经由"现在"来达到的。

第三,就道德生活与审美生活的差异来看

道德生活追求的是行为本身的善。对于道德行为的评价,所依据的是客观而普遍的伦理道德规范,因为道德生活主要是着眼于调整和规范社会中人与人的关系,因为在人与之间的关系之中必然会出现

---

[1] 钱锺书:《谈艺录》,北京:中华书局1986年版,第412页。

"功利"的冲突,因而,它一定要建立和维护一套社会伦理、社会秩序、社会规范,避免在社会中出现人与人关系的失序、失范、失礼。

从道德生活的体验性来看,道德活动虽然在很大程度上倡导人们对善事亲力亲为,但是对恶的行为却绝对不会进行如此倡导,也就是说,道德规范是相对客观而普遍的,它不为任何个体的具体条件而动摇。道德同样最为注重的是最终的道德行为的善或恶或对善与恶的评价,既可以是直接的体验,也可以是间接的材料,而且在绝大多数情况下是间接的,比如,我们在道德观念成长的过程中,家人、社会与学校就告诫我们:不能随地吐痰,不能盗窃,不能没钱就抢银行……。我们总不能把每一件坏事、恶事都体验之后,才树立起道德观念。但是对于审美生活来说,要想知道某一个作品是不是经典,一个风景是否值得游历,一个日用品是否好用,都必须亲力亲为地进行体验。

因而,审美生活的价值在于:"主客不分"的快乐"过程"的绵延与持存,而后三者则要求"主客二分"。

第三节 审美时间论的两种可能性

一、第一种可能性——审美生活作为一种"内时间意识"

就审美生活作为一种"内时间意识"而言,美学要做的就是对审美生活作为一个行为或者事件的发生、延续乃至结束进行"构成"分析。正如上文所言,审美生活最原初的、自明性的特征就体现为仅仅是一个"过程"——也就是一个"时间客体"的形成。其实,当我们说我们在愉快地生活着的时候,这既是一个审美生活事件的诞生,也是一个"审美生活事件"作为一个"内时间意识"的产生。这意味着,不管审美主体还是审美客体的构成如何复杂,它们作为构成这一审美生活整体的因素或者"质料"都必然地带有"整体"的特性,而"过程"正是"整体"的内在特性之一。因而,对于一个已经形成的审美生活的过程或者"内时间意识"而言,审美主体与审美对象都失去了其孤立存在时的特性,自审美主体而言,其"内时间意识"是被"独一无二"的审美对象所奠基的"独一无二"的"内时间意识";自审美对象而言,其"自始至终"寓于审美主体的"内时间意识"之中。

就审美生活绵延的"内时间意识"的最显著的特性而言,莫过于其"流畅"的呈现。对于这一愉悦感正在"流畅"地绵延的特性,思想家威廉·詹姆士、胡塞尔、海德格尔、英伽登以及心理学家米哈伊岑凯赖等等都做过深入而卓越的研究。"流畅"意味着一个审美生活事件质量较高,完成的过程完美,而且更为关键的是,"流畅"是审美生活在"内时间意识"呈现上最为简捷的根本枢机,正如海德格尔所说:"这就意味着:感知系列的连续体不是事后通过对此系列所作的更高层次的综合而形成的,相反,这一感知系列中的被感知者是在一个行为级中被给出的。"[1]也就是说,构成审美对象中各个不同质料的感知相状都是处在"一个行为级"中实现的,同时,"一个行为级"意味着:这一感知本身所具有的结构在最高的意义上是错综复杂的。这样,审美感受的简捷性所指的就不是行为结构本身的简捷性,反过来也一样,流畅的审美体验的多层级性也并不排除这一行为是简捷的。

自此而言,审美生活作为一种价值与意义的体现也就是"流畅"的,当一个审美主体在一个自然环境中游历时,如果他把自己此时此地的感受判断为"舒服",那么"舒服"本身就是一个"流畅"的"内时间意识"。如果这一审美主体把对此空间感的"舒服"体验告知他人,他人如果没有在这一自然环境中的切身体验,那么他所听到的"舒服"就只是一个"空意指"的日常语言而已,尽管这一日常语言在语感上也是"流畅"的。这意味着每一个审美主体的"内时间意识"的构成都是具身在此体验的第一人称的"我"的行为,当然,在多个主体之间也可以建构起同欢同喜的"我们"这一共同体的"内时间意识",不过共同体的"内时间意识"的奠基也要以多个"我"的体验为前提。

既然在此直观且源始地开显了审美价值的实事,那么,自"内时间意识"角度来审视审美生活的根本枢机,对于美学学科最根本的意义就在于——对美学研究的对象的整体性进行了保全,或者可以说,审

---

[1] 海德格尔:《时间概念史导论》,欧东明译,北京:商务印书馆2009年版,第77页。

美生活的完整性最为显著的特征之一就在于它是"一个"行为、"一个"事件的延续与绵延,尽管构成这一整体的"质料"是复杂多样的,这一"质料"来自于审美主体与审美对象所具有的各种因素的特性。正是由于审美生活作为一种愉悦感是"流畅"的,因而,构成这一"流畅感"的"内时间意识"的所有"质料"都带有"流畅感"的整体特性,也就是说,所有质料都是通过整体认同的统一而得到定义的,而且是被定义为在一个审美生活的行为中那些作为认同基础而起作用的东西,比如,《红楼梦》之中的反封建的主题与意蕴只是构成阅读《红楼梦》这一阅读行为之中的一个质料或者因子,只是构成这一"流畅"的"内时间意识"之"流"中的一滴水,或者说,《红楼梦》中的这一主题与意蕴是"时间化"的。对于以人、日用品、环境为对象的审美生活而言,同样如此。

二、第二种可能性——价值与意义的始终驱动

正如上文所述,如果没有价值与意义寻求的驱动,"内时间意识"的产生、延续就会是一个消极、被动乃至不能得到合理解释的过程,尽管在生活与人生中的确存在这样消极、被动的活动,但是,审美生活作为人对美好生活的固有的积极追求之一,其作为一种过程的产生乃至延续就必然体现为意义与价值的推动,而且这种推动是贯穿审美生活始终的。

在审美生活之中存在不同的意义与价值的寻求,这体现在不同的生活领域中,而且往往与寻求特定的生活领域之中的对象相联系,即审美主体对于不同对象的需要决定了其寻求行为的差异,其实也就是审美生活被不同生活领域的对象或者对象的构成特性所奠基,并进而形成人类审美生活的各个形色迥异的宏观领域。在一个人的一生或者在每一天的生活中,他就是处于这些生活领域的不断转换或者交织之中,并进而体现为审美生活绵绵不绝的延续过程,当然,也就必然地呈现为绵绵不绝的内时间意识过程。

就审美主体的所需对象来看,可以划分为四大方面,其一是纯粹的艺术品,其二是日用品,其三是自然环境的美,其四是人与人之间的

审美生活。其中,纯粹的艺术品指的是文学、音乐、舞蹈、电影、书法、绘画、雕塑、戏剧等在一般意义上称为艺术的门类,它的实用性最弱,超越性或者非功利性最强,符号性最强,这意味着艺术作为意义与价值的寻求对象在时间性上的体现的是——人只是在特定的时间与空间才需要艺术品,仅限于一时一隅,且常常只与视觉与听觉相关联;日用品的功利性与实用性比较强,"日用"一词本身就意味着在人的一生中的每一天、每一时段以及在任何空间的活动都与日用品须臾不可分,大到城市设计、环境营造等,小至衣饰、鞋袜、桌椅、碗筷、鼠标等等,离开了它们,人类就无法正常地生存生活,而且日用品除了与视觉听觉有密切的关系之外,还与具体使用这些日用品的身体感官相关联;自然环境的美好是功利性最强的,甚至可以说是绝对的强大,因为一个人作为一个生命体是须臾不能离开由空气、水分、森林等等所构成的空间环境的,如果一个人处在一个空气污浊、水被污染、泥沙弥漫的环境之中,那就直接对一个人的生存造成了严重影响,这意味着人对良好环境的需要在时间性上的体现是贯穿人的一生,从来也不可能中断或者有什么片刻的闪失,在空间环境中的美感自然与身体的感受与需求密不可分。人与人之间的审美生活的功利性仅次于对自然环境的需要,但其交互主体性最强,这在集团性的活动中体现得极为显著。

　　就整体而言,审美生活价值寻求的差异决定了美学的基本知识形态或者价值形态,因为就以上人对四种对象的需求来看,由于对象自身所蕴涵价值、意义及其构成的差异,自然就会造成不同的意义与价值在内时间意识过程中的不同体现,正是以上四种价值与意义的寻求促使一个审美生活的开显,价值与意义起到的是更为根本的"引发""激发"的作用,而且更为关键的是价值与意义的呈现方式是"流畅"的内时间意识过程。因而,在静态时间上描述审美生活的内时间意识过程的构成,本身就是审美生活作为价值与意义作为动态时间的实现。用最为简捷的表述来看,审美生活的价值与意义本身就是且应该是时间化的,或者更准确地说是实现于一个完整的主体"始终—指向"对象的审美生活之中的。

就美学史的发展来看,尤其是就自现象学哲学勃兴之前的西方美学史来看,美学对艺术的价值与意义更为看重,这种美学——其实只是艺术的美学对我国近现代乃至今天的美学影响较大;其他的三种美学知识形态——日用品的设计美学、环境美学、人自身的美学在现象学之前的西方美学中一直处于弱势,这三种知识形态在其价值的时间性构成形态上共同的特征是与身体的需要有密切关联,尤其是环境美学与人自身的美学更多地与"本能"的"冲动"相关,因而,这三种美学的知识形态的弱化就体现为意义与价值的消沉,进而体现为其作为一种审美生活的内时间意识过程也得不到清晰的构成化的描述。

综上所述,"时间性"理应成为美学的基本问题,经由"时间性"才有可能保全审美生活之内两个基本相关项——主体与对象的"始终—指向"的构成关系,才有可能如其本然地彰显审美生活作为一种价值与意义在"过程"上的存在状态,才有可能内在地显露审美时间性的两种基本可能性,并在这两种基本可能性的基础上实现美学的生产性逻辑。当然,美学在"时间性"上的路还很遥远。

第二章　柏拉图美学思想中的时间性问题

摘要　柏拉图美学思想是其"相论"之中的一个有机组成部分,而"相"作为"普遍性原则"在"时间性"上的体现就是"无时间性",这导致柏拉图的美学思想的出发点并不是为了保存审美活动的特定价值,而是为了否定审美价值,因为审美价值的本质体现就在于审美活动仅仅是一个"时间性"的"过程"。

由此出发,柏拉图把知识论中概念的产生过程完全运用于审美过程,而概念产生的过程是经由否定或者化约感官对具体对象的感受来进行的,其最终得到的概念一如柏拉图所形容的——永恒、不变化等等,是不具有时间特性的。

而审美活动的价值却恰恰在于审美主体与对象之间的"不分"——"同时性"特性或者"始终指向——"特性,因而,柏拉图的美学思想受知识论的制约,力图经由或者利用一个个具体的审美活动去达到"美本身",不仅审美活动的时间性过程特性被忽略,而且更为重要的是审美价值的湮灭。

另外,柏拉图美学思想中的时间性还体现于身心二分、禁欲主义、城邦的管理等等方面,其中对"剧院政体"中审美主体之间的"同时性"关系的论述等都极富启发性。

第一节　无"时间性"的"相"及其运用于美学的结果

如何对待主客之间的关系,这不仅仅是一个哲学的基本问题,而且是一个决定文化走向、文化形态、生活方式的重大问题,或者说,当一个人或者群体选择一种根本价值观的时候,也就决定了他或者一个群体对待主客之间关系的基本走向。

其实,作为哲学基本问题的主客关系是对现实人生问题的集中反映,其基本走向共分为三个方面:第一,强调在纯粹的客观维度进行极端的或者理想的发展,这会导致科学的产生;第二,强调在纯粹主观的维度进行极端的或者理想的发展,这会导致宗教的产生;第三,强调在主客不分离的区域进行极端的或者理想的发展,这往往会导致道德与审美文化的发达。而纯粹的主观与纯粹的客观往往在很多时候既是相互对立的,又是可以骑驿相通的——因为两者都有着"不会变化"的"本质"——也就是没有"时间性"。

当然,这只是在理论上的可能性而已,事实上则会有较为复杂的交叉与组合。在西方哲学史上,到了20世纪现象学哲学兴起的时候,才真正告别了在主客之间极端发展、在主客之间来回剧烈摇摆的漫长历史,开始着重对主客不分的区域——原发性的生活本身进行精细的、卓越的分析。

而柏拉图的"相论"就颇能代表在主客之间剧烈摇摆并骑驿相通的典型。

一、"相论"包蕴的"审美时间性"机缘

柏拉图在哲学史上的伟大地位来自于他所创立的"相论"这一庞大而系统的哲学观。柏拉图之所以提出"相论",既有学术上的渊源,又是基于现实根基的设想。

从学术上的渊源来看,他的学生亚里士多德曾在《形而上学》中做出过极为精到的总结:"在所说的各派哲学之后,柏拉图的方案出现了,它在许多方面追随着这些哲学,但也有和意大利派哲学不同的自己的特点。在青年时代,柏拉图开始是克拉图鲁的同路人,也赞同赫拉克利特派的意见。一切可感觉的东西不断流变,关于它们,知识是不存在的。他在晚年仍然持这样的观点。苏格拉底致力于伦理学,对整个自然则不过问。并且在这些问题中寻求普遍,他第一个集中注意于定义。柏拉图接受了这种观点,不过他认为定义是关于非感性事物的,而不是那些感性事物的。正是由于感性事物不断变化,所以不能

有一个共同定义。他一方面把这些非感性的东西称为相,另一方面感性的东西全都处于它们之外,并靠它们来说明由于分有,众多和相同名的事物才得以存在。"[1]

可见,不管是科学中的"相",还是宗教之中的"相",都是不变化的、不变易的,因而也就是不具有时间特性的。至少从亚里士多德的上述话语就可以看出,"感觉"的不断流变或者一个人、一种文化只是倾向于或者钟情于感觉流变,那么,科学也就自然是不发达的,甚至会是无从产生的。而"感觉"的变化绝不是抽象意义上的变化,而是很明显与感官的欲望及其欲望的实现、人际之间交往活动中的道德行为状况有着唯一的逻辑关系,因为感官欲望的对象越丰富且富于变化,感官所能得到的愉悦就越多;在人际交往之中的行为是否合乎道德规范,也同样是不能进行固定评价的,因为处在变化中的任一情境中的道德选择与行为都是不同的;而且,更为明显的在:审美活动不仅仅与感官欲望、感官愉悦有着最直接的关联及体现,而且道德行为之中的愉悦体验也是属于审美活动的。所以,在亚里士多德所说的这段话里,不仅包含了柏拉图"相"之学说的大半秘密,而且,其与美学的关联也是呼之欲出的。这一切都会集中地体现在"感觉"与"知识"之间的差异、个别与普遍性的差异、感性的与非感性的差异、变化与不变化的差异——也就是时间特性或者状态——上。

可以看出,他的"相论"既是对前人的汲取,又是对前人的发展,这一发展集中体现于他力图把"相"运用到自然、社会、人生、国家治理、科学、伦理及文化的各个领域。从对现实的应对来看,柏拉图认为当时的城邦已经出现了严重的危机,这在柏拉图书信的第7封之中可见一斑,他说:"我们的城邦已经不依照传统的原则和法制行事了,而要建立一种新的道德标准又极为困难。再说,法律习俗正在以惊人的速度败坏着,结果是,我虽然曾经满腔热忱地希望参加政治生活,但这些混乱的状况却使我晕头转向。尽管我没有停止思考如何改进这种状

---

[1] 亚里士多德:《亚里士多德全集》第七卷,苗力田主编,北京:中国人民大学出版社1996年版,第43—44页。

况,如何改革整个制度,但我的行动推迟了,以等候有利的时机。最后我终于得出结论:所有现存的城邦无一例外都治理得不好,它们的法律制度除非有惊人的计划并伴随好运气,否则是难以治理的。因此我被迫宣布,只有正确的哲学才能为我们分辨什么东西对社会和个人是正义的。除非真正哲学家获得政治权力,或者出于某种神迹,政治家成了真正的哲学家,否则人类就不会有好日子过。"[1]

因而,他寄希望于城邦的最高统率者能够做到与"相"合一,这样才能够建立起一个理想的城邦——"奥尼修拥有极大的权力,如果在他的帝国中哲学和政治权力能在一个人身上统一,那么帝国的光辉将照耀所有人,无论是希腊人还是野蛮人,在这样的光辉照耀下,他们自己就能够把真正的信仰带回家,也就是说,一个人无论是否在其正义感的指引下生活,是否在圣人的控制下成长或接受正义的习俗,他除非能在正义法则的指引下过一种明智的生活,否则城邦或个人都不能获得幸福。"[2]因而,柏拉图怀着"天将降大任于斯人"的使命,意图建立一个能够统治国家的理想的、绝对普遍性、绝对单一性的、严整的政治、法律、伦理价值体系,来反对由智者派哲学造成的文化危机与价值混乱,彻底扫除城邦之中的相对主义和多样性。

柏拉图既然有这样的雄心壮志,那就会产生这样一种必然的后果与两种途径或者基本的可能性。就一种必然的后果来看,这样一种"相"必然会拆解意向性行为的基本构成方式,也就是主体始终指向客体或者对象,而且其拆解的重点是那些意向性行为的意义与价值取决于所指向对象独特质料特性或者构成特性的行为,只要这些对象的质料特性或者构成方式有任何的改变、变动、替换,都会导致这一意向性行为价值与意义的丧失或者完全改观,很显然,这一行为就是快感、美感或者审美生活。而除此之外的其他意向性行为——最为典型的就是科学活动与宗教活动,在这些意向性行为中,科学的真理、规律、定理与宗教信仰之中的神都始终保持其"永恒""不变"的"本质",而科

---

[1] 柏拉图:《柏拉图全集》第4卷,王晓朝译,北京:人民出版社2003年版,第80页。
[2] 同上书,第90页。

学活动之中主体的主观因素或者宗教信仰活动之中客体的质料因素虽然都不可能缺席,但是却要始终保持上述因素的纯然状态——绝对的客观与绝对的主观。

与上述这种必然的结果相应的是两种实施的途径:其一,把纯粹的"相"运用于科学活动与宗教信仰活动,那么,尽管科学活动自身带有感性的色彩,比如科学家的理想、梦想、动力、热情等等,但是其所研究的对象及其最终取得的结果却应该是绝对客观、不会变化且具有普遍性的;尽管宗教信仰活动的个体会有差异,在信仰活动之中所采纳的仪轨、形式会有不同,但是所要信仰的神却是永恒的、不变的且具有普遍性的。其二,把以上这种纯粹客观与纯粹主观的价值、意义以及呈现状态运用于主客不分离的区域——尤其是审美生活领域,那么,势必就会导致身心二分,取消现世享乐,取消审美生活的丰富性,取消感官欲望所指向的对象等等主要美学的维度及其相应的为之服务的思维工艺。

正如罗素在《西方哲学史》中对柏拉图的评价那样:

> "善"与"实在"都是没有时间性的,最好的国家就是那种由于具有最低限度的变动与最大限度的静止的完美,从而也就最能模仿天上的样本的那种国家,而它的统治者则应该是最能理解永恒的"善"的人。[1]

我国著名的古希腊哲学专家陈康先生也指出:

> 个别事物生灭不居,永在变动之历程中;事物之"形"则不生不灭,超出变动历程之外。[2]

这正是"相论"中的"时间性"与美学的机缘所在。

二、"死"与身心二分

柏拉图的中期作品《斐多篇》中的"相论"较为成熟,这篇对话曾

---

[1] 罗素:《西方哲学史 上卷》,何兆武、李约瑟译,北京:商务印书馆1982年版,第145页。
[2] 陈康:《陈康:论希腊哲学》,北京:商务印书馆2011年版,第4页。

被伽达默尔称作"全部希腊哲学中最令人惊叹、最富有意义的作品之一"[1]。也正是在这部对话中,柏拉图涉及了与"时间"直接相关的一个终极且绝对的问题——"死亡",苏格拉底从容赴死,因为他有对神、对灵魂的坚定信仰。《申辩篇》《克里托篇》与《斐多篇》面对的都是终极的"死亡"问题,因而逼出终极的"主观问题",这一主观问题体现为绝对的"神灵""灵魂",也体现为美好的"未来"——彼岸世界,尤其是在《斐多篇》之中得到了极为细腻的描绘。

"死"对于人类而言是一个绝对的终结,但是人类为了战胜死亡,会做出各种各样的选择,比如中国文化传统中选择的是一种"愚公移山"式的态度,由子子孙孙来继承、延续生命与事业,而在西方文化中,柏拉图倚仗的是"彼岸世界",而且这个"彼岸世界"是通过"身体"之外的"灵魂"来通达的。因而,在"时间性"维度上的"此岸世界"与"彼岸世界"的划分或者"二分"与"身心"的划分,"二分"甚至"对立"是一脉相承的,因而"身心二分"的本质也是"时间性"的——在"身体"生命在"此岸世界"终结之后,"灵魂"还能够进入"彼岸世界"得以"永存",而且,在"身体"所存在的"此岸世界"之中,"身体"的诸感官是阻碍"灵魂"完满的消极因素,因为诸身体感官是以需求快乐、满足为己任的。柏拉图说:

> 哲学家并不关心他的身体,而是尽可能把注意力从他的身体引开,指向他的灵魂。[2]
>
> 事情很清楚,在身体的快乐方面,哲学家会尽可能使他的灵魂摆脱与身体的联系,他在这方面的努力胜过其他人。[3]
>
> 现在以获得知识为例。如果某人带着身体进行考察,身体会成为考察的障碍吗?我的意思是,人的视觉和听觉有没有确定性,或者说它们就像一直在我们耳边轰鸣的诗歌那样,我们既不可能听到,也不可能看到任何确定的东西,是吗?如果这些感觉

---

[1] 伽达默尔:《伽达默尔论柏拉图》,余纪元译,北京:光明日报出版社1992年版,第24页。
[2] 柏拉图:《柏拉图全集》第1卷,王晓朝译,北京:人民出版社2003年版,第61页。
[3] 同上。

是不清晰的和不确定的,那么其他感觉也几乎不可能是清晰、确定的,因为其他感觉比视觉和听觉还要低劣。[1]

那么灵魂在什么时候获得真理?每当它在身体的帮助下想要对某事物进行考察,身体显然就会把它引向歧途。[2]

当灵魂能够摆脱一切烦扰,比如听觉、视觉、痛苦、各种快乐,亦即漠视身体,尽可能独立,在探讨实在的时候,避免一切与身体的接触和联系,这种时候灵魂肯定能最好地进行思考。[3]

藐视和回避身体,尽可能独立,所以哲学家的灵魂优于其他所有灵魂。[4]

最成功的人就是那个尽可能接近每个对象的人,他使用的理智没有其他感官的帮助,他的思考无需任何视觉,也不需要把其他任何感觉拉扯进来,这个人把他纯洁的、没有玷污的思想运用于纯洁的、没有玷污的对象,尽可能切断他自己与他的眼睛、耳朵以及他的身体的其他所有部分的联系,因为这些身体器官的在场会阻碍灵魂获得真理和清理思想?[5]

在他看来,"身体"对"哲学家"的影响非常具体,在他的描述中,"身体"占据了"哲学家"的"时间性",不仅让他没时间从事哲学,而且会不断地打搅、中断哲学事业的过程。在以下一段长文中,柏拉图痛斥了身体的各种"恶":

> 只要我们还保留着不完善的身体和灵魂,我们就永远没有机会满意地达到我们的目标,亦即被我们肯定为真理的东西。首先,身体在寻求我们必需的营养时向我们提供了无数的诱惑,任何疾病向我们发起的进攻也在阻碍我们寻求真实的存在。此外,身体用爱、欲望、恐惧,以及各种想象和大量的胡说,充斥我们,结果使得我们实际上根本没有任何机会进行思考。发生各种战争、

---

[1] 柏拉图:《柏拉图全集》第1卷,王晓朝译,北京:人民出版社2003年版,第62页。
[2] 同上。
[3] 同上。
[4] 同上。
[5] 同上书,第63页。

第二章 柏拉图美学思想中的时间性问题

革命、争斗的根本原因都只能归结于身体和身体的欲望。所有战争都是为了掠夺财富,而我们想要获取财富的原因在于身体,因为我们是侍奉身体的奴隶。根据这些解释,这就是为什么我们几乎没有时间从事哲学。最糟糕的是,如果我们的身体有了某些闲暇,可以进行研究了,身体又会再次介入我们的研究,打断它,干扰它,把它引上歧途,阻碍我们获得对真理的观照。我们实际上已经相信,如果我们要想获得关于某事物的纯粹的知识,我们就必须摆脱肉体,由灵魂本身来对事物本身进行沉思。从这个论证的角度来判断,只有在我们死去以后,而非在今生,我们才能获得我们心中想要得到的智慧。如果有身体相伴就不可能有纯粹的知识,那么获得知识要么是完全不可能的,要么只有在死后才有可能,因为仅当灵魂与身体分离,独立于身体,获得知识才是可能的。只要我们还活着,我们就要继续接近知识,我们要尽可能避免与身体的接触和联系,除非这种接触是绝对必要的,而不要允许自己受身体的性质的感染,我们要洗涤我们自己受到的身体的玷污,直至神本身来拯救我们。通过拒绝身体的罪恶使自己不受污染,以这种方式,我们有可能获得与我们志同道合的人为伴,得到纯洁无瑕的知识,亦即真理。不纯洁的人若能抵达纯洁的领域无疑是违反普遍公正的原则的。[1]

要通达"灵魂",就必须远离"身体",直至离开"身体",柏拉图认为,这就是"净化",而苏格拉底之所以不再想利用机会逃命而是选择从容赴死,就是因为自己是快乐的,这体现在:"任何抵达这一旅程终点的人就有很好的理由希望在那里达到目的,这个旅程现在就在我的面前展开,我们过去所作的一切努力就是为了实现这个目的。所以我命中注定要踏上的这个旅程将会有幸福的前景,对其他任何人来说也一样,只要他的心灵已经准备好接受净化。"[2] 柏拉图认为,在"身体"

---

[1] 柏拉图:《柏拉图全集》第 1 卷,王晓朝译,北京:人民出版社 2003 年版,第 63—64 页。

[2] 同上书,第 64 页。

死亡之后,"灵魂"离开"此岸世界"以后确实存在于另一个世界,并且还会返回这个"此岸世界",从死者中复活。在此,柏拉图其实是用"灵魂不灭"来论证"相"的"永恒",也就是,既然"每一对相反的事物之间有两个产生的过程,一个过程是从首先到其次,另一个过程是从其次到首先"[1],既然"睡觉"与"醒着"之间是一种循环往复的对立而且相生的关系,那么,"死"就产生于"生","生"就产生于"死",因而,"灵魂"是永恒存在的。

三、至美莫若"彼岸"

在这个"彼岸世界"里,不同的"灵魂"有着不同的待遇和"命运":"真正的道德理想,无论是自制、诚实,还是勇敢,实际上是一种来自所有这些情感的涤罪,而智慧本身才是一种净化。那些指导这种宗教仪式的人也许离此不远,他们的教义底下总有那么一层寓意,凡是没有入会和得到启示的人进入另一个世界以后将要躺在泥淖里,而那些涤过罪,得到启示的人到达那里后将会与诸神住在一起。"[2]

柏拉图在《斐多篇》之中既要解决善者对人生信仰的坚守,从而鄙视死亡,还要解决恶者的灵魂在其肉体死后的境况,让恶者在活着的时候心不得安。因而,灵魂的处所必然是一个经过精心设计的彼岸世界。在此,柏拉图的对话显示出了少有的"独语"风格,而且以一种笔墨铺张、酣畅淋漓的方式来描述这一"未来"的"彼岸世界",即灵魂及其将来的居所:

> 首先,如果大地是球形的,位于天空中央,那么它既不需要空气也不需要任何其他类似的力量来支持它,使它不下坠,天空的均匀性和大地本身的均衡足以支持它。任何均衡的物体如果被安放在一个均匀的介质中,那么它就不会下沉、上升,或朝任何方向偏斜,来自各个方向均等的推动使它保持悬浮状态。这就是我

---

[1] 柏拉图:《柏拉图全集》第1卷,王晓朝译,北京:人民出版社2003年版,第69页。
[2] 同上书,第61页。

的信念的第一部分。[1]

这个世界又划分为两个部分：

其一，是那些活在世上"灵魂"无法脱离"身体"的亡灵，在奔赴"彼岸世界"的时候就很悲惨："那些深深依附着肉体的灵魂，如我以前所说，长期徘徊在这个可见的世界上，在作了许多抵抗和受了许多痛苦之后，才被迫被它的指定了的守护神领走。当它抵达与其他亡灵同样的地方时，由于做了许多不洁的事，因此它是不洁的，或者涉及违法的流血，或者犯下与其他同类亡灵所犯的相同罪行，令其他所有亡灵对它都唯恐避之不及。没有亡灵愿意与它相伴或给它引路，它孤独地在荒野中漫游，直到过完某个确定的时期，对它的行为来说，这是它必然会遇到的事情。"[2]在这里的世界不仅是"时间化"的，而且是丰富多彩的，这些坏的亡灵不仅在"时间"上继续存在，而且其下场也注定越来越悲惨：

> 这就是大地及其河流的形成。当新的亡灵在它们各自的守护神的引导下抵达那里时，首先要被交付审判，无论它们生前是否过着一种善良和虔诚的生活。那些被判定为过一种中性生活的亡灵被送往阿刻戎，在那里登上那些等候它们的船只，被送往那个湖，在那里居住。在那里它们要经历涤罪，或者因为它们曾犯下的罪过而受惩罚，或者因为它们良好的行为而受奖励，每个亡灵都得到它们应得的一份。那些曾犯下大罪的亡灵被判定为不可救药，例如盗窃圣物、谋杀，以及其他类似的重罪，它们命中注定要被掷下塔塔洛斯深渊，再也不能重现。[3]

> 还有一些亡灵被判定为有罪，罪行尽管很大，但仍属可以挽救之列，例如在一时冲动之下冒犯了父母，但以后忏悔了，又比如在冲动时杀了人，以后又悔改了。这些亡灵也一定要被掷入塔塔洛斯，但被掷下去以后，在那里待够一年，它们又会被喷出来，杀

---

[1] 柏拉图：《柏拉图全集》第1卷，王晓朝译，北京：人民出版社2003年版，第122页。
[2] 同上书，第120—121页。
[3] 同上书，第127页。

人犯落入考西图斯河,不孝者落入皮利福来格松河。它们浑身湿淋淋地经过阿刻卢西亚湖,这个时候它们大声喊叫那些被它们杀害和虐待的人的名字,请求允许它们穿过河流进入湖泊,乞求在湖中居住的亡灵能够接受它们。如果成功了,那么它们就进到湖里,它们的不幸就结束了;但若不成功,它们就会被再次冲进塔塔洛斯,还得从那里再次返回河中,无法解脱它们的痛苦,直到它们成功地取得了受害者的宽恕和谅解,这就是审判中给它们指定的惩罚。[1]

其二,那些终生过着纯洁、清醒生活的亡灵有神作伴和护卫,每个亡灵都有恰当的居所:

真正的世界,从上往下看,就像是一个用十二块皮革制成的皮球,有各种不同的颜色。我们所知的颜色种类有限,就像画家用的颜料,但是整个地球的颜色比画家的颜色还要明亮和纯洁。一部分是极为美丽的紫色,另一部分是金黄色。白的部分比粉笔和雪还要白,有其他颜色的部分也要比我们看见的颜色更加鲜明和可爱。即使大地上的这些充满水和气的凹陷之处也有颜色,五彩缤纷地闪耀着,看起来就形成一个五光十色的连续的表面。生长在这个大地上的树木、花朵、果实之美是适度的。那里的山的坡度是适度的,岩石是透明的,它们的颜色更加可爱。水晶在我们这个世界上非常昂贵,碧玉、红宝石、祖母绿,以及其他宝石都是这种石头的残片,但它们都那么美丽,或者更加美丽。这是因为这些石头保持着它们的天然性质,没有像那些聚集在一起的沉淀物一样被咸水腐蚀或损害,咸水是引起石头、泥土、动物、植物残缺和疾病的原因。装点着大地本身的不仅有所有这些石头,而且有金、银等其他金属,大地各处都浮现出这些金属的矿脉,能够看到它们的眼睛真是有福的。[2]

---

[1] 柏拉图:《柏拉图全集》第1卷,王晓朝译,北京:人民出版社2003年版,第127—128页。

[2] 同上书,第124页。

那个世界上有各种动物,还有人,有些动物住在内地,有些动物就像我们环绕大海居住一样围绕着空气居住,还有些动物住在空气环绕的岛屿上,但是接近大陆。简言之,我们有水和大海,他们有气;我们有气,他们有以太。那里的天气很好,完全不会得病,生活在那里寿命也要比我们长得多;他们的视觉、听觉、理智,以及其他所有能力,都远远优于我们,就好比在纯洁度方面,气优于水,以太优于气。[1]

那些被判定为过着一种极为虔诚生活的亡灵会得到解放,不必再被监禁在大地的这些区域,而是被送往它们在上方的纯洁的居所,住在大地的表面。这些亡灵已经通过哲学充分地涤罪,此后就能过一种无身体的生活,它们的居所甚至更加美好。[2]

在《斐多篇》之中,柏拉图所提及的"相"与具体的事物就是两类不同的存在,而"相"是绝对的、真实的存在,具体来看,"相"的特性是绝对的、单一的、同一的、不变化的、无时间性的、不可见的、不可感觉到的、只能靠思维把握的、纯粹而与自身统一的、永恒的、不朽的;而具体的事物则是合成的、复合的、非永久的、多样的、可见的、变化的、可以用感官把握的、可以感觉到的、短暂的。柏拉图对"相"与"具体事物"之间关系的论断当然也就与"灵魂"与"身体"之间的关系直接相通,而且是"不可避免的推论"——"灵魂更像不可见的事物,而身体更像可见的事物。"[3]

四、"相论"之于美学的三个"时间性"后果

柏拉图如此形容"灵魂"与"身体"的对立状态:"但当灵魂自我反省的时候,它穿越多样性而进入纯粹、永久、不朽、不变的领域,这些事物与灵魂的本性是相近的,灵魂一旦获得了独立,摆脱了障碍,它就不再迷路,而是通过接触那些具有相同性质的事物,在绝对、永久、单一

---

[1] 柏拉图:《柏拉图全集》第1卷,王晓朝译,北京:人民出版社2003年版,第124页。
[2] 同上书,第128页。
[3] 同上书,第83页。

的王国里停留。灵魂的这种状态我们称之为智慧。"[1]

在柏拉图看来,"相"就是绝对的"实体",比如正义自身、美自身、善自身、大小自身、健康自身、有力自身等等,这些"相"是肉眼和其他感觉不能感觉到的,只有不受感觉干扰的纯粹思想才能认识它们,即"相"是纯粹思想的对象。通过以上对"相"及"灵魂"的分析,可以看出,其在"时间性"上的体现就是"否定""时间性"或者不具备"时间性"特性。这一"相论"在绝对主观与绝对客观之间来回摇摆,当柏拉图把"相论"运用于信仰与宗教领域之时,就会偏于"绝对的主观";当把"相论"运用到科学与道德领域之时,就会偏于"绝对的客观",而"绝对的主观"与"绝对的客观"虽然不同,但是在"绝对"的角度却是相同的,在"时间性"之上的体现也是相同的。

因而,柏拉图的"相论"在宗教上的运用可以为我们所理解,虽然不一定赞同,尤其是当苏格拉底慷慨赴死之时,对灵魂的强有力信仰,会导致对死亡恐惧的减轻、淡化,乃至于处之泰然。苏格拉底面对着死亡,因而其所提出的灵魂问题更加迫切,而且,这一死亡是非正常的死亡。在解决了灵魂——即"未来"——的事情之后,他淡定极了。但是,西米亚斯在此还是提出了与"灵魂"——即"未来"——相反的问题,因为苏格拉底的"未来说"或者"灵魂说"无法经由"现在"的持存而达成或者达到。其"相论"在科学与道德领域的运用,不仅是要得到我们的理解,而且是要得到我们赞同的。因为,对于科学活动来说,其存在的价值就在于得到最终的客观的、普遍性的而且往往是抽象的"真理",这一点在自然科学之上表现得最为典型,而且自然科学的很多"真理"也往往使用对具体事物化约到极致的数字来进行陈述;对于道德活动来说,虽然伦理道德规范在不同的历史时期、不同的地域或者不同群体之间会有不同的体现,但是一般来说,伦理道德规范在某一时期、某一地域或者某一群体之中都是客观的、普遍的,或者说至少是追求客观与普遍的。

但是,唯其"相论"运用于审美生活,却会产生彻头彻尾的弊端,因

---

[1] 柏拉图:《柏拉图全集》第1卷,王晓朝译,北京:人民出版社2003年版,第83页。

为审美生活是生活的形态之一,柏拉图的"相论"正如上文所述,其运用于"绝对主观"与"绝对客观"这两大领域都是极为妥当的,至少是可以为我们所理解的,但是当面对"绝对主观"与"绝对客观"之间的领域即无法进行"主客二分"的"生活"或者"人生"领域之时,柏拉图并不是不对其"主客不分"特性不了解,而是在深谙"生活"与"人生"的"主客不分"特性的基础上,走到要反对、抛弃、强行改造与拆解的道路上去了。他认为:"哲学接管了灵魂,试图用温和的劝说来使灵魂自由。她向灵魂指出,用眼睛、耳朵以及其他所有感官作出的观察完全是一种欺骗,她敦促灵魂尽可能不要使用感官,除非迫不得已,她鼓励灵魂要精力集中,相信自己对物体的独立判断而不要相信别的东西,不要把灵魂间接得来的服从于多样性的东西当作真理,因为这样的物体是可感的和可见的,而灵魂自身看到的东西是理智的和肉眼不可见的。"[1]"多样性的东西"就是"主客不分"的东西,就是"灵魂"之外的东西,就是诱发身体与之接触的丰富的东西。

因此,就整体来看,把"相论"运用于审美生活或者美学,就必然会产生三个后果:

其一,从"相论"的"绝对客观"方面来看,会产生以"知识论"为标准的"模仿论"美学观。

其二,从"相论"的"绝对主观"方面来看,会产生以"神"为标准的"神学"美学。

其三,从"身体"与"灵魂"的对立、脱离乃至以"灵魂"统治"身体"方面来看,会产生"禁欲主义"美学。

当然,以上这三个方面又是错综复杂地交织着起作用的。

可以看出,柏拉图的"相"是没有时间性的,是禁欲主义的,在活着的时候脱离身体欲望,在死后也过着一种更加美好的无身体的生活。在《斐多篇》的最后,苏格拉底对未来的"彼岸世界"不仅没有任何恐惧,反而充满了对永远不可能经由"现在"而至的"未来"美好世界的

---

[1] 柏拉图:《柏拉图全集》第1卷,王晓朝译,北京:人民出版社2003年版,第87—88页。

向往。

这正是柏拉图美学思想的起点。

第二节　城邦美学中的"时间性"问题

在柏拉图的《理想国》中,虽然其在字面上没有"理想"或者"乌托邦"的含义,但其思想的实质确是十足"理想化""浪漫化"的,或如他所说的,是建立一个国家的模型。其建立理想城邦的基本思路仍然沿用了无时间性的"相"论,而且柏拉图的城邦构想是一步一步得来的;其"理想国"的实质就在于一切都为其"未来"着想——其实也就是柏拉图关于城邦政治设想的意义与价值何以实现,这正是城邦美学中"时间性"问题的肇始。就柏拉图的著述而言,《理想国》之中涉及时间性的美学思想最为集中;就《理想国》本身来看,涉及时间性的论述及其文字又是极其庞杂的,可以说是弥漫于整个篇章。

一、艺术教育与"各司其职"——内时间意识的纯粹与单一

柏拉图在《理想国》之中所孜孜以求的"正义"同样是其"相"论在政治哲学上的体现,"正义"不是一种思想,而是一种绝对的、永恒的、不变化的、普遍性的"相",不同于在不同的时间、地点所称呼的不同事物,它是思想的永恒的对象,人们在思想中只能无限地接近这一原型或者理想。如果一个城邦能够实现这一理想,就可以长治久安,否则的话就没有好日子过了。柏拉图说,建立这个国家的目标并不是为了某一个阶级的单独突出的幸福,而是为了全体公民的最大幸福。在这样的一个城邦里才最有可能找到正义,而且这个国家并不是一个支离破碎的,为了少数人幸福的国家,而是为了全体公民的整体国家。他通过"正义"与"不正义"之争,提出必须追问正义与不正义的单一纯粹的本质,从而绽露出作为"意义"的"可能性"问题——即"前途",这就是"存在"的"意义"问题,也就是"时间性"问题,因为只有具有"意义",才会有"可能性",才会有"前途"。

格劳孔提出了正义与不正义的各种残酷的可能性,认为在现今的

城邦之争中正义落得悲惨下场，不正义则长袖善舞，美美满满。他们大家异口同声反复指出节制和正义固然美，但是艰苦。纵欲和不正义则愉快、容易，他们说指责不正义为寡廉鲜耻，不过流俗之见，一番空论罢了。他们还引用诗篇为此作证，诗里描写了为恶的轻易和恶人的富足，"名利多作恶，举步可登程，恶路且平坦，为善苦登攀"[1]。

柏拉图认为，"城邦"产生于"需要"，从而才形成了人与人之间的特定关系，而且，按照苏格拉底雄辩的思路，城邦需要各种各样的互相依存的职业与分工，一个城邦才有可能成立，成为一个整体，乃至于生存下去；在柏拉图对城邦的设想中，必须最优先考虑的是城邦居民的分工问题，因为没有分工，就没有城邦。每一个人以及每一个阶层，都要各司其职，而不是相互僭越，这样才能各得其所，让城邦健全地运转起来。如果是鞋匠与泥水匠互换工作还没有什么关系，但是如果一个鞋匠想做统治者，那就天下大乱了。这就是城邦的正义所在，而且在柏拉图看来，这是城邦的首要之务。这个在政治上的理想，其实是落脚在每一个城邦居民内时间意识之上的，或者说落脚于内时间意识最为重要的构成要素之一——"注意"之上的。因为政治实践要落实在每一个体之上，每一个体的各司其职在心理学上的体现就是"专注"于其得到的分工之"职"。

柏拉图主张城邦应该按居民的天赋安排职业，弃其所短，用其所长，让他们集中毕生精力专搞一门，精益求精，不失时机，比如让鞋匠只做鞋子，而不是去做瓦工、裁缝。如果没有"注意"的话，一个内时间意识就不会得以产生并绵延。也就是说，人格构成中的各种因素在内时间意识上的关联是内在的。总的来说，柏拉图的理想城邦是要达到这样的境界——每个人只具有一种职业，只具有一种相应的能力，而且，这种能力在内时间意识的构成与持续上应该是纯粹的、单一的。

而且，需要与欲望产生战争，而战争则需要"战士"；那么，"战士"作为"护卫者"则需要"比别人更多的空闲，更多的知识和更多的训

---

[1] 柏拉图：《理想国》，郭斌和、张竹明译，北京：商务印书馆1986年版，第52页。

练"[1],根据柏拉图的描述,战士应该具备的素质包括:感觉敏锐、身体强壮、追得快、斗得凶、勇敢、心灵上意气风发、爱好智慧、秉性刚烈等等,只有把以上禀赋在城邦护卫者的天性里融合起来,他才是真正善的城邦护卫者。这是在《理想国》之中柏拉图把城邦居民分为统治者、劳动者与护卫者三个组成部分,同时又特别注重护卫者的原因所在。

按照这个思路推导下去,"教育"就是至关重要的,因为对城邦护卫者的教育决定了他们的素质,而护卫者的素质决定了城邦的"未来";柏拉图在《理想国》中从第 2 卷的 376c 到第 3 卷的 412b,一直在论述对护卫者的教育问题。而在"教育"之中,最为关键的问题是艺术与审美教育。

为何柏拉图会把艺术与审美作为护卫者教育的首要问题呢?原因就在于柏拉图把纯洁的"儿童"看做是城邦的"未来",就在于"儿童"比"成人"包含了无限的"可能性",而且柏拉图是深谙儿童心理学的,他说:"凡事开头最重要。特别是生物。在幼小柔嫩的阶段,最容易接受陶冶,你要把它塑成什么形式,就能塑成什么形式。"[2]而且,"因为年轻人分辨不出什么是寓言,什么不是寓言。先入为主,早年接受的见解总是根深蒂固不容易更改的。因此我们要特别注意,为了培养美德,儿童们最初听到的应该是最优美高尚的故事。"[3]因而,就不能放任他们去听那些胡编乱造的"故事"。他提出,教育就是用体操来训练身体,用音乐来陶冶心灵,而且,要先教音乐再教体操;而音乐则是包含了"故事"的音乐,因而在教体操之前先教音乐就是指先教"故事"。

另外,柏拉图还特别重视文艺对人所起的潜移默化之功,认为城邦的领袖们必须坚持注视着这一点,不让国家在不知不觉中败坏了。他们必须始终守护着它,不让体育和音乐翻新,违犯了固有的秩序。他一再提醒城邦的领袖们在音乐里步哨设防,因为音乐会悄然侵入人

---

[1] 柏拉图:《理想国》,郭斌和、张竹明译,北京:商务印书馆1986年版,第66页。
[2] 同上书,第71页。
[3] 同上书,第73页。

的心灵,起初还只是认为是一种游戏而已,而它的害处就在于:"只是它一点点地渗透,悄悄地流入人的性格和习惯,再以渐大的力量由此流入人与人之间的关系,再由人与人的关系肆无忌惮地流向法律和政治制度,苏格拉底呀,它终于破坏了公私方面的一切。"[1]

二、"自我的统整性"——城邦美学"时间性"问题的关键

在《理想国》的第四卷,柏拉图探讨了"自我"的统整性,这正是城邦美学"时间性"问题的最关键所在,因为每一个公民的统整"自我"必定是"一个"而不是"多种"心智能力的单纯延续与绵延,而审美活动体现为一种内时间意识必定会对统整"自我"的构成造成影响。

柏拉图提出的问题是——人格构成的诸要素之间到底是怎样的一种构成关系,他说:"我们学习时是在动用我们自己的一个部分,愤怒时是在动用我们的另一个部分,要求满足我们的自然欲望时是在动用我们的第三个部分呢,还是,在我们的每一种活动中都是整个灵魂一起起作用的呢?"[2]那么,个人的品质是分开的三个组成部分还是一个整体呢?他认为理想的自我应该遵从这个原则,即"同一事物的同一部分关系着同一事物,不能同时有相反的动作或受相反的动作。因此,每当我们看到同一事物里出现这种相反情况时我们就会知道,这不是同一事物而是不同的事物在起作用。"[3]

也就是说,同一个事物在同一个时间内,不可能同时具有两种相反的性质;同一事物不会在同一时间内既愿意又不愿意做同一件事情。同一事物的同一部分同时既动又静无论如何都是不可能的。如果同一个主体做出了两种不同的活动,那么,这一个主体就会产生不同的状态。这些不同的状态在柏拉图看来却是隶属于同一个主体,这意味着"自我"时常是处在分裂与矛盾的状态之中的,"自我"的构成不是单质素的,而是相反因素的集合体。他举例说,如果一个人在渴的时候,他心灵上有一个东西把他拉开不让他饮,那么这个东西必定

---

[1] 柏拉图:《理想国》,郭斌和、张竹明译,北京:商务印书馆1986年版,第139页。
[2] 同上书,第159页。
[3] 同上。

是一个另外的东西,一个不同于那个感到渴并牵引着他像牵引着牲畜一样去饮的东西,因而,柏拉图把灵魂分为两个,并且彼此不同。一个是人们用以思考推理的,可以称之为灵魂的理性部分;另一个是人们用以感觉爱、饿、渴等等物欲之骚动的,可以称之为心灵的无理性部分或欲望部分,亦即种种满足和快乐的伙伴。

其后,柏拉图又划分出"自我"中的第三个部分——激情。他描述了阿格莱翁之子勒翁提俄斯的内时间意识的流动过程:他从比雷埃夫斯进城去,路过北城墙下,发现刑场上躺着几具尸体,他感觉到想要看但又害怕而嫌恶它们,他暂时耐住了,把头蒙了起来,但终于屈服于欲望的力量,他张大眼睛冲到尸体跟前骂自己的眼睛说:"瞧吧,坏家伙,把这美景瞧个够吧!"这里的激情就是我们藉以发怒的那个东西。他认为,愤怒有时作为欲望之外的一个东西和欲望发生冲突。当一个人的欲望在力量上超过了他的理智,他会骂自己,对自身内的这种力量生气。这时在这种像两个政治派别间的斗争中,人的激情是理智的盟友。至此,柏拉图就把国家的意义与个体的心理完全沟通起来了,把国家的时间性比如命运与个体的内时间意识沟通起来了。在国家里存在的东西在每一个个人的灵魂里也存在着,且数目相同,理性的部分相应于城邦的统治者,激情的部分相应于城邦的战士或者护卫者,欲望的部分相当于城邦中的劳工阶层。

柏拉图对灵魂的三种组成部分的划分至少在内时间意识构成的角度对哲学史有着重大的贡献,不管其划分是否全面。为了达成一个完善的自我,就要在内时间意识的流动中,让这三个部分处在合适的位置。据他在《理想国》中的举例来看,欲望更多地与饥渴、性欲、财欲相联系,驱动力最强,理性力量最弱。激情则更多地与自我意识相关,关系到人的尊荣感、自信,它不同于欲望,因为欲望是人与动物都具有的;激情也不同于理性,因为它不像理性那样善于谋划、计算,不考虑攸关整体的善。虽然激情更多地与理性为盟,但是,天性中的激情部分如果加以适当训练就可能成为勇敢,如果搞得过了头,就会变成严酷粗暴。因而,教育就是主要针对激情而言的。要从儿童时期开始对激情部分进行培养和训练,使其与理性相结合。而理性则是灵魂的统治者，在三个部分中处在统治的地位，它代表着智慧，善于谋划，而且这种智慧不是木匠、铜匠的那种知识，而是由护卫者和统治者才能把握的，由思考进行推理，为整个心灵进行谋划。

柏拉图设想的"自我"的理想状态是理性与激情相互配合，进而监视、控制与支配欲望，正义的人不许可自己灵魂里的各个部分相互干涉，起别的部分的作用。"自我"应当安排好自己的事情，"首先达到自己主宰自己，自身内秩序井然，对自己友善。当他将自己心灵的这三个部分合在一起加以协调，仿佛将高音、低音、中音以及其间的各音阶合在一起加以协调那样，使所有这些部分由各自分立而变成一个有节制的和谐的整体。"[1]而坏的"自我"则是："三种部分之间的争斗不和、相互间管闲事和相互干涉，灵魂的一个部分起而反对整个灵魂，企图在内部取得领导地位。它天生就不应该领导的而是应该像奴隶一样为统治部分服务的，不是吗？我觉得我们要说的正是这种东西。不正义、不节制、怯懦、无知，总之，一切的邪恶，正就是三者的混淆与迷失。"[2]

如上所述，在柏拉图看来，节制、智慧、勇敢等这些隶属于理性的正义因素一如其他隶属于激情与欲望的因素一样，在内时间意识的构成中都是单维的，不可能有两个或更多的情感因素"同时"地发生作用。也就是说，自我的内时间意识的构成其实是跟注意力有直接的关系，柏拉图在上文把灵魂的各部分比作"高音、低音、中音及其各音阶"的连接相续，其实就是指一个行为接着一个行为，或者一个意识接着另一个意识，之所以会产生这一时间上的相继，正是因为价值与意义在起作用，不同的价值与意义会引发不同的注意力。他认为，理想的自我应该是理性支配的激情在意识的流程中不仅占据主要地位，而且其时间的长度应该很长；他所反对的就是在其中理性与激情的注意力受到欲望的吸引与影响，以至于意识过程为欲望所占据，而且此欲望受到文艺的触发、吸引与激励，延续的时间过程很长。

---

[1] 柏拉图：《理想国》，郭斌和、张竹明译，北京：商务印书馆1986年版，第172页。
[2] 同上书，第173页。

在此,柏拉图把矛头指向了《荷马史诗》与赫西俄德的作品,因为在《荷马史诗》与赫西俄德的作品之前,古希腊人基本上没有什么可以阅读的写成文字的定型的作品,因而它们就成了古希腊人文化教养、审美教育和道德教养的源泉与基础,对古希腊文明的成型和成长做出了重大贡献。柏拉图认为,他们的问题在于歌颂正义的后果——即为了后果而不是因为其自身而被追求的善,而不是正义本身。而柏拉图正是想驳斥这种观点,主张去歌颂由于其自身的原因而被追求的善。在《荷马史诗》的描绘中,神与神之间钩心斗角,坑蒙拐骗,坏事做尽。诸神嫉妒、欺诈、通奸、好斗、谋杀、纳贿贪财、性欲炽烈、两情缱绻、露天交合等等,凡是人类拥有的恶,奥林匹斯山上的诸神无不具有。柏拉图认为故事里描写诸神的正确的路子或标准应该是写出神之所以为神,即神的本质来。无论在史诗、抒情诗,或悲剧诗里,都应该这样描写——神的本质永远都是善的。根据柏拉图对古希腊神学的改造,神应该是:(1) 善良的,从来不做坏事;(2) 好事的原因,而不是坏事的原因;(3) 不变化,始终处在好的不能再好的状态下,永远停留在自己单一的既定形式之中,始终是美的。在这里,柏拉图终于显露出对于时间性与存在的想法了,而且对于他而言,这是一个基本的世界观,那就是,绝对的主观与绝对的神都有着亘古不变的本质或者本相,是永恒的。

在柏拉图看来,荷马优点很多,但是他的错就在于把神写错了,他认为诗人在说谎,在此所指的当然就是对神的刻画,诗人所述不符合那在时间性上绝对不变的神的真实。诗歌对神的性格、品格的描写,在柏拉图看来是不能原谅的,因为作为彼岸的神,而且作为纯粹的主观,必须是至善至美至真的,也就是绝对的,在时间性上的存在也是绝对的,当然,这一在时间性上绝对的存在是出乎时间性之外的,因为神是永恒的、属于永远不可能经由"现在"来达到的"未来"。柏拉图对"神"之所以如此重视,就是因为与"神"有关的很多宗教仪式,如祭神的庙宇和仪式,以及对神、半神和英雄崇拜的其他形式,还有对死者的殡葬以及安魂退鬼所必须举行的仪式等等,关系到城邦的根本秩序。柏拉图所提及的这些事物都隶属于神灵领域,或者隶属于唯心的领域,这些绝对的神关乎国家与城邦的生死存亡,因而必须首先得到解决,然后才制定那些琐细的法律制度,否则,那些琐细的法律制度就会成为无源之水、无本之木。可见,把握柏拉图的美学思想,务必从其思想的根源出发,才能从其整体中看出其美学思想所由,例如对于神灵的信仰也不是仅仅局限于此,而是自有其所生发的现实理由。

三、"模仿"对"注意力"的破坏

在对文艺作品中表达神的题材进行限定并树立标准乃至制定"法律"之后,柏拉图转向了如何表达的问题——即"模仿"问题。根据表达的需要,柏拉图把文学体裁分为三类,即叙述体、模仿体以及叙述与模仿的混合体。《荷马史诗》就是混合体体裁的典范。在所有这些体裁中,民众最喜欢的是模仿体,因为这种模仿体的作品不仅更容易引发"注意力",而且更能让这种"注意力"持续地加以保持,因而"需要各种声调和各种节奏,如果给它以能表达各种声音动作的合适的唱词的话。——因为这种体裁包含各色各样的变化。"[1]因此,柏拉图集中批判的就是这种模仿体。柏拉图在此转向模仿与注意力的问题,而且它们与城邦正义的基本原则——社会分工也是相关的。

他的批判主要有三个理由:

第一,模仿违背了理想城邦的立国之本——劳动分工原则,即每个人只能做适合其本性的一项工作,也只能具备一种能力。他说,人既不是全才,也不是兼才。同一人也不可能既是好的朗诵者,又是好的演员。虽然未必如此,但是在此还是可以看出柏拉图既有强词夺理之处,也有其内在的合理性。这一合理性就在于把模仿理解为一种意向行为,即模仿"始终指向"一个被模仿的对象。模仿行为本身是一个由注意力作为支撑的内时间意识,在模仿中,自我把自己置于他人的位置,并从他人的角度看待思考问题。在他看来,人类都有一种惰性,即自我很容易被同化为我们所看到、所听到的东西。因而,如果经常模仿别人,一个人就很容易变成他所模仿的人。如果护卫者也经常模

---

[1] 柏拉图:《理想国》,郭斌和、张竹明译,北京:商务印书馆1986年版,第101页。

仿别人的话,他们也违反了劳动分工的原则,会成为其所模仿的人而不再成为其本身。诗人们对好人坏人一样模仿,而他们其实对所模仿的对象并没有真正的知识。如护卫者常看关于坏人的表演,模仿他们,进入他们的内心,就有变成与他们同类的人的危险,比如,一个温文正派的人在叙述过程中碰到另一个好人的正派的言语行动,他会喜欢扮演这个角色,模拟得惟妙惟肖,仿佛自己就是这个人,丝毫不以为耻。总之,模仿破坏了人性格或本性上的同一。他说:"至于其他丑恶的事情,当然更不应该模仿,否则模仿丑恶,弄假成真,变为真的丑恶了。你有没有注意到从小到老一生连续模仿,最后成为习惯,习惯成为第二天性,在一举一动、言谈思想方法上都受到影响。"[1]伽达默尔对柏拉图这一思想的认识可谓深刻、准确,他说:"这种模仿隐含着一种自我的分裂。一个人是他自己,但仍然模仿着另一个,这意味着他从外部模仿别人,并通过改变他自己的外形去适应别人的外形,以追求从外观上与别人变得相同。"[2]这意味着,当一个人模仿另外一个人或者事物的时候,他的有关"正义"与"分工"的内时间意识就会暂时中断,就会让位于所模仿的人或者事物,而"正义"与"分工"的"自我"就会被遗忘。

第二,诗人与画家一样,他们的作品一方面真实度很低,一方面主要是与人性中低贱的部分打交道:"因为他的作用在于激励、培育和加强心灵的低贱部分毁坏理性部分,就像在一个城邦里把政治权力交给坏人,让他们去危害好人一样。我们同样要说,模仿的诗人还在每个人的心灵里建立起一个恶的政治制度,通过制造一个远离真实的影像,通过讨好那个不能辨别大和小,把同一事物一会儿说大一会儿又说小的无理性部分。"[3]

第三,柏拉图认识到,内时间意识一旦被坏的音乐所占据,而且长时间地受到柔媚艺术的影响,会导致战士的品质丧失:"假定一个人纵

---

[1] 柏拉图:《理想国》,郭斌和、张竹明译,北京:商务印书馆1986年版,第97页。
[2] 伽达默尔:《伽达默尔论柏拉图》,余纪元译,北京:光明日报出版社1992年版,第70页。
[3] 柏拉图:《理想国》,郭斌和、张竹明译,北京:商务印书馆1986年版,第404页。

情乐曲,让各种曲调唱腔,甜的、软的、哭哭啼啼的,醍醐灌顶似的,把耳朵当作漏斗,注入心灵深处,假使他全部时间都沉溺于丝弦杂奏歌声婉转之间,初则激情部分(如果有的话),像铁似的由粗硬变得柔软,可以制成有用的器具。倘若他这样继续下去,像着了魔似的,不能适可而止,他就开始融化了,液化了,分解了。结果就会激情烟消云散,使他萎靡不振,成为一个'软弱的战士'。"[1]

在此,柏拉图为了维护理想的"自我"在内时间意识上的统整与纯洁,其力图要坚持的原则就是要一切护卫者放弃一切其他业务,专心致志于建立城邦的自由大业,集中精力,不干别的任何事情。退一步说,"如果他们要模仿的话,也应该从小起模仿与他们专业有正当关系的人物——模仿那些勇敢、节制、虔诚、自由的一类人物。"[2]

第三节 抛弃"始终—指向"与对抗审美丰富性

柏拉图美学是西方美学史三大知识形态之中唯心主义美学形态的最早的源头,也是这一美学形态发展到神学美学形态的最强大的源头之一,其他两大知识形态是唯物主义美学形态与主客不分的美学形态。之所以说柏拉图美学是神学美学最为强大的源头之一,就是因为唯心主义的极端形态就是灵魂之说或宗教。

正如本文在第一部分所言,由于柏拉图的"相"论奠基于主客之间的极端两分,要么在极端的主观上孜孜以求,导致对彼岸世界的神的信仰;要么在极端的客观上狂飙突进,产生抽象的科学真理。以上这两者在时间性的体现上都是无时间性,在其最基本的构成上虽然体现为一种活动中的主体与客体同样是不分离的,但是其根本的价值与意义却在于追求那永远不会变化的、永恒的信仰与科学中的"相"。对善的"相"的追求同样在《理想国》所设立的政治哲学之中体现得淋漓尽致。如果说柏拉图的哲学在以上人类的三大价值的探究中都取得了

---

[1] 柏拉图:《理想国》,郭斌和、张竹明译,北京:商务印书馆1986年版,第122页。
[2] 同上书,第98页。

辉煌的成就,成就其宗师的地位,那是毫不为过的,但是如果把以上对"相"的追问与追求的方式运用于美学,就会产生完全不同的后果,其总的体现就是抛弃审美生活在主体与客体之间根本构成上的"始终—指向"特性,最终的后果就是以无时间性的"相"来对抗审美生活的无比丰富性,导致审美生活作为一种价值的丧失。

一、是"混乱不堪"还是"丰富性"?

柏拉图的美学观是一贯的,可谓"本质主义"美学观的鼻祖。他认为,存在一种超越于具体审美对象之上的"美本身",这一"美"的"相"一如上文所述,同样是绝对的、普遍性的、不具有在时间中变化的特性。而具体的事物与人之所以是美的,就是因为"分沾"有这一"美本身"。在《斐多篇》中,柏拉图提出:"在我看来,绝对的美之外的任何美的事物之所以是美的,那是因为它们分有绝对的美,而不是因为别的原因。"[1]在这段话当中,可以看出,柏拉图的美学观完全运用了在主客之间剧烈摇摆的"相"论,即这一无"时间性"的"相"在有的情境中体现为与具体事物、表象相对的普遍性的客观的"知识",在有的情境中体现为与"身体"相对的"灵魂"或者与"现世"相对的"来世"甚至"神"。

之所以如此,柏拉图紧接着就在下文中道出了其中的机杼:"如果有人对我说,某个特定事物之所以是美的,因为它有绚丽的色彩、形状或其他属性,我都将置之不理。我发现它们全都令我混乱不堪。"[2]这里的"混乱不堪"正是审美活动作为人类寻求的这种独特价值所独具的"丰富性"。这种"丰富性"的来源就在于任何一个审美活动作为一个行为,其基本的内在的构成就是"意向性"——审美主体的注意力"始终—指向"审美对象,在这里的"始终"正是审美活动得以构成的"时间性"因素之一,"始终—指向"意味着从一个审美活动的"开端"一直到"终结",审美对象总是内在地寓于审美主体的快感之中。

---

[1] 柏拉图:《柏拉图全集》第1卷,王晓朝译,北京:人民出版社2003年版,第109页。
[2] 同上。

正是由于意向活动构成的这种"始终—指向"特性,才使得审美活动具有无可比拟的丰富性,因为任何一个对象在其构成上都不是不同的,形态各异,变化万千,因而审美主体在不同的对象上所得到的感受是完全不同的,欣赏张若虚《春江花月夜》的快乐不同于欣赏李白《将进酒》的快乐,因为二者是大相径庭的;即便李白的《静夜思》与李煜的《虞美人》传达的都是对故园的思念,但是这两首诗所带来的快乐也是完全不一样的。这意味着,特定的审美活动来自于特定的审美对象,即审美主体的注意力在一般情况下只能集中在某一个对象之上,而且是"始终—指向"这一对象的。

鉴于审美活动构成的"始终—指向"特性是在主客之间的一种"主客不分"关系,不同于在主观与客观之间两相分离的科学与宗教,如果想要尽可能地与"主客二分"的科学与宗教相靠近,乃至于最终达到科学知识、灵魂或者神一般的绝对客观与绝对主观的境地,事实上,这两者都是以寻求那唯一且普遍的"本质"为己任的,柏拉图所做的也正是依循了审美活动构成上"主客不分"或者"(主体)始终—指向(客体)"的特性,意图从主体与客体两个方面尽力减弱审美活动的"丰富性":一方面让主体的能力较为单一,尤其是限制主体在身体感官上的接触面;另一方面,就是客体的存在较为单一,尤其是限制客体在外观、形式方面的丰富性,他说:"最成功的人就是那个尽可能接近每个对象的人,他使用的理智没有其他感官的帮助,他的思考无需任何视觉,也不需要把其他任何感觉拉扯进来,这个人把他纯洁的、没有玷污的思想运用于纯洁的、没有玷污的对象,尽可能切断他自己与他的眼睛、耳朵以及身体的其他所有部分的联系,因为这些身体器官的在场会阻碍灵魂获得真理和清理思想。"[1]这样的话,剩下的就是没有身体感的、只会用理智来思维的纯粹主体,还有那不会引发身体感的纯粹对象。

在《斐多篇》之中,柏拉图列举了很多引发快感的对象,比如饮食、性事、漂亮衣裳和鞋子以及其他身体的装饰品、耳边轰鸣的诗歌等等,

---

[1] 柏拉图:《柏拉图全集》第1卷,王晓朝译,北京:人民出版社2003年版,第63页。

认为这些事物的共同特征就是与"身体"有密切干系,或者更直接地说,与身体感官的享乐有密切关系,以上他所列举的种种事物在他看来都会引发哲学家"注意力"的分解、涣散,柏拉图认为,真正的哲学家会轻视它们,"哲学家并不关心他的身体,而是尽可能把注意力从他的身体引开,指向他的灵魂。"[1] 还说:"事情很清楚,在身体的快乐方面,哲学家会尽可能使他的灵魂摆脱与身体的联系,他在这方面的努力胜过其他人。"[2] 柏拉图主张哲学家不要关心自己的身体,而是要尽可能把"注意力"从其身体引开,指向他的灵魂。在他眼里,哲学家致力于寻求让灵魂摆脱与身体的关系,其在这方面的禀赋异乎常人。如果带着身体进行知识的探究,身体就会成为重重障碍,因为人的视觉与听觉没有"确定性":"它们就像一直在我们耳边轰鸣的诗歌那样,我们既不可能听到,也不可能看到任何确定的东西。如果这些感觉是不清晰的和不确定的,那么其他感觉也几乎不可能是清晰的、确定的,因为其他感觉比视觉和听觉还要低劣。"[3]

他还说:

> 那么灵魂在什么时候获得真理? 每当它在身体的帮助下想要对某事物进行考察,身体显然就会把它引向歧途。[4]
>
> 当灵魂能够摆脱一切烦扰,比如听觉、视觉、痛苦、各种快乐,亦即漠视身体,尽可能独立,在探讨实在的时候,避免一切与身体的接触和联系,这种时候灵魂肯定能最好地进行思考。[5]
>
> 藐视和回避身体,尽可能独立,所以哲学家的灵魂优于其他所有灵魂。[6]
>
> 身体用爱、欲望、恐惧,以及各种想象和大量的胡说,充斥我们,结果使得我们实际上根本没有任何机会进行思考。[7]

---

[1] 柏拉图:《柏拉图全集》第 1 卷,王晓朝译,北京:人民出版社 2003 年版,第 61 页。
[2] 同上。
[3] 同上书,第 62 页。
[4] 同上。
[5] 同上。
[6] 同上。
[7] 同上书,第 63 页。

如果我们的身体有了某些闲暇,可以进行研究了,身体又会再次介入我们的研究,打断它,干扰它,把它引上歧途,阻碍我们获得对真理的观照。[1]

可见,在把身体作为一种感受体的态度上,柏拉图愈来愈接近后世的基督教神学美学。他认为身体是欲望之源,当然也就是罪恶之源——"生各种战争、革命、争斗的根本原因都只能归结于身体和身体的欲望。所有战争都是为了掠夺财富,而我们想要获取财富的原因在于身体,因为我们是侍奉身体的奴隶。"[2]他甚至认为,只有身体的消亡才能导致真的绝对的知识的获得:"只有在我们死去以后,而非在今生,我们才能获得我们心中想要得到的智慧。如果有身体相伴就不可能有纯粹的知识,那么获得知识要么是完全不可能的,要么只有在死后才有可能,因为仅当灵魂与身体分离,独立于身体,获得知识才是可能的。只要我们还活着,我们就要继续接近知识,我们要尽可能避免与身体的接触和联系,除非这种接触是绝对必要的,而不要允许自己受身体的性质的感染,我们要洗涤我们自己受到的身体的玷污,直至神本身来拯救我们。通过拒绝身体的罪恶使自己不受污染,以这种方式,我们有可能获得与我们志同道合的人为伴,得到纯洁无瑕的知识,亦即真理。不纯洁的人若能抵达纯洁的领域无疑是违反普遍公正的原则的。"[3]

离开了作为感受载体的"身体",其实也就离开了"主体",也就等于认为客观的"相"是"绝对的、单一的、永久的",是离开而且绝对必须离开"主体"才能得以存在的,所以,"主体"也就不再"始终—指向"对象,"混乱"——其实也就是"多样性"与"丰富性"也就不复存在,剩下的是无时间性的、不会再变化的"美本身"。

二、"无时间性"的"美本身"何以达成——"以知识代审美"

柏拉图如此描述无"时间性"的"灵魂"与"多样性"之间的水火

---

[1] 柏拉图:《柏拉图全集》第1卷,王晓朝译,北京:人民出版社2003年版,第64页。
[2] 同上书,第63—64页。
[3] 同上书,第64页。

不容:

> 我们前不久说过灵魂把身体当作工具来进行探究,无论是通过视觉、听觉或是任何别的感官,因为使用身体包含着使用感官,这样一来,灵魂就被身体拉入多样性的领域而迷了路,在与那些具有相同性质的事物接触时它感到困惑而不知所措,就好像喝醉了酒似的。[1]

> 当灵魂自我反省的时候,它穿越多样性而进入纯粹、永久、不朽、不变的领域,这些事物与灵魂的本性是相近的,灵魂一旦获得了独立,摆脱了障碍,它就不再迷路,而是通过接触那些具有相同性质的事物,在绝对、永久、单一的王国里停留。灵魂的这种状态我们称之为智慧。[2]

在以上的言论中,尽管柏拉图在论及身体感官导致审美多样性的时候,没有提及意向活动构成的主客之间的"始终—指向"特性,但是就其所意图达成的理想的知识状态来看,"相"或"灵魂"的"无时间性"恰恰明确无误地从反面印证了与身体感官相系的感受所具有的"始终—指向"特性。因而,在柏拉图看来,"灵魂"与"身体"在"时间性"上的差别就体现为——灵魂与神圣的、不朽的、理智的、统一的、不可分解的、永远保持自身一致的、单一的事物最相似,而身体与凡人的、可朽的、不统一的、无理智的、可分解的、从来都不可能保持自身一致的事物最相似。如果"灵魂"总是"与肉体联系在一起,关心肉体,热爱肉体,并且被肉体及肉体的情欲和快乐所诱骗,以为只有这些可以摸、看、吃、喝,可以用于性生活享受的肉体的东西才是真实的。"[3]因而,柏拉图说,哲学会护佑灵魂的,比如哲学会向灵魂指出,用眼睛、耳朵以及其他所有感官做出的观察完全是一种欺骗,敦促灵魂尽可能不要使用感官,除非迫不得已。灵魂要精力集中,相信自己对物体的独立判断而不要相信别的东西,不要把灵魂间接得来的服从于"多样

---

[1] 柏拉图:《柏拉图全集》第1卷,王晓朝译,北京:人民出版社2003年版,第110页。
[2] 同上书,第83页。
[3] 同上书,第85页。

性"的东西当作真理,因为这样的物体是可感的和可见的,而灵魂自身看到的东西是理智的和肉眼不可见的。

因而,"美本身"也正是对于审美丰富性的否定,这一否定恰恰能够与柏拉图鄙弃身体的态度完全吻合,因为在人类所创造的四大价值——审美、科学、道德、宗教之中,只有审美活动才具有不寻求普遍性、单一性的倾向。正是由于柏拉图如此鄙弃身体,鄙薄现实生活世界的享乐,他才会说:"某事物之所以是美的,乃是因为绝对的美出现于它之上或者该事物与绝对的美有某种联系,而无论这种联系方式是什么。我现在不想追究那些细节,而只想坚持这样一个事实,依靠美本身,美的事物才成为美的。我感到,这是一个最保险的回答,对我来说是这样,对其他人来说也是这样,我一相信了这个观点就紧紧地抓住它,不愿再失去,我和其他人都可以稳妥地回答说,由于美本身,美的事物才是美的。"[1]

既然存在"美本身",那么"美本身"又是如何达成的呢? 在《会饮篇》中,柏拉图把"美本身"产生的时间性过程完全等同于"知识"——即"相"的产生过程:"从个别的美开始探求一般的美,他一定能找到登天之梯,一步步上升——也就是说,从一个美的形体到两个美的形体,从两个美的形体到所有美的形体,从形体之美到体制之美,从体制之美到知识之美,最后再从知识之美进到仅以美本身为对象的那种学问,最终明白什么是美。"[2] 到了这个时候,"美本身"就是"如其本然,精纯不杂"的了。在这里的"美本身"作为"相"的形态之一甚至超出了"知识"所具有的普遍性,之所以要从"个别的美"开始,然后一步步"上升",就是因为在柏拉图眼里,"个别的美"就如同形成知识所需利用的具体感性材料一样,在抽象的、普遍性的知识获取目的之后,具体的感性材料就成为"见月忽指""获鱼兔而弃筌蹄""登岸舍筏"的手段与工具了,因而,一步步"上升"其实就是不断地抛弃那些具体可感的事物,就是不断地抛弃那些对具体可感事物进行把握的感受,也就是

---

[1] 柏拉图:《柏拉图全集》第1卷,王晓朝译,北京:人民出版社2003年版,第83页。
[2] 柏拉图:《柏拉图全集》第2卷,王晓朝译,北京:人民出版社2003年版,第254页。

抛弃这些感受的时间性过程,因为在他看来只有不变化的、无时间性的"相"才是存在的"意义",除此之外的具体可感事物都是可变的、处在时间性过程之中的。

这一逐渐舍弃具体事物而趋于最"简单化"的"结论"或者"真理"的过程是适用于科学研究的,但是在审美生活之中,"个别的美"却是引发特定的、独一无二的审美生活的具体"对象",由此对象所引发并构成的审美生活正是其"意义"体现之处,审美生活构成的机杼就在于审美主体"始终—指向"那一"个别的美",并体现为"始终—指向"的绵延过程,而且,在这一"始终—指向"的过程中,审美主体对审美生活的向往与追求一直作为一种动力在驱动着这个过程,因而才形成了无比丰富的审美生活。可以看出,只有在审美生活的主体与对象在时间性上构成的角度,才有可能把柏拉图美学中的潜台词置于澄明之中。

总的来说,柏拉图所言的"个别的美"原本就是一个"意义"与"价值"业已实现的审美生活或者审美行为,而且其"意义"与"价值"就在于——一个审美主体的审美生活之中的两个相关项(主体与对象)之间是一种"始终—指向"的时间性关系。如果一个审美主体从对一个对象的关切转向对另外一个对象的关切,那么这只能是形成了另外一个审美生活。所以,在柏拉图的《大希庇亚篇》之中,当他唯一一次最集中地探讨"美本身"的时候,所提及的"个别的美"也是空前的,比如美丽的少女、一匹美丽的母马、一只美丽的陶罐、一把竖琴、漂亮的鞋子、一把适宜的长勺等等,在生活的"意义"与"价值"角度都可以还原为以这些对象而构成的一个个审美行为,当"我"在观看"美丽少女"的"时候"所得到的是如此这般的快乐,当"我"在使用"美丽的陶罐"的"时候"所得到的也是如此这般的快乐,这两种行为之间只是显示了"我"的不同"需要",事实上当"我"需要"美丽陶罐"的"时候","美丽少女"是无法起到"美丽陶罐"的作用的。但是柏拉图却要在二者之间做一个对比:"最美丽的陶罐与少女相比也是丑陋的。"[1]这在常理上就是完全谬误的,只要我们了解了柏拉图是要追寻那无时间性的

---

[1] 柏拉图:《柏拉图全集》第4卷,王晓朝译,北京:人民出版社2003年版,第37页。

"美本身",那么,这般强词夺理就是可以理解的。人的不同的审美需要正造就了不同的审美生活,因为需要总是"始终—指向"不同的对象的。

综上所述,柏拉图对无"时间性"的"相"的追求使得他的美学思想也带上了这一鲜明特征,上述几个方面出自于客观唯心主义美学的不同体现,但是在其"时间性"上的体现却是一贯的。柏拉图因此也成为西方美学偏重纯粹主观一派的最早的创始人。

第三章 奥古斯丁美学思想中的时间性问题

摘要 奥古斯丁神学美学的核心是围绕"时间性""自我"及"意志"展开的。在奥古斯丁看来,对于上帝的信仰理应体现在:"自我"与"意志"在"延伸"中"时时""始终"与"上帝"的"同时性"存在,而且只有这样,才能保持"自我"的"统一性"。

但是,包括"审美快感"在内的"恶"的嗜欲却使得奥古斯丁这一理想"自我"在时间性上的"统一"上显得破碎、矛盾、撕裂,由此出发,奥古斯丁的神学美学在"时间性"的维度进行了诸多沉思,诸如审美体验中"注意"心理、审美记忆与绵延、"现在感"、戏剧观赏中的时间性、身体的感受与审美问题等等,可谓西方美学史上关于时间性美学思想的一次丰盛的创造性奠基。

在奥古斯丁的美学思想中,"时间性"可以说是最为核心的概念,主要体现在《忏悔录》中。正如海德格尔所说:"神学家才是当仁不让的时间问题专家。"[1]这一点在奥古斯丁的神学哲学中体现得尤其显著,尤其是自从现象学哲学日益兴起以来,胡塞尔、海德格尔等现象学大师都会不约而同地提及奥古斯丁的伟大贡献,比如胡塞尔在《内时间意识现象学》中,就以一种悲凉、无奈的语调来称赞奥古斯丁:

> 对时间意识的分析是描述心理学和认识论的一个古老的包袱。第一个深切地感受到这个巨大困难并为此而做出过近乎绝望努力的人是奥古斯丁。时至今日,每个想探讨时间问题的人都

---

[1] 海德格尔:《海德格尔选集》,孙周兴编选,上海:上海三联书店1996年版,第7页。

第三章　奥古斯丁美学思想中的时间性问题

应当仔细地研读《忏悔录》第十一篇的第 14 章至第 28 章。因为，与这位伟大的、殚思竭虑的思想家相比，以知识为自豪的近代并没有能够在这些问题上做出更为辉煌、更为显著的进步。即使在今天，人们仍得赞同奥古斯丁之所说："没人问我，我还知道，若有人问我，我想向他说明时，便又茫然不知了。"[1]

之所以说"时间性"是奥古斯丁美学思想中的核心概念，是因为，在奥古斯丁看来，"时间性"的产生是上帝创造的结果，而上帝则体现为"时间性"之外的"永恒"。对于上帝的信仰如何体现在某一个个体鲜活的日常生活之中呢？在他看来，就是要以"时间性"的"存在"来实现，即个体的精神或意识的"绵延"或者"伸展"永远为上帝以及教义所占有、充满，这样才会形成一个理想的人格，即理想的"自我"。这个"自我"在奥古斯丁精彩的分析中，充满了现象学色彩，即实现于构成为时间性的诸多要素上："记忆""滞留""期待""注意""吸引""绵延"等等；然而，包括以文学艺术、自然美、异性之爱等为对象的审美生活却会打断、干扰乃至于取代这一时间性的进程，尤其是以上审美对象在身体、感官上对奥古斯丁的强烈吸引，其审美活动作为内时间意识的强度之烈，兴发之自然，滞留之绵长，都使得他对其挥之不去，由此正展开了以时间性为枢纽的神学美学体系，以此为核心，把此岸世界与彼岸世界、审美活动作为内时间意识的构成、审美活动的涌现性特征、感性与理性、身心二分美学等等勾连起来，这也应该是神学美学最为核心的观念所在。

因而，对于"自我"的"时间性"之思，是本章把握奥古斯丁神学美学的出发点。

第一节　理想"自我"与"时间性"

没有对于天主的诚信以及对神性自我的执著追求，就没有奥古斯丁的忏悔，也就不可能顺势滋生相应的记忆与回忆，进而也就不可能

---

[1] 胡塞尔：《内时间意识现象学》，倪梁康译，北京：商务印书馆 2009 年版，第 33 页。

在回忆与记忆的内容之中出现与审美相关的内容。这是奥古斯丁神学美学思想产生的思维链条。

从整体上看，奥古斯丁的美学应该是属于神学存在论美学与现象学美学的交融，或者说，他在进行神学美学建构之时，所依赖的最为根本的态度与方法是具身投入式的、第一人称的，因为尤其是在《忏悔录》中，他绝不是进行单纯的、仅仅在字义上释读《圣经》，而是出自于信仰、修行活动中的爱与恨，这些爱与恨在原发性的信仰与修行活动中同样保持了鲜活的状态，在《忏悔录》第一卷的第一节，奥古斯丁就如此发自肺腑地表达着爱与恨：

> 一个人，受造物中渺小的一分子，愿意赞颂你；这人遍体带着死亡，遍体带着罪恶的证据，遍体证明"你拒绝骄傲的人"。
>
> 但这人，受造物中渺小的一分子，愿意赞颂你。你鼓动他乐于赞颂你，因为你造我们是为了你，我们的心如不安息在你怀中，便不会安宁。
>
> 主啊，请使我得知并理解是否应先向你呼吁而后赞颂你，或是先认识你然后向你呼吁。但谁能不认识你而向你呼吁？因为不认识你而呼吁，可能并不是向你呼吁。或许向你呼吁是为了认识你？但"既然不信，怎会呼吁？无人传授，怎会相信？""谁追寻主，就将赞颂主"，因为追寻主，就会获得主；获得主，也就会赞颂主。[1]

或者说，至少作为《忏悔录》的读者，能够体验到他对上帝的赞美以及对自身信仰活动不纯粹甚至与天主背道而驰的痛恨、忏悔。

奥古斯丁在《忏悔录》刚开始的时候，采用的是追问天主之"本体"的方法，然后转入现象学式的"记忆描述"。在学界对奥古斯丁时间性思想的研究中，大多是直接指向第十一卷之后的篇章，殊不知在第一卷到第十卷的"忏悔"正是其"时间性"哲学必不可少的有机组成部分，之所以这样说，是因为奥古斯丁的现象学神学都是从"第一人

---

[1] 奥古斯丁：《忏悔录》，周士良译，北京：商务印书馆2009年版，第1—2页。

称"的"私人体验"出发的,尤其是对"过去体验"的清晰"记忆",更成为奥古斯丁"忏悔"的首要条件,也是向神忏悔的一个利器。

在"第一人称"的"个人体验"的基础上,才可能走向对"内在时间意识"构成的"普遍结构"进行分析。正如阿伦特论及奥古斯丁所言:"这部著作几乎完全是非论证性的,富含我们今天称为'现象学'的东西所描述的内容。"[1]如果说,从奥古斯丁《忏悔录》前10卷的内容来看,他在回忆中所做的"忏悔"堪称现象学的"工作哲学",那么,在《忏悔录》第11卷之后对于"时间性"的经典分析,则是精纯的"先验"现象学。

比起胡塞尔往往只是执著于意识构成的普遍结构,不把个人体验放进现象学的视野,从而显得太不动声色,奥古斯丁的现象学则显得更为亲切,怪不得詹姆士也赞佩地说:"奥古斯丁颇具心理学天赋,他对自我分裂的苦恼所做的描述,至今无人超越。"[2]詹姆士把奥古斯丁看做是人格"不协调"的"典型",而且,在詹姆士《宗教心理种种》一书中,正是在"分裂的自我及其统一过程"这一节提及奥古斯丁,这的确抓住了奥古斯丁现象学式的"忏悔"产生的动机:

> 他在迦太基长大,所受的教育一半是异教,一半是基督教,后来他移居罗马和米兰,信奉摩尼教,然后是怀疑主义,他不断地追求真理,净化灵魂。最后,他胸中的两个灵魂厮杀,弄得他心烦意乱;而且,他认识或间接认识的许多人已经打破荒淫的桎梏,献身纯真而高尚的生活,使他为自己的意志薄弱深感羞愧;他在花园里听到一个声音:'拿着读吧。'于是,他随便翻开《圣经》,看见经文写着'不可溺于淫荡'等等,好像直接针对他,使他内心的暴风骤雨永远平息。[3]

现象学往往会采取不同的角度、运用各种方法对意识过程尤其是

---

[1] 阿伦特:《精神生活·意志》,姜志辉译,南京:江苏教育出版社2006年版,第102页。

[2] 威廉·詹姆斯:《宗教经验种种》,尚新建译,北京:华夏出版社2005年版,第104页。

[3] 同上。

内时间意识过程的构成进行描写,使同质的表面现象透过描述而慢慢消解,描述到最后,我们就会发现有些部分是一定存在的或者说先验地存在的,这些部分就是此物构成的本质。在《忏悔录》总共13卷之中,就有12卷属于在"记忆"基础上的"忏悔",而且,在"记忆"的材料中,奥古斯丁涉及文学艺术、感官享受、身体等等审美生活的材料是最为丰富与典型的,因而,虽然在第11卷之后,奥古斯丁在纯粹的时间性之思中并没有过多地涉及"审美生活",但是,"审美生活"显然是属于奥古斯丁意图建立的理想"自我"所具有的纯粹时间性之中的"异物"。

在《忏悔录》第11卷的第14节,奥古斯丁为哲学史留下了亘古之思:"那么,时间究竟是什么?没有人问我,我倒清楚,有人问我,我想说明,便茫然不解了。但我敢自信地说,我知道如果没有过去的事物,就没有过去的时间;没有来到的事物,也没有将来的时间,并且如果什么也不存在,则也没有现在的时间。"[1]他不仅将时间分成过去、现在和将来,还进一步分成过去的现在(记忆)、现在的现在(直接感觉)和将来的现在(期望)三部分,因此圣奥古斯丁将时间的存在全部压缩到"现在",将之凝缩成此刻内心的状态,把时间内在化、个体化、此在化,不再使之成为绝对存在而处于与人无关的独立状态。紧接着,奥古斯丁就进行了纯粹的哲学之思:"既然过去已经不在,将来尚未来到,则过去和将来这两个时间怎样存在呢?现在如果永久是现在,便没有时间,而是永恒。现在的所以成为时间,由于走向过去;那么我们怎能说现在存在呢?现在所以在的原因是即将不在;因此,除非时间走向不存在,否则我便不能正确地说时间不存在。"[2]

奥古斯丁对于时间问题的探讨是从《圣经》出发的,即天主如何存在?这是奥古斯丁在此书中要集中探索和说明的。正如海德格尔所说:"首先,神学讨论作为在上帝面前的存在的人类此在,讨论这种与

---

[1] 奥古斯丁:《忏悔录》,周士良译,北京:商务印书馆2009年版,第256页。
[2] 同上书,第258页。

永恒相关的人类此在的时间性存在。"[1]在《忏悔录》第11卷的第10节，奥古斯丁提出异教徒们对《创世纪》神话的质疑：上帝在创天地之前在做什么？如果慌急地回答说："上帝在创造天地之前，在创造异教徒的地狱。"那么，这个回答里面的上帝就被陷在时间里了，时间和变动的关联是没办法否认的，上帝就会因此不再具有"永恒"的属性，连上帝的死都会变得可能。因此，要回答这个问题只能说这个问题本身就不成立；因为在上帝创造世界时，时间也同时被创造，所以，不能有创造天地"之前"的概念，因为天地被创造之初也是时间开始的起点，没有之前了。奥古斯丁说："二者绝对不能比拟，时间不论如何悠久，也不过是流光的相续，不能同时延留，永恒却没有过去，整个只有现在，而时间不能整个是现在，他们可以看到一切过去都被将来所驱除，一切将来又随过去而过去，而一切过去和将来却出自永远的现在。谁能把定人的思想，使它驻足谛观无古往无今来的永恒怎样屹立着调遣将来和过去的时间？"[2]也就说，天主是现在，永恒的现在。

既然如此，"永恒"和"时间"究竟是什么样的关系呢？"永恒"具有无限性，"时间"却是有限的；"永恒"具有恒常性，"时间"却是变动的。上帝具有"永恒"的属性，而"时间"却绝对不可能是上帝的属性，如果是的话，上帝不就有所欠缺？既然上帝创造天地的时候，时间也伴随着开始了，"时间"就与被创造的这个世界有关系，更进一步说，"时间"就是个体存在——每一个独特"自我"之中的"意识"的"延伸"；"时间"对于"永恒"的"期待"就是"自我"对上帝的"爱"，由"爱"滋生出、绽放出时间的"绵延"与"延伸"；但是"自我"的"自由意志"中的"恶"的"欲望"，却使得"自我"不能在时间上始终纯粹地与上帝保持"同时性"的存在，在"恶"的欲望中就生发出奥古斯丁的神学美学思想来。

这就是奥古斯丁神学美学围绕"时间性"而展开的"三部曲"，且待下文分而述之。

---

[1] 海德格尔：《海德格尔选集》，孙周兴编选，上海：上海三联书店1996年版，第8页。

[2] 奥古斯丁：《忏悔录》，周士良译，北京：商务印书馆2009年版，第255—256页。

一、"时间"与"自我意识"

奥古斯丁认为,如果我们会说某段时间是长或短,因此,"度量"一定和时间有密切的关系,比如我们会度量到一个特定的时间比另一特定的时间更长或更短,但是我们会直接度量时间本身吗?他说:

> 我们说时间长短,只能对过去或将来而言。长的过去,譬如我们说百年之前,长的将来,譬如说百年之后;短的过去,譬如说十天之前,短的将来,譬如说十天之后。但不存在的时间怎能有长短呢?因为过去已经不存在,而将来尚未存在。为此,我们不要说:时间是长的;对于过去的时间,只能说:曾是长的;对将来的时间,只能说:将是长的。我的天主,我的光明,这里你是否又要笑世人了?过去的时间,长在已经过去,还是长在尚未过去之时?一样东西能有长短,才能是长是短。既然过去,已不存在,既不存在,何有长短?[1]

因而,时间在"现在"或者"现在感",在现在的感觉之中:

> 但是,主,我们觉察到时间的距离,能把它们相互比较,说哪一个比较长,哪一个比较短。我们还度量这一段时间比那一段长短多少,我们说长一倍、两倍,或二者相等。但我们通过感觉来度量时间,只能趁时间在目前经过时加以度量;已经不存在的过去,或尚未存在的将来又何从加以度量?谁敢说不存在的东西也能度量?时间在通过之时,我们能觉察度量,过去后,既不存在,便不能觉察度量了。[2]

奥古斯丁认为,我们度量的是之前发生事件留在我们心灵或者内时间意识中的印象,因此,当我们度量过去的某一点到现在的时间长度时,我们度量的是内时间意识记忆里那个印象到现在——这个具有内省性能力的心理之间的时间长度;也就是说,我们之所以能度量是

---

[1] 奥古斯丁:《忏悔录》,周士良译,北京:商务印书馆2009年版,第259页。
[2] 同上书,第260页。

由于心灵的"延伸"或"绵延"。在此,"现在感"的"延伸"像极了胡塞尔对"内时间意识"结构进行划分时所说的时间"视域"——即"现在感"包含着对"过去"的"滞留"和对"未来"的"前摄",从下文对奥古斯丁欣赏音乐的"内时间意识"分析,就可以清晰地看到他的这一时间性思想的深刻之处。

心灵的"延伸"使我们度量到时间,过去的时间其实是我们在"记忆"中的印象,未来的时间其实是我们期盼将来的意向,而不管记忆或期盼的内容是什么,都只能在"现在"之中被我们认识,因为过去和未来都是不存在的,只有"现在"是存在的。因此,"过去"是由于"已逝去之事物"的"被呈现"才能被度量,"未来"是由于将来临之事物的"被呈现"才能被度量,当然"现在"就是度量"现在之事物的呈现"。这"三重的呈现"就是我们心灵度量到时间的方式,"现在"的内时间意识连系着未来和过去,这样过去、现在和未来就不再只是具有离开个体生存状态的"实体"意义,只能是在内时间意识"延伸"中的呈现。

而且,更为重要的是,奥古斯丁绝不是在抽象地探讨时间,而是把"时间"置入"永恒""之……中"的,或者说"时间"是被"永恒"所创造,而后经过信仰的持存,再归于"永恒",而且,这里的"时间"就是人的存在或者说就是人存在的具体的、原发性的状态,"永恒"就是上帝。根据奥古斯丁的分析,他认为,当我们反省我们自己曾经的存在状态时,我们越是会注意到——我们无法掌握到完全的自身,因为关于以往所有经验的记忆都是有限的,我们会遗忘很多,甚至于每一个专注自身都提醒着时间造成的遗忘,这些都使得要获得一个统一的自我是极为困难的;也就是说,当我的意念越是专注于我自己时,我越会发现我的灵魂是分裂的。

奥古斯丁从《忏悔录》第11卷开始专门探究时间问题,而之前的第10卷中,绝大部分内容是用来分析"记忆"与"遗忘"的,可以说,如果没有第10卷对"记忆"与"遗忘"的探究,就不可能产生第11卷的时间性问题,因为对于一个信徒而言,最为理想与完满的自我就是使天主始终停留在或者永驻于自己的记忆之中,而不是致其限于遗忘,哪怕是片刻的遗忘。

正是因为要让天主永驻于自身的记忆之中，奥古斯丁的忏悔就绝不是仅仅对已经过去的生活斤斤计较，而是对"现在"进行忏悔，或者说任何"记忆""回忆"作为一种行为或者作为一种内时间意识都是"现在"的，因此，奥古斯丁说："这是我的忏悔的效果，我不忏悔我的过去，而是忏悔我的现在；不但在你面前，怀着既喜且惧，既悲伤而又信赖的衷情，向你忏悔，还要向一切和我具有同样信仰、同样欢乐、同为将死之人、或先或后或与我同时羁旅此世的人们忏悔。"[1]或者更为准确地说，正是因为在目前或者现在的"记忆"之中存在着天主，才有可能对已经过去的经历进行忏悔，而且，这一忏悔行为连同"记忆"一样是现在正在进行的。

正是基于这一基本立场，奥古斯丁一再声明——希望人们本着这样的精神来听他的忏悔，他说：

> 这些人是你的仆人、是我的弟兄，你收他们为子女，又命令我侍候他们如主人，如果我愿意依靠你，和你一起生活。你的"道"如果仅用言语来命令，我还能等闲视之，但他先自以身作则。我以言语行动来实践，在你的复翼之下实践，因为假如我的灵魂不在你复翼之下，你又不认识我的懦弱，则前途的艰险不堪设想。我是一个稚子，但我有一个永生的父亲，使我有恃无恐；他生养我，顾复我。全能的天主，你是我的万善，在我重返你膝下之前，你是始终在我左右。因此，我将向你所命我伺候的人们吐露肺腑，不是追叙我过去如何，而是诉说我目前如何，今后如何；但"我不敢自评功过"[2]

也就是说，忏悔既是现在正在进行的活生生的行为，也是对以往生活的回忆，更是据此来体现天主的意义，实现愈来愈纯洁的、高尚的自我形象，他说："我愿回忆我过去的污秽和我灵魂的纵情肉欲，并非因为我流连以往，而是为了爱你，我的天主。因为我喜爱你的爱，才这样做：怀着满腔辛酸，追溯我最险恶的经历，为了享受你的甘怡，这甘

---

[1] 奥古斯丁：《忏悔录》，周士良译，北京：商务印书馆2009年版，第200页。
[2] 同上书，第200—201页。

怡不是欺人的甘怡,而是幸福可靠的甘怡;为了请你收束这支离放失的我、因背弃了独一无二的你而散失于许多事物中的我。我青年时一度狂热地渴求以地狱的快乐为满足,滋长着各式各样的黑暗恋爱,我的美丽凋谢了,我在你面前不过是腐臭,而我却沾沾自喜,并力求取悦于人。"[1]所以,奥古斯丁说:"现在,'我的岁月消耗在呻吟之中'。主,我的安慰,我的慈父,你是永恒的,而我却消磨在莫名其究竟的时间之中;我的思想、我心灵的藏府为烦嚣的动荡所撕裂,直至一天为你的爱火所洗练,我整个将投入你怀抱之中。"[2]分裂的灵魂要获得统一的自我唯有"融入""皈依"上帝,因为上帝的永恒包括了我们在时间里的遗忘、懊悔、期盼等等;所以,当我们脱离时间,进入永恒,就能获得统一的自我。当然,使用"融入""皈依"这样的字眼只能是比喻式的,象征化的,落实在个体的存在状态上,那就体现为——个体的"内时间意识"的"过程""自始至终"被对上帝的信仰所完全充实或占据。

二、超绝感官与审美享乐的"记忆"

世上一切宗教都极为关切"忏悔",因为神灵绝对高于众生,要达成对神灵的至诚、纯粹的信仰,"忏悔"就成为对神灵信仰最为直接的、直观的体现之一,也作为一种宗教仪式构成了宗教生活的重要内容。在忏悔之中,既要对神灵的绝对性进行赞颂,又要对自身的恶进行忏悔,以期达成神灵对自身的仁慈与宽恕,而且这两个方面完全是融为一体的,没有对于神的赞颂,忏悔就失去了根基;没有了对自身之恶的忏悔,个体对于神的赞颂就失去了直观的、原生的呈现状态,因为信众之所以要信仰神灵,正是在于自身的局限性,尤其是在基督教的教义之中,"原罪"就是其整个信仰体系的基石之一。

既要在忏悔中通达对天主的信仰,又要在忏悔中对所知的一切以及所不知的种种进行觉察,奥古斯丁对这一忏悔对象的范围做了解

---

[1] 奥古斯丁:《忏悔录》,周士良译,北京:商务印书馆2009年版,第25页。
[2] 同上书,第274页。

释,他说:"我要忏悔我对自身所知的一切,也要忏悔我所不知的种种,因为对我自身而言,我所知的,是由于你的照耀,所不知的,则我的黑暗在你面前尚未转为中午,仍是无从明澈。"[1]这意味着记忆并不是一个消极的、被动的或者完全自动地进行全部记录的载体,而是一个受意义支配的信息库,哪些可堪回忆,哪些可堪进入记忆,这些都取决于当下对"意义"的抉择。当然,在奥古斯丁的视野中,"意义"就是"天主"或者对"天主"信仰的追寻。

只是由于对天主的爱与拥戴,忏悔才会产生,而且忏悔的内容——在记忆中的内容才会涌出,因此,曾经发生的一切与进入记忆完全不是一回事,可以说,前者远远大于后者。熊十力曾对这两者之间的关系进行过极为精到的分析,针对前者,他说:"《三十论》言:'念者,于曾习境,令心明记不忘为性,定依为业。'曾习境者,凡过去感官接触之境,及所思维义境,义理即境,说名义境。皆名曾习。犹言过去经验之境。"[2]而后者则是——"记忆作用,即是念之自性。念即俗云记忆。由念力故,令心及余心所,于曾习境,明记不忘。唯识说念,由过去心、心所取境,熏发习气,潜在本识中。本识,即第八赖耶识。由忆念力故,唤起旧习。更有别义,此姑不详。然忆念,毕竟是一种独立的作用云。"[3]

奥古斯丁一再强调其回忆与忏悔的鲜活与完整——"我的天主,这是我的心灵在你面前活生生的回忆。"[4]而且,在《忏悔录》中,他的确做到了这一点。因此,奥古斯丁在《忏悔录》中对《圣经》的解释就绝不仅仅限于对字义、经义的准确阐释,而是基于一种实际生活经验的活生生的阐释。海德格尔也因此对奥古斯丁评价甚高,他说:"一个人要解释《圣经》的疑难必须做好如下准备:他需要敬畏上帝,在《圣经》中坚持不懈地探求上帝的意旨;他需要虔诚地温顺,以免沉溺于无休止的争辩;他需要具备语言知识,以免受到不理解的词语和表达的

---

[1] 奥古斯丁:《忏悔录》,周士良译,北京:商务印书馆2009年版,第202页。
[2] 熊十力:《佛家名相通释》,北京:中国大百科全书出版社1985年版,第28页。
[3] 同上。
[4] 奥古斯丁:《忏悔录》,周士良译,北京:商务印书馆2009年版,第35页。

第三章 奥古斯丁美学思想中的时间性问题

妨碍;他也得准备熟悉某些自然物和事件,以免当它们用于比喻时,不知其力量,他还得有《圣经》中的真理的支持。"[1]这表明奥古斯丁对于《圣经》的解释以及在《忏悔录》中的回忆都是一种以第一人称切身参与的实际生活的解释学,而且海德格尔认为,后来的施莱尔马赫"将以前被视为一种广泛的和活生生的解释学观念限制为针对另一个人话语的'理解的艺术',而且被看做是与语法学和修辞学相关的一门学科,并被纳入到同辩证法的关系中;这种方法论是形式上的,作为'一般解释学'(理解任何陌生话语的理论和艺术论),它包括特殊的神学解释学和语文解释学。"[2]这既指出了奥古斯丁神学作为一种普遍解释学在阐释学思想史上的重要地位,又指出了实际生活经验解释学的基本枢机,海德格尔说:"解释学不是一种人为想出来的以及满足此在的好奇心的分析方式。从实际性本身中所要突出的是:如何和何时的要求这种确定的解释。在这里解释学和实际性之间的关系不是一种对象的把握和被把握的对象之间的关系(这只不过在已预设的关系中衡量自身),相反,解释本身是实际性的存在特征之可能的独特方式。解释是实际生活本身之存在的在者的方式。"[3]可见,"何时"——即"时间性"正是实际性解释学的机杼之一。那么,在《忏悔录》中,最为鲜活的时间性的体现正是奥古斯丁对天主的爱以及对违背天主的恨,这一切都体现在"回忆"与"记忆"之中。

在他的回忆中,对艺术、美色、美物、美景、美味的爱好虽然不像杀人越货那般恶毒,但是仍然属于"次要的美"[4],尤其是当这些"次要的美"越界恣肆,就会严重影响到对至美、至善的追求,他说:"美好的东西,金银以及其他,都有动人之处;肉体接触的快感主要带来了同情心,其他官能同样对物质事物有相应的感受。荣华、权势、地位都有一种光耀,从此便产生了报复的饥渴。但为获致这一切,不应该脱离你、

---

[1] 海德格尔:《存在论:实际性的解释学》,何卫平译,北京:人民出版社2009年版,第15页。
[2] 同上书,第16—17页。
[3] 同上书,第19页。
[4] 奥古斯丁:《忏悔录》,周士良译,北京:商务印书馆2009年版,第31页。

违反你的法律。我们赖以生存于此世的生命,由于它另有一种美,而且和其他一切较差的美相配合,也有它的吸引力。人与人的友谊,把多数人的心灵结合在一起,由于这种可贵的联系,是温柔甜蜜的。"[1]而这些对象会成为信仰的障碍,他说:"对于上列一切以及其他类似的东西,假如漫无节制地向往追求这些次要的美好而抛弃了更美好的,抛弃了至善,抛弃了你,我们的主、天主,抛弃了你的真理和你的法律,便犯下了罪。世间的事物果然能使人快心,但绝不像你,我的天主、创造万有的天主,正义的人在你身上得到快乐,你是心地正直者的欢忻。"[2]因此,在回忆之中超绝与抨击审美活动就是奥古斯丁的必然选择,因为回忆是由对天主的爱作为唯一引导力的,他说:"感谢你,我的天主。你把我的回忆导向何处呢?我竟会向你诉说这些已被我忘失的重大事件!虽则'你的香膏芬芳四溢',我们并不奔波求索,所以现在听到神圣的颂歌之声,更使我涕泪交流;以前我只会向你太息而已,这时才能尽情嘘吸,使我的'茅屋'中充满馨香。"[3]

既然奥古斯丁的回忆与忏悔是为了达成现在活生生的对天主的完善信仰,那么,为了与天主的性质、状态相沟通,其忏悔就不能通过感官来进行,而是通过心灵或者灵魂,他说:"主,不论我怎样,我完全呈露在你的面前。我已经说过我所以忏悔的目的。这忏悔不用肉体的言语声息,而用你听得出的心灵的言语、思想的声音。如果我是坏的,那么我就忏悔我对自身的厌恶;如果我是好的,那么我只归功你,不归功于自己。"[4]而且,他还特地把感官欲望之享乐延伸至审美生活,更把涉及审美生活的各种感官一一列出,并以此来衬托出天主的形象——超绝感官与欲望的:

> 但我爱你,究竟爱你什么?不是爱形貌的秀丽,暂时的声势,不是爱肉眼所好的光明灿烂,不是爱各种歌曲的优美旋律,不是爱花卉膏沐的芬芳,不是爱甘露乳蜜,不是爱双手所能拥抱的躯

---

[1] 奥古斯丁:《忏悔录》,周士良译,北京:商务印书馆2009年版,第31页。
[2] 同上。
[3] 同上书,第182页。
[4] 同上书,第198页。

体。我爱我的天主,并非爱以上种种。我爱天主,是爱另一种光明、音乐、芬芳、饮食、拥抱,在我内心的光明、音乐、馨香、饮食、拥抱:他的光明照耀我心灵而不受空间的限制,他的音乐不随时间而消逝,他的芬芳不随气息而散失,他的饮食不因吞啖而减少,他的拥抱不因久长而松弛。我爱我的天主,就是爱这一切。〔1〕

因而,奥古斯丁正是以对天主的绝对信仰为根基、标准来进行记忆、回忆的整理、翻阅、更新,以此形成一个统整的自我,他说:"我身上另有一股力量,这力量不仅使我生长,而且使我感觉到天主所创造而赋予我的肉体,使双目不听而视,双耳不视而听,使其他器官各得其所,各尽其职;通过这些官能我做出各种活动,同时又维持着精神的一统。但我也要超越这股力量,因为在这方面,我和骡马相同,骡马也通过肢体而有感觉。"〔2〕由此,奥古斯丁便自然而然地进入到了鲜活的记忆与回忆之中,如他所说:"我要超越我本性的力量,拾级而上,趋向创造我的天主。我到达了记忆的领域、记忆的殿廷,那里是官觉对一切事物所感受而进献的无数影像的府库。凡官觉所感受的,经过思想的增、损、润饰后,未被遗忘所吸收掩埋的,都庋藏在其中,作为储备。"〔3〕

他如此形容如同海德格尔所言那种实际生活经验的解释学经验的生动与鲜活,他说:

> 我的天主,记忆的力量真伟大,太伟大了!真是一所广大无边的庭宇!谁曾进入堂奥?但这不过是我与性俱生的精神能力之一,而对于整个的我更无从捉摸了。那么,我心灵的居处是否太狭隘呢?不能收容的部分将安插到哪里去?是否不容于身内,便安插在身外?身内为何不能容纳?关于这方面的问题,真使我望洋兴叹,使我惊愕!〔4〕

---

〔1〕 奥古斯丁:《忏悔录》,周士良译,北京:商务印书馆2009年版,第202页。
〔2〕 同上书,第204页。
〔3〕 同上书,第205页。
〔4〕 同上书,第206页。

可以看出，这同时又是对于"回忆"的礼赞，在这些回忆之中，那些违背天主信仰的审美生活、感官欲望都纷纷浮现、涌现、现身出来，他说："论文学、论辩学以及各种问题，凡我所知道的，都藏在记忆之中。这不是将事物本身留在身外仅取得其影像。也不是转瞬即逝的声音，仅通过双耳而留遗影像，回忆时即使声息全无，仍似余韵在耳；也不像随风消失的香气，刺激嗅觉，在记忆中留下影像，回忆时如闻香泽；也不比腹中食物，已经不辨滋味，但回忆时仍有余味；也不以肉体所接触的其他东西，即使已和我们隔离，但回忆时似乎尚可捉摸。这一类事物，并不纳入记忆，仅仅以奇妙的速度摄取了它们的形影，似被分储在奇妙的仓库中，回忆时又奇妙地提取出来。"[1]

三、自由意志、欲望与"自我"的撕裂

奥古斯丁认为，天主的存在是永恒的，那么信徒的存在就只能做到"既不期望未来，也不回忆过去，没有变迁，也不伸展于时间之中，即使是这样一种受造物，也不能和你同属永恒"[2]，这才是最为理想的、最高的境界，即理想的统一的"自我"。也就是说，永恒即绝对的整一。最为理想的状态是"我"的整一而不是分裂。最为极致的状态就是——"从未离开你而远游，虽则不是和你同属永恒，但始终不渝地依附着你，不受任何时间变迁的影响。"[3]而且，他本人的理想就是，虽然不能与天主同属永恒，但是可以分享永恒。按照这样的想法，为了获得统一的自我，就必须融入上帝中去，从而脱离时间造成的分裂；但是，怎么才能做到呢？回头看奥古斯丁的《忏悔录》前10卷中的忏悔，就是为了能够融入上帝而重述自己前半生的荒淫无度，甚至坦言曾经对上帝的不信任，因而，这个叙述人生历程的方式就是奥古斯丁为了获得自身的整体而使用了"现象学还原"，《忏悔录》本身就是一个通过对自我在成长中生命经验的忏悔，进而获得自身整体性的范例。在"还原"之后，最终剩下来的共相就是"身体"与"灵魂"的绝对对立。

---

[1] 奥古斯丁:《忏悔录》，周士良译，北京:商务印书馆2009年版，第207页。
[2] 同上书，第283页。
[3] 同上书，第284页。

在他看来，所有生物都是由"灵魂"与"肉体"组成的，只有"灵魂"才能在时间上与永恒的上帝保持统一，因为"身体"的存在是短暂的、易朽的、有限的，而且更重要的是"恶"的意志来源于"身体"。不管是在《忏悔录》，还是在《上帝之城》《论三位一体》《论自由意志》中，奥古斯丁都对"灵魂"赞赏有加："灵魂肯定比身体优秀。哪怕是疲软虚弱的灵魂，也肯定比最健康的身体要好。因为灵魂具有的较为优越的性质使之不会降低到身体的水平，哪怕是受到邪恶的玷污，就好像金子，哪怕是不纯的，它的价值也高于最纯的银或铅。"[1]而且，灵魂不是永恒的，其与"永恒"的区别就在于它有一个时间上的"开始"，只是"灵魂"没有终结。因而，他认为，"身体"显然无法维系"自我"的持久而纯粹的统一，甚至"自我"对于"上帝"的领悟也不堪其任："上帝的侍者与使臣幸福地享有上帝不变的真理，它们不是用身体的耳朵，而是用心灵，聆听了上帝的全部话语。它们没有丝毫怠慢或障碍，在这个可见的和可感的世界上实施上帝的旨意，它们以某种不可言说的方式听到了上帝的命令。"[2]

而"恶"的嗜欲却还更加时时导致"自我"统一的撕裂，其体现就表征于在时间性"延伸"之中，向"善"的"意志"非常虚弱、容易中断、存在短暂，而向"恶"的意志却生机勃勃、不受侵扰、绵延持久。

在《忏悔录》中，奥古斯丁详尽地描述了两种意志如何在他的"内心"争斗：

> 敌人掌握着我的意志，把它打成一条铁链紧紧地将我缚住，因为意志败坏，遂生情欲，顺从情欲，渐成习惯，习惯不除，便成为自然了。……我开始萌芽的新的意志，即无条件为你服务，享受你天主，享受唯一可靠的乐趣的意志，还没有足够的力量去压伏根深蒂固的积习。这样我就有了一新一旧的双重意志，一属于肉体，一属于精神，相互交绥，这种内讧撕裂了我的灵魂。[3]

---

[1] 奥古斯丁：《上帝之城》，王晓朝译，北京：人民出版社2006年版，第364—365页。
[2] 同上书，第408页。
[3] 奥古斯丁：《忏悔录》，周士良译，北京：商务印书馆2009年版，第154页。

在哲学史上,奥古斯丁率先提出以人的内在经验为观点来建立时间理论。他对时间的探讨源自反驳异教徒对《圣经》的批评,而他思考问题的方法却像极了地道的当代现象学,比如不再追问本体是否存在、如何存在,而只是去探询我们的内时间意识如何感受到此本体的活动。奥古斯丁这种思考的方向已经不再是针对时间的形而上本体进行理论的建构,而是更贴近于意识或时间意识层面,分析体验到时间构成的方式,这也是他在时间问题上具有不可取代的重要地位的原因所在,更为重要的贡献在于这种现象学式的"自我反省"是"第一人称"的,而且理应是现象学的理想范式,因为所有的"时间意识"在绝对的意义上只能首先是"自我"的体验,然后才能在这个基础上"推己及人",发展出普遍的现象学来。相比之下,奥古斯丁的"古典现象学"显然比"现代现象学"高出一筹,堪称范本。

哲学史家文德尔班曾如此评价奥古斯丁在西方哲学史上的地位:"对于内在经验的倾向构成了奥古斯丁独特的文学特性。他在自我观察、自我剖析方面是位艺术能手。他善于描绘精神状态,其技巧之精湛有如他在反省中分析精神状态、揭露最深的情感和冲动因素所显示的才能一样令人钦佩。正是因为这个原因,他的形而上学用以力求理解宇宙奥秘的观点几乎完全出于这个根源。因此,与希腊哲学相对立,开始了一种新的发展过程;在整个中世纪时期,的确这种发展几乎没有超过奥古斯丁最初取得的成就,一直到了近代,这种过程才得到充分的发展。"[1]可以看出,这一评价实在名副其实。

四、"时间性"运用于神学美学的两个后果

通过以上论述,可见,把"时间性"思想运用于美学知识,其最为直接的两个后果就是:第一,把"审美生活"置入"生活……之中";第二,"审美生活"本身也是"时间性"的。

从第一个后果而言,这一"置入"并不是强行施暴,更不是说,如果

---

[1] 威廉·文德尔班:《哲学史教程》,罗达仁译,北京:商务印书馆1997年版,第371页。

不"置入"的话,"审美生活"还能够自然地存在,而是就其存在的根本特性或者根本枢机而言的,"在生活之……中"是一个绝对先行存在状态,也只能是如此。这意味着,"审美生活"的一切向度都是在时间性上被构造起来的,这意味着"审美生活"是一个意义事件,而不是抽象的主观因素或者客观因素,从而以"存在论"美学完全超越了"主客二分"美学。当然,在奥古斯丁那里,这种超越是一种完全颠倒的超越,因为他要从对神的信仰来完全否定审美生活的价值,但正是因为这种超越是从完全自然状态的存在出发的,倒是让我们能洞察——"审美生活"在"时间……之中"的存在。

从第二个后果而言,"审美生活"自身一旦形成或完成,同样是一个开始—绵延—结束的过程,唯其是一个"过程"才干扰了"自我"对于上帝的信仰,导致"信仰"作为一种"时间意识"的"中断",这同样是一个先天的规定,而且这样一个"过程"就是人类之所以需要审美生活的唯一目的,在这一时间性的过程之中,"主体"与"客体"是在主观时间意义上"同时"存在的,这种"同时性"也当然地存在于"主体间性"之中,所以,奥古斯丁在《忏悔录》中的美学从来不孤立地从"主体"或者"客体"出发,而是在忏悔中保全了"审美生活"的"新鲜"。以上两个后果导致奥古斯丁的美学基本上贯穿着"亲切""生动""鲜活"的文风,事实上,这正是美学作为一门学科的"学科特性",因为这是从"审美生活"这一"对象域"自然而然生发出来的,从而美学知识才有可能产生逻辑性的生产。

到了《忏悔录》第11卷的最后一部分,即第29章以后,奥古斯丁则是把对时间的认识拿来和上帝的永恒对比,在这个对比里更深刻地发现自身所处的时间不断地使"自我"分裂,在这里我们可以了解奥古斯丁因此而期盼得到自身的统一性、不再陷入"多"的分裂中的渴求与希望;在忏悔中,"恶"的体现就是身体对于"快感"的追求、延伸,其中就显出"审美之恶",这将是下一节要面对的问题。

第二节 "审美之恶"——与上帝争夺"现在"

审美生活在奥古斯丁的神学思想体系中居于何处呢？我认为，这一问题本身直接关涉的就是解决美学的研究对象问题。在本节中，本文只从现象学视角探讨"审美生活"在时间性上对"永恒"的消极影响，尤其是体现在"注意""吸引""伸展""回忆"等构成时间意识的要素上。通过对以上诸种时间性要素的分析，就会自然而然地显露美学的对象是如何存在的。

一、三重"现在"与"审美注意"

天主如何存在？这是奥古斯丁在《忏悔录》里集中进行陈述的焦点。天主之言语即"道"，他说："天主是永永不寂的言语，常自表达一切，无起无讫，无先无后，永久而同时表达一切，否则便有时间，有变化，便不是真正的永恒，真正的不朽不灭。"[1]天主是现在，永恒的现在，他说："谁能遏止这种思想，而凝神伫立，稍一揽取卓然不移的永恒的光辉，和川流不息的时间作一比较，可知二者绝对不能比拟，时间不论如何悠久，也不过是流光的相续，不能同时伸展延留，永恒却没有过去，整个只有现在，而时间不能整个是现在，他们可以看到一切过去都被将来所驱除，一切将来又随过去而过去，而一切过去和将来却出自永远的现在。谁能把定人的思想，使它驻足谛观无古往无今来的永恒怎样屹立着调遣将来和过去的时间。"[2]

奥古斯丁认为，既然过去已经不在，将来尚未来到，则过去和将来这两个时间怎样存在呢？现在如果永远是现在，便没有时间，而是永恒。现在的所以成为时间，由于走向过去；那么我们怎能说现在存在呢？现在所以在的原因是即将不在；因此，除非时间走向不存在，否则我便不能正确地说时间不存在。这样提出问题的确是很智慧的，他的

---

[1] 奥古斯丁：《忏悔录》，周士良译，北京：商务印书馆2009年版，第252页。
[2] 同上书，第255—256页。

用意在于把握"现在",这一"现在"并不是客观意义上的一般性时间,而是主观意识所感受到的具有不同特性的时间,尤其是对于"自我"的信仰而言,最为关键的就是如何对待"现在"了,因为只有在现在中的事物是存在的,过去和未来里的事物都是不存在的。他举例说,我们觉察到时间的距离,能把它们相互比较,说哪一个比较长,哪一个比较短。我们还度量这一段时间比那一段长短多少,我们说长一倍、两倍,或二者相等。所以,时间在现在,在现在的感觉之中,"但我们通过感觉来度量时间,只能趁时间在目前经过时加以度量;已经不存在的过去,或尚未存在的将来又何从加以度量?谁敢说不存在的东西也能度量?时间在通过之时,我们能觉察度量,过去后,既不存在,便不能觉察度量了。"[1]

也就是说,在奥古斯丁看来,"现在"是时间性的唯一所在,他认为,如果过去和将来都存在,他当然愿意知道它们在哪里。但是,假如目前对他来说还不可能,那么他至少知道它们不论在哪里,决不是过去和将来,而是现在。并且,更为关键的是,"现在"在他看来,就像胡塞尔所说的时间"视域"一般,既关联着"过去",又关联着"未来"。这一关联的机制就是"记忆","记忆"即"现在",因而,他提出"三重现在"说——"将来和过去并不存在。说时间分过去、现在和将来三类是不确当的。或许说:时间分过去的现在、现在的现在和将来的现在三类,比较确当。这三类存在我们心中,别处找不到;过去事物的现在便是记忆,现在事物的现在便是直接感觉,将来事物的现在便是期望。如果可以这样说,那么我是看到三类时间,我也承认时间分三类。"[2]

既然"心灵"是属于主观时间,那么,"时间"就不再像"客观时间"那样,只是单维的、不可逆的、均质的、在空间中的绝对运动,而是可以倒转、逆行、拉长或缩短等等,这一切都取决于主体的心灵,尤其是取决于"自我"。他提出,将来尚未存在,怎样会减少消耗呢?过去已经不存在,怎样会增加呢?这是由于人的思想工作有三个阶段,即:"期

---

[1] 奥古斯丁:《忏悔录》,周士良译,北京:商务印书馆2009年版,第260页。
[2] 同上书,第263页。

望、注意与记忆。"[1]而且,这一内在时间意识得以奠定的核心机制是:"所期望的东西,通过注意,进入记忆。谁否定将来尚未存在?但对将来的期望已经存在心中。谁否定过去已不存在?但过去的记忆还存在心中。谁否定现在没有长度,只是疾驰而去的点滴?但注意能持续下去,将来通过注意走向过去。因此,并非将来时间长,将来尚未存在,所谓将来长是对将来的长期等待;并非过去时间长,过去已不存在,所谓过去长是对过去的长期回忆。"[2]也就是说,"注意"是奥古斯丁时间之思中最核心的心理学概念。

在"注意"之中,"内时间意识"得以奠基。奥古斯丁在《忏悔录》之中使用了最典型的时间性艺术即音乐加以说明"三重现在"何以成为统一的时间意识,即"绵延"或"伸展":

> 我要唱一支我所娴熟的歌曲,在开始前,我的期望集中于整个歌曲;开始唱后,凡我从期望抛进过去的,记忆都加以接受,因此我的活动向两面展开:对已经唱出的来讲是属于记忆,对未唱的来讲是属于期望;当前则有我的注意力,通过注意把将来引入过去。这活动越在进行,则期望越是缩短,记忆越是延长,直至活动完毕,期望结束,全部转入记忆之中。整个歌曲是如此,每一阕、每一音也都如此;这支歌曲可能是一部戏曲的一部分,则全部戏曲亦然如此;人们的活动不过是人生的一部分,那么对整个人生也是如此;人生不过是人类整个历史的一部分,则整个人类史又何尝不如此。[3]

其中唱歌时所发生的"审美注意"即审美时间的"绵延"或"伸展",而且,奥古斯丁把这一典型的时间性案例(应该是出于这一绵延过程更纯粹、更流畅的缘故)推及于"人生"甚至"人类史"。

既然上帝的存在,于时间上体现为"永恒的现在",而且,人的心灵与自我的存在又体现于"现在",那么,在宗教信仰的修行之中,个人就

---

[1] 奥古斯丁:《忏悔录》,周士良译,北京:商务印书馆2009年版,第272页。
[2] 同上。
[3] 同上书,第273页。

只有在"三重现在"当中充盈着"上帝","自我"才是理想的"自我",才能够在绵延中实现统一而完整的"自我",这一"自我"再也不是任何玄妙意义上的概念,而是一个在具体的时间性过程中的活生生的实现,从本文的一开始就强调,奥古斯丁的"忏悔"是"第一人称"的"私人体验",这才是真正意义上的现象学。在奥古斯丁的时间理论中,"现在"具有特殊的优先地位,由对度量的可能性中找出心灵感受到时间的结构,更进一步在认知自身所处的时间性对比于上帝显得更分裂时,对将来寄予获达统一性的希望。他的理想是:虽然不能与天主同属永恒,但是可以分享永恒;永恒即绝对的整一。最为理想的状态是"我"的整一而不是分裂。而"自我"的分裂则体现在,由于嗜欲引起的"注意",进而触发强烈的"绵延",替代了以"上帝"为对象的信仰而产生的"绵延",这是奥古斯丁在《忏悔录》中"忏悔"的焦点。

从"注意"来看,奥古斯丁的忏悔完全是站在"意义"与"价值"的立场上进行的,"注意"在心理学上不是一直独立的心理,而是很多心理现象可能会具有的一种特性,即由于心理能量的有限而形成专注的"瓶颈",要么把"注意力"集中于"上帝",要么把"注意力"集中于包括审美快感在内的各种欲望对象,而后才有可能形成在"时间性"过程中得以绵延的"充实",正如王峰在分析阐释活动中的"未来时间维度"时所言:"注意力与意义密切相关。注意力沿着细微的、偶然的线索构成意义,而诠释却将其当作基本的构架进行所谓意义的阐发。诠释构架是固定的、静态呈现的,而意义则游移于偶然性之中,它是运动的。所以诠释往往关注'是什么',即意义的结构,而意义关心'怎样是',即意义的一次性发生机制。"[1]其中对"意义"与"注意"之间关联的分析可谓深刻,正可以运用于奥古斯丁由于"注意力"变更而引起的充实的方向改变。

二、感官之"爱"与审美滞留

在奥古斯丁看来,从对上帝的信仰来看,理应达到的理想状态是:

---

[1] 王峰:《意义诠释与未来时间维度》,上海:上海人民出版社2007年版,第145页。

"使我摆脱旧时一切,束身皈向至一的你,使我忘却过去种种,不为将来而将逝的一切所束缚,只着眼于目前种种,不驰骛于外物,而'专心致志,追随上天召我的恩命',那时我将'听到称颂之声',瞻仰你无未来无过去的快乐。"[1]但是在现实中,却是:"我却消磨在莫名其究竟的时间之中;我的思想、我心灵的藏府为烦嚣的动荡所撕裂,直至一天为你的爱火所洗练,我整个将投入你怀抱之中。"[2]这是奥古斯丁时间之思中出现的自我分裂。

对奥古斯丁来说,理想的"自我"绵延的类型莫过于审美生活中产生的体验。他对审美体验的内时间意识的构成做了生动的描述,可以归结为——"主观时间"的延伸在审美快感之中的体现是强烈的"现在感",在"现在感"之中,"过去"与"未来"却"同时"出现,其实,如果用形象的语言来表述的话,那就是我们在生活中就有的一种很寻常的、"流畅"的审美体验,在这里既是指主观的感受,同时又是指作品已经臻于"寓杂多于统一"的化境,没有任何瑕疵或阻隔,而且在此主体与客体显然共属于一个不可分割的自然的统一体——个体的审美生活。他说:"当然,一人如具备如此卓识远见,能知一切过去未来,和我所最熟悉的歌曲一样,这样的识见太惊人了,真使人恐怖;因为过去一切和将来种种都瞒不过他,和我熟悉一支歌曲一样,已唱几节,余下几节,都了然于心。……我们自己唱,或听别人唱一支熟悉的歌曲,一面等待着声音的来,一面记住了声音的去,情绪跟着变化,感觉也随之迁转。"[3]

在此,奥古斯丁所列举的是现象学家都特别爱好作为例证的"旋律","现在感"的"延伸"一如胡塞尔所说的"时间视域",在当前的"现在感"两端是"滞留"与"前摄",与其说是最为理想的主观时间状态,还不如说是对于自己流畅的、强烈的审美快感的描绘,而且是对"过程"的生动的"时间性"描述。但是作为对上帝的信仰来说,奥古斯丁"内时间意识"的延伸却是断裂的,因为上帝在"时间"上事实上体现

---

[1] 奥古斯丁:《忏悔录》,周士良译,北京:商务印书馆2009年版,第273页。
[2] 同上书,第274页。
[3] 同上书,第275页。

为"无时间"的"永恒":"对于不变的永恒,对于真正永恒的精神创造者,决无此种情形。一如你在元始洞悉天地,但你的知识一无增减,同样你在元始创造天地,而你的行动一无变更。"[1]这意味着作为"身体"的"听觉"无法与上帝保持同在,而且还与上帝的同在相对立,因而,神学美学必然走向对于"身体"的完全否定。

在奥古斯丁看来,他的存在是天主的迹象,此迹象就是充满因果链条的时间与空间之中的迹象。从宗教的修炼而言,他力图让自己的心灵活动过程"始终"被上帝或教义所充盈,他说:"因为这时我存在,我有生命,我有感觉,我知道保持自身的完整,这是我来自你的深沉神秘的纯一性的迹象;我心力控制我全部思想行动,在我微弱的知觉上,在对琐细事物的意识上,我欣然得到真理。"[2]这里所说的"始终"就是"现在",他认为,上帝是至高无上、永恒不变的;在上帝身上,从不会有过去的今天,而在上帝之中今天则悄然而逝,因为这一切都在上帝的掌持之中,除非上帝把持它们,便没有今古,他说:"你的年岁永远是现在:我们和我们祖先的多少岁月已在你的今天之中过去了,过去的岁月从你的今天得到了久暂的尺度,将来的岁月也将随此前规而去。'你却永不变易':明天和将来的一切,昨天和过去的一切,为你是今天将做,今天已做。"[3]很清楚,既然上帝永远在,超乎时间与空间,那么,"我"如何在呢?在他看来,与上帝同在应该是"我"的意识与天主同在,也就是"我"的意识的"伸展"与天主同在,"我"的意识内容为天主所"构成"。欲与天主同在,就必须把自己的时间完全交与天主,其实就是把自己的肉体与精神交于天主。控制自己的心灵、意志、情欲免于被诱惑,从而保持统一之我,把时间留给天主,当然,这里的时间决不是本体论意义上的时间,而是现象学或存在论意义上的时间性,即身心的感觉绵延。这就是奥古斯丁的神学存在论。

奥古斯丁认为,圣子之所以是圣子,就是因为他在一切时间之前,超越一切时间,常在不变,与天主同是永恒,灵魂必须饫受其丰满,然

---

[1] 奥古斯丁:《忏悔录》,周士良译,北京:商务印书馆2009年版,第275页。
[2] 同上书,第23页。
[3] 同上书,第7—8页。

后能致幸福；必须分享这常在的智慧而自新，然后能有智慧；就是因为"他能以全部时间供献于你（天主）了"[1]，但是奥古斯丁自己却为"铁链"一般的"意志"所束缚，在不断萌生的"意志"的因果"铁链"里不能自拔。这一"意志"导致"自我"的分裂，他说："这样我就有了一新一旧的双重意志，一属于肉体，一属于精神，相互交绥，这种内讧撕裂了我的灵魂。"[2]为了让自己与天主同在，因而就必须控制自己的心灵——"对于肉体的情欲和空虚的好奇心，只消我的意志不受影响，或它们不出现，我就能看出我有多少力量控制我的心灵，因为我能盘问我自己，不受这种诱惑时是否或多或少感到不痛快。"[3]

"回忆"可谓奥古斯丁神学现象学美学之始。奥古斯丁在《忏悔录》中，在第 11 章之前，所做的就是"回忆"的工作，可谓一个极坚实的铺垫，而且他采用的方法非常接近于现象学。他说："我求你，请容许我用现在的记忆回想我过去错误的曲折过程，向你献上'欢乐之祭'。如果没有你，我为我自己只是一个走向毁灭的向导！即使在我生活良好的时候，也不过是一个饮你的乳、吃你的不朽的食物的人！"[4]在此，"用现在的记忆回想我过去"，就与上述"三重现在说"一脉相承了。在奥古斯丁以"回忆"为手段的"忏悔录"之中，他就是用以上所述手段——"我"应与"上帝"在意识的"伸展"上保持"现在"的一致性，来进行忏悔的，从整体上来看，他是先从现象学的忠实描述出发，在第 1 章到第 10 章之中，"还原"自己过去的生活，审视自己过去的生活有哪些离上帝太远，乃至于背弃对上帝的信仰。

贡布里希非常钦佩奥古斯丁在分析"内时间意识"时对于"记忆"所采取的方法与态度：

> 使圣奥古斯丁纳闷的正是现在这一瞬间的难以捉摸性，它处于尚未来临的将来时间与已经消逝的过去时间之间。由于我们所要测量的东西尚未来临或者已经消逝，我们怎么能说时间有长

---

[1] 奥古斯丁：《忏悔录》，周士良译，北京：商务印书馆 2009 年版，第 154 页。
[2] 同上书，第 154 页。
[3] 同上书，第 238 页。
[4] 同上书，第 54—55 页。

度呢？我们又怎么能测量时间呢？这是从新角度提出的芝诺悖论。圣奥古斯丁说，因为我们确实有"长时间"的说法，在诗歌中我们也说到长音节和短音节，在我们说诗歌中的长音节是短音节的两倍时，人人都知道那是什么意思。然而我只能在音节结束之后，在它不再存在之时才能把它叫做长音节。[1]

在此，"现象学"自然而然地走向了"存在主义"，而"存在主义"又须臾不可离开"现象学"，也就是把"审美"首先看做是一个时间性的"伸展"，而这一"伸展"并不是为了寻求一个纯粹孤立的、先验普遍的"意识结构"，而是要与生活的"意义"与"价值"，当然在奥古斯丁那里主要是与"宗教信仰"结合起来，因为这一审美生活的"伸展"之所以产生，本身就是一个"意义""价值"或"信仰"事件，而且，审美生活作为一个有意义、有价值的生活形态，在奥古斯丁过去的生活中比对"上帝"的信仰还要强大、丰茂，因此，会在"现在"上，与"上帝"冲突。

就整体而言，奥古斯丁把"审美"看做是"我在犯罪"[2]，把"喜欢艺术"与喜欢"打架斗殴"并列等同："我的不服从，不是因为我选择更好的，而是由于喜欢游戏，喜欢因打架胜人而自豪，喜听虚构的故事，越听耳朵越痒心越热，逐渐我的眼睛对大人们看的戏剧和竞技表演也发出同样的好奇心了。招待看戏的人，用这种豪举来增加声望，他们差不多都希望自己的孩子日后也能如此，但假如孩子因看戏而荒废学业，他们是宁愿孩子受扑责的。"[3]

"喜爱"艺术甚于"喜爱"上帝，这应该是审美干涉上帝的"现在性"之始基。奥古斯丁"为狄多的死，为她的失恋自尽而流泪；而同时，这可怜的我，对那些故事使我离弃你天主而死亡，却不曾流一滴泪。"[4] 在此，当奥古斯丁在欣赏狄多殉情的情节时，他的意识为其所占据，"现在"为其所构成，他还说："只知哭狄多的殉情而不知哭自己

---

[1] 贡布里希：《贡布里希论设计》，范景中选编，长沙：湖南科技出版社1999年版，第28页。
[2] 奥古斯丁：《忏悔录》，周士良译，北京：商务印书馆2009年版，第12页。
[3] 同上。
[4] 同上书，第15页。

因不爱你天主、我心灵的光明、灵魂的粮食、孕育我精神思想的力量而死亡的人更可怜吗？我不爱你，我背弃你而趋向邪途，我在荒邪中到处听到'好啊！好啊！'的声音。人世间的友谊是背弃你而趋于淫乱，'好啊！好啊！'的喝彩声，是为了使我以不随波逐浪为可耻。对这些我不痛哭，却去痛哭：'狄多的香销玉殒，以剑自刎。'"[1]他说自己爱这种荒诞不经的文字过于有用的知识，真是罪过："对于木马腹中藏着战士啊，大火烧特洛伊城啊，'克利攸塞的阴魂出现'啊，却感到津津有味！"[2]自我的意识与内在体验被文学作品所占据，为文学作品所吸引，此之延伸即远离永恒，远离上帝与天主。

对于文艺的喜爱，尤其是对于虚构故事中有关财色题材的喜爱，使得奥古斯丁在《忏悔录》的一开始就发出了"时间性"的忧虑，也就是尤其以财色为题材的文学作品在"现在"或"现在感"的"伸展性"上更强烈持久，因而，他祈求这种"现在感"的"枯竭"：

> 人世间习俗的洪流真可怕！谁能抗御你？你几时才会枯竭？你几时才停止把夏娃的子孙卷入无涯的苦海，即使登上十字架宝筏也不易渡过的苦海？我不是在你那里读到了驱策雷霆和荒唐淫乱的朱庇特吗？当然他不可能兼有这两方面；但这些故事却使人在虚幻的雷声勾引之下犯了真正的奸淫时有所借口。[3]

对于财色题材文艺作品接受过程中所发生的诸多复杂心理，奥古斯丁做了极细致的描绘，即在这如同"地狱的河流"[4]一般的"心理流"或"意识流"中，既包含了对于故事生动、语言优美的快感，也包括了阅读时所产生的性快感、性贪欲等属于身体性器官的兴奋，他说："假如不是铁伦提乌斯描写一个浪漫青年看见一幅绘着'优庇特把金雨落在达那埃怀中，迷惑这妇人'的壁画，便奉优庇特为奸淫的榜样，我们不会知道诗中所用：金雨、怀中、迷惑、天宫等词句。瞧，这青年好

---

[1] 奥古斯丁：《忏悔录》，周士良译，北京：商务印书馆2009年版，第15—16页。
[2] 同上书，第17页。
[3] 同上书，第18页。
[4] 同上书，第19页。

像在神的诱掖之下,鼓励自己干放诞风流的勾当:'这是哪一路神道啊? 他说。竟能发出雷霆震撼天宫。我一个凡夫,不这样做吗? 我已经干了,真觉自豪。'"[1] 简言之,描写贪欲的文学使我们流连于"现在","这些词句不过更使人荒淫无度"[2],而且他"自己是读得爱不释手,可怜地醉心于这些文字"[3],这一由文艺作品所导致的"现在"即罪恶。

所以,奥古斯丁这样在忏悔中谴责自己:"从我粪土般的肉欲中,从我勃发的青春中,吹起阵阵浓雾,笼罩并蒙蔽了我的心,以致分不清什么是晴朗的爱、什么是阴沉的情欲。二者混杂地燃烧着,把我软弱的青年时代拖到私欲的悬崖,推进罪恶的深渊。"[4]

三、审美生活中的"同时性"

《忏悔录》的核心内容,就是描述难以保持对天主信仰的纯粹而持久的时间状态,因为在宗教生活中,修行的最为理想的状态就是在个人主观意识的延伸中,保持与天主的"同时性",即让自己的意识始终指向"天主",但是之所以进行忏悔,就是因为留给"天主"的只是一些时间的瞬间和残片,究其原因,奥古斯丁在《忏悔录》中认为,"天主"的存在虽然"至高、至美、至能、无所不能、至仁、至义、至隐、无往而不在,至美、至坚、至定,但又无从执持,不变而变化一切,无新无故而更新一切"[5],但是天主却是没有"时间""空间";是"神体",却没有"长短粗细的肢体,没有体积",归根结底只是一个虚拟和虚幻,虽然这种虚拟和虚幻在现象学看来也是意向性的,但是这种"意向性"实在难以在范畴直观中浮现出来。因为其材质是虚无的,所以,他一直在痛苦地求索、哀叹,在"瞬间"虽然会有决定性意义的信仰产生,但是唯其是一个瞬间,却无法持久,因而在唯心主义那里,就必须坚定地依靠对

---

[1] 奥古斯丁:《忏悔录》,周士良译,北京:商务印书馆2009年版,第19页。
[2] 同上。
[3] 同上书,第20页。
[4] 同上书,第25页。
[5] 同上书,第4页。

"信仰"的"回忆",通过频繁的"回忆",把数量上无比繁多的瞬间聚集起来,变成持久的存在。

所以克尔凯郭尔在《哲学片段》中就认为:"古希腊人(指的是苏格拉底或柏拉图)的激情集中在'回忆'上。"[1]而且,他曾经对这种与天主的"同时"做过精辟论述,他认为,"与主同时的门徒"显然才能够达到信仰的最高境界。克尔凯郭尔曾设想了一个"纵欲"而"饕餮"的"同时性"场景:

> 有这么一个皇帝,他摆了一个连续长达八天的筵席,欢庆他的婚礼。为了助兴,大量丰盛的佳肴不断端上酒桌,空气中洋溢着馨香,耳边时时回响着欢快的乐曲和歌声。筵席不分昼夜,火把将黑夜照得像白昼一样通亮——分不清是日光照亮黑夜还是火把照亮黑夜,王后因此出挑得比人间任何一个女子更美艳端庄,这一切真有点不可思议,就像最放纵的愿望竟得到更放纵地实现那样不可思议。[2]

然后他设定了另外一个"与主同在"的场景,并说:

> 一个可能是主的同龄人,尽管利用了这种跟主同时的优势(在直接性的意义上),却根本不是一个同时人,除此以外,这还表明,主的同龄人不能仅仅只凭直接跟教师和那种事件同一时代。因此,真正主的同龄人不是凭借直接的同时性,而是凭借别的什么东西。这样,尽管他是跟主同一时代的,这个同时代的人照样可能不是主的同龄人,真正主的同龄人是真正不凭借直接同时性的同时代人;因此,不跟主同时的人(在直接性的意义上)应该可以通过别的什么方法——主的同龄人也要通过这方法成为真正跟主同时的人——而成为一个主的同龄人。而不跟主同时的人(在直接性的意义上)当然就是指后来出生的人;因此,后来出生

---

[1] 克尔凯郭尔:《论怀疑者、哲学片断》,翁绍军、陆兴华译,北京:三联书店1996年版,第124页。
[2] 同上书,第194页。

第三章 奥古斯丁美学思想中的时间性问题

的人是应该可以成为真正跟主同时的。[1]

可以看出,这里的"同时性"有两种含义:其一是感官世界的身体"欲望"力图实现于"直接性"的当下之中;其二是对上帝的"精神"信仰却未必需要这样做,因为即使不是事实上的"同时性",也可以在信仰之中,通过"回忆"等等活动来完成并达到。这正表明了审美生活中审美主体与审美客体的"同时性"的含义正类同于前一场景。奥古斯丁在其他著作中着重论述"道成肉身""三位一体",其机杼就在这里。

但是,在审美生活中,审美对象的"材质"却是太坚实了,太丰富了,也太诱人了,因而,与上帝相反的"同时性"在《忏悔录》中就轻易地、强烈地占据了奥古斯丁。一个业已完成的审美生活或者审美行为在先行的结构上包含三个要素,即审美主体、审美对象以及两者不可分割的时间性状态——更具体地说,就是"同时性"。我认为,"同时性"维度的凸显是对现象学哲学的必要补充。按照现象学对于意向活动的解释,如同海德格尔如此评价布伦塔诺——他的贡献就在于第一个找到了物理现象与心理现象的区别,即心理现象是客体内在地寓于主体"之中"的,或者意向活动总是指向一个对象的,但是现象学对于意向活动的描述却在很大程度上带有"物理空间"的色彩——即针对"之中"的描述,意味着好像一个小的空间位于一个大的空间之中,因而,现象学对于内在时间意识的分析虽然精微,却没有把构成内在时间意识之中的"主体"与"客体"之间在时间上的构成状态阐释清楚。

我认为,理应采取"时间性"维度的描述,即"主体"与"对象"处于一种绝对的"同时性"状态,而且,当然这一同时性也绝不是客观时间意义上的,而是针对一个已经完成的审美生活而言。唯其是一种位于一个整体之中的主体与客体,在时间性的体现上就是两者必须同时存在,而且,这只是对一个自然存在的状态的描述而已。当然,任何审美生活一如所有的意向活动一样,一旦存在,其第一度的新鲜感就丧失了;只是在"回忆"之中,审美生活的基本结构还会存在,这一基本结构

---

[1] 克尔凯郭尔:《论怀疑者、哲学片断》,翁绍军、陆兴华译,北京:三联书店1996年版,第195页。

就是主体、客体在时间上的构成,即在两者达成的同时性状态上的生成、绵延与结束。所以,美学做的就是自己的"回忆",只是在"回忆"中,一定要对这一结构加以保全、保鲜。

就奥古斯丁对审美生活中主体与客体的"同时性"关系的描述而言,主体的快感实现于特定的客体结构之中,而且只有在客体结构的伸展之中,主体的快感才能如此而且只能如此地建构起来,而且经由激发、吸引、不断的吸引,主体既然与戏剧的演出"同时",那么,就会必然地无法与上帝"同时",因而,他说:"但那时这可怜的我贪爱哀情的刺激,追求引致悲伤的机会;看到出于虚构的剧中人的不幸遭遇,扮演的角色越是使我痛哭流涕,越称我心意,也就越能吸引我。我这一头不幸的牲口,不耐烦你的看护,脱离了你的牧群,染上了可耻的、龌龊不堪的疥疠,这又何足为奇呢?我从此时起爱好痛苦,但又并不爱深入我内心的痛苦——因为我并不真正愿意身受所看的种种——而仅仅是爱好这种耳闻的、凭空结构的、犹如抓着我皮肤的痛苦,可是一如指甲抓碎皮肤时那样,这种爱好在我身上也引起了发炎、肿胀、化脓和可憎的臭腐。"[1]诸如此类的描述可以说贯穿了《忏悔录》之中。就其整体来看,奥古斯丁在谈论作品的时候,从来都不是孤立地就作品而论作品,而是把作品置于完整的审美生活之中;即便是分析作品,其实也是在分析审美生活的构成,分析审美生活何以如此被奠基,尤其是内时间意识的构成,诸如上述两节所说的"注意""期待""绵延""变异"等等,都是如此。

奥古斯丁描述了在戏剧观赏中体验的时间性,而且,在此,最为精彩的是他对审美生活中主体与客体之间所存在的"同时性"关系的深刻把握,他说:

> 我被充满着我的悲惨生活的写照和燃炽我欲火的炉灶一般的戏剧所攫取了。人们愿意看自己不愿遭遇的悲惨故事而伤心,这究竟为了什么?一人愿意从看戏引起悲痛,而这悲痛就作为他的乐趣。这岂非一种可怜的变态?一个人越不能摆脱这些情感,

---

[1] 奥古斯丁:《忏悔录》,周士良译,北京:商务印书馆2009年版,第39页。

越容易被它感动。一人自身受苦,人们说他不幸;如果同情别人的痛苦,便说这人有恻隐之心。但对于虚构的戏剧,恻隐之心究竟是什么?戏剧并不鼓励观众帮助别人,不过引逗观众的伤心,观众越感到伤心,编剧者越能受到赞赏。如果看了历史上的或竟是捕风捉影的悲剧而毫不动情,那就败兴出场,批评指摘,假如能感到回肠荡气,便看得津津有味,自觉高兴。[1]

他还说:"我现在并非消除了同情心,但当时我看到剧中一对恋人无耻地作乐,虽则不过是排演虚构的故事,我却和他们同感愉快;看到他们恋爱失败,我亦觉得凄惶欲绝,这种或悲或喜的情味为我都是一种乐趣。"[2]奥古斯丁的美学思想应该说是一种以天主为依归的存在主义美学观。天主既然是无时间性的存在,那么一切对于当下享乐的贪恋都是与此背道而驰的,而且在他看来,现实中的享乐给自己留下的只是暂时的欢愉,留下更多的是对未来的焦虑和对过去的悔恨,因而这是自我的分裂。

第三节 "身体诸觉"在神学美学中的遗存

之所以要在此把"身体诸觉"单列一章,主要是基于——在奥古斯丁的时间性美学思想中,"身体"其实正是中心所在,尤其是当奥古斯丁神学把身体与灵魂二分,并以灵魂作为本体的时候。在他看来,其一,"身体"是"恶"的欲望的来源,必须把"身体诸觉"在时间上的"延伸"完全消除、剥离;其二,要把审美生活时间性构成过程中"同时"出现的"身体诸觉"剥离出去,提出最为纯粹、干净的"神学美学感官说"。

一、得之于"肉体"的"美感"更加"坚强""持久"

先来看身体与灵魂的二分之说。如上两节所述,奥古斯丁认为,

---

[1] 奥古斯丁:《忏悔录》,周士良译,北京:商务印书馆2009年版,第38页。
[2] 同上书,第39页。

要使信徒的自我与上帝"同时性"存在,进而分享"永恒",所依赖的不可能是肉身,原因在于以下两点:第一,肉身的生命有限,易于毁损,而且显然身体只是一种有形体的、有惰性的消极存在,即使对于世界的把握是"形象"的,但是这一形象也是通过"记忆"获取的,显然"记忆"不属于神体之内,因而不可信。在《上帝之城》中,他认为,因为我们并不是凭着某些肉体感官与上帝的存在发生接触,就像我们与外在于我们的事物发生联系一样。他说:"比如说,我们凭视觉得到颜色,凭嗅觉得到气味,凭味觉得到滋味,凭触觉得到软硬,在所有这些情况下,形象与可感物体相似,但形象并不是有形物体本身,我们的心灵得到的是形象,并且留有记忆,记忆激励着我们去向往物体。"[1]

他还说:"上帝本身在凡人中以可见的形式显现,而非以他自身的本质显现,他的本质对于可朽的眼睛来说确实是永远不可见的,眼睛看到的只是创造主通过服从于创造主的被造物展示的某些征兆。上帝也用人的语言说话,一个音节接一个音节,但按照他自己的本性,上帝不是以身体的方式而是以灵性的方式讲话,这些话语不是可感知的,而是可理解的,不是暂时的,而是永恒的,既没有开端,又没有终结。"[2]第二,更为重要的是,肉身的欲望会使得理想自我的延伸受到中断、滋扰与撕裂。在《上帝之城》中,奥古斯丁对于《圣经》中的"肉身"一词的用法做了总结,他认为:"'按照肉体生活'这个短语的意思,肉身在这里很显然是一种恶,尽管肉身的本性不是恶。"[3]他很赞成保罗写给加拉太人的信中的一段话,他说:"情欲的事都是显而易见的,就如奸淫、污秽、邪荡、拜偶像、邪术、仇恨、争竞、忌恨、恼怒、结党、纷争、异端、妒忌、凶杀、醉酒、荒诞等类,我从前告诉你们,现在又告诉你们,行这样事的人必不能承受上帝的国。"(《加拉太书》5:19以下)

所以,必须依赖自我的灵魂,灵魂不仅在"无形"(材质)上更加接近上帝的形迹,而且与肉身相比,灵魂是不灭的。奥古斯丁认为,在本性的序列中,灵魂肯定高于身体,然而同一灵魂统治身体要比统治它

---

[1] 奥古斯丁:《上帝之城》,王晓朝译,北京:人民出版社2006年版,第478—479页。
[2] 同上书,第408页。
[3] 同上书,第581页。

第三章 奥古斯丁美学思想中的时间性问题

自己更加容易。灵魂由于身体的抗拒而感到羞耻,身体是一种低于灵魂的本性,身体应当服从灵魂。他认为:"上帝的侍者与使臣幸福地享有上帝不变的真理,它们不是用身体的耳朵,而是用心灵,聆听了上帝的全部话语。它们没有丝毫怠慢或障碍,在这个可见的和可感的世界上实施上帝的旨意,它们以某种不可言说的方式听到了上帝的命令。"[1]他还认为:"因为我们拥有另一种只属于人的内心的比感官要高贵得多的感官,藉此我们察觉正义的事物和非正义的事物,用理智的观念察觉正义,用非理智的观念察觉非正义。这种感觉要起作用靠的既不是眼睛的瞳孔,也不是耳孔,更不是鼻孔、硬腭的滋味或身体的触摸。靠这种内在的感觉,我确认我存在,确认我知道自己存在,我热爱这两样确定的事情,并以同样的方式确认我爱它们。"[2]这便是基督教神学身心二分、对立的集中体现。

在奥古斯丁看来,美感显然更多地属于"肉体"的感觉,而且这种感觉在"时间性"诸要素尤其是"现在"的滞留上较为强烈、持久,不仅更容易成为"回忆"的材料,而且也容易成为"希望"与"期待"的材料。对于审美生活的喜好与对于上帝的信仰是不同的,前者大多系出于本能与"本我",而后者却是相对后天的、缥缈的"超我",因此,他进而对"肉体"与"灵魂"在时间性的角度进行二分,而且认为两者对立,不可调和:

> 天主,万有的创造者,使我的灵魂从这一切赞颂你,但不要让它通过肉体的官感而陷溺于对这些美好的爱恋之中。这些事物奔向虚无,它们用传染性的欲望来撕裂我们的灵魂,因为灵魂愿意存在,欢喜安息于所爱的事物群中,可是在这些事物中,并无可以安息的地方,因为它们不停留,它们是在飞奔疾驰,谁能用肉体的感觉追赶得上? 即使是近在目前,谁又能抓住它们? 肉体的感觉,正因为是肉体的感觉,所以非常迟钝,这是它的特性。它所以造成的目的,是为了另一种事物,为这些事物已经绰有余裕;但对

---

[1] 奥古斯丁:《上帝之城》,王晓朝译,北京:人民出版社 2006 年版,第 408 页。
[2] 同上书,第 481 页。

于从规定的开端直到规定的终点,飞驰而过的事物,感觉便无法挽留。因为在你创造它们的"言语"之中,事物听到这样的决定:"由此起,于此止!"[1]

在这里所说的"肉体的迟钝"恰恰是因为"肉体"的"敏感"而引起的"滞留"太强烈,挥之而不去,尽管在奥古斯丁看来,"灵魂"比"肉体"要"敏捷"而"快速",但是相对而言却是"轻飘飘"的,而根源就在于,"灵魂"欲与同在的"天主"在奥古斯丁看来是在"时间""空间"上的绝对存在,即超时间、超空间的,是绝对的存在,是时空的创造者,但是天主本身却是"高高在上而又不违咫尺,深奥莫测而又鉴临一切,……并无大小不等的肢体,……到处充盈却没有一处可以占有你的全体,……不具我们肉体的形状,但(天主)依照(天主)的肖像造了人,人却自顶至踵都受限于空间之中。"[2]"天主"的这种"超验性"却会导致信徒无法产生像肉体的感知那样具有具体而明确的空间感与时间感。在他看来,"灵魂"应该皈依于无过去、无未来的、"常在"的"永恒",抛却丰美的肉体观感。

二、奥古斯丁对"身体美学"的划分

这就导致奥古斯丁神学美学中的禁欲之难。欲所导致的诱惑、贪恋都在时间性的存在之中,不仅仅是在他清醒的时候,这些诱惑肉身的影象隐隐约约地现于心目,而且一入梦境,它们不仅赢得他的欢悦,甚至博得他的同意,仿佛使他躬行实践。因而,奥古斯丁在《忏悔录》之中反复追问,"身体"的"我"与"灵魂"的"我"为何陷入如此激烈的矛盾与冲突:"幻象对我的灵魂和肉体,还起着如此作用:我醒时所不为的事情,在梦中却被幻象所颠倒。主、我的天主,是否这时的我是另一个我?为何在我入梦到醒觉的须臾之间,使我判若两人?我醒时抵拒这一类的想象,甚至在事物真身进攻前所持坚定的理智,梦时到哪里去了?是否和双目一起紧闭了?是否和肉体的感觉一起沉睡了?

---

[1] 奥古斯丁:《忏悔录》,周士良译,北京:商务印书馆2009年版,第65页。
[2] 同上书,第101页。

又为何往往在梦中也会抵抗,也能记起我们的决心而坚持不释,对这一类的诱惑绝不顺从呢?但这二者有很大的差别:譬如梦中意志动摇,醒时仍觉问心无愧,则由于二者的界线分明,我们感觉到刚才在我们身上无端出现的、我们所痛恨的事情并非我们自身的行为。"[1]

具体来看,奥古斯丁在《忏悔录》之中,对各种身体的"贪欲"做了极为细腻的描述:

第一,在口腹之欲上:

> 我被围于诱惑之中,每天和口腹之欲交战;这种贪欲和淫欲不同,不能拿定主意和它毅然决绝,如我对于绝欲的办法;必须执住口腔的羁勒,驾御控纵。主啊,哪一人能丝毫不越出需要的界限。[2]

> 我听到我的天主的命令:"你们的心不要沉湎于酒食"。我绝不酗酒,我求你怜悯,终不要让我嗜酒。但你的仆人有时不免于饕餮,更求你怜悯,使我深恶痛绝。没有你的恩赐,一人决不能清心寡欲。你倾听我们的祈祷,赐赉有加;即使在祈祷前,我们所蒙受的恩泽来自你,而以后所以能认识你的恩赐也来自你。我从未沉湎于酒,但我认识有些酒徒被你感化成为有节制的人。因此,一人能不染过去未有的恶习,另一人能改弦易辙,先后不同,都是你的工程,而两人能意识到所以然的原因,也是你的工程。[3]

第二,在嗅觉之欲上:

> 芬芳的诱惑对我影响不大;闻不到,并不追求;嗅到了,也不摒绝;但我准备终身不闻芬芳。至于我有此打算,可能估计错误。因为我内心一片黑暗,使我看不出我本身能做什么,以致扪心自问我有什么能力时,我也轻易不敢自信,除了经验已经证明外,我内心一切往往最难测度。人的一生既是连续不断的考验,对于生活谁也不能有恃无恐,一人能改恶从善,也能变好为坏。唯一的

---

[1] 奥古斯丁:《忏悔录》,周士良译,北京:商务印书馆2009年版,第225页。
[2] 同上书,第229页。
[3] 同上书,第227页。

希望,唯一的依赖,唯一可靠的保证是你的慈爱[1]

第三,在声音之欲上:

声音之娱本来紧紧包围着我,控制着我,你解救了我。现在对于配合着你的言语的歌曲,以优美娴熟的声音唱咏而出,我承认我还是很爱听的,但不至于流连不舍。这些歌曲是以你的言语为灵魂,本应在我心中占比较特殊的席位,但我往往不能给它们适当的位置。有时好像给它们过高的光荣:听到这些神圣的歌词,通过乐曲唱出,比了不用歌曲更能在我心中燃起虔诚的火焰,我们内心的各式情感,在抑扬起伏的歌声中找到了适合自己的音调,似被一种难以形容的和谐而荡漾。这种快感本不应使神魂颠倒,但往往欺弄我;人身的感觉本该伴着理智,驯顺地随从理智,仅因理智的领导而被接纳,这时居然要反客为主地超过理智而自为领导。在这方面,我不知不觉地犯了错误,但事后也就发觉的。[2]

还说:

我在快感的危险和具有良好后果的经验之间真是不知如何取舍,我虽则不作定论,但更倾向于赞成教会的歌唱习惯,使人听了悦耳的音乐,但使软弱的心灵发出虔诚的情感。但如遇音乐的感动我心过于歌曲的内容时,我承认我在犯罪、应受惩罚,这时我是宁愿不听歌曲的。[3]

第四,在目之欲上:

最后我将忏悔我双目的享受,希望身为天主的圣殿的人们以友谊的双耳诚听我的忏悔。有关肉情的诱惑,将至此告一段落,这种种诱惑至今正在袭击着呻吟不辍、渴望得庇于天上的安宅,犹如衣服蔽体的我。我的眼睛喜欢看美丽的形象、鲜艳的色彩。

---

[1] 奥古斯丁:《忏悔录》,周士良译,北京:商务印书馆2009年版,第229—230页。
[2] 同上书,第230页。
[3] 同上书,第231页。

希望我的灵魂不要为这种种所俘虏,而完全为天主所占有;这一切美好是天主所创造的,我的至宝是天主,不是它们。每天,只要我醒着,它们便挑逗我,不让我有片刻的安宁,不似悦耳的声音有时入于万籁俱寂之中,使我能享受暂时的恬静。白天,不论我在哪里,彩色之王、光华灿烂浸润我们所睹的一切,即使我另有所思,也不断用各种形色向我倾注而抚摩着我。它具有极大的渗透力,如果突然消失,我便渴望追求,如果长期绝迹,我的心灵便感到悒悒不乐。[1]

第五,在对日常生活器物的爱好上:

> 人们对衣、履、器物以及图像等类,用各种技巧修饰得百般工妙,只求悦目,却远远越出了朴素而实用的范围,更违反了虔肃的意义;他们劳神外物,钻研自己的制作,心灵中却抛弃了自身的创造者,摧毁了创造者在自己身上的工程。[2]

以上所述,奥古斯丁的神学美学把身体所具的感性、感官之乐完全驱除在外。这倒是可以从反面印证审美生活的感官的存在不仅仅局限于视觉、听觉。为了寻求乃至保持天主的"至美",就必须舍弃感官享乐之美,方能为"至美"而"保留自己的力量",而所保留的力量就是精神与意识乃至于感觉的绵延,也就是保留"时间",奉献于天主:"这法则就在至美之中,但他们视而不见,否则他们不会舍近求远,一定能为你保留自己的力量,不会消耗力量于疲精劳神的乐趣。"[3]

三、"身心二分"美学的后果

神学美学否定、清除了"身体"之后,针对审美生活的感觉器官,奥古斯丁提出了两点:第一,是完全没有"身体"的"神学美学感官说",既然现实的审美生活的"美"必然会摧残天主的"美","但我爱你,究竟爱你什么?不是爱形貌的秀丽,暂时的声势,不是爱肉眼所好的光

---

[1] 奥古斯丁:《忏悔录》,周士良译,北京:商务印书馆2009年版,第239页。
[2] 同上书,第233页。
[3] 同上。

明灿烂,不是爱各种歌曲的优美旋律,不是爱花卉膏沐的芬芳,不是爱甘露乳蜜,不是爱双手所能拥抱的躯体。我爱我的天主,并非爱以上种种。我爱天主,是爱另一种光明、音乐、芬芳、饮食、拥抱,在我内心的光明、音乐、馨香、饮食、拥抱:他的光明照耀我心灵而不受空间的限制,他的音乐不随时间而消逝,他的芬芳不随气息而散失,他的饮食不因吞啖而减少,他的拥抱不因久长而松弛。我爱我的天主,就是爱这一切。"[1]第二,则是包含有"身体"感受性的美学,其实这一身体的感受性也是被架空了的,尤其是当作为审美感受器官的"身体"看到"身体"的时候。

奥古斯丁在《上帝之城》的第22章集中阐述了这一问题,由于异性,尤其是女性的美色对于男性的吸引力过于强大,因而在神学之中对于身体的排除集中体现在对女色尤其是美色的态度上。奥古斯丁认为,复活之后,邪恶的欲望(其实是正常的欲望)将从身体中消除,而"本性"将会保留,也就是说,女人的性别不是恶,而是本性。复活后的人不会再有性交和生育,但仍旧有女性,她们不再起以往的作用,而会拥有一种新的美貌,它不会激起已经不存在的淫欲,而会推动我们赞美上帝的智慧和仁慈。当然这一"感官"显然还貌似有些"身体"的影子,但是这只是"德性之美会在他们身体里发光,这种美在身体里,但却不是身体的美。"[2]而且,奥古斯丁甚至设想了一种不受女子美色诱惑而使生殖器勃起的性交生殖方式,他说,那就像一位熟练的工匠或体操练习者一般,可以在没有淫欲的驱使下使用自己的生殖器官,从而完成人类的繁殖。从以上两点可以看出,在现实中,脱离身体的感觉是绝对不可能存在的,因而"主观时间"的"延伸"也就是完全不可能的,因为其只能是一个无法充实的"空意指"而已。

从美学史而言,身心二分对对美学学科产生了重大影响——把身体的感觉,尤其是身体的多重感受剔除出去,只剩下视听两种感官,而且还要把视听感官的对象进行严厉的限制;把身体感受视为低级、飘

---

[1] 奥古斯丁:《忏悔录》,周士良译,北京:商务印书馆2009年版,第202页。
[2] 奥古斯丁:《上帝之城》,王晓朝译,北京:人民出版社2006年版,第1128页。

忽不定、卑劣、肮脏的东西,因为欲望所激发的快感在时间意识上的绵延太过强烈。

美国学者埃伦·迪萨纳亚克曾对西方美学史中作为感受器官存在的"身体"进行过精辟的概括与总结,她认为:

> 基督教对身体的态度可以用 17 世纪的一句忠告来概括:我们越是从身体中抽象出来,我们就越是适合看见神光。实际上,2000 多年以来,即使不总是在实践中也是在理论上,身体和感官一直被看做心灵和理性的对立面,并且在任何有关人类特征的讨论中都被降到次要的位置。这些以及其他一些在西方哲学传统中固有的二元论——精神—肉体、客观—主观、形式—内容——在美学中已经和在哲学的任何其他分支中一样根深蒂固,因而确保艺术是非身体性的这一信念得以延续下来。在 18 世纪,当"无利害性"或批评距离变成艺术欣赏的一个根本特征时,要求感受者不顾内容中的个人利害,而是留意客观的形式特点,艺术的身体性承受了另外一次打击。[1]

奥古斯丁身心二分的前提是主客二分,即灵魂与意识可以离开客体而单独存在,最完善的灵魂即永恒不变的绝对的"上帝"这一"实体";这一"实体"无须倚赖他物,也无须倚赖"在……之中"存在,因而是无时间性的存在。身心二分就是对主客二分的极端发挥。由此,就产生了唯心主义美学最为典型的形态——神学美学。唯心主义美学要作为一种知识进行生产,其赖以奠基的核心就表现在"对象"的确立,即只能虚拟一个离开客体、离开身体的"美本身",而且这一"美本身"是绝对可以离开"对象"——即"奠基物"而独立存在的,"主观"与"客观"可以进行二分,而且必须进行二分,才能保持"主观"的纯粹、永恒、高尚,因而,"美本身"就是一个纯粹主观的如同"信仰"般的存在,这是西方美学史上"美的本质"学说中最为重要的形态之一。这导致唯心主义美学在研究对象上,不可能保持其完整性——在一个源初

---

[1] 埃伦·迪萨纳亚克:《审美的人》,户晓辉译,北京:商务印书馆 2004 年版,第 55 页。

的审美现象中,客体总是内在地、"同时性"地寓于主体之中,所以,最终剩下的"对象"就只能是一种"假象",抑或是一种"乱象",抑或是一种"残象"。

这就是美学研究的对象被教条所撕裂,最终的根据都取决于——构建审美生活中主客体关系的唯一维度——"时间性"被丧失。

第四章　康德美学中的时间性问题

摘要　尽管康德美学对真、善、美的比较与划界有着巨大的文化价值,但是康德美学却只是一种以纯粹的艺术作品为对象的狭隘的现代美学,而且更是一种只从主体性出发、片面发扬主体性而忽视主体的美感何以必然地由客体所奠基的美学,从此出发,康德美学因而是一种从"教条"出发的美学,而不是从"审美生活"实际或者实情出发的美学;尤其是康德美学对于自然美、空间美、日用品的美的忽视,导致作为感受器官的"身体"被忽略,这必然导致广泛存在的审美现象得不到应有的关切与阐释,尤其是在"质料"的"时间性"构成上较为复杂的审美现象,更被康德美学过滤与阻隔得一干二净;所以,康德美学仅仅能够解释以纯粹的艺术作品为对象的、仅仅适用于视觉与听觉的"审美生活",最为简洁的体现就是——"审美超功利"。

后现代美学尤其是自现象学、存在主义以来的美学,较多地重视对审美生活体验不预设前提、尤其是不预设"主体性"教条前提的精确描述,从而能够全面地解释包括艺术美在内的广阔领域,诸如对由"质料"的"时间性"构成上较为复杂的审美对象所奠基的审美生活进行整体的"统觉"描述(如梅洛·庞蒂),对审美生活的"内时间意识现象学"进行精微的描述(如胡塞尔),对审美生活的时间性何以在"生活之中"源本地绽出(如海德格尔)进行如其所是的陈述,等等。在近期中国美学之中,主要体现在"日常生活审美化"讨论以及"生态美学"的勃兴,从而为后现代美学以"身体"作为感受器官对现代"视觉""听觉"美学的拓展奠立了开端,也为审美生活中"时间性"诸因素的开显与分析奠定了基础。

在此所探讨的"身体"不是作为审美对象存在的"身体",而是在"审美生活"中作为审美主体感受载体的"身体"。我认为,后现代美学尤其是自从现象学、存在主义以来的美学,在"身体"维度对现代美学的知识体系产生了拓展。之所以如此是因为现代美学是以"视觉""听觉"快感为核心和逻辑出发点来构筑自己的知识体系的,而"视觉"与"听觉"在审美活动中却不能涵盖所有的感知与感受,而且至少在自然美以及功能性的审美对象这两大领域都无法仅仅使用视觉与听觉来解释,因为,在自然空间环境之中,人"同时性"地感受到了"同时性"并存着的温度、空气、地形、色彩、形状、气味、声音等等;在与功能性的审美对象打交道之时,比如一个茶杯,除了外观的美好之外,还要与"身体"的性别构造、"手"的大小与构造、抚摸时的光滑感等等直接相关;而以上所有感官及其感觉,不管在质料的特性上如何多样,不管其在"同时性"上的"横向"构成如何复杂,不管其在"内时间意识"上的纵向绵延与持存上如何精微,它们都隶属于"一个人"的完整的"自我",隶属于"自我"的"审美生活"的过程之中。对于美学而言,一个"审美生活"的"完成"在"先",对"审美生活"的"反思"在"后",这一"反思"应该以保全"审美生活"在"构成"上的完整性为前提,因而,除非是一个审美对象在"质料特性"上只具有可以"听"可以"看"或者同时可以"听"与"看"的兴致,那么,除此之外,其他"身体"因素就必然浸入其中,在"时间性"上"并存"于一个完整的审美生活过程之中。如果纯粹由于主体性的教条之故而对审美生活之中的身体诸觉有褒有贬,挑三拣四,那么就必然会使得审美生活的范围急剧缩小,乃至于变形、扭曲,最终影响到美学知识体系的完整性与逻辑性。

现代美学的知识体系得以合法是从康德开始的,而且康德美学在"身体感受"的缺失方面也同样典型,这正是本文针对美学中的"身体"感受问题要选择康德作为案例分析的原因所在。

第一节 康德的三重过滤与两大难题

一、主体性的高扬与片面

康德哲学力图批判传统形而上学,因为传统古典形而上学着重讲的是灵魂不灭和神学问题,在《纯粹理性批判》中,他认为知识只存在于经验的领域,而传统形而上学的僭越体现在:理性在知识领域超越经验的界限,用经验知识的形式把握超越经验之外的无限,只能得到一些理念,但是绝不可能在经验界找到对象与其对应。在批判了传统形而上学的僭妄之后,康德集中阐述了经验知识何以可能与合法。这也是康德美学走向现代的一个基本特征。

现代美学或者说现代性的美学诞生于现代性学术思想的整体之中,而现代性最为重要的标志之一就是对于某一事物主体性的寻求。自文艺复兴以来,主体性就一直是现代哲学的奠基石,尤其体现在最为典型的政治领域之中,现代主体性往往就是个体主义,即不仅把自我作为理论认识的中心,而且把自我作为社会政治行动的中心。这种个体主义正是西方现代文化传统中最核心的特征之一,不仅体现在社会政治上,而且也体现在思维、哲学上。比如,在一个完整的事物之中,可以划分为A、B、C三大领域,A必须区别于B,B也必须区别于C,彼此界限清晰,A、B、C各完成其界限内的事情,互不越界,互不干扰,而且A、B、C三者之间互相支持协调,共同为这一完整的事物服务。这也正是康德哲学与康德美学的基本理路。

在《未来形而上学导论》中,他说:

> 如果想要把一种知识建立成为科学,那就必须首先能够准确地规定出没有任何一种别的科学与之有共同之处的、它所特有的不同之点;否则各种科学之间的界线就分不清楚,各种科学的任何一种就不能彻底地按其性质来对待了。[1]

---

[1] 康德:《未来形而上学导论》,庞景仁译,北京:商务印书馆1982年版,第17页。

这一基本理路同样体现在对于审美判断力进行分析的《判断力批判》的导言之中,他说:"对于理性认识诸原理指定的属于它们的对象的诸概念就必须是显然互异的,否则,它们将没有资格来从事分类。这分类经常是以理性认识中属于一门科学不同部分的诸原理的相互对立为前提的。"[1]而且,"它的领域所依以树立的和它的立法权力所执行的基地却永远限于一切可能经验的对象的总和,即不超过现象的范围,因为若不是这样,悟性在这方面的立法就是不能思维的。"[2]

因而,康德美学所要做的首要的一件事,就是对美学研究对象的构成性做出清晰界定。因为在他看来,"判断力是介于悟性与理性之间,是否也具有自己领域的先验原理呢?这个原理是构成性的还是调节性的——'就是不证明它有自己的领域'的呢?"[3]而且,既然康德认为,"调节性原理"是"永不能达到的,却推动一切知识向往着最后的目标"[4],那么,美学的对象就理应在理性的角度找到自己的合法的边界。

对于所要研究的事物必须进行界限的划分,使其主体性更加突兀地显露出来,舍此别无他途,在他看来,超感觉的区域对于我们的认识能力来说是无法接近,也无从进行研究、解释,但是对于事物之间的区别在表面上是以我们的感觉感受为限。事实上,在进行划分的时候,除了一部分事物最能体现出这一理想的主体性之外,还有很多事物无法进行纯粹的划分,一旦进行了更纯粹的划分,就会在根本上、在逻辑上取消这一事物,顾及了理想状态的、纯粹的主体性,但是有可能失去现实的主体性。在如此严谨的形而上学的推动下,康德自然为美学找到了合法的界限,这基于他对于审美属于快感之一种的界定:

因为心灵的一切机能或能力可以归结为下列三种,它们不能从一个共同的基础再作进一步的引申了,这三种就是:认识机能,

---

[1] 康德:《判断力批判》,上卷,宗白华译,北京:商务印书馆2009年版,第1页。
[2] 同上书,第2页。
[3] 同上。
[4] 同上。

愉快及不愉快的情感和欲求的机能。[1]

因此,对于我们全部认识能力而言,存在着一个没有界限的但也无法接近的地区,即超感觉的地区,我们在那里面找不到一块地盘,即既不能为悟性诸概念也不能为理性诸概念在它上面据有理论认识的领域。这一个地区,我们固然必须为了理性的理论运用,一如为了理性的实践运用,拿诸观念来占领它,但是,对于这些观念在联系到自由概念诸规律时,"我们除了实践的实在性以外不能提供别的。因此,我们的理论认识决不能通过这个扩张到超感觉界去。"[2]

按照这个思路,康德就必须把审美的界限与认识、欲求清晰地区别开来,"愉快的情绪和自然的合目的性的概念的联结"[3],"合目的性是先行于对客体的认识的,甚至于为了认识的目的而不用它的表象时,它仍然直接和它结合着,它是表象的主观方面的东西,完全不能成为知识的组成部分。所以对象之被称为合目的性,只是由于它的表象直接和愉快及不快结合着;而这个表象自身是一个合目的性的美学表象。"[4]也就是说,康德认为,一切意图的达成都和快乐的情绪结合着;这个意图的达成有一先验表象作为其条件,像在这里对于所有反思着的判断力有一个原理一样,快乐的情绪也是被一个先验的和对每个人都有效的根据所规定;并且也仅仅是由客体联系到认识机能,合目的性的概念在这里丝毫没有涉及欲求的机能,它和自然界的一切实践的合目的性完全区别开来。

二、三重过滤

审美的合法界限既然是属于快感,那么对于这一快感又必须加以更加具体的限定,即:"愉快和直观对象的纯粹形式的把握结合着"[5]。这样才能构成一个可供美学研究的纯粹的对象——"这个表

---

[1] 康德:《判断力批判》,上卷,宗白华译,北京:商务印书馆2009年版,第8页。
[2] 同上书,第6页。
[3] 同上书,第17页。
[4] 同上书,第21页。
[5] 同上。

象自身是一个合目的性的美学表象"[1]。如果说康德是现代美学知识体系的奠基者,那么,"纯粹形式"就是这一知识体系的第一块奠基石。由于这个"纯粹形式",因而必然推导出"鉴赏是凭借完全无利害观念的快感和不快感对某一对象或其表现方法的一种判断力"这一划时代的命题。

在这一为后世哲人、学者称道、赞许的命题之中,康德把审美活动过滤得仔细又仔细,一关又一关,一遍又一遍。综观《判断力批判》上卷,康德共使用了三道程序:即与真、善、官能感受相比较,而后试图得到最为纯粹的审美对象。

首先,与"真"相比较:

> 为了判别某一对象是美或不美,我们不是把它的表象凭借悟性连系于客体以求得知识,而是凭借想象力(或者想象力和悟性相结合)连系于主体和它的快感和不快感。鉴赏判断因此不是知识判断,从而不是逻辑的,而是审美的。[2]

> 至于审美的规定根据,我们认为它只能是主观的,不可能是别的。但是一切表象间的关系,甚至于感觉间的关系,却能够是客观的(在这场合,这种关系就意味着一个经验表象的实在体);但快感与不快感就不能是这样了,在这里完全没有表示着客体方面的东西,而只是这主体因表象的刺激而引起自觉罢了。[3]

> 用自己的认识能力去了解一座合乎法则和合乎目的的建筑物(不管它是在清晰的或模糊的表象形态里),和对这个表象用愉快的感觉去意识它,这两者是完全不同的。在这里,这表象是完全连系于主体,并且是在快感或不快感的名义下连系于主体的生活情绪,这就建立了一种十分特殊的判别力和判断力,但并无助于认识,而只是在主体里使得一定的表象和那全部表象能力彼

---

[1] 康德:《判断力批判》,上卷,宗白华译,北京:商务印书馆2009年版,第27—28页。
[2] 同上书,第33—34页。
[3] 同上书,第34页。

此对立着,使得心灵在情感里意识到它的状态。[1]

在这两段话中,康德对"美"与"真"的差异只说对了一半,"正确"的"一半"在于科学活动是求知的,求知识的正确性,而且这一知识只关乎客体,可以拿客体与知识进行比较,从而判定知识的真与伪,而审美生活中的情况却是:对于同一个客体对象的感受却有可能是快感或者不快感的。而"错误"的"一半"在于:认为审美生活的快乐仅仅与"主体"有关,"主体"在审美生活之中处于绝对的、决定性的甚至是与客体相脱离也可以独立存在的地位。可是,事实上,审美主体的快乐是奠基于特定的审美对象之上的,比如,阅读《红楼梦》的愉快不同于阅读《水浒传》的愉快,阅读《红楼梦》的愉快也不同于欣赏萨拉萨蒂的《流浪者之歌》的愉快,而且正如本书在导论中所述,阅读《红楼梦》的愉快只是存在于"只有当审美主体正在阅读《红楼梦》的过程之中",即必须满足审美生活中审美主体与审美客体的"主客不分"的"时间性语法",即在一个已经完成的审美生活之中,审美主体的"注意力"是"始终"投注于审美对象的,并且这一投注的过程就是,审美生活的快乐是"被"审美对象所奠基起来的。当然,这里的"被"字的含义并不意味着审美主体是消极的,被动地被奠基起来,而是说,在一个已经完成的审美生活之中,正是由于这一审美生活的"独一无二"的性质,我们才会说,审美主体的快乐是被"独一无二"的"这一个"对象所奠基的,比如,我阅读《红楼梦》的快乐是"独一无二"的快乐,而且,在人生的不同时机来阅读《红楼梦》,所得到的快乐都是完全不同的。当然,在此要强调的是,在一个已经完成的审美生活之中,审美主体与审美客体之间是一种绝对的"不可分离"的关系。康德的失误就在这里。

其次,与"善"进行比较:

人只想知道:是否单纯事物的表象在我心里就夹杂着快感,尽管我对于这里所表象的事物的存在绝不感兴趣。人们容易看

---

[1] 康德:《判断力批判》,上卷,宗白华译,北京:商务印书馆2009年版,第34页。

> 出:若果说一个对象是美的,以此来证明我有鉴赏力,关键是系于我自己心里从这个表象看出什么来,而不是系于这事物的存在。每个人必须承认,一个关于美的判断,只要夹杂着极少的利害感在里面,就会有偏爱而不是纯粹的欣赏判断了。人必须完全不对这事物的存在存有偏爱,而是在这方面纯然淡漠,以便在欣赏中,能够做个评判者。[1]

从上述文字可以看出,康德的思路是继审美与科学的比较之后进行的,仅仅与主体的快感与不快感有关是"美"与"真"之间的差异,那么,在主体的快感与不快感上,还必须进行"功利或者利害的快感"与"无功利的快感"之间的比较。在此仍然可以看出,康德始终心怀"纯粹"之心,追寻着"美"与"善"之间的疆界。

康德在《判断力批判》中的基本思路是在人类的三大基本价值之间进行比较,即在真善美之间进行划界,这本是无可厚非的,直至今日,康德的三大批判仍然光芒万丈,但是康德在取得了伟大建树之际,也显然走偏了路,尤其是在对"美"与"善"之间的比较之上,康德不仅仍然继续进行着"美"与"善"作为两种价值的比较,而且他还是从过于高扬的"主体性"出发——其实也就是从教条出发,把主观预设的条件作为先验的前提,他这样预想:任何一种价值只体现于一个事物之上,或者说,一个事物只能够具有"一个""质料"上的属性,从而也就发挥与承担着"单一"的价值与作用,这样的话,纷繁复杂的世界就条理清晰地存于我心了。但是,在现实生活之中的万事、万物与人类,却更多地同时具有一种以上的价值与功能,其质料上的复杂性是难以预设的,或者说,同一个人或者物同时具有真、善、美三种价值,因而,不能因为抽象思考的缘故,为了树立一种文化价值的独立性与主体性,就扭曲与破坏事物与人的完整性。

当然,康德本人也意识到了这一点,因为,按照这个纯粹之思进行下去,完全的、绝对的超乎功利的快感在这个世界上就是极稀少的,因为只有极少的事物才能满足这个条件,康德说:"鉴赏判断完全不系于

---

[1] 康德:《判断力批判》,上卷,宗白华译,北京:商务印书馆2009年版,第35页。

完满性的概念"[1],还说:"但是鉴赏判断是审美判断,这就是说,它基于主观的根据,它的规定根据不可能是概念,因此也不能是一定目的的概念。因此若果把美作为一个形式的主观的合目的性,就绝不能设想一对象的完满性作为假定形式的但仍然是客观的合目的性。美与善的概念中间的区别,若以为只是按逻辑的形式区分着,前者只是一个混乱的而后者却是一个清晰的关于完满的概念,此外按内容和起源来说却是同一的,这话是全无意义的:因为这样它们之间就没有特殊的区别了,而鉴赏判断就会是认识判断,也是用它来指出某事物为善的判断了。"[2]

因而,按照康德的思路推导下去,如果一个丰乳肥臀的女人玉体横陈于前,他就要"单纯依形式而判断"[3],把"乳"与"臀"在"他的判断里把它抽象掉"[4],只剩下"乳"与"臀"的抽象的"线条""曲线",试问,母猪也有如此美妙的"线条"与"曲线",那么母猪和美女能一样吗?

其实,康德的良苦用心在于保持审美生活或者快感的"流畅"与"纯粹",在《判断力批判》中,他一再强调作为"内时间意识"之中最为关键的因素之一——"注意"的作用及其在审美生活之中的持存、延续:

> 至于一个对象由于它的形式而具有的那种美,当人们以为凭借魅力的刺激能够提高它,这种想法是一个庸俗的错误,是对于真正的、纯洁的、有根据的鉴赏力很有害的谬误;固然除了美外仍可以加上魅力的刺激,使心意通过对象的表象除了空洞的愉快以外还感兴趣,鼓励着鉴赏和培养趣味,尤其是当鉴赏还是粗俗和未精炼之时。可是,它们实际上破坏了鉴赏,假使它们吸引了**注意**而以之作为美的判定根据。因它们远不能对此有所贡献,除非在它们不骚扰那美的形式而且当趣味还微弱和未精炼时它们是

---

[1] 康德:《判断力批判》,上卷,宗白华译,北京:商务印书馆2009年版,第59页。
[2] 同上书,第60—61页。
[3] 同上书,第62页。
[4] 同上书,第64页。

被当作异分子而宽大地被容纳而已。[1]

> 若果说颜色和音响的纯粹性,或者它们的多样性及其彼此对照,似乎对于美有所增添,那并不意味着:因为它们本身是快适的,所以就仿佛在形式方面同样也增添了愉快,反之,之所以如此,却是因为它们使得形式更精细些、更精确些、明确些、完整些。并且此外由刺激而使表象生动,唤起和保持着对于对象本身的**注意**。[2]

也可以说,康德美学是现象学美学的一个不太纯粹的开端,对于"纯粹"的执著使得康德没有把"注意"这一极为关键的"内时间意识"因素的描述一路还原下去,在根本上还是由于康德没有把审美生活置入生活之中,并在保持"人生"或者"生活"原貌的前提下进行更加合理的思索。

最后,与"感官"或者"官感"的快乐相比较:

> 快适、美、善,这三者表示表象对于快感及不快感的三种不同的关系,在这些关系中我们可以看到其对象或表现都彼此不同。而且表示这三种愉快的各个适当名词也是各不相同的,快适,是使人快乐的美,不过是使他满意;善,就是被他珍贵的、赞许的,这就是说,他在它里面肯定一种客观价值。快适也适用于无理性的动物。美只适用于人类,换句话说,适用于动物性的又具有理性的生灵——因为人不仅是有理性(就是说,有灵魂)的,但同时也是一种动物。善却是一般地适用于一切有理性的动物。……人可以说:在这三种愉快里只有对于美的欣赏的愉快是唯一无利害关系的和自由的愉快;因为既没有官能方面的利害感,也没理性方面的利害感来强迫我们去赞许。[3]

同样,在这段文字中康德还是持续着一如既往的追求纯粹的审美生活的思路,除了视觉与听觉之外,他把其他感官归之于动物与人的

---

[1] 康德:《判断力批判》,上卷,宗白华译,北京:商务印书馆2009年版,第57页。
[2] 同上书,第58页。
[3] 同上书,第41页。

共性,而把理性归之于人的独特性。

　　康德的深刻之处在于指出了感官之间的差别。如果纯粹就人类感官的个别性而论,一切美感都只是快感而已,但是,快感又是千差万别的,有些快感比较简单,生而俱来,而且无须进行专门的培养与教育,比如味觉、嗅觉与触觉就是如此;而视觉、听觉快感可以作为一种教养与修养持续地加以呵护与培养,意味着这些快感有无限的提升、创造的空间与余地。这只是在一种"理论"上的可能性——某一种事物只能够满足"味觉""嗅觉""触觉"或者"视觉""听觉"等等感官,也就是说只具有一种单纯的"质料"特性,而在"现实"之中,这样的事物只能是少之又少的。

　　因而,康德的失误在于:只是对通过视听所得到的快感与通过其他感官所得到的快感进行孤立的价值与功能比较,因为在纯粹的艺术作品之外,还有着更为广阔的审美领域,有着更为复杂的"质料"构成的审美对象,这些对象要求审美主体必须以多种复合的身体诸觉参与审美活动,否则就无法完成一个正常的审美生活,比如,触觉、动觉、嗅觉、听觉与视觉可能同时在处于一个建筑之中的主体身上发挥作用,正如建筑理论家斯蒂文·霍尔所言:"对建筑中材料的体验不仅是视觉的,而且是触觉、嗅觉和口感的。所有这些与空间和我们的身体在时间中的轨道交织起来。也许没有任何一种领域能像触觉领域那样更直接地与多种现象和感知体验相接触。建筑的触觉领域是由触觉来界定的。当细部的材并性形成,一个建筑空间变得明显时,触觉的领域便打开了。感觉的体验强化了,心里的尺度也加入进来。"[1]

三、两大难题

　　因而,通过康德的三重过滤之后,比较的最后结果是剩下了一个极为纯粹的审美对象,尽管康德本人并没有直接这样表述,但是结论确实极为明确,也就是:审美活动的感官只与"视觉"与"听觉"有关联,与此相关联的就只能是"纯粹"的"艺术作品"。这个"纯粹"的"艺

---

[1] 转引自沈克宁:《建筑现象学》,北京:中国建筑工业出版社2007年版,第121页。

术作品"与"实体性存在"无关,因为"实体"都必然是"作为原因的结果"[1],它的最本质的特征因而就体现在其"质料"上,只有依据"质料"的特性才有可能与"实体"区分开来,也就是说它的"质料"就是"符号"——能够表达某一事物却不带有此事物特殊的质料感的最佳承担者;如果说有质感的话,那也是这种媒介材料自身的质感,而不是它所要呈现对象自身的质感。

如果说在康德的思维中,在美与真之间可以做比较简单的对比的话,那么,与善以及其他官能快感的比较就很复杂费力,原因就在于美感作为一种快感形态,在范围与界限上与善、其他官能快感的重合处很多,或者说在它们之间存在的模糊地带太宽广了。在与这两者的比较之中,康德所做的就可以归结为:把与视觉、听觉无关的其他身体感觉完全排除在审美活动之外。在康德看来,纯粹的审美判断是不依赖于"刺激和感动的"[2],因为"一切的利害感都败坏着鉴赏判断并且剥夺了它的无偏颇性,尤其是当它不是像理性的利害观念把合目的性安放在快乐的情感之前,而是把它筑基于后者之上;这种情况常常在审美判断涉及一事物给予我们以快感或痛苦的场合时出现,因此这样被刺激起来的判断完全不能要求或仅能要求那么多的普通有效性;这要看有若干此类感情混在鉴赏的规定根据之内。当鉴赏为了愉快、仍需要刺激与感动的混合时,甚至于以此作为赞美的尺度时,这种鉴赏仍然是很粗俗的。"[3]

审美判断与感官判断,康德视二者为水火不容。他说:"假使鉴赏判断没有任何原理,像单纯感官的趣味的判断,那么人们就完全不会想到它们的必然性。所以鉴赏判断必需具有一个主观性的原理,这原理只通过情感而不是通过概念,但仍然普遍有效地规定着何物令人愉快,何物令人不愉快。"[4]例如康德对于"功能性的、实用性的"的美的

---

[1] 康德:《判断力批判》,下卷,韦卓民译,北京:商务印书馆2009年版,第47页。
[2] 康德:《判断力批判》,上卷,宗白华译,北京:商务印书馆2009年版,第55页。
[3] 同上。
[4] 同上书,第71页。

态度,他说:"鉴赏判断完全不系于完满性的概念"[1],"美,它的判定只以一单纯形式的合目的性,即以无目的的合目的性为根据的。"[2]如果按照康德的设想,我们甚至不能再使用"美"来形容西施与貂蝉了,因为这个词在康德看来只是日常语言对于美的误用或者不严谨的说法而已。对于一位年轻美女的观看,在康德看来,尽管她的外观呈现了与纯粹的审美对象相同的一些东西,但是,性的吸引与兴奋却会妨碍鉴赏判断的纯粹性,所以,"教堂、宫殿、园林、森林里的牧场"等都被康德过滤在纯粹的审美对象之外,属于"多样性"的"附庸美"[3],而他所期许的是"自由美"[4]。

按照康德的思路推导下去,"审美"的"界限"与"疆域"只能限于最为纯粹的、而且最能明确地把审美与其他事物相区别的领域,从而也就把这两个对象从审美活动中过滤掉,或者说是剥离出去了,即具有使用价值或功能性第一的日常生活用品的审美设计和自然美当中的空间环境体验,这两个对象正是审美生活中呈现三足鼎立的另外两足,这两足恰恰都与"身体"的全面体验密不可分。康德解决的是其中之一,即以纯粹的艺术作品为对象的审美生活难题,但是却留下了另外两个难题:"功能性的、实用性的"的美和自然美。偏于精神性的、"静观"的、因而是"自由"的享受的快感在他看来是属于最纯粹的美感的,但是偏于身体享受、物质性享受的、相对复杂或多样性的快感则是受轻视的。

第二节 没有香味的玫瑰花可能吗?

一、玫瑰花的香味能被抽象掉吗?

如果说,康德的美学使得在现代意义上作为一门合理合法的美学

---

[1] 康德:《判断力批判》,上卷,宗白华译,北京:商务印书馆2009年版,第59页。
[2] 同上。
[3] 同上书,第62页。
[4] 同上。

知识得以确立的话,康德美学就只是关于艺术美的知识。就此而言,我们丝毫不能抹杀康德的伟大贡献,就像卡西尔在《人论》中所说的:"康德在《判断力批判》中第一次清晰而令人信服地证明了艺术的自主性;以往所有的体系都是一直在哲学或道德生活的范围内寻找一种艺术的原则。在这两种解释下,艺术不可能具有自己的独立的价值"[1]。康德关于审美判断的四个契机尤其是关于"审美无关利害"的命题,在审美作为一种生活或者说作为一个事件、行为的意义上可以得到更为准确的理解,因为这一命题并不是针对艺术作品的本体论的,也不是针对创作论的,而是针对包含在审美活动内的一切因素,尤其是包含了审美主体、审美客体、审美时间这三个混融而不可分离的因素的审美生活。

可以说,康德的美学思想使得美学摆脱了以古希腊为代表的侧重于认识论的美学倾向,也摆脱了以中世纪美学为代表的侧重于唯灵论的倾向,但是,这种过于高扬的审美主体性却是奠基于一个预设的主观教条,也就是,康德审美判断侧重分析的是质料或者质素单一性的审美对象所带来的那种单一的或者纯粹的快感,因而,在很多情况下,这种由预设的"观念"出发,而不是由"实事"出发的做法,势必造成由于寻求"某物"的纯粹主体性,而把"某物"变成了"观念",而把那些不具备质料或者质素上单一特性的"某物"排除在外了。因为很多质料或者质素就其构成方式而言是多重的、连续的、复杂的,但是尽管如此,这些"多重""连续"和"复杂"却属于同一个事物。比如,当我喝水的时候,我拿起杯子,看着杯子,感觉是如何构成的呢?杯子可触又可观,而且,可触与可观是同时发生的,它们隶属于我的一个饮水的行为之中;但是康德的美学就只是寻求单一的——如同茶杯只能是"可视"的——这一种价值,而"可触"的价值在他看来就是属于很低等的官感需要,他总是力图把这些"杂音"排除出去,以求得纯粹、静观、自由、超乎功利的快感。

至少自康德美学以来,我们奠定了以"形式""外观""结构""静

---

[1] 卡西尔:《人论》,甘阳译,上海:上海译文出版社1985年版,第175页。

观""超越""虚拟"等概念作为这门知识之核心体系。按照康德在论述审美判断第二契机时对个案"玫瑰花"的分析,他所追求的是一种近乎理想状态的审美体验:审美作为一种快感仅仅与"纯粹形式"有关,"纯粹形式"也就必然只适用于视觉与听觉器官;那么,我们对于玫瑰花的感觉是怎样的呢?康德认为:"玫瑰花在气味上是快适的,这虽然也是一个感性的和单一的判断,但不是鉴赏判断,而是一个感官的判断。"[1]那么,也就意味着审美主体在对一个玫瑰花产生纯粹的审美快感时,把对玫瑰花香味的官能快感分离出去了;当然,康德这一见解在这一角度是很深刻的,也就是如果一个审美主体没有对一朵本来很美的玫瑰花产生审美判断,而只是为玫瑰花的香味所吸引,显然就不会具有普遍共通性,但是,一旦一个审美主体产生了对于玫瑰花的审美判断,那么,对于香味的体验就是绝对不可能分离出去的,而是共同属于一个审美主体对同一个对象的感觉,在一朵玫瑰花之中,它同时具有色泽、线条、气味等这数种质料上的特性,在对于这一朵玫瑰花的审美生活得以奠基之时,也就意味着审美主体与玫瑰花这一审美客体的这样三种质料上的特性"同时性"地建立了意向关系,而且是"不可分离"的意向关系。

在这个有意义、有价值的对玫瑰花的审美生活行为结束与完成之"后",作为哲学家、美学家的康德才能对这一审美生活行为进行反思,但是,任何反思都应该以审美生活的完整性——主客之间"构成"上的"完整性"为绝对阈限,或者说这才是一个审美生活的先验规定,一个美学家绝对不可能在"事后"的反思中,把隶属于整体的局部或者要素再孤立地分离出来,就如海德格尔所言:"意向行为"是现象学的首要发现,其根本枢机就在于:"意向性是体验的结构而不是体验所具有的事后追加的联系。"[2]应该以此对玫瑰花的意向行为作为反思的起点,并在反思中始终把握意向行为在构成上的根本特性——"主客不分"。如果在"事后"再对审美生活的完整性提出肢解的想法,就势必

---

[1] 康德:《判断力批判》,上卷,宗白华译,北京:商务印书馆2009年版,第47页。
[2] 海德格尔:《时间概念史导论》,欧东明译,北京:商务印书馆2009年版,第44页。

走向唯物或者唯心,也正如海德格尔所说:"有一点已经是明确无疑的:在做任何事情之前,我们必须首先自由无拘地面向意向性所具有的那种结构关联本身,而不要把某种关于意识的实在主义的或唯心主义的理论设为背景;我们必须学会看到那既与的东西本身,去看清这一实情:各种行为之间、各种体验之间的关系本身并不是各种事物的复合体,相反,各种行为、各种体验之间的关系本身复又具有意向性的特性,生活的全部联系本身都是由(意向性)这一结构所规定的。"[1]从保持美学研究对象——审美生活的完整性出发,在对玫瑰花的欣赏之中,视觉与嗅觉就是"同时"在起作用的,视觉与嗅觉隶属于一个完整的"自我"的行为。

芬兰美学家瑟帕玛很精辟地指出,纯粹的艺术品往往只使用一种感官来进行感知,那就只能是"视觉"与"听觉",其他的感官因而被贬入低级之列:"艺术是在审美上得到了发展和提炼的领域。只有视觉和听觉具有它们自己的艺术形式,它们发展了一种表达语言和表达技巧。而另一方面,所谓的较低级的感觉(嗅觉、味觉、触觉)则没有它们自己的艺术形式;这些感觉不在高雅艺术之中。它们没有可以作为典范的艺术形式;也没有谈论这些感觉的语言,而它们都是艺术活动应当发展的。当然也存在与需要品味训练的艺术活动相关的审美活动,其中有一种谈论它们的语言——其中之一便是品酒,品尝葡萄酒和奶酪等时只有是较低级的感觉的一个特征看做单纯的感官享受,不需要特别的认识和养成趣味(例如日光浴);这些纯粹是享受而不是审美的享受。"[2]

在《实用人类学》中,康德在对五种感官——嗅觉、味觉、触觉、视觉、听觉的分析中说:"其中的三种(即听觉、触觉、视觉)是客观性多于主观性的,也就是说,它们作为感性直观对于外部对象的认识,比使受刺激的感官被生动地认识到,要有更多的贡献;而后两种(味觉、嗅觉)则是主观性多于客观性的,即是说,它们产生的观念与外部对象的

---

[1] 海德格尔:《时间概念史导论》,欧东明译,北京:商务印书馆2009年版,第43页。
[2] 约·瑟帕玛:《环境之美》,武小西、张宜译,长沙:湖南科学技术出版社2006年版,第103页。

认识相比更是享受的观念。"[1]那么,据此,我们就可以对康德的"玫瑰花"作这样的改写:他所说的纯粹的感觉只适用于照片上的或者是画中的甚至可以是用塑料做成的"玫瑰花",或者说,我们是用手捂着鼻子来看玫瑰花的。

二、身体诸觉与美学知识的合理性

现代美学的知识体系一直是以艺术作品作为自己的合法界限的,因而,审美快感就只能以视觉与听觉为限。视觉与听觉器官长期以来被人们称作更加"人性""理性""神性"的最为文明的感官,"因为只有它们能被抽象化成能够为从感性向纯理性过渡的桥梁"[2],视听语言或者说视听符号都可以被利用成一种本身无疑义的、任意性的"记号",并以此来呈现世界,而且所呈现出的世界是一种使得本真世界的材料与质感消失的世界,即"形式"的世界。而其他感官就被当作理应服从理性支配的器官。即便是对于"感性"的强调,以纯粹艺术作品为阐释对象的美学,也只能把"感性"阐释为失去最直接材质、质感的"感性",即被符号所描述的"感性",当然,这是对"此"感性而不是对空间环境美学以及日常用品审美设计学视野中"彼"感性的阐释。

即使是对纯粹艺术品的审美,我们似乎仅仅运用了视觉与听觉的话,那么这样一个审美行为同样是在一个现象界发生的、在一个实在的自然时空环境中进行的,其他感官同样是参与的,只不过参与的性质不同而已。在对艺术作品的审美过程中,人是处在一定的物理环境中的,他的身体的感觉器官是受其限制的,嗅觉、触觉、味觉、皮肤的感觉尽管不直接参与,但却是作为视觉与听觉的功利性的前提来存在的。人在这样一个物理环境中,在这些感觉上必须满足其基本需要,或者对于他们的干预不能超过其所能够承受的最大生理阈限,也就是说,在一个以艺术作品为对象的审美事件中,周围环境的因素,比如温度、湿度、安静的程度、温饱的程度已经满足了审美主体的基本需要,

---

[1] 康德:《实用人类学》,邓晓芒译,重庆:重庆出版社 1987 年第 1 版,第 34 页。
[2] 叶秀山:《美的哲学》,北京:东方出版社 1991 年版,第 90 页。

因而,环境中的生态因素就成为即使是最为纯粹的审美的最直接也是最为隐晦的支持因素。

试想:在一个凉爽的春季早晨,在安静的树林中,微风习习,躺在两树之间的吊床上,聆听苹果 NANO 的 MP3 音乐的感觉,与一个在嘈杂炎热的街道、公共汽车上听音乐的感受,能一样吗?如果我们把一个音乐厅的温度从 23℃ 调到 33℃,听音乐的感受会怎么样?诚然,温度的升高只是影响了皮肤对于温度的感觉,而丝毫没有影响到听觉,但是对于听觉显而易见的影响却是决定性的。我们只能说,在相对纯粹的、往往主要使用视觉与听觉的审美活动中,身体是作为一个整体发挥作用的,只不过由于视觉与听觉所起作用过大的缘故,其他的身体感觉被掩盖在后台了。

所以,功能性的审美对象与我的身体的融合以及空间环境之中的人与物的陈设就成为"我"感受的源泉。而审美体验就主要来源于对这一功能性审美对象的使用、接触以及对空间环境陈设结构的注视与游历,同时,这两者所具有的一切物理因素,都会对"我"的感觉与经验产生必然的作用,比如材质、质地、结构、气候、温度、植被、建筑、石头、土壤、"他人"的数量、色彩、空气运动、气味、水等等。不是"我"的听觉与视觉仅仅存在于此,而是"我的身体"存在于此。与纯粹的以艺术为对象的各种审美感官相比,视觉听觉尤其是视觉之外的其他器官更强烈地参与其中。比如,在"我"在视觉上对某一空间环境感到舒适愉悦的同时,也就意味着与这一空间环境因素相对应的其他感觉器官也同样得到了愉悦,而且所有这样的愉悦是同时发生的。在对这两种审美对象的意向性关联中,"我"是以全面的身体感觉来参与的,有多少身体感觉器官的参与,这取决于我所使用的某一件日用品和我所处的自然环境的材料的构成要素。

纯粹的艺术作品在"形式"与"结构"上最能体现出如同黑格尔所云的人类理性与理念的创造性,体现出这是一个与现实生活完全不同的虚拟世界;与之不同,从对日用品的审美设计来看,日用品首先要满足的是"功能性"的需要,例如,我所购买的手机必须是符合我的人体工程学的,必须是方便我的手掌持用的,手机的外观既需要美观,又更需要满足我的皮肤的触觉,比如,手机应该光滑、细腻等等,绝对不可能抛开手机与我身体感觉的接触的界限,去设计、生产一个只具有精神性需要的、完全没有第一度材料质感的手机。对"自然美"所作的评价也是如此,假如我们沿用了这一其实是从"艺术作品"中归纳出的标准与评价体系,惯常的体现就是只对接近于"艺术美"的"经典性"的自然景观作评价,典型的"名胜"与"风景"因而才能进入到美学的视野,成为传统美学论述自然美的对象,而典型的"名胜"与"风景"只是自然环境审美中极其微小的构成部分。

所以,"身体快感"这一概念必须进入到美学知识体系的核心区域,成为对"美感"进行全面描述的依据。这就意味着在强调功能性与实用性的审美生活和在空间环境的审美生活中的人的感觉不再仅仅是传统美学乃至于现代美学意义上的美感,它意味着把人放置在特定的事件与空间之中,除了由视觉与听觉带来的审美快感之外,还包括由嗅觉、触觉、味觉等协同起作用的快感。但是,单独的嗅觉、味觉、触觉并不能直接地单独地产生美感。在某一具体的审美生活中,身体是以此时此地的整体性来参与审美的。以康德为代表的现代美学知识体系之后的美学应该把功能性的美以及"环境"或更准确地说"空间"引入知识体系,把接触或使用功能性的审美对象以及处在"环境"与"空间"中的人的身体感觉作为基本对象。

第三节 康德之后:后现代美学的身体复苏

美学如果不能确立明确的研究对象,或者研究对象范围过大或者过于狭窄,那么,它就必然走向谬误;而且,对象的更新或者说新对象的出现,必然会导致新美学的产生,或者说会导致美学中新知识的产生——这种"新"往往并不是局部的,而是涉及美学作为一种形而上知识形态在整体与全局上的变化。

在康德的美学思想中,由于追求最为纯粹、最为典型的审美主体性,在他的理性形而上学的建构中出现矛盾与分裂是必然的,一方面他主张一切从经验出发,另一方面,又从先验的形而上原则与概念出发,这导致经验与概念之间无法完全吻合,关于审美判断力四大契机之首——"审美超功利"的命题,正如本文在前文所述,仅仅是适合于以纯粹艺术品为对象的审美活动的,仅仅是对这一审美体验的描述。当然,康德在《判断力批判》当中也注意到了这个问题,也就是当审美主体面对一个包含审美特性在内的多种性质的事物时,主体的感受应该是怎样的?按照康德的看法,他认为:"对于一物的多样性所感到的愉快,和规定它的可能性的内在目的,这两者之间的关系,是基于一个概念上的愉快。"[1]所以,康德美学思想的内在逻辑就是:只能针对一个而且只有一种感觉特性,再加上这一感觉是由一个纯粹的物体所带来的。这一物体就是纯粹的艺术作品,而"多样性"的对象则是康德加以过滤的对于自然界的审美对象和以功能性为目的的审美对象。总的来看,康德在对审美对象的界定上采用了"本质先行"的做法,在"本质先行"中过滤掉了审美生活中只能由"身体"完满描述与阐释的两大重要现象,所以,康德美学既是以视觉听觉为核心的现代美学的奠基,同时又是以"身体"为核心的后现代美学之后的继续的起点,这个起点就必然是继续从经验出发,从现象出发,扩展现象,在扩展现象的基础上来进行描述与解释,"审美超功利"这一适合于以纯粹艺术品为对象的审美活动的"本质"就必须"先行悬置",新的美学知识体系因而得以诞生。而埃伦·迪萨纳亚克女士在《审美的人》中所表达的看法更是涉及"身体"与美学知识的重写,她直言:基督教对身体的态度与18世纪的"审美无关利害"命题是对艺术身体性的两次打击[2]。

康德美学的不足从宏观上说就在于两大方面:第一,无法解释而且必然摒弃由"造物性"的审美对象所触发的美感体验,也就是由一个具有多种属性的事物所引发的多重的、混合的体验,因为康德过于偏向"精神性"的——也就是由符号构成的纯粹艺术品,造成美学研究对象的重大遗漏;第二,康德美学过于追求以具有单一属性的"精神性"即纯粹艺术品为对象的美感体验,而对包含审美感觉在内的多种感觉

---

[1] 康德:《判断力批判》,上卷,宗白华译,北京:商务印书馆2009年版,第63页。
[2] 参见埃伦·迪萨纳亚克:《审美的人:艺术来自何处及原因何在》,户晓辉译,北京:商务印书馆2004年版,第55页。

特性的心理体验无从进行合法的、结构清晰的描述,对感觉与体验的构造分析往往失效,比如,这一体验是多种感觉的随意混合,还是孰先孰后,还是同时并存等等关键的"时间性"问题。这正是现代美学之后有待继续探索的两大领域。

从西方现代哲学与美学的发展来看,迄今为止,现象学对康德所开创的现代美学进行了最为有效的补充,这一补充就表现在两个方面:

从第一个方面来看,在美学的根本研究方法上,现象学所张扬的"悬置本质"命题有助于还原审美生活的全部领域,诚如当代存在论美学的奠基者海德格尔所说,"'现象学'这个词本来意味着一个方法概念,""'现象学'这个名称表达出一条原理;这条原理可以表述为:'走向事情本身!'——这句座右铭反对一切飘浮无据的虚构与偶发之见,反对采纳不过貌似经过证明的概念,反对任何伪问题——虽然它们往往一代复一代地大事铺张其为'问题'。"[1]这就是说,通过将一切实体(包括客体对象与主体观念)加以"悬搁"的途径,回到认识活动中最原初的意向性,使得现象在意向性过程中显现其本质,从而达到"本质直观"。而在这个"走向事情本身"或是"现象学的还原"的过程中,主观的意向性具有巨大的构成作用。正是由于现象学反对采用主客二分,转而倡导将被误认为独立于意识的世界存在还原到世界的合乎意识之显现上去。

胡塞尔对这个"还原"的论证首先并不是以那种在近代哲学史上著名的普遍论据为起点,而更多的是在详细的具体分析中描述性地指明,人的意识通过何种方式在不同类型的对象那儿获得各种存在领域中的存在的信仰。而在审美体验中,能够把对纯粹的艺术品、功能性产品或日用品、自然空间环境的审美这三者共同涵盖在内,并且能够进行合法的、构造清晰的描述的,就是包括视觉与听觉在内的"身体感觉",这一身体感觉在"精神性"较强的纯粹艺术品的审美中起着绝对

---

[1] 海德格尔:《存在与时间》,陈嘉映、王庆节合译,北京:三联书店1987年版,第35页。

的主导作用的是视觉与听觉,而在"造物性"较强的功能性用品与自然空间环境的审美生活中,到底会有多少种感觉器官参与,并且呈现一种怎样的构造状态,这取决于"物"的特性与主体之间所形成的具体的意向性。正如胡塞尔一再申言的,感觉从一开始就包含着世界,因为它始终包含着行为,包含着基本的主动性。意识在感觉的过程中不是纯粹被动的接受站。如果我反思我自己的感觉,那么我会看到:只有通过"我"切身的活动,"我"才能获得我所有的感性印象。为了使"我"的对象环境中的颜色、形状、温度、重量等等确定的外观对"我"成为被给予性,"我"必须相应地运动我的眼睛、脑袋、手等等。感觉的感知和由"我"所进行的身体运动在这里构成了不可分解的统一。

从第二个方面来看,现象学哲学对于涉及多种身体感官审美体验的"时间性"构成作了开创性的研究,迄今为止还是最为深刻的,尤其是对于康德美学所遗留的对同时具有多种属性的、功能性的、造物性的审美对象所引发的感受的分析,从身体诸感受的"同时性"构成角度开始,从而摆脱"本质先行"造成的足够"纯粹"而太不符合"实际"的困窘。

为了摆脱笛卡尔非现象学的二元论,胡塞尔证明:感觉从一开始就包含着世界,因为它始终包含着行为、包含着基本的主动性。意识在感觉的过程中不是纯粹被动的接受站。如果我反思我自己的感觉,那么我会看到:只有通过我切身的活动,我才能获得我所有的感性印象。为了使我的对象环境中的颜色、形状、温度、重量等等确定的外观对我成为被给予性,我必须相应地运动我的眼睛、脑袋、手等等。感觉的感知和由我所进行的身体运动在这里构成了不可分解的统一。正如胡塞尔在进行感知分析时所说:"身体始终作为感知器官在共同发挥着作用,并且它自身又是由各个相互协调的感知器官所组成的一个完整的系统。身体自身的特征在于它是感知的身体。我们把它纯粹看做是一个主观运动的、并且是在感知行为中主观运动着的身体。"〔1〕胡塞尔还说:"我们在实现这种自由时所实际选择的每一条现时化的路线,都提供了对象的各种连续的现象序列,所有这些序列都会在同一段时间上展示这个对象,也就是说,所有这些序列都是在同一段延续中、但又是在不同的面上展示出这同一个对象。根据构造的意义,所有这些在这里被知晓的规定都应当是共存的。"〔2〕比如,当我用我的很美妙的茶杯的时候,手的触觉、眼的视觉、温度的感觉等等不是一个分离的先后序列关系,而是一个在同时性层面共同属于身体在此时此地的感觉。

在胡塞尔之后,主要是以梅洛·庞蒂和赫尔曼·施密茨等为主要代表的西方哲学家对身体感知现象学有极深入的探索,本文在此不详述。需要指出的是,虽然现象学哲学对于身体与审美感受关系问题的指导意义还是在宏观上的,直接针对美学中身体感受的具体论述还不多,也不够直接、深入,但是已经对当今美学观念产生了重大影响,成为最可利用的理论武器。

从近现代美学来看,达尔文的进化论美学观可以说是对于"身体感受美学"的草创;现代西方美学中早期的一些美学流派,比如移情派美学的谷鲁斯的"内模仿说"、伏龙·李的"线性运动说"等都已经涉及视听感受所引起的身体感受经验的描述问题,而居约则把一些低级的感官活动乃至生殖功能满足所获得的快感都包含在美感经验之中;美国现代哲学家乔治-桑塔耶纳提出了"美是快感的对象化",主张:"人的一切机能都对美感有贡献。"〔3〕他关注了存在于纯粹艺术品所引发的视觉听觉快感之外的、审美主体处于自然环境中的统觉体验,他说:"让花香从园里飘来,它就会给同时认识到的事物添上另一种感性的魅力,帮助它们显得美。因此,美是在快感的客观化中形成的,美是客观化了的快感。"〔4〕他的观点得到了很多其他美学家的赞同,但

---

〔1〕 胡塞尔:《生活世界现象学》,倪梁康、张廷国译,上海:上海译文出版社2005年版,第58页。
〔2〕 同上书,第60页。
〔3〕 桑塔耶纳:《美感》,缪灵珠译,北京:中国社会科学出版社1982年版,第36页。
〔4〕 桑塔耶纳:《美感》,缪灵珠译,北京:中国社会科学出版社1982年版,第35页。

是,由于他没能为自己的观点找到充分有力的证据,所以一直没能得到更为普遍的公认,而且,更为遗憾的是他没有在这个身体的维度继续深入地走下去,也没有始终坚持这一身体统觉快感的立场。

当代环境美学也开始对空间环境中"身体感受"的问题有了集中的关注,如阿诺德·伯林特就提出美学应关注"身体是环境的",而且"抓住此种观念就会把我们引入一个完全不同的方向。"[1]另外,特别需要指出的是,业已枝繁叶茂的西方设计艺术及其美学也日益进入到哲学美学、文艺美学的知识视野中来,建筑现象学、环境现象学、空间现象学等在审美生活中"身体感受"的探讨愈加丰富,如巴克莱·约翰斯以不同的感官感受来描述一个城市的审美魅力:"城市不仅是图案、构造、色彩的视觉城市,也不存在单纯的听觉城市,声音在我们对城市的感知中具有多么重要的作用啊!甚至它的缺席都十分有意义:周日早晨华尔街的寂静具有压倒一切的力量。但也存在嗅觉的城市——气味的城市——四处弥漫的气味,充满了城市整个的街区,并成了它特色。它是一条街或一个小区的象征的有当地特色的气味和微弱的气味,如果你愿意,还有那些不远处的可被觉察到的气味——货摊和餐馆的气味,经过的事物或街上或人行道上的存在物的气味,你进入或经过的某些特定建筑物或房间时闻到的气味。"[2]但是,就总的发展趋向来看,现象学对康德哲学与美学的补充还未发挥得很完善,最集中的体现是还没有最为直接地把美学的三大领域——纯粹艺术、空间环境的美、功能性艺术作为一个整体植入"身体"感受的视野进行更为具体、理性的研究。

因而,在康德之后,"身体"概念理应成为建立一个更具有理论张力的美学知识体系的核心生长点之一,在此,美学要走的路还很长很长。

---

[1] 阿诺德·伯林特主编:《环境与艺术:环境美学的多维视角》,刘悦笛等译,重庆:重庆出版社2007年版,第175页。

[2] 约·瑟帕玛:《环境之美》,武小西、张宜译,长沙:湖南科学技术出版社2006年版,第103页。

第四节 康德《实用人类学》美学思想中的时间性问题

相比于《判断力批判》之中的美学思想而言,康德的《实用人类学》一书,多了很多生机、趣味,多了很多人生哲学,其中的美学思想则体现出鲜活的人生哲学色彩。他关注着吃喝拉撒睡,关注着那些喜欢读书却浮于表面的女人们,关注着恋爱、健康、时髦、美的感情、欲望的激情,关注着人际间的交往、游戏,甚至还关注着相面术。这时的康德就是一个可爱、有趣的哲学家与美学家,尤其是有关审美生活作为一种感性体验活动的时间性的精彩思考,更是此书之中的精华所在。

康德在此书中极为关切人的幸福生活,当然,在其中就包含了审美生活。在这个阶段,康德不像批判时期的哲学思想那样,为了在自然与自由之间搭建一个互通的桥梁,需要审美判断力来进行协调,因而最终其所建立的三大批判尽管有着重大的学术价值,但是其中所显露出的内在矛盾与弊端也是显见的,最重要的体验就是过于强化主体性,过于强化科学、道德、审美三种价值或者三种心理机能之间的界限,乃至于以这种主体性去对自明性存在的那些鲜活的生活现象、人生经验进行切割,或者具体地说是从自足性、自持性的主体性出发去解释主客不分领域之中的对象,因而其矛盾之处、勉强之处甚多。

一、文学作品与"兴发性"经验的保存

在《实用人类学》之中,康德的美学思想有一个基本的出发点,那就是通过文学艺术作品可以很完满地保存那些"过程性"的或者"兴发性"的人类经验,而这些带有过程性的人类经验无疑是属于时间性领域,尤其是属于现象学哲学的领域。新康德主义哲学重要的代表人物纳托尔普曾对胡塞尔所做的现象学还原不以为然,在谈及胡塞尔《逻辑研究》第一卷中那些所谓的漂亮发挥时,他认为只能"衷心地表

示敬意,却实在没有多少东西可学。"[1]原因就在于——"精神生活中的直接的东西,我们是不能直接达到的,而只能从它的客观化了的形象回溯,所以说这些形象应当预先在它们的那种本身纯粹客观的根据中得到保证。"[2]关于他对胡塞尔的评价正确与否,本文暂不进行探讨,在此要关注的是纳托尔普的确指出了一个哲学中存在的难题,即那些生活之中的体验显然是在主客不分离的构成状态下的一种逝者如斯般的运动或者绵延的过程,但是当我们试图去描述这些体验过程的时候,体验的过程就会中止,因为我们是在回忆之中,才能对业已发生的生活过程进行冷静的反思与描述,这肯定是一个矛盾。当然,纳托尔普认为,康德的哲学做到了这一点:"因为他把思维解释成自发的活动,也就是说,解释成从一种无限性的根据中产生的作用,解释成行动、功能。"[3]至少在《实用人类学》之中,康德的观点的确是这样的。

在这部书中,康德所要探讨的是与生理学的人类学相对的那种人类学,在他看来,生理学的人类学研究的是自然在人身上产生的东西,而实用人类学则是要探讨人作为自由行动的生物由自身做出的东西或者那些能够和应该做出的东西。康德说,这就需要我们自己具备强大的记忆力,来对曾经在大脑之中运行过的痕迹进行回忆、描述与反思,但是,康德说:"在他的观念的这种活动中他仅仅是一个旁观者,他必须听其自然,因为他既不认识脑神经和纤维,又不理解它们在自己意图上的运用,因而所有对这个问题的理论上的玄想都完全是白费力。"[4]而且,更为具体的困难体现在:

> 那觉察到自己被考察或被试图研究的人,也许会现出窘迫（难堪）之状,因此他不能表现出自己本来的样子,或者就会装模作样,因此他又不想让人知道自己本来的样子。[5]
>
> 即使他只想研究自身,那么首先由于他那通常一旦产生便不

---

[1] 转引自洪谦主编：《现代西方哲学论著选辑》上册,北京:商务印书馆1993年版,第85页。
[2] 同上书,第86页。
[3] 同上。
[4] 康德：《实用人类学·前言》,邓晓芒译,重庆:重庆出版社1987年版,第1页。
[5] 同上书,第3页。

容伪装的情绪冲动,他便进入一种尴尬的处境:当内心冲动在活动时,他不观察自己,而当他观察自己时,内心冲动又平息了。[1]

这两个困难一是来自于人与人之间,一是来自于自身,如果我们反观自身,就会知道认知人类的性情心理之难。但是,康德说:"有些虽然不是人类学的直接源泉,但却是它的辅助工具,这就是世界史,传记,甚至戏剧和小说。"[2]关于戏剧与小说,康德强调说:"后两者依据的虽然并非实际经历和真实的东西,仅仅是虚构,并且允许对性格和人物置身其中的情境加以夸张,作梦幻般的设想,因而好像对于人类知识来说并没有教导任何东西,但是那些性格,如理查逊或莫里哀的作品所构想的,按照其基本特点却必须从对人物的真实举止行为的观察之中得来,因为它们虽然在程度上有夸张,但根据其性质却必定是与人类本性相符合的。"[3]从以上所引用的康德论述实用人类学的困难来看,他对文学作品的褒奖意味着两个方面的指向,其一,包含情绪冲动在内的生活自身是滚滚向前的,这种运动着、兴发着的时间性特性是其内在特性而不是另外附加上去的;其二,那些正在进行着、兴发着的情感、感觉、意义等可以在文学作品之中得以保存、保全,而非像在实际哲学研究中那样,往往会造成时间性、过程性的生活或感受的僵化、固结。就康德所列举的莫里哀的《伪君子》而言,答丢夫的伪君子性格就是在观众鲜活的、带有持续吸引力的且愉悦的观赏过程之中浮现出来的,而且,虽然答丢夫的伪君子性格是与人类的某些本性相符合的,但是这并不是对现实生活中某个真实人物的镜子般的反映,而是对在生活之中那被遮蔽的"真"的一种彰显。就"真"的遮蔽而言,其丧失的正是那第一度的、质朴的原生状态,尤其是其时间性的生发状态,诸如康德所指出的上述两种情况就是这样,而且,看起来,这两种遮蔽的情况是极难避免的,因为它们就发生在我们自己身上,发生在我们日常生活的交往之中。

---

[1] 康德:《实用人类学·前言》,邓晓芒译,重庆:重庆出版社1987年版,第3页。
[2] 同上。
[3] 同上书,第3—4页。

康德认为,人具有"自我"的观念,人所说所做都能够反映出其"我性",在很多情况下,这种"我性"会发展为狂妄的个人主义:"理性的狂妄、鉴赏的狂妄和实践利益的狂妄,就是说,它可以是逻辑的、审美的和实践的。"[1]何谓审美的个人主义?那就是——"审美的个人主义者是这样一种人,对他来说他自己的鉴赏力就已经足够了,而不顾人家可能觉得他的诗、画、音乐等等很糟糕,加以指责甚至嘲笑。他把自己和自己的判断孤立起来,孤芳自赏,只在自身之内寻找艺术美的标准,这时候,他就窒息了自己的进步和改善。"[2]由此出发,康德认为一个人要意识到自己的观念,要么使用注意力,要么使用抽象观念,而且,这种抽象的能力要比注意力困难得多,但也重要得多,"因为它表现出一种思维能力的自由和心灵处置其观念状态的力量。"[3]这样的话,才能脱离掉审美的个人主义,成为如康德所说的"世界公民"。

更为重要的是"自我观察",他认为这种能力要超过"省察",它指的是——"对发生在我们身上的那些知觉进行一番有条有理的整理"[4]。康德在这里明确地指出,尤其是对那些生发性体验进行"自我观察"到底难在何处且难度何其大——"当我唤起想象力的时候,我在自己心里对各种不同的想象力进行观察固然对于反省是有价值的,对逻辑和形而上学也同样是必要的和有用的;但甚至当想象力是不招自来地进入心灵时(这是由想象力下意识的创造活动所造成的),也要来窥察自身,这就是对认识能力中的自然秩序的歪曲了。"这里所说的"自然秩序"既是对健全思维能力的指称,也是对价值与意义的尊重,因为"想象力"在康德美学思想体系之中是极为重要的关键词之一,审美判断力就是想象力或者想象力与悟性之间谐和的自由游戏,当包括审美生活在内的想象力正在勃发、生成、兴发之时,我们应该任由这般幸福生活持续地流畅下去,如果我们在观看《阿凡达》之时,同时或者停顿下来对这一体验进行分析,比如总结一下作品的意蕴等等,康德

---

[1] 康德:《实用人类学》,邓晓芒译,重庆:重庆出版社1987年版,第3页。
[2] 同上书,第4—5页。
[3] 同上书,第7页。
[4] 同上书,第8页。

说:"这要么已经是精神病,要么是导致精神病和通向疯人院的。"其原因就在于"自我观察"作为一种反省思维不是走在审美生活的"前面",而是跟在其"后面"。

既然如此困难,又不合常理,那么,应该怎么做?康德的建议是,直接全神贯注地投入到这一生活之中去,《阿凡达》的意蕴才能如其所是地生发出来,这才是那运动着的意蕴,其必须寄寓于这一有冲力、向前奔涌着的生活之中才能获得真正的揭示或者解蔽。他说:"若有谁对于内部经验(慈悲心,诱惑)说得出许多东西,最好还是让他在对自己的这种研究的探险旅行中首先到安提库拉去,因为内部经验并不像那种有关空间中的对象的外部经验一样,在这种外部经验中诸对象表现为相互并列的和固定存在的。内感官只是在时间中,在不具有观察的持久性的流动中,才看出其诸规定之间的关系,而那种持久性对于经验却是必不可少的。"[1]在这段话中,可以说已经把生活体验的时间性之中的具身投入且生发着意义的状态,毫不含糊地一气点出了。

所以,康德对于文学作品能够很好地保存或保全性情心理的生发性状态的思想对于美学而言,有着极为重大的意义,因为这其实是对美学学人在治学素质上所提出的合理要求。就美学的研究对象——审美生活而言,这一生活只是众多生活形态之一且是生活之滚滚洪流之一段,其强度之大、长度之绵长且鲜活、迷人的愉悦感超乎寻常,但是这些来自于第一人称的审美体验却很难在美学研究的过程中得以如其所是的原本保存,正如康德所言,这种难以保全或保持研究对象完整性的遮蔽现象正是学者自身难以避免的心理与智力上的难题。

二、内感官体验的时间性构成及其与知性活动的差异

美学研究的对象是审美生活或者审美活动,在西方美学史之中,历来属于感性的领域,当然,对于感性的见解却是人言人殊的。康德不赞成如莱布尼茨—沃尔夫学派所持的仅仅把感性看做是"模糊性的观念"的说法,因为这种说法显然认为感性作为一种认识充满着缺陷,

---

[1] 康德:《实用人类学》,邓晓芒译,重庆:重庆出版社1987年版,第10页。

贬低了感性或感性活动的价值与意义，认为感性只是高级的知识认识的有益的补充而已，而且康德认为这种思想在西方历史上有着自柏拉图开始的悠久历史。整体而言，康德不仅承认并认可了感性的价值，而且更为重要的是他对感性活动与知识活动在内时间意识构成上的根本差异做出了深入的认识，从而在根本上对审美意识或者审美生活作为一种"兴发性"的时间意识做出了更加深入的认识。在此基础上，康德更对如何促进与加强这种"兴发性"做出了很多有创造性的设想。

首先，康德是从对知识或知性活动特性的论述来自然而然地使"时间"显露于知识论述的内在视野的。

就这一思想在《实用人类学》中的位置来看，康德是把这一探讨放在了第一部分的第一卷即"论认识能力"之中。康德认为，能把一个事物与另外一个事物区别开来的意识叫做"明白"，而能对诸多观念的组合也明白的意识就叫做"清晰"，是"清晰"使得诸多观念统一为"知识"。"清晰"建基于"秩序"，由"秩序"来统领那些杂多性，其要么是"上下位观念中的某种单纯逻辑上的划分"，要么是"主从观念中的某种实在的划分"[1]。可见，人类的知性能力就包括："对给予的观念的把握能力（注意），以产生直观；对许多事物共同的东西的抽象能力（反思），以产生概念；以及思考能力，以产生知识。"[2] 从以上康德所罗列的三种能力可以看出，它们都不同于"兴发性"的感性体验活动，当然也就不同于审美活动。

他认为，知性活动不仅仅包括上述三种能力，而且知识一旦被人所接收，那么知识就既存在于能力之中，也存在于"感受性"之中，也就是说把这两者都结合在自身之内。但是与之相对或者相反的是感性体验活动，康德认为，它是一种心灵的"被动"的"激动"观念，从康德的论述来看，这里的"被动"正是指的那种感性的情绪、意蕴等等"兴发性"的内时间意识状态，他说这些激动来自于"可以是主体自己激动自己，也可以是被一个对象所激动"，好像这些感性的情绪、意蕴等等

---

[1] 康德：《实用人类学》，邓晓芒译，重庆：重庆出版社1987年版，第15页。
[2] 同上。

一旦被激发出来就很难平复、平静下来一样,康德对这两种不同的状态进行了解释:"(感性活动)具有诸感觉的内部器官的被动性质,后者(知识活动)具有自我意识的自发性,即构成思维的动作的纯粹意识的自发性,这种动作属于逻辑的范围,正如前者属于心理学的范围并建立起内部经验一样。"[1]

在对感性经验进行考察的过程中,康德提出了"时间"问题。他认为感性经验之中既存在我们对这些对象的知识,也存在这些对象自身是如何构成的问题,因而,时间问题就浮出了水面:"事情不仅取决于观念对象的特征,而且也取决于主体及其感受性的特征,对这种感受性来说,方式可以是感性的直观,紧跟而来的则是主体的思维,即对于对象的概念。这种感受性的形式特征现在就不再能被感官所包容无疑,而必须作为直观先验地提供出来,也就是说,它必须是这样的感性直观,哪怕一切感觉的东西(包含着官感的东西)都被去掉,它仍然剩留下来,而这种直观形式在内部经验方面就是时间。"[2]在这里,康德还只是把时间理解为一个独立自持的存在者,而没有正确地把时间理解为主客不分的生活本身,尤其是没有把时间理解为向着意义生成的感性活动的操持或者作为本身,因为康德认为存在一种纯然的时间状态,在这种状态之中,那些实存的意向活动的"内容"都被隔离出去了。

但是,接下来,康德还是对知识活动在时间性上的构成状态做出了深刻的论述,他认为,知识活动既然必须体现出经验性与概念性思维两种特性,那么,其意识成分就可以划分为"论证的意识"和"直觉的意识",而且前者是"由于提出规则,而必须在逻辑上走在前面"。[3]康德说"论证的意识"是"单纯"的,因为"反思的我并不把杂多的东西保持于自身中,它在一切判断中都总是同一个我,因为它只是意识的形式的东西。"[4]但是,在这种意识之中还同时具有"内部经验"的特性——"包含着意识的质料和经验的内直观的杂多,包含领悟的我(即

---

〔1〕 康德:《实用人类学》,邓晓芒译,重庆:重庆出版社1987年版,第18页。
〔2〕 同上书,第19页。
〔3〕 同上。
〔4〕 同上。

包含经验的自我意识)。"[1]举例来说,这种"内部经验"就是感性的体验活动或者"兴发性"的体验,就像我们在计算一道难解的数学题的时候发生在我们内心的焦急、热情、期待等等,但是按照康德所说的,它们就应该作为一种内时间意识存在于"论证的意识"之"后",而且应该受到"论证的意识"的"抑制"而保持最低限度的存在。正如海德格尔所说:"科学乃是认识,认识有客体、对象。科学有所确定,客观地确定。一门关于体验的科学于是就不得不把体验对象化、客体化,也就是说,恰恰不得不解除它们的非客体性质的体验特征和发生事件特征。"[2]

其次,再看康德关于"兴发性"体验活动的思想。

康德认为,虽然作为思维的存在的我和作为感官存在的我是同一个主体,但是作为内部经验直观的对象——"即当我内心被那些处于同一时间或是前后相继的感觉所激动时,我却只是像我对自己所显现的那样来认识自己,而不是作为自在之物来认识自己。"[3]在此所说的正是包括审美活动在内的所有纯粹的感性体验活动所具有的特性,由于兴发性体验所具有的全身心投入其中的特征,与知识活动之间的差异就在于其意识之中不存在概念及其运用概念的一般抽象思维,而后当然也就不存在主体把所"始终—指向"的对象当做"对象"与"客体",康德说:"这取决于那非知性概念(并非单纯自发性)的时间条件,因而也取决于我们的想象力在这方面是接受性的那种条件(这是属于感受性的领域)。"[4]只是康德还没有意识到这种兴发性的感性体验活动之中的"前后相继"是一种流畅性的内时间意识的构成状态,只是到了詹姆士尤其是到了胡塞尔现象学之中,才以内时间意识的"视域"(或译边缘域或境域)特性加以完善的解释,而且这一思想极大地影响了海德格尔、英加登、伽达默尔等等思想家以及他们的美学

---

〔1〕 康德:《实用人类学》,邓晓芒译,重庆:重庆出版社1987年版,第19页。
〔2〕 海德格尔:《形式显示的现象学:海德格尔早期弗莱堡文选》,孙周兴译,上海:同济大学出版社2004年版,第14页。
〔3〕 康德:《实用人类学》,邓晓芒译,重庆:重庆出版社1987年版,第19页。
〔4〕 同上。

第四章 康德美学中的时间性问题

思想。但是,在这里康德已经意识到了——在感性的体验活动之中,不存在把其所指向或者所作为的对象作为一个客观的对象或者客体来进行把握的抽象思维活动,因为这种对象化、客体化的思维一旦存在,那么,感性活动的"前后相继"就会消失,也就意味着"兴发性"体验的消失。因而康德说:"所以我永远只是通过内部经验像我对自己所显现的那样来认识自己。"[1]

而且,康德自己也意识到这样一种对感性体验活动作为生发性意识的解释会引发误解,即在感性体验活动之中的"我"还是一个反思性的"我"——"我具有某些观念或感觉,甚至一般地我存在,这都只是对我显得如此。"[2]他对这种误解的回答就是在"时间"的维度上展开的——"因为对内感官诸印象的领悟要以主体内部直观的一个形式条件即时间为前提,而时间不是知性概念,因而仅仅被看做主观条件,如同内部感觉是按照人类灵魂的特征而给予我们的一样,所以时间不是像对象本身那样来让我们认识的。"[3] "时间"既然不是"对象"那又是什么呢?那就是任何一个主体正在"兴发着"的"感性体验活动"或者"感性体验活动"的正在"兴发着"。

可以说,正是基于康德对感性体验活动"兴发性"的认识,他才会把文学作品视作人类学材料的重要来源之一。

其三,康德认为,可以通过四种方式来加强或强化兴发性的感性体验活动,这四种方式显露出浓郁的美学色彩。

第一是"对比"。康德说:"衬托(对比)是把不相容的感官表象在同一个概念之下加以引人注意的对置。"[4]他举例说:"一座宫殿,或者仅仅是一个大城市的喧嚣和荣华处在一个乡下人的宁静、质朴但却满足的生活旁边,一座茅草盖顶的房子配上内部装饰考究的舒适房间,这都是使观念活跃并引人留步的:因为感官由此而加强了。"[5]此

---

[1] 康德:《实用人类学》,邓晓芒译,重庆:重庆出版社1987年版,第19页。
[2] 同上。
[3] 同上书,第20页。
[4] 同上书,第43页。
[5] 同上。

外,康德还列举了来自于文学的精彩例证:"人们也可以进行滑稽的对比,使明显的矛盾带着真理的口吻,或是使公开的蔑视用赞扬的语言表达出来,以便使荒谬无稽的东西更为触目,正如菲尔丁在他的《大伟人江奈生·魏尔德传》中那样,或者如勃卢冒尔用讽刺的手法模仿维吉尔,又如把一部情绪抑郁的小说如《克莱丽莎》改写成欢快宜人的风格,而这就使感官从虚假有害的概念所加入进来的矛盾冲突中解救出来,从而加强了官感。"第二是"新鲜"。康德认为,新鲜是使注意力变得活跃的重要因素,新鲜的手段包括那种怪诞或者内容诡秘的新颖等等,都可以使感性表象得到加强,摆脱日常与普通给表象带来的淡化印象。第三是"变换"。康德认为,诸感觉完全一模一样就是单调,它最终会使感觉变得松弛,对周围环境的注意力也会疲惫不堪,官感能力因而被大大削弱。在这里他又使用了来自文学作品的反面例证,他谈到菲尔丁小说《弃儿》的出版商,在作者去世之后又在小说后面增加了一部分,为了追求变化又把嫉妒放在婚姻里,但是在小说之中婚姻恰恰是已经固定的、也是很自然的一个结尾,所以出版商对小说的改动确是一个反例。在《实用人类学》另一处谈及菲尔丁的小说时同样提到:"为什么由一个笨蛋的手笔为一篇以婚礼结尾的爱情小说附加一个婚后生活的续篇,这是令人反感和倒胃口的呢?"[1],就是因为在高兴和希望之间,嫉妒作为爱情的痛苦在婚前是读者的调味品,在结婚之后则是毒药了,也就意味着激情的消失。可见康德的见解是:既然激情本身在婚后都消失了,那就用不着在作品之中再"兴发"了。第四是"直到饱和的增强"。他认为要保持感觉能力的生动性,就不能先从那些强烈的感觉开始,最好先从微弱的感觉开始,这样才能加强感受性,否则的话就会首先导致感觉的饱和,感受就变得呆板无趣。

总的来说,康德认为,就一般而言,知性活动与感性的体验活动各有利弊,其间的相互轻视在所难免,比如逻辑认为感性作为一种知识是浅薄的,而感性则认为抽象的知性是枯燥乏味的,康德说,有一个好办法,那就是:"以普遍传达性为第一要求的审美态度,却选择了一条

---

[1] 康德:《实用人类学》,邓晓芒译,重庆:重庆出版社1987年版,第127页。

能避开两方面缺点的道路。"[1]这应该是他钟情于保持感性活动尤其是审美活动的兴发性的根本原因。

三、"在生活—之中"的审美价值及其时间性状态

与《判断力批判》或批判哲学之中仅仅从心理机能来切分真善美这种过于张扬主体性的美学思想不同,在《实用人类学》第一部分的第二卷"论愉快或不愉快的感情"之中,对审美价值的阐释采取了充分的时间性论述方式,其具体的体现有两个基本的角度:其一是审美价值或者审美生活何以产生的"时机"化;其二是着重对审美生活呈现的内时间意识的特性进行论述,而且这两个角度是紧密地连接在一起的。整体来看,康德在此对审美价值及审美生活的阐释显得既可爱又可信。

在此书第1部分的第2卷伊始,康德就首先对感性的愉快与智性的愉快做了划分,这种划分是至关重要的,因为他对知性活动与单纯的、兴发性的活动之间在时间性角度所做的划分还只是把重点放在澄清知性活动的特性,只有把问题提升到或者把重点放在"愉快"与"不愉快"情感的本位之上,才能对审美活动之中的时间性问题进行纯然地阐述。整体而言,这种划分简洁而精辟:"(1)感性的愉快;(2)智性的愉快。前者要么是通过(a)感官(快乐),要么是通过(b)想象力(鉴赏)而表现出来;后者(智性的愉快)要么通过(a)可显现的概念,要么是通过(b)理念而表现出来。反过来,不愉快也是这样的。"[2]显而易见,审美愉快是一种"直接"的感官愉快,而不是经由概念与理念或者是经由概念与理念再回到具体感性的表象。在这里的"直接"就意味着在时间性意义上的"当……的时候",比如康德接着就说:"(感性的愉快是)快适的感情,或在感觉到一个对象时的感性愉快"[3]。也就是说在审美生活之中的审美主体是"始终—指向"审美对象的,即审美生活是"主客不分"的,这也就是一个持续的、有作为的"意义"正

---

[1] 康德:《实用人类学》,邓晓芒译,重庆:重庆出版社1987年版,第43页。
[2] 同上书,第125页。
[3] 同上。

在"兴发着"的事件、行为或者生活本身。

康德对于审美活动或者审美生活的"时机化"的理解源自于他对与审美价值相反的其他价值的思考。他认为,快乐是一种由感官而来的直接愉快,痛苦与不快则是由感官而来的直接的不愉快,但是两者之间的互相对立并不是"获得"和"缺乏"的对立,而是"获得"和"失去"的对立,也就是说,"二者并不仅仅是作为相反者(矛盾或在逻辑上相对立),而是作为相冲突者(相违或在现实上相对立)而对置的。"[1]还说:"如果将它们表达为使人喜欢或不喜欢,以及介于二者之间的无所谓,这是太宽泛了。因为这种表达也可以指智性的东西,在那里它们就会与快乐和痛苦不相干了。"[2]在此,康德显然还是一贯地坚持着自己对于感性体验活动与知性活动体现在内时间意识上的根本区别的思想,也就是说包括审美活动在内的感性体验活动在内时间意识构成上的状态是"兴发性"的、流畅而不可间断的体验流,那么,快乐的感受是兴发性的,不快乐的感受同样是兴发性的,而且更为重要的是,康德指出快乐与不快乐的感受是"一个"主体的"一个"完整的兴发性的内时间意识,在两者之间并不是存在一个鸿沟,而是一种直接延续着的动作或者内时间意识,在这个延续着的内时间意识之中转换着或者交替进行着快乐与不快乐。当然,康德并不是认为一个人生活之中的情感要么是愉快,要么就是不愉快,他的意思是说,愉快与不愉快之间是对置的,而且愉快往往是在不愉快之中"兴发"起来的,也就是说审美生活之所以能够兴起、兴发乃是由于生活自身所激发的"时机"或者在"生活之内"所激发的"时机"。

康德把审美生活的"时机化"与审美生活的"主客不分"或"始终—指向"这两种时间性体现结合在一起,他的思想的精彩之处不仅仅在于把握住了审美生活的主客不分的意向性特征,而且他并没有停留于此,因为一个有作为的、体现意义的人生绝不是一个静态的、呆板的、停滞的意向性行为,而是一个受到意义与价值驱动着的、不断地进

---

[1] 康德:《实用人类学》,邓晓芒译,重庆:重庆出版社1987年版,第125页。
[2] 同上。

行选择、调整不同对象的行为,因而"主客不分"即"始终—指向"这一感性体验活动的特性并不意味着所指向的对象始终是一个对象,而是主体始终在主动地调整着他所意欲的对象,所以康德说:"凡是直接(即通过感官)驱使我离开(从中走出)我的状态就是使我不快的,就使我痛苦;同样,凡是驱使我维持(留在)我的状态的,就是使我快适的,就给我以快乐。"[1]可以看出,在其中对"愉快"与"不快"所做的对比,即在"维持"与"离开"、"留在"与"从中走出"之间所做的对比,不仅仅是在"时间性"意义之上展开的,而且"愉快"作为一种内时间意识的特性在"滞留"(或译边缘域、视域、境域)上更为强烈,而且"愉快"始终要把引发"愉快"的感性表象持续地保存于感受之中,这就带有胡塞尔现象学所言"前摄"的意味。胡塞尔在分析怎样听到音乐的"旋律"时提出:"每一次都有一个声音(或一个声音相位)处在现在点中。但过去的点并没有从意识中被消除出去。随着对现在显现的、仿佛现在听到的声音的立义,原生的回忆融化在刚刚仿佛听到的声音以及对尚未出现的声音的期待(前摄)上。对于意识来说,现在点重又具有一个时间晕,它在回忆立义的连续性中进行,而对这个旋律的全部回忆就在于一个连续性,它是由这样一些时间晕的连续统所构成,或者说,由我们所描述的这种立义连续统所构成。"[2]也就是说,"旋律感"产生之时,正是音乐的欣赏者愉快的感受之中始终保有着音乐作品的时候,但是,"噪音"对于我们来说就是一个不快的感性体验,尽管在我们的感受之中同样建立起了一个关于噪音的内时间意识,我们却不愿使这种"滞留"再向前"前摄"着。

康德认为,愉快与不快之间的联结正是一个生活或者生活之流的延续,而且往往不是在两者之中存在一个时间上的断裂,而是一种因果相系的关系:"在时间之流以及由之联结起来的诸感觉的变换中,我们在不停地延续下去。因此,尽管离开一个瞬间与进入另一个瞬间是同一个变换动作,然而在我们的思想中,在对这个变换的意识中还是

---

[1] 康德:《实用人类学》,邓晓芒译,重庆:重庆出版社1987年版,第126页。
[2] 胡塞尔:《内时间意识现象学》,倪梁康译,北京:商务印书馆2009年版,第69页。

有一个时间序列,它与原因和结果的关系是相适合的。"[1]而且,康德认为,这就会产生一个问题:"对于离开当前状态的意识,或者对于进入将来状态的展望,是否会在我们心里唤起快乐的感觉。在前一种情况下快乐无非是对某种痛苦和消极的东西的消除,在第二种情况下这只会是对某种快适性的预感,是愉快状态的扩展,所以是某种积极的东西。但这里也已经可以预先猜到,只有前一种情况才会发生,因为时间把我们从现在推移到将来(不会倒转),我们首先是被迫从现在的状态走出来,而不能确定我们将要进入哪一种状态去,只知道这将是一种另外的状态,只有这才能引起快适的感情。"[2]可见,康德认为由不快或者痛苦所激发的愉快才是最坚实的,因为继不快与痛苦的感性体验之后的"愉快"的"兴发性"最强或者才会原发性地体现出来。

在此,康德把把愉快称作"生命力的提高",把痛苦称为"生命力的受阻",而且说:"生命就是在这两方面的一个连续不断的相抵抗的活动。"[3]就整体而言,在康德美学与哲学著述之中,这样鲜活的人生哲学是罕见的。"生命力的受阻"恰恰是"生命力提高"的先行原因,康德说:"所以快乐必定是走在任何快乐之前的。"[4]这正是意味着审美价值或者审美活动的"可能性"或者"时机"就产生于生活自身的视域之中,是生活之流的内在冲动或者动力引发了审美活动并指引着审美活动,当然这种"引发"与"指引"绝不是在审美活动之外存在的另一种因素,而是体现在审美主体"始终—指向"审美对象这一主客不分过程之中的始终的一种"冲力"。

因而,康德把人生解释得既可信又可爱:"在一种快乐和另外一种快乐之间必定夹着痛苦。生命力的一些小小的阻滞连带着穿插其间的生命力的提高,这种提高构成我们误以为是一种连续的舒适感的健康状态。但健康状态在这里只是脉冲式地(永远带有穿插于其间的痛苦)相互跟随的一些快适感所组成的。痛苦是生命的刺激物,在其中

---

[1] 康德:《实用人类学》,邓晓芒译,重庆:重庆出版社1987年版,第126页。
[2] 同上。
[3] 同上。
[4] 同上书,第127页。

我们第一次感到自己的生命,舍此就会进入无生命状态。"[1]因而,"价值"就绝不是停留在口头上、书面上的陈述,而是一种在当下存在并指向未来的动力,而且这种动力也绝不是抽象意义上的存在,而是一种在主客不分的生活过程之中的时间性绽放。按照康德的说法,"一种快乐直接跟随着另一种快乐"与"逐渐消失的痛苦产生不了强烈的快乐效果"是完全一样的[2],其原因就在于:"因为这过程觉察不到。"[3]总的说来,那"兴发着"的"愉快"才是最为鲜活的。康德在谈到戏剧的魅力时说:"因为在一切戏剧中都掺杂着某些麻烦事:在希望和高兴之间掺有担忧和困顿,所以相互冲突的激情活动在终场时把观众从内心深处调动起来,从而提高了观众的生命力。"

在"痛苦"所激发的"愉快"之外,康德还论及"无聊"与"消遣"。他说,一个人如果没有上述这种积极的痛苦来刺激自己的活力,那么也至少需要一种"消极的痛苦"——即感觉上的无聊空虚来刺激他,"以至于使他觉得与其被迫什么也不做,倒不如去做对自己有害的事情,这种空虚无聊是习惯于感觉的交替的人,由于毕竟想求得用感觉来充实自己的生命欲,而在自身中知觉到的"[4]。可见,如康德所说,尤其是那些"对于一切注意他的生命和时间的人(有教养的人)来说,无聊是一种压抑人的甚至可怕的重负。"[5]因为在康德看来,习惯于感觉交替的人由于连续替换着的充实得不到实现,因此,无聊空虚才会随之而来,而且"在心里所知觉到的感觉的空虚激发起这样一种恐怖,仿佛是预感到一种缓慢的死亡,它被认为是比由命运来迅速斩断生命之线还要痛苦。"而且,康德还把无聊与空虚看做是永不停息的内时间意识的一个必然的结果:"使我们离开我们所在的那一瞬间并过渡到下一瞬间去的这种压力或驱动力是加速度的,它可以一直增长到决心使他的生命来一个结束,因为那穷奢极侈的人尝试过一切方式的

---

[1] 康德:《实用人类学》,邓晓芒译,重庆:重庆出版社1987年版,第127页。
[2] 同上。
[3] 同上。
[4] 同上书,第128页。
[5] 同上书,第128—129页。

享受,对他来说不再有什么新的享受了。"[1]

在这里,康德明确地指出了时间的主观特性或者说时间性,也就是说,时间性就是我们在生活的种种感受之中的那种先天的时间特性,康德说,快乐是时间的缩短,我们会感觉到时间过得很快,但是,"如果人们对时间的注意并非对他所尽力摆脱的痛苦的注意,而是对快乐的注意时,他当然也就会惋惜每一瞬间时间的流逝了,那种很少变换观念的交谈被称为无聊的,正因此也是烦人的,而一个逗乐的人即使不被看做是一个重要人物,也被看做一个可爱的人物。"[2]康德还关注到一个特别有趣的内时间意识现象,即记忆的充实性问题。他说,如果一个人终其一生的大部分时间都是度日如年,以无聊空虚来折磨自己,但在咽气的那一刻却抱怨生命的短暂,其原因就在于他所做的有意义的事情太少,而且所做的事情缺少变化,这就意味着可供回忆的东西太贫乏,那么,如果所做的有意义的事情很多且变换度极大,那么,在一个人年老的时候,就会觉得所经过的生命时间要比按照年代计算所确定的要更长久。在这里的"回忆"作为一种"再回忆"是正在进行的内时间意识过程,在胡塞尔看来是"被再造的现在与过去的相合"[3],而且在胡塞尔看来:"只有在本原的时间意识中才能在一个被再造的现在与一个过去之间建立联系。"[4]也就是说,这种"再回忆"既与原生的回忆(即滞留)有相似之处,同时它又是一种双重的"意向性",以此来回忆在自己一生之中所做过的那些有意义的事情以及其变换的程度,而审美活动正是这些最有意义且最鲜活的事情之一;在这时就能够在同一个自我之中建构出生活的意义与价值,所以康德说:"为了实现一个伟大抱负去进行按部就班、勇往直前的工作,结果就充实了时间(工作延长生命),这是使自己生活快乐但又满足于生活的唯一可靠手段。"而且,康德还认为,那种好像实现了极致的心满意足状态是人达不到的,因为正是那种种不能摆脱的不完满才使得

---

[1] 康德:《实用人类学》,邓晓芒译,重庆:重庆出版社1987年版,第128页。
[2] 同上书,第129—130页。
[3] 胡塞尔:《内时间意识现象学》,倪梁康译,北京:商务印书馆2009年版,第84页。
[4] 同上。

人不断地趋向完善化,这正是时间原发的绽放状态。在生活中如果变得绝对心满意足,康德认为"就会是一种毫无行动的安息和内心冲动的平复,或是感觉到与之相联系的活力变得麻木。"[1]这些思想都反映出康德关于时间性的思想的健康、乐观与强健之处。

就是在这样一种起起伏伏的生活之流中,康德把审美价值与审美活动放置在了一个合理或合适的位置,也就是在痛苦、快乐、无聊相间之中,在工作、闲暇及其变换之中,审美价值得以产生,审美活动得以兴发。他把对美的艺术品的欣赏称作既是一种享乐的方式,同时又是一种修养,即"对自己享受这种快乐的能力进一步加以扩大。"[2]在这里的"扩大"显然不是在空间意义的"扩大",而是在时间性意义上的,所指的正是艺术作为人类藉以获取快乐的能力与途径,其优点正在于有着无止境的上升与提高的余地,而这种上升与提高绝不是含混意义上的比喻性的说法,而是由审美价值作为一种时间性动力来引导的审美生活或者审美活动的人生过程。世界上没有专门培养如何喝可乐的学校,也没有培养如何吃臭豆腐的学校,却有那么多的专门文学院、电影学院、设计学院、音乐学院、服装学院、建筑学院等等,这正是以艺术为欣赏对象的审美活动作为一种能力在时间性上的绽放,作为一种价值在可能性上的拓展。

与这种在能力与价值上的扩大与绽放相反的是"磨损"——"它使我们今后继续享受的能力越来越差。"[3]那么,有什么好办法可以使我们不断地去寻求快乐?康德的建议是:"应当如此分配自己的享乐,使得它总是还可以再加提高。因为对享乐的腻足会导致人的恶心状态,对于一切都被满足的人,这甚至会使生命成为负担。"[4]按照康德的思路推导下去,虽然审美活动给予人的快乐是一种高尚的享受与消遣,但是却不能持一种过度的审美主义,应当把审美价值与审美活动置于生活之流中,自然而然地显露出其恰如其分的"时机"及其兴发

---

[1] 康德:《实用人类学》,邓晓芒译,重庆:重庆出版社1987年版,第131页。
[2] 同上书,第133页。
[3] 同上。
[4] 同上。

状态。

　　当然,康德在审美方面所偏爱的是纯粹的艺术作品,与他在《判断力批判》之中所持的思想是一致的,因为纯粹的艺术作品在形式感上最强,而且利害感最弱,这样就能够非常理想地符合他对审美普遍性的设想,进而也就把视觉与听觉之外的其他感官排除在外。他认为诸如是甜还是苦都不能得出一个普遍适合的判断,因为这种规则是经验的,而他要建立起一种先验的"合口味的规则"——"因为它指示着必然性,因而也指示着对每个人的有效性,好像一个对象的观念可以联系着愉快或不愉快的感情来加以评价一样。"[1]在这种"口味"之中,康德认为存在着暗中参与活动的、且并不能从理性原则中推导出这种判断并以此来证明的、特殊的"理性",而且是一种"反思性"的"理性",康德认为:"对于自己本人或者自己的本领的一切带有鉴赏的表现,都是以某种社会性的状态为前提的。"[2]在康德对"社会性的状态"所作的注释中就是"相互传达"[3],很显然,《红楼梦》就比美味的蛋糕、美丽的夕阳、美妙的日用品、漂亮的女朋友在形态上更为固定、稳定,而且其中的林黛玉是由语言构成的,是绝对没有质感的故事中的人物存在,拿《红楼梦》进行分享与交流就有着先天之利。因而,在康德美学之中,只有纯粹的艺术品美学,而没有日用品的设计美学、空间环境的美学和人与人之间的主体间性美学。这在很大程度上削弱了如上文所述康德关于审美活动时间性思想的力量,并且让这些思想的视野变得狭窄。

　　还需要指出的是,在审美活动之中的"理性"到底是如何存在于内时间意识之中的,康德在《实用人类学》之中并没有给出清晰的描述,只是说:"鉴赏判断被看做是既是感性判断,又是知性判断,但却是被看做在两者结合之中的。"[4]而且这种"结合"就是想象力与知性的"合规律性的游戏",与《判断力批判》相比,他不再持"判断优先于快

---

[1] 康德:《实用人类学》,邓晓芒译,重庆:重庆出版社1987年版,第138页。
[2] 同上。
[3] 同上。
[4] 同上书,第139页。

感"的思想,因为这种思想会肢解与割裂审美活动作为一个整体行为所具有的流畅性、兴发性等时间特性,但是,这种回答还是显得含混、粗糙,究其根本,还是因为康德把审美活动看做是"先验"的判断,事实上这是一个先于审美活动设置的且基于过于高扬主体性的教条。审美活动既不存在像科学原理中所具有的那种坚强的先验性,也不存在像道德规范那样强迫的先验性,这两种价值都是在普遍性上远远强于或者超出审美活动的。审美活动正如康德所一再强调的,是一种"个体"的、"主观"的且"自由"的"判断",而且当他试图以普遍性来阐述审美活动时,总是大量地使用"好像"一词,这反映出康德在此问题上的含混和迟疑,但他最终还是把审美活动称为"判断力",而没有把审美活动如其本然地看做是一个完整的尤其是在时间之流中持存的活动。审美活动之中的理性正如海德格尔所言不仅是存在的,而且其存在的构成状态正是依赖于这一直观的感性活动自身——"如果我们用现象学的方式来加以省察,这里的实情就应该是:每一个处在连续的系列之中的单一的感知相状,其本身都是对于物体的一种完整的感知。在感知的每一瞬间,整个物体都是具体有形的它自身,而这个自身是作为同一物的它自身。这就意味着感知系列的连续体不是事后通过对此系列所作的更高层次的综合而形成的,相反,这一感知系列中的被感知者是在一个行为级中被给出的,也就是说,这个感知关联体是一个唯一的、仿佛只是经过了拉长的感知。"[1]也就是说,"知性"在审美活动之中的存在不是在这一活动结束之后才进行的"综括",而是隶属于这一简捷而流畅的审美活动,而且只有在其中才能得以保存或保全,或者更为准确地说,才能被给出。

总的来说,康德在《实用人类学》之中对文学作品之于兴发性体验的保存、感性活动中内时间意识的构成及其与知性活动的对比、审美活动作为一种价值在生活之中的何以激发及其如何延续等等问题的论述,攸关美学学科的诸多关键命题,尽管其思想之中还存在着出自先验性教条的杂质,在整体性上对美学的贡献还是重大的。

---

[1] 海德格尔:《时间概念史导论》,欧东明译,北京:商务印书馆2009年版,第78页。

第五章 "美,既是我们的状态,又是我们的行为"
——席勒美育思想之中的时间性问题

摘要 在席勒的美育思想之中,"时间性"是最为关键的机杼之一,也是破解席勒美学思想奥秘之钥匙。

席勒认为,要对感性冲动与理性冲动之间最为根本的区别在构成状态上进行清晰的描述,就必须依据"时间性",前者作为迫近的时间性不可能具有深远之未来前景,而后者则会扬弃时间,只有在游戏冲动之中,才能使理性在感性活动之中开启、兴发出来,并持守于游戏活动之中。

席勒的"活的形象"思想则是侧重对审美生活进行内时间意识构成方面的"流畅"特性分析,由此出发,席勒奠定了美育思想的坚实基础。

导言:在席勒美育思想中弥漫性地存在的"时间性"话语

自"时间性"来审视并叙述席勒的美育思想与美学思想是一个久违且内在的视角,这一视角并不出于把席勒的美育思想作为一个既有的材料来进行合乎学理的分析与阐释的目的,而是出自于在席勒《审美教育书简》之中"弥漫性"地存在着的"时间性"话语。在西方美学史上,对席勒的这一时间性美学或美育思想进行关注的莫过于黑格尔。黑格尔在《美学》中曾简洁地总结席勒的美学思想,他说:"有时间性的人有两种方式可以和有理念性的人合而为一,一种方式是由代表道德、法律和理智之类种族共同性的国家把个性否定掉;另一种方式是由个人把自己提升到他的种族,就是由有时间性的人提升到有理念性的人。理性要求统一,要求种族共同性;自然要求杂多,要求个性,人须同时服从这两种法令权威。"[1]但是黑格尔无时间性的理念美学并没有汲取席勒这一思想中的精华。

这一"时间性"话语既关乎个体的审美活动作为一种内时间意识的构成,又关乎这一审美活动作为价值与意义实现的时间性之绽出性或者兴发性的存在。上述两个水乳交融般的时间性话语其实正是审美活动之中时间性维度的两个侧面或者两种基本的可能性,其一是审美活动的价值仅仅体现为一个持续的、流畅的愉悦过程,其二是审美价值或者意义的寻求与实现才是这一时间性过程的根本动力。

自席勒美育思想的整体而言,审美价值作为一种鲜活的动力正是来自于感性冲动与理性冲动之间的对立,是这种对立与撕扯彰显了包括审美冲动在内的游戏冲动的价值与意义,而感性冲动与理性冲动原本的、自明性的呈现方式正是体现了"时间性"话语的"弥漫性"。自感性冲动而言,在时间性上的体现是迫于眼前与现成的变动不居;自理性冲动而言,在时间性上的体现则是永恒的不变动——即无时间性;只有游戏冲动能够把两者及其时间性特征完善地融合起来,其中尤以审美活动为甚,因而,这正是席勒美学与美育思想之中时间性问题的原本的根源所在,也是席勒美学思想对西方美学史所做出的伟大贡献所在,这一贡献就在于席勒第一次清晰地把审美活动的价值及其呈现状态袒露为时间性视野。这一伟大贡献决定了西方美学史开始了由绝对主观与绝对客观之间来回摇摆向主客不分离的存在论或者人生论美学观的转折,正是"时间性话语"恰如其分且如其所是地加入,才使得席勒美学虽则不像其他学院派的美学家的著述那样概念清晰、思维系统严密、论辩滴水不漏,却显得可爱、生动、鲜活、平实,这并不是单纯的文风或者文体因素使然,而是因为席勒的美育与美学思想彻底地贯彻了主客不分离的描述审美活动的基本原则,并因而保持了审美活动构成的完整性,因而也就解决了美学研究对象——审美活动构成的完整性,所以,席勒的美育思想与美学思想在西方美学史之中

---

[1] 黑格尔:《美学》第1卷,朱光潜译,北京:商务印书馆1996年版,第77—78页。

显得卓尔不群,完全可以说,他开启了一个新的美学时代。

就席勒美学思想整体而言,虽然他一再声称自己的美学思想继承于康德,而且在《审美教育书简》的第一封信中就表达对康德思想的忠诚,他说:"诚然,我不愿向您隐瞒,下边的看法大多是以康德的原则为依据,但是,在研究过程中,如果使您联想到任何另外的哲学学派,请您把这归之于我的无能,不要归诸康德的原则。"[1]而且,从《审美教育书简》一书来看,席勒所讲的审美教育只是以艺术作品为对象的审美教育,这与康德的思想确无二致。但是,席勒美学在康德基础上的创造同样是极为辉煌的,而且我认为从对美学学科的贡献角度来看,可以说,席勒远远把康德抛在了身后,尤其是席勒在《审美教育书简》之中完全突破了以往美学在主客之间来回剧烈摇摆的倾向,他直接把"游戏活动""审美活动"作为美学研究与美育理论研究的唯一的、也是最高的出发点,并把这一逻辑始终保持在自己的视域之内。

康德在《判断力批判》之中说起"审美超功利"的时候,很显然,这是一个全称判断,而且是一个过于张扬主体性,往往会导致审美活动无法保全的、教条式的判断,或者说,康德美学是一种只适用于艺术作品、只适用于视觉与听觉的美学,当然,仅仅凭这一点,康德美学就已经能够成为现代意义上美学学科的创始与伟大开端。那么,康德美学之所以是过于高扬主体性的美学,就是因为他认为美感仅仅与主体有关,审美主体对审美对象可以任意处置,而没有意识到在一个已经完成的审美活动之中,审美主体是始终—指向审美对象的,美感之所以能够被开启乃至延续,就是因为其奠基于对审美对象的始终—指向之上。其中,极为典型的案例就是康德把一个简单到极点的对玫瑰花的审美活动,肢解为只有眼睛看到其形状之美好微妙才是静观的、观照式的、漠然的审美,而如果鼻子同时闻到其沁人肺腑之香则不是审美,事实上,在一个已经完成的对玫瑰花的审美活动之中,视觉与嗅觉是同时"始终—指向"玫瑰花的,如果要保持审美活动的完整性,就必须

---

[1] 席勒:《审美教育书简》,冯至、范大灿译,北京:北京大学出版社1985年版,第10页。

第五章 "美,既是我们的状态,又是我们的行为"

坦然地、不加任何偏见地描述在这一审美活动整体之中所出现的任何因素。可见,在康德美学中,最为关键的缺失在于没有把审美活动之中的"时间性"作为基本事实加以对待,那就是,既没有在审美价值上保持审美活动的完整性——即没有把审美活动理解为受审美价值与意义推动而开启并持续兴发着的"过程"或者"事件",而且在这一"过程"之中,审美主体是始终—指向审美对象的;也没有把审美活动理解为只有奠基在审美对象之上才会形成的内时间意识。这一切,都是因为康德太抬举审美主体了,太蔑视审美对象了,以至于把主客之间的关系处置成了"主奴"关系。

而席勒恰恰在康德美学的最薄弱之处有了堪称伟大的辉煌创举,这完全可以称得上是西方美学史最为关键的转折之一,其原因正在于:席勒不仅仅把审美活动作为美学研究的唯一对象,而且把审美活动之中存在的"时间性"及其存在的诸维度淋漓尽致地揭示出来。在这里,他不仅把时间性理解为审美活动作为一种人类寻求价值与意义活动所绽出的原初视域,而且更是把时间领会为受不同价值与意义驱动而绽出的不同视域,完全把时间与人生意义与价值的领会与实现相对接。由于人生意义与价值是多元的,因而其与人生的关系会有极为丰富的体现,那么,这些不同的价值与意义在时间性上就会有完全不同的体现,有长有短,有丰盈有单一,可以说,这种时间观与20世纪在现象学领域尤其是胡塞尔与海德格尔这两位巨擘所开创的全新的时间观是一致的,而且完全可以称得上海德格尔"此在是对存在的领悟"这种时间观的先声。

在席勒《审美教育书简》的27封信之中,从第11封信开始直至最后一封信,他一直都在全神贯注地探讨"时间"问题,其所涉及的问题主要包括:"人格"与"状态"之中的时间性问题,感性冲动、形式冲动与游戏冲动之中的时间性问题,审美活动作为一种内时间意识在构成上与理性活动的差异,理性在审美活动之中的兴发性存在,等等。

从其内在的联系来看,第11封信里所提出的"人格"与"状态"相矛盾的时间性是全书的机杼所在,也是席勒何以会提出美育思想的动机所在,从此出发,席勒进而演绎出三种时间性状态:时间性较为迫切而浅近的感性冲动、时间性较为稀薄而永恒的形式冲动、时间性较为流畅且能同时包容以上两种冲动特性的游戏冲动,接下来,席勒又侧重对游戏冲动的最佳形态之一审美活动作为内时间意识的构成及其特性做出了极为卓越的分析,并且在此基础上为理性在审美活动之中觅得了最为坚实的存在状态——依寓于审美活动之中并在内时间意识的构成中兴发性地开启出来且持存延续,从而解决了在第11封信之中提出的之所以要倡导美育的问题。这是席勒美学思想之中时间性问题的一个完整而严密的思维链条,也正是席勒美学思想与审美教育思想的完美交织乃至交融。

第一节 第三种性格之中的时间性

作为一位美学家,能有如此关注最广大民众日常审美生活现实的炽热情怀,且能如此敏锐地觉察到其中的危机,并提出深谋远虑的解决方案,尤其是审美教育的解决策略,席勒应是西方美学史上极不多见的、灿若晨星般的思想巨子。

一、美育活动之时间视域的自然显露

席勒在著作中并不是直接把现实问题一一道出,而是在第3封信之中,先指出"两种性格",即"自然性格"与"伦理性格"之间的冲突,而后提出"第三种性格"来进行化解。就此著整体而言,这"自然性格"与"伦理性格"之间的冲突及其解决,正是贯穿于全书的最为核心与根本所在。

席勒审美教育思想的两大贡献就体现于此,其一,审美教育活动的意义在于以"第三种性格"来解决上述两种性格之间的冲突,在此后的行文中,席勒就更为明确地表述为以"游戏冲动"来解决"感性冲动"与"形式冲动"之间的冲突。其二,"审美活动"作为最佳的"游戏冲动",与"感性冲动""形式冲动"两者之间在存在或构成状态上有着根本的差异,因而才能够肩负审美教育的重任,而且审美教育活动本身的构成状态就是如此。

第五章 "美,既是我们的状态,又是我们的行为"

而以上两大贡献正是在"时间性"的角度或者视野之内展开的,自前者而言,席勒解决的正是美育何以存在,更准确地说是其可能性即"意义"的问题,这正是时间性之于美学的第一种可能性——审美教育活动(同时就是审美活动本身,只不过是更为理想的审美活动,因为其"意义"比一般的审美活动更为充盈丰富)产生于"意义",产生于两种性格或者两种冲动之间的永恒冲突必须得以解决的"可能性",正如海德格尔在西方哲学史上对"时间"或者"时间性"所做的革命性的阐释:"在这里,时间性将被展示出来,作为我们成为此在的这种存在者的存在之意义。……把此在解释为时间性,并不算为主导问题即一般的存在意义问题提供了答案,但却为赢得这一答案准备好了地基。"[1]

最简捷地说,如果没有存在的意义与可能性,即"冲动",审美教育活动是难以想象的,或者更为准确地说,审美教育活动在时间性状态上是难以想象的,先不要说审美教育活动的延续与持存,其能不能产生、开启就存在根本性的问题。就后者而言,席勒解决了时间性之于美学的第二种可能性,即审美教育活动作为理想化的游戏冲动或者审美活动在内时间意识维度上的构成状态问题,并且对审美活动与另外两种冲动在内时间意识的角度同样进行了卓绝的对比。而且,以上两个方面是完全融合在一起的,完全可以简捷地表述为:审美教育活动或者理想的审美活动是一种出于对意义的寻求或者冲动而开启并持存着的过程或者内时间意识,而且仅仅如此。

席勒在第3封信开头就为人的价值寻求设定了一个"时间"上的前景,他认为,人理应从纯自然的状态前进到理性的阶段,把物质的必然升华为道德的必然。但是,从时间的先后而言,人从感官的轻睡中苏醒过来,发现自己已在国家之中,在他还未能自由地选择自己的理性地位之前,强制就按照纯自然法则来安排他,在这个阶段,人只是处在自然的规定之中。而人在成年期,就必须以人为的方式去弥补童年

---

[1] 海德格尔:《存在与时间》,陈嘉映、王庆节译,北京:三联书店1999年版,第20页。

期的不足,以便在观念中形式一个"自然状态",但是这个状态只能通过人的"理性规定"来假设,即由童年期个人化的快乐原则转向成年期"契约化"的现实原则。而且,席勒认为,从个人到民族都要经历同样的不断提升进程,对于民族而言,就是要从"自然国家"改组成为"伦理国家"。

在两段不多的文字之中,充满了多重范畴的对立,这些对立完全可以用之后的、高度抽象的"感性冲动"与"形式冲动"概念加以概括,比如自然与理性、自然法则与伦理法则、童年与成年、独立地位与契约地位、自然国家与伦理国家、物质的人与伦理的人、现实的与推论的,兽性的与人性的,等等,在这些对立之中最为典型的体现就是在"时间"或者"时间性"上的维度展开的,因而本文所说的时间就绝不是客观意义上的时间,而是在人生意义或者价值实现领域之内的主观时间或者现象学意义上的时间,席勒把这种对立归结为"倘若理性要废弃自然国家——因为要想代之以理性国家,就必须这样做——那么,它就得为了推论的伦理的人而牺牲现实的物质的人,就得为了一个仅仅是可能的(纵使从道德上看必然的)社会的理想而牺牲社会的存在。理性从人身上夺走的是人实际占有的,没有了这些他就一无所有,为了补偿,理性给人指出的是人可能和应该占有的。假使理性对人期望过殷,那么,为了人能有人性(人还缺乏人性,但缺乏人性无伤人的存在),它就甚至会夺走人获得兽性的手段,而兽性又是人性的条件。这样,人还没有来得及用自己意志握紧法则,理性就已经从人的脚下把自然的梯子撤走。"[1]从中可以看出,"自然性格"与"伦理性格"之间的对立,正在于"时间性"之上的感性欲望所具有的"迫近性"与来自于"推论"或者"可能性","应该"的"遥不可及性"之间的对立,而且,席勒提出,如果不能实现两者的融合,那么,人就会处在两种极端的冲动之间来回剧烈摇摆。

可以看出,席勒美学思想不像康德那样是从一个被过度高扬了的

---

[1] 席勒:《审美教育书简》,冯至、范大灿译,北京:北京大学出版社1985年版,第17页。

主体性出发的,而是从一个不受扭曲的、完整的现实出发,尤其是从"意义"与"价值"寻求所自然而然导致或生发的现实出发的,那么,"自然性格"与"伦理性格"就是由"意义"生发的,这两者皆有其内在的、不可取代的价值。只是席勒出于把两者相融合的考虑,才提出应该发展"第三性格",很显然,这种想法是对审美教育活动的过誉,虽然审美活动或者审美教育活动的确能够极为理想地把感性与理性相融合。因而,席勒的美育思想带有很强的空想色彩,不过,这种空想却也带有美丽的诗意,尤其是在他那颗诗人的心中以及美妙的语言之中,这种空想显得那么可爱。事实上,在绝对的或者极端的感性与理性之间,还存在着一个不偏不倚的领域,而且无法使用出自单纯的感性领域或者理性领域之中的概念与术语或者知识体系对其进行描述、阐释,这个领域在席勒看来就是"游戏"。

就席勒所处时代及此前的西方文化与学术来看,一直是在绝对的主观与客观之间来回地剧烈摇摆,而且在这两个方向上都发展出了极为辉煌灿烂的文化,最为典型的理想文化形态就是科学文化与宗教文化,在哲学上也是神学哲学与科学哲学极为发达,但是这种过于偏向绝对主观与绝对客观的哲学以及其滋生的美学知识系统——即神学美学系统与认识论美学系统,无法对处在"主客之间"的审美活动做出适当的描述与分析,也就是说,科学活动与宗教活动本身虽然在其构成上是主客不分的,但是其意义与价值却在于寻求绝对客观的知识与绝对主观的神灵。而审美活动则只能是主客不分的,即只有当我们把注意力放在对《红楼梦》的阅读之时,那种特定的、独一无二的审美活动才会诞生并持存;当阅读过程结束之后,审美活动也就结束了。西方的文化与学术在理性与感性之间同样是在两者之间来回剧烈摇摆的情势,要么是单纯地倾向感性,要么是单纯地倾向理性,当然,从主导的方面来看,一般是主张理性活动是对感性活动的提升与压制,对于感性活动以及处在感性活动与理性活动之间的这一活动领域的"意义"缺乏必要的认识,当然,就更谈不上对感性活动以及这一感性与理性不分离的活动领域的构成形态进行具体而深入的分析了,尤其是从"意义"袒露的"时间性"视域。

而席勒正是从"意义"出发来审视人类各种活动的形态及其构成的,如上所述,席勒认为"自然性格"与"伦理性格"都是有意义的人类活动,而且也是必需的,不能互相替代或者僭越,虽然"理性活动"的"意义"往往在约定俗成的维度上远远高于"感性活动"。而且,也正如上述所言,席勒在第3封信之中,就已经提及在"感性活动"与"理性活动"之间的对立包含有时间性因素,在其后,席勒更是在一个比喻当中直接把"时间性"视域凸现出来,他说:"需要特别指出的是,当道德社会在观念中正在形成的时候,决不可让物质社会在时间上有片刻停顿,绝不可为了人的尊严而使人的生存陷入险境。一个能工巧匠修理钟表时总是先让齿轮走完再让钟表停下来,而修理国家这架活的钟表则必须让它走动,这就是说,必须是在钟表转动的情况下来更换转动着的齿轮。"[1]在这段话中,席勒既描述了"自然性格"作为一种感性冲动在时间性上所具有的不可抑制的现在感与迫近感以及与"伦理性格"之间在"时间性"上的对立,又同时提出了塑造"第三种性格"的立足之处正是"意义"的驱使,而且也暗示出——这种性格本身也必然是在时间性视域中才能得以现身。

具体而言,在席勒看来,"自然性格"自私而暴虐,其锋芒所向不是维护社会而是破坏社会;而"伦理性格"则是依据假设而定,而且这种性格无法体现为质料感坚实的感性活动,在席勒认为是"从未显现过,所以立法者就无法支配它,也无法有把握地指望它"[2]。因而,席勒认为,有必要去弥补两者的缺陷:"重要的是,要从物质性格中区分出任意性,要从道德性格中区分出自由,重要的是,使前者同法则相一致,使后者同印象相联系,重要的是,使前者离物质再远一些,使后者离物质再近一些,从而造出第三种性格。"[3]这就是"第三种性格"得以产生的"意义"所在,也是其开启乃至持存过程的时间性之源,其根本的特性与构成状态在于:"这种性格和那两种都有连带关系,它开辟

---

[1] 席勒:《审美教育书简》,冯至、范大灿译,北京:北京大学出版社1985年版,第17—18页。
[2] 同上书,第18页。
[3] 同上。

了从纯粹是力的支配过渡到法则支配的道路,它不会妨碍道德性格的发展,反倒会为目所不能见的伦理性提供一种感性的保证。"[1]由于他是始终从生活或者人生"意义"出发来为自己的美学思想奠基的,所以席勒在自己美学思想以及知识系统之中,就必须清晰而完整地保持"意义"的实际状态,而不是只停留在口头上抽象地谈论"意义"。

这个"意义"的实际状态就是主客不能分离的存在,准确地说就是主体"始终—指向"客体的,因而不是绝对的客观,也不是绝对的主观,正是由于人类对不同的"价值"与"意义"的孜孜以求,他们才会"始终—指向"不同的对象,并为对象所奠基,人类的生活才会呈现出截然不同的状态,仅就席勒所说的这三种"性格"而言,"性格"绝不是仅仅发生在与对象或者客体无关的纯粹意识、精神或者心灵的层面,而是应该理解为一种生活的行为、事件或者实践,更应该理解为一个为了寻求"意义"与"价值"而持续地存在着、兴发着的行为、实践或者事件的过程,而且在这个过程之中,主体是"始终—指向"客体或者对象的,这正是源源始始的时间性视域。

二、"第三种性格"对理性、感性"时间性"冲突的调节

在席勒看来,能够把"自然性格"与"伦理性格"融汇起来的"第三种性格"是一种极为圆满的性格,这对于一个人来说就是能够把眼前与未来完满地结合起来,对于一个国家来说同样如此——即从"自然国家"到"伦理国家",但是"自然国家"并不消失,而且其间必须经由一个可靠的中间环节。他认为,这是确凿不移的,也就是只有"第三种性格"成为一个民族的主导性格,国家在这个转换的过程中才不会产生危害,他说:"也只有这样的性格才能保证这一转变的延续。"这同样是确定无疑地表明,这三种性格都是一种时间性的行为,而不只是一种孤立的心理现象。因为"道德国家"要建立起来的是系统而庞大的伦理法则,这些伦理法则体系显然是绝对超出个体利益与好恶的,是

---

[1] 席勒:《审美教育书简》,冯至、范大灿译,北京:北京大学出版社1985年版,第18页。

客观而普遍的立法。如果能够做到好德如好色,那就是最好了,席勒说,如果指望人的伦理行为就像是出自于自然或者本能,那么,这种行为本身就必须是自然的与本能的,也就是说伦理道德行为要出自于本能的冲动。要实现这样的目的,就必须做到:"倘若人要保持这种选择的功能,而且在各种力的因果联系中他仍然是一个可靠的环节,那就只能由此而实现:那两种动机所产生的效果在现象世界中是完全相同的,他所欲求的物质总是同一的,尽管形式极不相同;也就是说,他的冲动与他的理性是完全一致的,因而能做到普遍的立法。"[1]

如前所述,在西方哲学史上,"感性"是往往受到"理性"压制与否定的,席勒也认识到了这一点,他认为人作为国家之中的国民,其注定会受到国家的制约、决定或者影响,因而,个人的未来与国家的未来是裹挟在一起的。席勒在第4封信之中提出,"伦理国家"往往会造成个体与国民在感性面貌上的丧失,其根本的原因就在于个体的"理性"与国家的"理性"是完全一致的,并且会受到国家的强行施行。

在席勒的思想之中,"理性"就是一个心理学意义上的理想"自我",也可以说是一个预期的"意义",他说:"每个个人——可以这样说——按其天赋和规定在自己心中都是一个纯粹的、理想的人,他生活的伟大任务就是在他各种各样的变换之中,同这个理想的人永不改变的一体性保持一致。"[2]那么,"伦理国家"所寻求的正是这样纯粹的人格,而且国家要做的就是:"竭力以客观的、可以说是标准的形式把各个主体的多样性统一成一体。"[3]

在第4封信之中,席勒继续对"自然性格"与"伦理性格"所做的对比仍然与时间性密不可分,而且更为具体地说,是与"意义"以及"主客体"之间的构成状态直接相关。席勒对感性与理性之"意义"的看法同样不偏不倚,他说:"在片面的道德评价中,这种区分固然可以忽略不计,因为只要理性的法则无条件地生效,理性就满足了;但在完

---

[1] 席勒:《审美教育书简》,冯至、范大灿译,北京:北京大学出版社1985年版,第20页。
[2] 同上。
[3] 同上书,第21页。

全的人类学的评价中,这种区分就更得予以考虑,因为在那里内容与形式同样重要,同时活生生的感觉也有一份发言权。"而席勒将其对立简洁地表述为:"理性要求一体性,而自然要求多样性,这两个'立法机构'人都得应付。"[1]理性活动与自然活动本身之中的两个基本的相关项是主体与客体,也就是说,在其活动之时,主体是始终—指向客体的,但是由于价值与意义寻求的差异,理性活动要经由一个主客不分的时间性过程,最终的目的是要达到客观、抽象或者普遍性的"理性"本身,这一"理性"本身却是与个体的好恶不相干的,在"理性"本身里再也没有个体的因素,也就是说,"理性"彻头彻尾是超越性的。

但是在感性活动之中,由于所"始终—指向"的对象的变化,感觉本身就必然会变化,而"始终"正是其中的时间性因素。鉴于国家之于个人的影响更大,所以席勒提出国家应该在维护理性原则的同时,要爱惜来自于感性的生动与多样性,他说:"人铭记理性的法则是由于有不受诱惑的意识,人铭记自然的法则是由于有不可泯灭的情感。因此,倘若伦理性格只靠牺牲自然性格来保持自己的地位,那就证明还缺乏教化,倘若一部国家宪法只有通过泯灭多样性才能促成一体性,那样的宪法就还是非常不完善的。国家不应只尊重个体中那些客观的和类属的性格,还应尊重他们主观的和特殊的性格;国家在扩大目不能见的伦理王国的同时,不应使现象王国变得荒无人迹。"[2]因而,席勒所面对的问题一直就是两元对立的冲突,这些冲突的形态虽然多种多样,但都是围绕着理性与感性之间的冲突或者以此作为机杼而呈现出来的。

在席勒看来,"第三种性格"就是教育与教化的目的。如果能够得到理想的教育与教化,那么,一个美好的未来就会在个人与国家之前呈现;也只有在个体或者国民业已形成"第三种性格"的基础之上,一个强制的国家才会演化为自由国家;但是正如上述所言,国家对于个人或者国民而言往往是处于绝对强者与压制者的地位,所以在很多情

---

[1] 席勒:《审美教育书简》,冯至、范大灿译,北京:北京大学出版社1985年版,第21页。
[2] 同上。

况下,就会在国家尤其是自由国家之中才会形成这样完整的性格。因而,席勒在此必然把目光投向国家对个人性格的养成——也就是教育。

第二节 教育的现代性及其弊端

教育的现代性是整个现代性社会进程中的一个构成因子,一方面,教育的现代性带来了无尽的福祉与历史的巨大进步,比如主要包括教育的民主性与公正性等等,它使得每个公民都有选择教育、改变自己命运的权力,而且在教育资源的分配上主张人人平等。但是教育的现代性也带来了很多严重的弊端,比如教育一定要适应工业革命所产生的社会分工日益细化、分化的强大需要,而且自欧洲现代国家产生以来,国家对教育的控制、操控的有组织性、系统性、自觉性、全面性都超过了以往任何历史时期,因此,学校教育就自然而然地以分科教育,且以理工科为教育的主要内容,人文教育尤其是艺术教育、审美教育受到严重削弱,因为这些教育往往是见不到经济、政治的实际效用的。对人的智能及人格的全面发展而言,这势必造成狭隘化、碎片化。席勒在教育现代性发展的初期就能深刻地洞察其弊端,并在美育、艺术教育上提出根本性的应对策略,这说明席勒的确是一位天才的思想家。

一、"国家"和"分工"对完整人性的破坏

在席勒的心目中,古希腊人性格的完整性是一个极高的理想。他以诗意的笔调来描述这种完整性:"他们既有丰富的形式,同时又有丰富的内容,既善于哲学思考,又长于形象创造,既温柔又刚毅,他们把想象的青春性和理性的成年性结合在一个完美的人性里。"[1]究其根底,还是在"感性"与"理性"之间所达成的高度的统一,在这里,席勒第一次对两者或者两种性格之间的融合做了完整的描述:"那时,精神

---

〔1〕 席勒:《审美教育书简》,冯至、范大灿译,北京:北京大学出版社1985年版,第28页。

第五章 "美,既是我们的状态,又是我们的行为"

力正在壮美地觉醒,感性和精神还不是两个有严格区分的财物,因为还没有倾轧去刺激它们彼此敌对地相分离,各自划定自己的界限。诗还没有去追逐机智,抽象思考还没有沾染上吹毛求疵的毛病。两者在必要时可以交换它们的任务,因为任何一方都尊崇真理,只是方式不同。理性虽然升得很高,但它总是怀着爱牵引物质随它而来,理性虽然把一切都区分得十分精细和鲜明,但它从不肢解任何东西。理性虽然也分解人的天性,放大以后再分散在壮丽的诸神身上,但是,它并不是把人的天性撕裂成碎片,而是以各种不同的方式进行混合,因为每个单独的神都不缺少完整的人性。"[1]而近代人则完全不同,席勒认为人们的性格与人格变成了碎片,而不是千变万化的混合体,在我们的心智之中的各种能力都是被分割的。他还认为,这种碎片化发展的心智能力,如果在知性的天平上进行衡量与评判,那就会胜过古代最优秀的人,但是,在个体性格的全面发展与和谐上,又会有哪一个近代人敢与古代人相媲美?

给近代人心智造成这种碎片化创伤的正是来自于社会整体的现代性以及由此而来的教育现代性。应该说,在席勒所处的时代,德国的现代性进程还仅仅是一个开端或者雏形而已,其形态尚不完整成熟,但是,作为一个天才的思想家,席勒就已经敏锐地觉察到了现代性不可避免的弊端,这些弊端有待在现代性进行的过程中进行修正与完善,因而席勒的思想尤其是他的美育思想在现代性发轫之处就已经具备了后现代色彩。这正是席勒美育思想的伟大之处。

这个现代性的弊端就整体而言是由"分工"所造成的——"只要一方面由于经验的扩大和思维更确定因而必须更加精确地区分各种科学,另一方面由于国家这架钟表更为错综复杂因而必须更加严格地划分各种等级和职业,人的天性的内在联系就要被撕裂开来,一种破坏性的纷争就要分裂本来处于和谐状态的人的各种力量。这样,直觉的知性和思考的知性就敌对地分布在各自不同的领域,怀着猜疑和嫉

---

[1] 席勒:《审美教育书简》,冯至、范大灿译,北京:北京大学出版社1985年版,第28页。

妒守护各自领域的界限。由于人们把自己的活动限制在一定的范围，因而随之在自己身上为自己建立了一个主宰，这个主宰在不少情况下是以压制其他的天禀为己任。"[1]这种分工导致人只需要发展一种娴熟的职业所需的能力就可以了，不仅能够立足于世，而且可以安身立命乃至飞黄腾达，获得社会的认同、肯定乃至追捧，成为社会的上层、主流、英雄，但是这一种能力在人所有的整体智能之中只是极为微不足道的一个部分而已，只是构成整体的一个小小的碎片而已。正是由于它能够为个体解决生存、安全、安定、成家立业等问题，也会带来如此的尊荣感，这个部分与碎片就会僭越于整体人格或智能之上，成为一种主宰。因而，席勒如此深刻而详尽地描述了这种危机：

> 人永远被束缚在整体的一个孤零零的小碎片上，人自己也只好把自己造就成一个碎片。他耳朵里听到的永远只是他推动的那个齿轮发出的单调乏味的嘈杂声，他永远不能发展他本质的和谐。他不是把人性印在他的天性上，而是仅仅变成他的职业和他的专门知识的标志。即使有一些微末的残缺不全的断片把一个个部分联结到整体上，这些断片所依靠的形式也不是自主地产生的（因为谁会相信一架精巧的和怕见阳光的钟表会有形式的自由?），而是由一个把人的自由的审视力束缚得死死的公式无情地严格规定的。死的字母代替了活的知解力，训练有素的记忆力所起的指导作用比天才和感受所起的作用更为可靠。
>
> 倘若公共社会把职业当作衡量人的标准；倘若它尊重甲公民是因为他的记忆力，尊重乙公民是因为他有把一切都分得像表格一样精确的知解力，尊重丙公民是因为他有机械的技能；倘若它一方面不问性格如何只要求知识，相反，另一方面又为了一种遵守秩序的精神和奉公守法的行为就原谅知性的最大黑暗；倘若它让这些个别技能的内涵发展到什么程度，主体的外延到此就不得再发展——那么，为了充分扶植某种能带来荣誉和报酬的单独技

---

[1] 席勒：《审美教育书简》，冯至、范大灿译，北京：北京大学出版社1985年版，第29页。

能，就忽略了内心一切其他的天禀，这怎么会使我们感到惊奇呢？当然我们也知道，精力饱满的天才并不把他职业的界限当作他事业的界限；但是，具有中等才力的人，只完成他分内的事就已经耗尽了他那贫乏的全部精力，如果还有余力从事业余爱好而又无伤他的职业，那就肯定不是一个平庸之辈。[1]

而且在这个现代性的过程中，"国家"充当了极为关键的角色，因为国家只能从宏观管理的角度为社会制定系统的规则、规范，不可能为了某一个人的特殊的性格来制定因人而异的规则与规范，所以国家必然会从更为根本的需要出发来培养人才，尤其是操纵各种不同机器与各种不同的科学门类所需的人才。当然，席勒没有对这种社会分工的积极后果尤其是社会必要劳动时间的减少与个人自由时间或者闲暇时间的增加进行必要的论述，这在一定程度上造成了席勒思想在全面性上的一些盲点或者弱点，但是就席勒的美育思想整体而言，几乎没有产生什么负面的影响；倒是席勒对现代国家性质的新认识，使得席勒的美育思想与历史上其他的一切美育思想能够区别开来。更是由于席勒能够把理性与感性的冲突既理解为个人人格之内的对立因素，又把其理解为个人与国家之间对立的因素，这样就把个体主体性的时间性与他者的时间性完满地融会在一起，正如上文对三种性格之间的对比，完全可以看到在这里席勒把个体的时间性与主体间性之间的时间性化为一体了，因为个体作为一个主体性存在的时间性绝对不可能是绝对化、自给自足的存在状态，其产生、持存的状态在根本上是来自于他者或者他人，因为人是在世界之中存在的，世界——诸如国家或者社会、他人并不是在个体之外的世界，个体也不是与世界保持一种置身于外的对象化的关系，而是在根本上就是在世界之中的存在，其时间性的具体而微的存在状态正是取决于或者奠基于他者或由他者所构成的社会、国家等等。

---

[1] 席勒：《审美教育书简》，冯至、范大灿译，北京：北京大学出版社1985年版，第30页。

二、如何超越"无时间性"的"理性"与"眼前"的"感性"

席勒如此描述现代性伊始的国家与个体之间的关系:"为了使整体的抽象能够苟延残喘,个别的具体的生活逐渐被消灭。对公民来说,国家永远是异己的,因为他在任何地方都感受不到它。治人者由于不得不通过划分等级来简化他的公民的多样性,由于不得不通过第二手的代表机构同人打交道,因而他就把人同纯属知性的伪作混为一谈,最后在他眼中完全失去了人;治于人者也只是以一种冷漠的态度接受法则,因为这些法则同他们并没有多大关系。最后积极的社会交往也对维持一种很少受到国家扶助的联系感到厌倦,它裂解成为一种道德的自然状态,在那里公众的势力不过是一个派别,需要的人憎恨它,回避它,只有不需要的人才尊重它。[1]"在席勒看来,加上来自于个体人格之中的理性压力,这就是来自国家与社会的第二重压力。

这双重压力给人格带来的肢解在席勒看来完全是在时间性意义上的对立与分裂,"理性"追求的是"形式",而"形式"本身是没有时间性的,在这里的"形式"指的就是个体性格与国家之中的规则、规范,虽然它们自身也会随着历史的演化而变化,甚至在不同的地域之中的体现也各异,但是在一定的时空之中,个体与集团总是追求或者让这些法则与规则保持其普遍性、客观性,超越于个体与主观之上,而"感性"的体现状态与诉求则完全相反,通过席勒对两种对立状态描述的语言就可以清晰地看出,其中充满着来自时间性的话语因子,他说:"因为它当思考的精神在观念世界里追求不可丧失的占有物时,它在感官世界里必然成为一个异己者,为了形式而丧失了物质。当务实的精神被关闭在由各种客体所组成的单调的圈子里,而且在这个圈子里又被各种程式所束缚,它必然会看到自由的整体在它眼前消逝,同时它的范围变得越来越贫乏。"[2]

显而易见,"感性"与"眼前"以及"贫乏"自然而然地联系在一起,

---

[1] 席勒:《审美教育书简》,冯至、范大灿译,北京:北京大学出版社1985年版,第31页。
[2] 同上。

这意味着感性冲动的意义与可能性较为欠缺,向上提升与进步的空间不大,也可以说——"未来感"不强,只是苛求"目前"的满足。因而,席勒说:"在这里的观念精神只是因此,前者试图按照设想来仿造实际的存在,把他的意象力的主观条件提高成为事物存在的根本法则;正如前者一样,后者又落入相反的极端,他按照经验中的一个特殊的片断来估量一切经验,使他的职业的规则毫不区分地适应于任何一个职业。"[1]

这样的话,按照席勒的思路推导下去,理性冲动必定成为空洞的吹毛求疵的牺牲品,因为其追求的只是永恒不变的、客观而普遍性的规则与规范;而感性冲动必定成为迂腐的见识短浅的牺牲品,因为对于那些纯粹的感性冲动来说,意义与价值的含量就太贫乏了,正如席勒所说:"因为前者对于个别来说站得太高,后者对于整体来说站得太低。这种精神倾向的害处还不仅限于知识和创造,也扩大到感觉和行动。"[2]

通过席勒对时代、国家尤其是分工的分析,可以看出,他提出的问题正是普遍存在的人类发展的悖论——是要进步还是要幸福? 还是能够两者兼顾? 在这里,席勒的确表现出了一位伟大思想家的胸襟,他认为,虽然古希腊人的个体性格的美好是一个高不可及的理想与范本,但是即便是古希腊的文化也不可能停留在原处,原因就在于知性必须不断地发展提高,进而与感性必然地相分离,而且这种分离的状态会不断地加剧,而且,一定程度的知性的清晰会自然而然地要求与一定程度的感性的热情与生动相匹配、相配合,席勒深刻地指出:"希腊人已经达到了这样的程度,如果他们要向更高的教化前进,他们就必须像我们一样放弃他们本质的完整性,在分离的道路上去穷究真理。"[3]

在他看来,要发展人身上的各种智能,只能采取彼此对立乃至对

---

[1] 席勒:《审美教育书简》,冯至、范大灿译,北京:北京大学出版社1985年版,第31—32页。
[2] 同上书,第32页。
[3] 同上。

抗、各自发展的途径。他说,这是文明的伟大工具,但是也只是工具而已,只要这样的对抗还继续存在,人就还只是处在走向文明的途中。而且,他说:"力的训练的这种片面性固然不可避免地把个体引向迷误,但把人类引向真理。只是由于我们把我们精神的全部潜能都集中在一个焦点上,把我们的全部生命都聚集在唯一的一种力上,我们才给这一单独的力插上了翅膀,人为地引导它远远越过那好像是自然给它设置的限制。"[1]可见,席勒认为,可怕的并不是这样的对立与对抗的存在,这种分离给人类带来了无尽的福祉,而是对抗的双方彼此隔离且都妄想互相僭越对方,从而独自立法,独占人的人格世界与智能世界。

因而,这正是席勒美育思想与美学思想强大的生命力所在,一方面对现实体现出强烈的批判精神,一方面又对现实的改变提出了坚实的设想。从整体上看,席勒的思想显得坚实圆通,对于感性性格、理性性格以及兼具感性、理性两者性质的第三种性格存在的价值与意义的认识及其定位,他一直认为是各有所需,各有所长,而后应该和谐发展,这样才会形成一个完善的人格或者"自我",不能因为局部的、部分的能力的发展、发达与完善,而影响与加害人类智能与人格的完整性,进而,席勒希望通过更高的艺术来恢复被破坏了的来自人天性之中的完整性。

第三节 "自我"的两种时间性体现

席勒在第11封信之中,在美育思想与美学思想中最直接地把"时间性"维度引入视野。这一维度的"时间性"完全脱开了客观时间的羁绊,从而理解为主观时间,也就是理解为主观意识的延伸与绵延,这正是人的最日常的、最切身的生存的时间状态。在这一点上,席勒完

---

[1] 席勒:《审美教育书简》,冯至、范大灿译,北京:北京大学出版社1985年版,第33页。

全可以与奥古斯丁美学思想之中时间性维度的深刻性相提并论[1]，当然，席勒并不像奥古斯丁那样出于基督教信仰的禁欲主义立场，在对待审美活动之中的审美主体与审美客体的关系上，绝对地走向了主观——即对神的信仰，而是始终把握了审美活动构成的完整性，从而让审美活动之中的时间性能够如其所是地、自然而然地开启出来。

一、"自我"与原发性的生活体验

就席勒而言，他是把主观时间理解为"人格"与"状态"。当然，他在第11封信一开始就指出，这种划分只是在抽象的角度上进行的，他说："若是抽象上升到可能的高度，就会得出两个最后的概念，在此抽象必须停止，抽象必须承认到了极限。抽象可在人的身上分辨出持久不变的和经常变化的两种状态，那持久不变的，称为人的人格；那变化的，称为人的状态。"[2]

席勒在这里对主观时间的划分都可以划归为哲学或者心理学之中的"自我"问题，或者反过来理解，能够更加清晰地看到"自我"与主观时间之间的关系，即"自我"显然是一个原初的延伸或者绵延的生发与养成的过程。而"自我"绝不是一个仅仅与主观、主体有关的问题，也不是纯粹的主观与主体的自足体现，它在根本上是一个意向性行为，也就是在任何一个有目的的行为之中，主观或主体都是始终—指向客体或者一个对象的。就席勒美学思想、美育思想的整体表现而言，他正是始终持有这一立场的。

从根本上说，席勒的美学思想是对康德过于高扬主体性美学的一个颠覆，尽管在《美育书简》之中，席勒对康德哲学思想一再流露出高度的崇敬或景仰。席勒的以上立场主要体现在他对审美活动以及美育活动的理解，也就是说，他始终把审美活动与美育活动作为一个主体"始终—指向"客体或对象的行为来看待的，尤其是当把这个审美行

---

[1] 参见刘彦顺：《论奥古斯丁美学思想中的时间性问题》，载《文艺理论研究》2011年第3期。
[2] 席勒：《审美教育书简》，冯至、范大灿译，北京：北京大学出版社1985年版，第56—57页。

为自身最本质的属性之———时间性纳入视野进行分析的时候,例如,其中最为典型的体现之一就是席勒——对审美客体或对象的分析,都是奠基于一个流畅的、高质量的审美行为的内时间意识的形成。这正是席勒在对"自我"进行"人格"与"状态"划分的时间性之思的总体呈现。

在主观与客观之间,如果在主观方面作极端或者理想性的发展,会导致宗教;如果在客观方面作极端或者理想性的发展,会导致科学;而以上两种最为纯粹的主观与客观都是没有时间性的。席勒在进行"自我"分析时,业已关注到了前一形态,即从神学的角度来看,他说:"人格性的一切规定,只是在绝对主体中才会也同人格性一起保持恒定,因为这些规定是来自人格性。凡是神性的东西,是因为神性存在,它才是神性的。所以神性永远是一切,因为它是永恒的。"[1]这显然道出了宗教在所信仰的"神"在时间性上的最为本质的属性——"永恒"。其实,就时间性而言,"永恒"——即"永远的现在"显然不是时间性的体现,不过,也正是在时间性的角度,"永恒"才能被理解,也可以说,"永恒"也是时间性的体现或者形态之一。

也可以说,只是从这一宗教或者信仰的角度来看,宗教之中的神或者所信仰的那个最高的神必定是"绝对"的"实体"。如果不是绝对的,那就只能在时间上有始有终,有生有死,这样的对象绝对是不堪亿万信徒来信仰的。不仅如此,而且这个有形的世界的始终正是这个神所创造的。所以,就此而言,这正是席勒所言的"绝对存在"所具有的本质属性。在他看来,"绝对存在"——神与"有限存在"——人的区别就在这里。他认为,在绝对存在那里,人格与状态是统一的,也就是自我和其各种规定是同一的,而在"有限存在"那里,人格与状态就永远是两个——"尽管人格保持恒定,状态却在变。……我们的状态从静止到活动,从热情到冷漠,从一致到矛盾,但我们还仍然是我们;直接由我们衍生出来的都保持不变。"[2]而在"绝对存在"那里,则是"人

---

[1] 席勒:《审美教育书简》,冯至、范大灿译,北京:北京大学出版社1985年版,第57页。
[2] 同上。

格性的一切规定,只是在绝对主体中才会也同人格性一起保持恒定,因为这些规定是来自人格性。"这就是"神"作为"实体"与"人"的区别,从这个区别之中,"时间性"就自然而然地显露出来了。

席勒认为,人作为有限的存在,在其身上的人格与状态是分开的,他说:"既不可能状态建立在人格之上,也不可能人格建立在状态之上。假使人格可以建立在状态之上,那人格就必须变化,假使状态可以建立在人格之上,那状态就必须保持恒定。因此,不论哪一种情况,不是人格不再是人格,就是有限不再是有限。"[1]而且他认为这两者之间往往是不可能调和的,他说:"因此,不论哪一种情况,不是人格不再是人格,就是有限不再是有限。我们存在,并不是我们思考,愿望,感觉;也不是因为我们存在,我们才思考,愿望,感觉。"[2]

二、"人格"与"状态"的时间性差异

就席勒对"自我"之中的这两部分的比较而言,他是从三个层次入手的,其一是人格与状态之间的差异,其二是两者之间内在的相互需要,其三是两者之间相沟通、融会的状况。当然,这都是围绕着时间性来展开的。

首先,从两者之间的区别来看,席勒认为主要的体现就是两者各有自己的基础。

人格要保持不变,就不可能来自变化,因而,"对人格要有一个绝对的、以其自身为根据的存在的观念,这个观念就是自由"。在这里的"绝对""以自身为根据"以及"自由"所具有的共同内涵就是不在因果性的、条件性的特定时间性的限制之内,也可以说是超越时间性的。在此也可以看到,席勒关于时间的思想与20世纪哲学尤其是胡塞尔、海德格尔的时间性思想还是有相当的差距,比如胡塞尔对于内时间意识的卓越分析、海德格尔关于此在是对存在的领悟等等思想,但是值得肯定的是,席勒关于时间性的思想与胡塞尔、海德格尔等在内在的

---

[1] 席勒:《审美教育书简》,冯至、范大灿译,北京:北京大学出版社1985年版,第57页。
[2] 同上。

精神上却是一脉相通的,只是在术语的使用或者思想上还存在一些有待完善的地方,比如席勒对于"人格"的论述在字面上就把时间性给排除了,尽管在实质上他还是认为这种"人格"所具有的"绝对"并不是与"绝对存在"完全一致的"永恒性",而是在变化之中的不变。尤其是他所说的"自由"更是"人格"最为根本的基础,其内涵是指人自身所具有的始终指向未来、力图实现自身价值的丰盈可能性,是一种执着地寻求自身意义得以实现的前瞻性的超越视域。

而"状态"则与"人格"的"超越性"的"自由"相反,在席勒看来,这才是真正的"时间"或者"时间性"。他认为,"状态"显然不是绝对的存在,他说:"它是由因果关系而产生的,因此,对状态我们就得有一切依附性的存在或者说变化所需要的条件,即时间。时间是一切变化的条件,这是一句不证自明的话,因为它只不过了:序列是某事发生的条件。"[1]可以看出,"人格"是主动的、自由的、绝对的,而"状态"则是被动的、他律的、相对的,并因而产生"因果性"等等"时间性"链条。这种因果性的时间性观念或者时间观,在一定程度上还是带有客观时间论印记的。

当然,在席勒关于"自我"之中的"人格"之思中,他采取了极为辩证的表述方式,不仅认为"人格"是时间性的,而且是时间之源,他说:"人格是在永远保持恒定的自我中显示自己的,而且只在这种永远保持恒定的自我中显示自己,它是不能变的,它不可能在时间中开始;相反,倒是时间必须在它之中开始,因为变化必须以一个保持恒定的东西为根据。如果有变化,必然是有的东西在变化,而不是这个东西本身就已经是变化。"[2]这意味着"人格"代表着"自我"之中对价值与意义的不懈追求,代表的是"自我"之中那些积极向上的、美好的部分。他以"花"为例证,形象地说明了"人格"也是变化的、时间性的,但是就像一个好人天天在做好人一样,虽然表现形态各异,所做的好事也不一样,但是其作为好人却是没有变化的,是一贯的,他说:"当我们说

---

[1] 席勒:《审美教育书简》,冯至、范大灿译,北京:北京大学出版社1985年版,第57页。
[2] 同上书,第58页。

第五章 "美,既是我们的状态,又是我们的行为"

花开花谢时,我们是把花当作在这种变化中保持不变的东西,我们仿佛赋予花以一种人格,那开与谢的两种状态在其中显示出自己。"[1]但是,席勒无疑忽略了"人格"在时间性上的变化不仅仅是数量与形态上的变化,而且更是质的飞跃与境界的新创造。

其次,席勒认为,在"人格"与"状态"之间是相互需要的内在关系。

席勒认为,人不只是一般性的、抽象的"人格",而且是处在特定"状态"中的人格,因为一切"状态"以及特定的存在都是在时间中形成的,比如"状态"作为一种"现象"在时间性上的体现之一就是"起始"。他认为,如果没有时间,即不变,人就不会成为现实的特定存在;虽说上述那些向着真善美的"人格性"仍会在天性之中存在,但是这也只是一个隐含着的因子,在实际上是不存在的,因而,席勒说:"保持恒定的自我只是通过他序列的表现才成为现象。"[2]因而,恒定的"自我""人格性"不仅与时间性不是一种矛盾的、排异的关系,而且其自身正是时间性的存在,且是时间产生的动力与源泉所在。

他具体地描述了"人格"在时间性上的呈现状态:"因为人必须先接受进行活动的物质或者说实在性(实在性的最高灵智来自它自身),而且这种接受是假道知觉,把物质或实在性当作在空间里存在于他身外的东西,在时间里则存在于他身内进行变化的东西。他那永不变化的自我伴随着这个在他身上进行变化的材料,并且在一切变化之中他始终保持不变,把一切知觉当作经验,即认识的统一体,把他在时间中的每个表现方式当作对任何时间都有效的法则,这些就是他那理性的天性给他规定的规条。人只有在变化时,他才存在,只有保持不变时,他才存在。因此,人如若尽善尽美地表现由来,他就是在如潮似涌的变化中仍然永远保持不变的,保持恒定的一体。"[3]可以看出,席勒在西方哲学史尤其是在西方美学史上的伟大贡献就在于——把理性与

---

[1] 席勒:《审美教育书简》,冯至、范大灿译,北京:北京大学出版社1985年版,第58页。
[2] 同上。
[3] 同上。

感性不再看做是完全对立,而且一反传统要以理性压制感性的老路,他把"自我"视为一个统整的主体,不管是理性的"人格",还是感性的"状态",都隶属于一个"自我"的现实行为,而且都隶属于一个时间性的活生生的行为,也可以说,理性或"人格"其自身的存在状态既可以是一个纯然的心理或者意识行为,也更是一个受到"人格"驱动且"人格"实现为一个有"起始"或过程的时间性行为,这才是一个更为理想的完善状态。

正如前文对不同哲学或文化如何对待主观与客观之间的关系所做的分析那样,在西方文化与哲学中,科学的哲学、文化与神学的哲学、文化是极为发达的,因而西方的哲学与文化是一种主客二分较为发达的文化。到了席勒,他不仅着重对主客不分的文化与哲学进行研究,而且还自觉地运用了在主客二分与主客不分的文化、哲学之间进行比较的方法,事实证明,这是一种行之有效的方法,因为这种方法是从其所研究的对象自身特性,尤其是从对象自身构成的特性出发的,其中最为关键的构成特性之一就是时间性。就"恒定""不变""无时间性"而言,席勒为西方宗教文化之中的"绝对存在"觅得了坚实之基,认为这在无限的存在即神性之上是不能变的,但是在主客不分的领域,席勒认为,即便存在与神性相通的领域,但是其存在的状态却是必须依寓于"感性"之中。他说:"可是有一种倾向还必须称它是神性的,这种倾向把神性作为最根本的标志,即功能的绝对启示(一切可能的事物都有现实性)和表现的绝对一体性(一切现实的事物都有必然性)当作它无限的任务。人在他的人格性中无可否认地带有这种趋向神性的天禀,而人通往神性的道路——如果可以把永远不会达到目标的东西称为道路的话——是在感性中打开的。"[1]这确切无疑地表达出,那超越性的"人格性"与纯粹的对神的信仰是完全不同的,其存在的状态是时间性的,与"状态"是完全可以相统一的,且在一个"自我"之内。

---

[1] 席勒:《审美教育书简》,冯至、范大灿译,北京:北京大学出版社1985年版,第58—59页。

第五章 "美,既是我们的状态,又是我们的行为"

最后,"人格性"与"状态"或者"感性性"的对立与统一。

就纯粹的"人格性"而言,席勒认为,它没有任何的感性材料可以依赖,只是一种包孕着无限外显可能性的天禀。这种天禀没有外显的材质或感觉材料,就只不过是形式与空洞的功能。

自纯粹的"状态"或者"感性性"而言,就是脱离了精神指引追求的活动,而且这些活动只不过是一些不指向未来的时间的"序列"而已,席勒说:"它的功能就只不过是使没有它就只是形式的人转化成物质,而绝不可能使人同物质相统一。只要人仅仅是在感觉,仅仅是在渴求,他就还只不过是世界,如果我们把这个名称仅仅理解为时间的还没有形式的内容。"[1]

因而,席勒认为由于"人格"与"状态"的相互区分与相互需要,就会致使张力产生,就会导致人生之中那些丰盈的可能性的产生,就会产生一个鲜活的、涌动着的、兴发着的"自我",席勒说:"所以,为了不只是成为世界,人必须给物质加上形式;为了不只是成为形式,人必须把自身的天禀变成现实。"[2]如果把席勒所言转换为"时间性"语法或话语,那就是:"世界"与"状态"虽然在变化,但是只是在变化,只是时间的一种序列,却没有得到在真善美信境界上的提升,也就是没有通往"未来"的意义或价值的指引;"人格性"虽然提供了在真善美信上的"形式",昭示了"未来"的前景,但是却只是一个可能性而已。

因而,最好的途径就是如席勒所言:"要使形式转化为现实,人就得创造时间,并以变化与恒定相对立,以世界的多样性与他的自我的永恒一体性相对立;要给物质加上形式,人就得再扬弃时间,保住恒定在变化中的地位,使世界的多样性服从他的自我的一体性。"[3]在这两条途径之中,最为醒目的就是其中的核心正是"时间",只不过这是两种相反的路径,一是创造"时间",一是消除"时间"。

席勒认为,这两种相反的要求其实也就是感性与理性兼而有之的

---

[1] 席勒:《审美教育书简》,冯至、范大灿译,北京:北京大学出版社1985年版,第59页。
[2] 同上。
[3] 同上。

天性的两项基本法则——"第一项法则要求绝对的实在性:人必须把凡是形式的东西转化为世界,使他的一切天禀表现为现象。第二项法则要求绝对的形式性:人必须把他身内凡是仅仅是世界的东西消除掉,把一致带入他的一切变化之中,换句话说,他必须把一切内在的东西外化,给一切外在的东西加上形式。"[1] 从中可以看出,在席勒《美育书简》中的核心概念——"感性"与"理性",其间的区别正是"时间性"。

这同样是席勒美学思想的重大贡献之一,也就是不再笼统地、含混地在价值与意义的层面谈论理性与感性,也不再不证自明地直接对感性与理性进行判断乃至使用,而是把感性与理性置于可供有意义、有效的处理与思考的程序与方法之内,因为在很多情况下,对于理性与感性的探讨往往是在没有对两者进行基础性的构成分析的前提下进行的,这不仅会导致对理性与感性本身理解的欠缺,更会引发在感性与理性之间关系的理解上产生更加含混的情况。

席勒是把理性与感性理解为一种活动或者一种行为,在这种行为与活动之中,其基本构成的相关项是主体与客体,而且主体是"始终—指向"客体的,尽管席勒本人没有像 20 世纪西方哲学的布伦塔诺与胡塞尔那样,对主体"始终—指向"客体的意向性特性做专门而系统的研究,但是在其话语体系之中,却是在此前提之下,对人类活动、审美活动等等进行自然而然的、坦率质朴的论述,不再孤立地或从主体或从客体出发。

通过以上的分析,可以看出,理性与感性作为一种行为的差异就在于理性的无时间性与感性的时间性,尽管席勒的论述还是充满了各种的杂音、阻滞,尤其是没有把理性活动自身与感性活动自身作为一种时间性过程进行细腻的分析,但是他至少指出了这两种活动在价值指向或者意义寻求上的差异,那就是:理性活动的"结果"是无时间性的,而感性活动的意义与价值却不在于寻求这一无时间性的结果,而

---

[1] 席勒:《审美教育书简》,冯至、范大灿译,北京:北京大学出版社 1985 年版,第 59 页。

是在于寻求这一主体"始终—指向"客体本身的"过程";就前者而言,极为典型的形态应该是科学与宗教;就后者而言,典型的形态应该是食色活动、审美活动等等,当然,在席勒的眼里,审美活动是能够实现感性活动与理性活动的完美融合的一种特殊活动。因而,他说,如果以上"人格性"与"状态"或者"理性"与"感性"都能够做到完善而完美的实现,那么——"那就又回到了我原来的出发点上,即关于神性的概念上。"[1]这个"神性"并不是指宗教领域之中的"神"或者"绝对存在",而是指"人格性"的完美体现,也就是通过"状态"或者"感性"体现出来,使人的"自我"成为一个完善的"自我"。

通过对"自我"的两种时间性状态的论述,席勒为进一步提出《美育书简》之中的三个最为核心的概念——形式冲动、感性冲动、游戏冲动,做了最好的铺垫与理论上的准备。可以说,这种在思想、思维上的运作,正是从相对抽象向具体运作,从价值关切向合理的方法论过渡的一个关键枢机。

第四节 三种冲动之中的时间性

可以说,席勒是在第12封信之中最直接地提出时间性问题的,或者说是最为系统地在哲学与心理学的角度论述了何以提出时间性问题,其具体的体现就是以此厘清感性冲动与理性冲动在存在状态上的不同体现,而且这一依据或者标准并不是来自于两种冲动之外的第三者,而是作为两种冲动固有的、内在的属性,自然而然地、如其所是的那样存在的。这为在第12封信之后详细论述感性冲动、理性冲动与游戏冲动之中的时间性问题的渊源、状态及其构成打下了最为坚实的基础。这既是席勒美育思想之中最为精彩的所在,也是席勒美育思想的核心或者基本枢机。

---

[1] 席勒:《审美教育书简》,冯至、范大灿译,北京:北京大学出版社1985年版,第60页。

一、感性冲动、形式冲动及其时间性差异

席勒把上述来自于自我的两种状态称为双重的任务,即使我们身内的必然转化为现实,使我们身外的现实服从必然的规律,席勒认为人生之中就有这两种基本的冲动——感性冲动与形式冲动。

(一) 空乏的瞬间——感性冲动

感性冲动是由人的物质存在或者由人的感性天性而产生的,席勒说:"它的职责是把人放在时间的限制之中,使人变成物质,而不是给人以物质。……在这里物质只能叫做变化,或者叫做实在,它充实了时间;所以,这种冲动要求变化,要求时间有一个内容。这个仅仅是充实了内容的时间所形成的状态叫做感觉,只有借助这种状态物质存在才显示出来。"[1]如果说席勒把感性冲动与物质存在以及感性天性相联系,还只不过是哲学史、思想史上的常识与惯谈,那么,把感性冲动与时间的特性相联系则是一个伟大的创见,因为只有在时间性的维度,才能对感性冲动(理性冲动或者形式冲动亦然)存在的原本状态进行清晰的描述,这一原本的状态就是向前涌动着的持存与绵延。

从席勒对感性冲动论述中所涉及的时间来看,其真正的意蕴是——感性冲动虽然也体现为"长时间的延续"[2],但唯其是一种为了物质满足而起的"激情",而且这些"激情"的满足是瞬间的,一个"激情"被满足,其他"激情"又继之而起,因而席勒把这种感性冲动称为"变化",其实也就是由不停歇地追求物质欲望的满足而导致的"促逼""紧迫""冲动"的感觉或者行为本身,这种感觉与行为本身的原本状态就是"时间",或者就是"时间性",也就是感性冲动自身作为一个因果相续的过程,并不是说"因"自身是无时间性的,它只是引发感性冲动过程的一个"出发点"或者"点","因"自身就是一个意向性的活动,而且其存在的状态不仅是绵延着的、持存着的,而且"因"在"果"之中是作为一个推动力在持续地起作用的,在这种情况下,"因"与

---

[1] 席勒:《审美教育书简》,冯至、范大灿译,北京:北京大学出版社1985年版,第62页。
[2] 同上。

第五章 "美,既是我们的状态,又是我们的行为"

"果"之间就不仅仅是一方决定、触发另一方的关系,而是"因果"相续且"因"在"果"之中呈现出来,因而,两者就再也不是可以截然分立的两者,尤其是"因"不再是优先于"果"或者甚至可以完全孤立存在的事物,而是统整地体现为一个行动级,隶属于一个意向性行为。尤其是席勒所说的感性冲动更是如此,因为感官对于物质的需要、追求是源于本能的,比如"饥""渴"本身既是寻求食物、水分的"因",其自身也是一个"果",因为出自于原始本能或天赋的感性冲动能够最鲜明、最充分地体现出时间的涌动性特征,其实,倒不如说,这种涌动着的感性欲望本身、感性冲动本身正是主观时间的源始现身。

在根本上,席勒在论及感性冲动、形式冲动中的时间性问题时的唯一出发点是人的价值与意义,其最为可取的论述维度是把价值与意义和时间问题完全交融起来,也就是只有在时间的角度谈论人生的价值与意义才是合理合法的,也才是实实在在的,因为价值与意义如果不能在现实中得以实现,如果价值与意义不趋向于在现实中得以实现,谈论价值与意义就是完全荒唐的。价值与意义正是时间得以绽放的可能性,充实的、有意义的人生正是意义与价值得以显现的动态的、涌动着的过程,正如海德格尔所言,此在是对存在的领悟,而此在就是时间。

在席勒看来,感性冲动与形式冲动都是人生内在价值与意义的体现,只不过这两种冲动虽有存在的必要,但是各有其弊端,比如感性冲动的必要在于生存之中对于物质的必需与苛求,在时间性上的体现是易于变化——其实是主体对于物质对象寻求的变化,其弊端在于只是满足于眼前的、瞬间的、现在的需要与冲动,也就是说,感性冲动的价值与意义虽然绝对必要,但是其只能满足基本的、来自于天赋与本能的冲动,这些冲动在时间性上的体现就是没有可待提升的境界,没有可供修养的余地,在此所使用的"境界"与"余地"在字面上来自于空间,其真正的含义却在于时间性,因而也就没有充裕的未来,最为根本的根源就在于其价值与意义虽然必不可少,但是其可能性却是极其贫乏的。

席勒把感性冲动在时间性上的贫乏、空乏称为"瞬间",他说:"凡是存在于时间之中的事物都是一前一后,因而某物的存在就把其他的一切事物都排除在外了。当人们在一件乐器上奏某个音时,这件乐器可能发出的所有音当中唯有这个音是现实的。当人感觉到眼前的事物时,他的无限可能的规定就被限制在这唯一的存在方式上面去了。所以,那里仅仅是这种冲动在活动,那里就必然受到最高程度的限制;人在这种状态中只不过是一个量度单位,是充实了内容的时间当中的一个瞬间——或者更确切地说,他并不存在,因为只要人受感觉支配,被时间拖着走,在此期间他的人格性就被废弃。"[1]这段描述感性冲动的文字充满了来自时间性的术语,他既描述了感性冲动作为一种绵延着的活动所具有的持存特性,又描述了如上所述感性冲动所具有的促逼感、促迫感等特性。

席勒认为,在这种感性冲动支配下的人就只能是"有限的""不可能达到完善的程度",因而感性冲动的"形式感"是不发达的,也是无须发达的,但是正如席勒所说,"因为一切形式只在一种物质上显现,一切绝对只是通过局限作媒介才表现出来,因而人的全部表现最后当然只会固定在这种感性冲动上"[2],这意味着,不管是人的内时间意识,还是作为一种持存过程的实践行为,要么是感性冲动的绵延与持续,要么是理性冲动或者形式冲动的绵延与延续,而且感性冲动一旦泛滥,就势必会影响形式冲动,比如感性冲动的延续一旦延长,那么给予形式冲动的时间就会减少、减弱,其原因就在于如席勒所言,形式冲动并不只是形式自身孤立的冲动,而是外显为一定的行为或实践活动,也就是说,这个形式冲动与感性冲动一样,在其构成上是主客不分的,或者说是主体始终指向对象的。

针对感性冲动的泛滥,他说:"它用不可撕裂的纽带把向高处奋进的精神绑在感性世界上,它把向着无限最自由地漫游的抽象又召回到现时的界限之内。"[3]而对形式冲动的影响则是——"当然,思想可以

---

[1] 席勒:《审美教育书简》,冯至、范大灿译,北京:北京大学出版社1985年版,第62页。
[2] 同上书,第63页。
[3] 同上。

第五章 "美,既是我们的状态,又是我们的行为"

暂时逃脱这种冲动,一个坚强的意志可以胜利地反抗它的要求,可是这被压制下去的天性不久就又恢复了它的权利,要求存在的实在性,要求我们的认识有一个内容,要求我们的行动有一个目的。"[1]可以看出,席勒对人类行为或者心理活动的描述,尤其是对感性活动与理性活动的描述,已经跳脱了仅仅对两者的价值与意义进行比较的简单含混的陈述方式,且把前理论的、价值与意义的现实源始呈现状况即时间作为全新的视角,那么,感性冲动与理性冲动之间的区别就体现为两种不同的价值与意义在时间性上的不同呈现,且这两种行为或心理状态都是隶属于某一主体的一个完整的时间性状态,彼此消长,前后相继。

(二) 时间被扬弃了——形式冲动

从形式冲动来看,席勒说:"那两种冲动中的第二种,可以称为形式冲动;它来自人的绝对存在,或者说是来自人的理性天性;它竭力使人得以自由,使人的各种不同的表现得以和谐,在状态千变万化的情况下保持住人的人格。"[2]席勒之所以认为其来自"绝对存在",正是因为"绝对"所指的正是人类所创造的各种"法则",而这些"法则"自身则是无时间性的,它们不会具有绵延、变化、持存的特性,也不具有过去、现在、未来的属性,所以,"绝对"与"永恒"就是完全同义的。虽然席勒本人对"形式冲动""法则"的论述是高度抽象的,没有具体论及其存在的形态、领域等,但是按照席勒的思路推演下去,宗教、科学、道德、法律等显然是"形式冲动"所指的最主要的领域。在以上这些领域中,宗教显然属于绝对主观的存在,而科学、道德、法律等则属于绝对客观的存在,尤其是科学更是最典型的绝对客观的存在,而绝对的主观与绝对的客观都是没有时间性的,这正是对立的两者的相通之处。

在席勒看来,形式冲动能够"在状态千变万化的情况下保持住人

---

[1] 席勒:《审美教育书简》,冯至、范大灿译,北京:北京大学出版社1985年版,第63页。
[2] 同上。

的人格"[1]，在此，"状态"所指的是宗教、科学、伦理、法律等作为主客不分的实践活动在不同的主体之上虽然会有不同的呈现状态，虽然宗教活动、伦理活动、科学活动、法律活动等自身也是一种时间性的过程，但是其中所存在的宗教信条、伦理原则、科学原理、法律条文等等都是绝对主观或者绝对客观的，比如科学家的科研活动自身虽然充满了科学家本人的喜怒哀乐等情感或主观体验，但是科研活动作为一种绵延的行为或者内时间意识之中的科学原理、概念等等都是绝对客观而中立的，否则科学活动便无法进行下去。

那么，在席勒对形式冲动的描述中，其文字就充满了来自"无时间性"的词汇——"因为人格作为绝对的、不可分的一体是不可能自相矛盾的，因为我们永远是我们，所以，这个要求保持人格性的冲动，除了它必然永远要求的东西以外另无其他要求；它现在的决断就是永远的决断，现在的命令就是永恒的命令。因此，这种冲动包括了时间的全过程，就是说，它扬弃了时间，扬弃了变化；它要现实的事物是必然的和永恒的，它要永恒的和必然的事物是现实的，换句话说，它要求真理和合理性。"[2]在此，席勒一方面如同论及感性冲动时所说，人的行为或者主观心理活动作为一个时间性的存在状态是前后相续的，感性冲动与理性冲动之间的消长相连正是如此，另一方面，席勒着重指出了理性冲动或者形式冲动在发作、涌现之时，"现在"就是"永远""永恒"，当然，席勒在这里并没有对形式冲动作为一种行为的"时间性"与在形式冲动之中的形式的"无时间性"做出清晰的区分，但是就其整体论述来看，其思想的核心正是在于强调"形式冲动"之中的"形式"或者"法则"本身是没有时间性的。

因而，席勒说，就某一具体的"决断"与"命令"作为一种行为或者实践活动而言，虽然是"现在的"，但更是"永恒的"，这正是一种"扬弃"，而不是克服或者放弃。如果"永恒"的"命令"与"决断"是对"现在"的克服与放弃，那么，包括"命令"与"决断"在内的所有形式冲动

---

[1] 席勒：《审美教育书简》，冯至、范大灿译，北京：北京大学出版社1985年版，第63页。
[2] 同上。

就丧失了自身的存在,这正是席勒所言形式冲动最终必须体现为感性外观或者材料的思想核心所在。

在形式冲动之中,虽然其在感性外观上也体现为一种时间性的行为,但是,与感性冲动不同,形式冲动之中的"形式"即"法则"却完全超越了欲望或者感性欲求,既可以说在形式冲动作为一种持续、持存的行为之中,"法则""形式"自身以比较纯粹的方式存在着,也可以说是形式冲动对感性冲动的克服、战胜、超越,而且这种超越、克服与战胜决不是在抽象、含糊、含混的意义上来陈述的,而是植根于一个主体统整的行为,且是一个持续、持存的时间性、过程性的行为,尤其是在心理学上作为一种内时间意识存在的情况下,其构成之中形式冲动与感性冲动的对立就更加清晰了。

可以看出,形式冲动之中的"形式""法则"完全不同于感性冲动对不同的欲望对象的千变万化的渴求,因而,感性冲动之中的因果消长的时间之链在形式冲动之中就消失了。这在根本上是时间性的丧失,是反时间的,因为"形式"与"法则"不是相对的,而是绝对的,它们的产生无待乎前提与条件,也不会因不同的主体而变化,更不会因同一主体的变化而变化,它们在根本上就没有被激发—延续或持存—终结等这些时间的属性,当然,也可以把这种状况视为时间性的一种独特状态——"永恒"——"永远的现在"。

席勒设想了两种形式冲动的时间性状况,其一是认识活动,其二是伦理活动,他说:"涉及认识时,是适用于每个判断的法则,当涉及行动时,是适用于意志的法则。不管是我们认识一个对象,给我们主观的一种状态加上客观的有效性,还是我们从认识出发,进行行动,把客体当作规定我们的状态的尺度——在这两种情况下,我们都是把这种状态从时间的裁决中夺回来,承认它对一切人和一切时间都具有实在性,就是说,承认它有普遍性和必然性。"[1]很显然,这两种状况所指的就是科学活动中的真理与伦理领域中的规范、规则。在形式冲动

---

[1] 席勒:《审美教育书简》,冯至、范大灿译,北京:北京大学出版社1985年版,第63—64页。

中,人们所做到的是"应该"做的,它已经完全摆脱了一个接着一个涌来的欲望,也摆脱了变化,摆脱了渴求—满足—厌恶这一持续生灭的时间之链。

在席勒看来,形式冲动虽然在主体身上发生,但是主体的主观因素并不影响及"形式"或"法则"本身——席勒称之为"我们身上的纯客体"[1],只要这种"纯客体"保持其纯然之身,人生的价值与意义就会得到最高程度的扩展,席勒说:"一切限制在那里就会消逝,人在那里就会从贫乏的感官把他局限于其上的量度一体提高成把整个世界包括在内的观念一体。"这意味着"形式"与"法则"不仅是"纯客体",而且是普遍性的,施之于群体而皆准的。

因而,感性欲望的个体性以及在时间性体验上的促迫性就与理性形式的普遍性以及在时间性体验上的无关性,形成了鲜明的对比。席勒如此强调形式冲动中的时间性与感性冲动的对比——"在这样行动的时候,我们不是在时间之中,而是时间以及它的全部永无终结的序列在我们之中。我们不再是个人,而是类属;一切精神的判断由我们的判断说出,一切心的选择由我们的行动来代表。"[2]

但是,席勒在整体上还是没有把"时间"理解为各种不同的"时间性"或者"时间特性"或者由各种不同的"时间性""时间特性"呈现出来的"时间",他还是把时间理解为孤立地存在于人类活动之外的客观存在,人类活动只是利用时间作为一个标准或者尺度来衡量自身。就整体的表现来看,在《美育书简》之中,席勒把"时间"理解为前后相继的运动,当然,这种"前后相继"观念已不同于对时间进行空间理解的"客观时间论"——即依据物体在空间中的绝对匀速运动所制定的时间,其所指的是"因果相继"这一时间特性——即感性冲动所引发的行为,这种时间观显然离社会时间与主观时间的形态更为切近,但是席勒还是把这种时间理解为孤立存在的"瞬间",而不是理解为"因果相继"就是一个行为自身内在的先天时间特性,因而,席勒把感性冲动的

---

[1] 席勒:《审美教育书简》,冯至、范大灿译,北京:北京大学出版社1985年版,第64页。
[2] 同上。

时间性表述为"感性冲动"充实了"时间",表述为"要求时间有一个内容"以及"充实了内容的时间"。

二、感性冲动与形式冲动的关系

席勒认为,表面上看来,感性冲动与形式冲动是对立的,而且"业已概括尽人的全部概念"[1],在这里所说的"概括尽"并不仅仅是在思维之中进行的,而是指在一个人的自我作为一个绵绵不绝的时间性进程之中,这两种冲动已经占据了全部,此起彼伏,这使得试图调解这两种冲动的第三种冲动几乎不可能。

这种对于理性与感性冲突与对立的看法,其实正是在西方哲学史上占据主流的,席勒在此问题上展现了自己的深刻见解与创新思想。

(一)"从属且并列"——两者之间关系的理想状态及其教化

席勒的深刻之处在于把感性与理性看做是一个主体或者一个自我的时间性活动过程,而不是仅仅在字面上对两者进行抽象而含混的对比;而之所以只能对两者进行抽象与含混的对比,正是因为没有把两者作为一种实在的价值活动,尤其是作为最为切身、切近的时间现象来看待,因为感性与理性作为不同的价值正是在鲜活的、绽出性的价值实现与领悟的过程中显现出来的。在哲学史上,只是到了海德格尔,才开始大张旗鼓地把对价值与意义(即存在)的领悟看做是本真的时间显现——也就是此在本身。

席勒的创新之处在于既看到了感性与理性呈现为时间性行为的对立,又看到了两种冲动并不是非此即彼式的对立,而且更为重要的是他所提出的第三种冲动可以为感性与理性关系提供全新的解决途径,也就是说在感性与理性的对立之间还存在着一个分属两者的交叉领域,这个领域虽然同时具备感性与理性两种属性,但是却不能使用单纯的、非此即彼的感性与理性所具有的属性去对其进行探究与描述,这一领域就是席勒所说的第三种冲动——游戏冲动。如果以传统

---

[1] 席勒:《审美教育书简》,冯至、范大灿译,北京:北京大学出版社1985年版,第66页。

的非此即彼的方式去描述这一领域的属性,最为常见的表现就是要么认为是理性化的感性,要么认为是感性化的理性,也就是说,还是以感性或者理性中的一者居于主导地位的方式来进行的思考,其实这一领域的存在自身是一个浑然的整体,并不是由孤立存在的感性与理性两种要素构成的,是不能进行分解的。这一领域就是审美活动。

席勒教育思想与美育思想的伟大之处并不是直接提出教育的目的、原则以及教育策略,更不是直接提出与狭义的教育相关的课程、教法问题,而是立足于人性的两大价值取向提出辩证而均衡的教育观念。他认为,感性冲动与形式冲动在根本上并不对立,原因在于:"它们并不在同一个对象之中,而且什么东西彼此不相碰,也就不可能彼此冲突。感性冲动固然要求变化,但它并不要求变化也要扩展到人格及其领域,它并不要求更换原则。形式冲动要求一体性和保持恒定,但它并不要求状态也同人格一起固定不变,它并不要求感觉同一。"[1]这正是席勒提出教育的根源所在,也是进一步提出审美教育的根源所在,可以说,这是席勒27封信之中的核心或者机杼所在,这一核心与机杼支配了《美育书简》的思想系统与思维脉络。

席勒认为,之所以会使得两种冲动看起来是对立的,是由于"它们各自误解了自己,扰乱了它们各自的范围,因而违背了天性才出现这种情况的"[2]。也就是说,这两种冲动之间并不是一种本原的、必然的对抗关系,否则的话,席勒说:"除了使感性冲动从属于理性冲动以外,自然就再没有别的办法了。"[3]顺势推导下去,席勒认为由此只能产生单调,而不是和谐,人就仍然是永远继续分裂。席勒的见解是:"这种从属关系是必要的,但是是相互的;因为虽然限制不可能建立绝对,就是说,自由绝不可能依赖于时间。但这一点也是确定无疑的,绝对也绝不可能通过它自身建立限制,时间中的状态不可能依赖于自由。所以,这两个原则彼此间既是从属关系又是并列关系,就是说,它们

---

[1] 席勒:《审美教育书简》,冯至、范大灿译,北京:北京大学出版社1985年版,第66页。
[2] 同上书,第66—67页。
[3] 同上书,第67页。

第五章 "美,既是我们的状态,又是我们的行为"

是处在相互作用之中:没有形式就没有物质,没有物质就没有内容。"[1]
"从属且并列"——这就是感性冲动与形式冲动之间的关系。

在此,还是由于席勒没有把人类行为自身的意向性构成特性与在行为之中所出现的对象自身的特性之间的关系,进行清晰的厘清,也就是形式冲动很显然是一种意向性的行为,在此行为之中的"形式""理性"既是构成行为的对象或者相关项之一,同时,"形式"与"理性"自身却是中立、冷静、客观、普遍的,而不是随着行为主体的主观好恶等发生变化,也就是行为自身的时间性并不影响"形式"与"理性"自身的无时间性,也可以说,这两种时间性是并存的,完全不是矛盾,因为在逻辑上并不存在于同一个维度,比如一位数学家在研究一个数学原理的时候,数学原理及其中的数字、符号、概念等等始终都是且绝对应该是纯客观的,即使是不同的数学家研究同一个原理也是如此。尽管不同的数学家在研究的过程中有着完全不同的心理过程及其喜怒哀乐等等,但是在他们科研活动心理过程中的数字、符号及概念等却是完全一样的,是纯客观且普遍的,否则,科学原理便没有办法进行传播。只是席勒还是认为这是相悖而不兼容的,比如他说:"人格在观念世界中是怎么个情况,我们自然不知道,但我们知道,它如果不接受物质,它在时间世界里就显示不出来。"[2]但是,席勒显然已经在整体上看透了形式冲动、感性冲动之间的本质区别正在于两者作为价值寻求活动所具有的时间性上的差异。

因而,席勒认为,形式冲动与感性冲动之间的"从属且并列"的关系就体现在:"尽管感觉在理性的领域不可能做出任何决断是必然的,理性不敢在感觉的领域妄自决断什么,这同样也是必然的。人们在为这两种冲动中的每一种规定一个领域的时候,同时也就把另外的领域排除在外,给每一个领域划定了界限,逾越这个界限对两者都只能带来害处。"[3]正是因为两者之间并不是一种必然对立的关系,那么,两

---

[1] 席勒:《审美教育书简》,冯至、范大灿译,北京:北京大学出版社1985年版,第67页。
[2] 同上。
[3] 同上。

者之间的对立就来自于文明自身的问题,所以,席勒说:"监视这两种冲动,确定它们各自的界限,这是文明的任务。文明给这两者同样的合理性,它不仅面对感性冲动维护理性冲动,而且也面对理性冲动维护感性冲动。"这正是文明作为一种教育问题的源出之处,席勒认为:"它的职责是双重的:第一,防备感性受自由的干涉;第二,面对感觉的支配确保人格性。要实现第一项职责,就要培养感觉功能,要实现第二项职责,就要培养理性功能。"[1]

因此,就感性冲动与形式冲动的关系而言,教化与教化活动所要做的就是要在感觉与理性两个功能上进行并行教育,而且这种教育的根基与源泉当然集中地体现于时间,席勒说:

> 因为世界是在时间及变化中延伸的,因而那个使人与外界相连的功能如是完善的,它就必然有最大可能的变化性和外延性。因为人格是在变化中固定不变的,因而那个抵挡变化的功能如是完善的,它就必然有最大可能的独立性和内向性。感受性越是得到多方面的培育,它越是灵活,给现象提供的面越多,人也就越能把握世界,越能在他自身内发展天禀;人格性越是有力和深沉,理性获得的自由越多,人也就越能理解世界,越能在他自身之外创造形式。[2]

在此,席勒把感性冲动置于在世之中的生存状态,因为其之所以滋生、激发,正是在于在世之中所面对的不同对象,其体现在主体之上的能力便是丰富性、敏捷性;而形式冲动则能够保持人格的恒常性,并在这种恒常性之中超越自身、提升自身的境界,其体现在主体之上的能力便是单一性与超越性。在席勒看来,这便是人性之中的"被动性"与"主动性"在教育、教化方面的理想体现,他说:"第一,为感受功能提供同世界最多样化的接触,在感觉方面把被动性推向最高的程度;第二,为规定功能获得不依赖于感受功能的最大的独立性,在理性方

---

[1] 席勒:《审美教育书简》,冯至、范大灿译,北京:北京大学出版社1985年版,第67页。

[2] 同上书,第67—68页。

面把主动性推向最高的程度。什么地方这两种特性相统一,人在什么地方就会把最大的独立性和自由同生存最高的丰富性结合在一起,人并没有因此消失于世界之中,反倒是把世界及其现象的全部无限带到他的自身内,使其服从他的理性的一体性。"[1]在这里,他既描述了感性冲动与形式冲动在教育活动之中的理想状态,又提出了更高的两者相统一的最高境界,这意味着游戏冲动即将呼之欲出。

(二) 两者之间的僭越与放松

席勒认为,如果不能实现上述两种冲动的理想状态,那么,就自然会导致两者之间的相互僭越,他说:

> 人也可能颠倒这种关系,因而有两种情况他是达不到他的规定的。他可能把能动力所必需的内向性放在受动力的上面,通过物质冲动侵害形式冲动,把感受功能当作规定功能。他也可能把应归于受动力的外延性分配给能动力,通过形式冲动侵害物质冲动,暗地里把规定功能更换成感受功能。在第一种情况下,人将不是他自己,在第二种情况下,人将不是其他;正因如此,在这两种情况下,他不是非我就是非他,所以说他等于零。[2]

就席勒的描述来看,以上两种情况正是形式冲动与感性冲动在功能与价值上的误用与僭越,就第一种情况来看,势必会造成人格的丧失,导致纯粹客观性或者纯粹主观性标准的丧失,也就会造成人只是满足于眼前的感官享乐,满足于现成的状态,不可能造就生生不息的未来,因为其内在的超越性业已冰消云解;就第二种情况来看,势必会造成丰富性的丧失,只剩下空想的、空乏的理念与教条。除此之外,席勒还一再强调,"唯感性"占优势对思维与行为所起的坏作用,这容易看得出,但是"唯理性"所造成的坏作用就不容易看到了。而且,两者之间的这种僭越还是体现在了时间性上,席勒说:

> 若是感性冲动在起规定作用,感官就成为立法者;若是世界

---

[1] 席勒:《审美教育书简》,冯至、范大灿译,北京:北京大学出版社1985年版,第68页。
[2] 同上。

压抑人格，世界随着它拥有了支配权也就不再是客体。只要人仅仅是时间的内容，他就不存在，因而他也就没有内容。他的状态也就随着他的人格性一起被扬弃，因为这两者是相关的概念——因为变化要求有一个保持恒定的东西，被限制的实在要求有一个无限制的实在。若是形式冲动在感受，就是说，若是思维力暗地里先于感觉，人格代替了世界，那么，当人格侵占了客体的位置时，人格在这种情况下就不再是独立的力和独立的主体，因为保持恒定的东西要求变化，绝对实在为显示自己要求限制。只要人仅仅是形式，他就没有形式，因而人格也随着状态一起被扬弃。一言以蔽之，只有当人是独立的时候，实在才在他之外，他才感受。只有当人在感受，实在才在他之内，他才是一种思维的力。[1]

可见，席勒认为，若是感性冲动成为立法者，人就仅仅成为"时间"的"内容"。当然，由于席勒并没有明确是把时间作为任何一种行为的自明性状态，还是把时间作为行为之外的一种度量单位，在这里所说的"时间"就显得艰涩难解。不过，就其思想整体而言，一望可知，他所说的人仅仅成为"时间"的"内容"所指的正是在感性冲动之中存在的促逼、急促、紧张且短视的状态，人总被眼前的欲望牵着鼻子走，忽东忽西，变化无端，因此，"人格性"就完全被"状态"所取消。而形式冲动若成为立法者，则会以无时间性来取代、僭越时间性状态的丰富性，因为虽然形式冲动的最终价值与意义在于"形式"，但是形式冲动自身却与感性冲动一样，也是一个主客不分的行为，"恒定""恒常""不变"的"形式"也要奠基于"物质"或者"对象"之上。

因此，席勒主张，要在感性冲动与形式冲动之间形成一个良性的状态——"从属且并立"，那么，两种冲动之间都要有限制，它们就需要放松，互相不要侵入对方的范围与领域。但是，席勒精辟地提出了更为卓绝的见解，他认为，两种冲动之间的限制与放松并不是两者之间

---

[1] 席勒：《审美教育书简》，冯至、范大灿译，北京：北京大学出版社1985年版，第70页。

第五章 "美,既是我们的状态,又是我们的行为"

在意义与价值上的削弱与自我约束,而是通过两者的互动来积极地产生限制与放松,他说:

> 感性冲动的放松,绝不可是物质不起作用和感觉迟钝的结果,这种结果不论在什么地方都只应被鄙视。感性冲动的放松必须是自由的行动,即人格的活动,它通过它的精神的强度来节制感性的强度,通过控制印象使它不能向深处发展而让它向广度发展。性格必须给气质规定界限,因为感性只可由于精神而消失。同样,形式冲动的放松也绝不可是精神不起作用和思维力或意志力疲竭的结果,这种结果会使人堕落。感觉的丰富性必须是它的光荣的源泉;感性本身必须以必胜的力量保护自己的领域,抵御精神的干预,因为它很喜欢向它施加暴力。总而言之,人格性必须使物质冲动保持在它自己的范围之内,感性或自然必须使形式冲动保持在它自己的范围之内。[1]

在这段文字中,席勒是在充分发达的、教化程度较高的感性冲动、形式冲动的角度,来谈论两者之间关系的,感性冲动的放松不是感觉迟钝,形式冲动的放松不是使人堕落的意志与思维的衰微,而是一个"自我"在行动流之中的积极主动的选择,他以人格的活动来节制感性的强度,以感觉的丰富性作为人格的源泉,也就是说由对方的积极活动来限制与放松双方合理的领域。这正是游戏冲动最典型的特征。

三、游戏冲动——由形式显示着的愉悦及理性

席勒认为,在感性冲动与形式冲动积极活动之时,既为对方的活动奠定了基础,立下了界限,同时,每一个冲动也都因此显露出其价值与意义的最高程度。而且,席勒进而分析了两种冲动之间的不相容——只能呈现为时间性维度上的前后相续,在此,他设想了能够同时具有以上两种冲动性质的第三种冲动——游戏冲动。很显然,既然感性冲动与形式冲动之间的主要体现之一是在时间性之上,那么,游

---

[1] 席勒:《审美教育书简》,冯至、范大灿译,北京:北京大学出版社1985年版,第70页。

戏冲动的时间性也就随之自然呈显出来。

(一) 游戏冲动——在时间中扬弃时间

席勒还为两种冲动之间的这种和谐互动关系的状态提出了两种情况,第一种情况是人只能无限地接近这样一种和谐的状况,却永远无法达到,也就是说,两种冲动之间的和谐只是一种理性上的观念而已。第二种情况是"只要人仅仅是满足两个冲动中的一个,或者只是满足了一个再满足一个,真正符合这个观念的、因而也就是完全意义上的人,在经验中就不可能存在。"[1]可见,第一种情况是对两种冲动关系之间的理想状态持悲观态度,认为这样一种理想只不过是一种人性修养上的乌托邦,可信而不可行;第二种情况则是把两种冲动的实现作为一个在时间上的前后单向相续的活动。这两种情况的共同之处在于,没有把"自我"视为一个统整性的行动流过程,也更没有把"自我"视为一个虽然在其存在状态上是简捷的,但是其构成却是复杂的整体,而且也只是把感性冲动、形式冲动视为各自完全独立、泾渭分明的存在,因此,在人类行为作为时间性的先后顺序上,就只能是两种冲动的前后相继,一方在持续地活动的时候,另外一方就只能等待着,两者在时间与时态上无法同时性地并存。这种在时间上的相斥与相隔绝所导致的必然是两种冲动之间在事实上不可能和谐与协调。

席勒也指出了这种人性观在时间性上的问题,他说:"因为,只要人仅仅是在感觉,他的人格或绝对存在对他就永远是个秘密,同样,只要人仅仅是在思维,他在时间中的存在或他的状态对他就永远是个秘密。"[2]席勒继而在"同时性并存"的角度提出了完全不同的人性观,他说:

> 假使有这样的情况:人同时有这双重的经验,即他既意识到自己的自由同时又感觉到他的生存,他既感到自己是物质同时又认识到自己是精神,在这样的情况下,而且绝对地只有在这样的

---

[1] 席勒:《审美教育书简》,冯至、范大灿译,北京:北京大学出版社1985年版,第73页。

[2] 同上。

第五章 "美,既是我们的状态,又是我们的行为"

情况下,人就会完全地观照到他的人性,而且那个引起他观照的对象对他来说就会成为他那已经实现的规定的一个象征,因而(因为规定只有在时间的整体中才能达到)也就成为无限的一种表现。

"同时有这双重体验"所指的正是在一个"自我"的统整性的行为流之中所包含两种冲动因素的构成。在此,这两种冲动只是构成这一行为流整体的两个"因素",并相应地、必然地带有这一行为流自身的所有特性,而且,更为根本的是:以上两种因素与所属整体之间是一种部分与整体的相属关系、属从关系,而不是一种并列关系。正如席勒所陈述的那样,一个主体或者自我会"同时"感受到"自由"与"生存"、"物质"与"精神"。当然,在此,席勒所做的还主要是一种设想与假定。在此也可以看到在西方文化中尊崇、崇尚二元对立的强大传统,在感性与理性之间的体现同样如此,也就是在两者之间只存在纯然的对立,不存在一个兼备两种性质的中间地带与区域。事实上,诸如此类的划分只是出自于主体性的单一维度,出自于主体预先设定的理论或者教条,而不是出自于实际生活本身或者现象本身。

游戏冲动不是感性冲动、形式冲动这两种冲动的结合。若是结合,那就是只能在事后才能进行的。两种独立形态的冲动之间不仅是无法结合的,而且在时间性的延续上只能是前后相续的,从前文所述席勒关于"自我"的时间性构成就可以知晓。这种结合实在是一种理论上的假说,或者甚至是一种幻想了。

因此,它不可能是结合,而是一种冲动或者一种行为同时具有的两种特性。之所以说是"一种"冲动,正是为了突出体现其整体性,或者混融不可分割的特性。即便是在学术理论分析的角度,也要确保其构成上的基本特征——"主客不分",而且这种"主客不分"不同于感性冲动与形式冲动之中的"主客不分",尤其是不同于形式冲动之中的"主客不分"。就游戏冲动与感性冲动的差异而言,因为席勒与康德一样,轻视视听感官之外的其他感官,也就是说把视听感官之外的其他感官所指向的对象都排除了。自游戏冲动与形式冲动的差异而言,形式冲动虽然在实际进行的过程中,主体也是始终指向对象的,但是主体却要永远与对象之间保持一种冷静、客观、中立的态度。

所以,这是席勒思想上的一种不明晰性,或者说,他颠倒了思维的顺序。在根本上,他还是没有把游戏冲动首先作为一种独立的、完整的行为或意向行为来看待。不过就席勒思想的路径来看,他还是意欲从感性冲动与形式冲动之间的分裂与不可调和入手,来自然而然地把游戏冲动引入视野,从而能够凸显游戏冲动的意义与价值之自然与重大。

因此,席勒也是在这种假定中展开了对游戏冲动的思考,他说:

> 假使这类情况能够在经验中出现,将会在人身内唤起一个新的冲动,而且正因为那两个冲动在它之中一起活动,所以孤立地看,它同那两个冲动中的每一个都是对立的,有理由称它为新的冲动。感性冲动要求变化,要求时间有一个内容,形式冲动要废弃时间,不要求变化。因此,这两个冲动在其中结合在一起进行活动的那个冲动,即游戏冲动(请允许我姑且称它为游戏冲动,随后我再论证这一命名)所指向的目标就是,在时间中扬弃时间,使演变与绝对存在,使变与不变合而为一。[1]

这段话应该是席勒对于游戏冲动所作的第一次、也是最为简洁的概括,其中的要意有:第一,游戏冲动是一个独立的新冲动;第二,游戏冲动之内包含了感性冲动、形式冲动两种因子,并与独立存在的感性冲动、形式冲动相分立;第三,最为核心的所在就是从时间性角度对三种冲动所做的对比,席勒认为,游戏冲动统合了感性冲动与形式冲动在时间性上的特性——"要求时间有一个内容"与"废弃时间"或者"变"与"不变",而其具体表现则是在"时间"中扬弃"时间"。

以上所出现的"变"与"不变"、"要求时间有一个内容"与"废弃时间"、"演变"与"绝对存在"以及其后出现的"感觉"与"理性"、"偶然"与"必然"等成对范畴在游戏冲动之中的融合,在席勒的表述里显得晦涩难解,玄奥异常,其原因就在于席勒还没有把游戏冲动作为一种原

---

[1] 席勒:《审美教育书简》,冯至、范大灿译,北京:北京大学出版社1985年版,第73页。

发性的生活体验本身加以把握，尤其是把时间观提升至时间性其实就是原发性的生活体验本身的呈显状态而已，只是这一时间性在感性冲动、形式冲动、游戏冲动之中有着不同的体现。而席勒的卓越之处就在于在西方美学史上第一次对不同文化价值或者活动之中的时间性体现进行了具体论述与对比。

如果把席勒的上述话语进行现象学式的时间性哲学转换，那么，就可以陈述为两个方面：

第一，游戏冲动之中的感性因素与纯粹的感性冲动之间的区别在于：前者呈现的形式化更强、更精致、更富于个性，乃至于所有的游戏冲动的愉悦感都奠基于特定的对象或者特定的对象结构之上，而且这些愉悦感在意义与价值上远远超出了纯粹感性冲动中的愉悦感。

第二，游戏冲动之中的理性因素与纯粹的形式冲动之间的区别在于：前者就自身原发性的存在状态而言就是感性的、时间化的，而且这一感性的、时间化的过程也同样是由更精致的、富于个性的、更强的形式所奠基的。而且，上述这两个方面可以凝结为一个维度，那就是：游戏冲动是一种愉悦的、富于意义与价值的且有特定的、精美的形式来进行直观显示的涌现性的、绽出性的时间性活动。

(二)"活的形象"——"没有时间能够侵入的空隙"

在席勒看来，游戏冲动之所以在时间性的呈显状态上与感性冲动、形式冲动有着本质的、显著的区别，最为根本的原因就在于其对象的特殊性，他说："感性冲动的对象，用一个普通的概念来说明，就是最广义的生活，这个概念指一切物质存在以及一切直接呈现于感官的东西。形式冲动的对象，用一个普通的概念来说明，就是本义的和转义的形象，这个概念包括事物的一切形式特性以及事物对思维力的一切关系。游戏冲动的对象，用一种普通的说法来表示，可以叫作活的形象，这个概念用以表示现象的一切审美特性，一言以蔽之，用以表示最广义的美。"[1]具体分析这一段文字，并与三种冲动之间在时间性上

---

[1] 席勒：《审美教育书简》，冯至、范大灿译，北京：北京大学出版社1985年版，第76—77页。

的差异相连接,就可以知道感性冲动的对象是最为广义的生活或者直接呈现于感官的物质,因此,这些对象的根本特性就是变化无常的,因此,感性冲动就会去急迫地追逐这些对象,造成在时间性呈现上的迫切、急切、促逼、短急,其实也就是感性欲望自身的迫切、急切、促逼、短急;而形式冲动的对象则是只能使用抽象思维力才能把握的普遍性的形式,其在时间性上的体现自然就是无时间性的;而游戏冲动的对象则是"活的形象",在这里,"活的"所指的绝不仅仅是对象自身,而是指一个纯粹的、完全的、生动的审美体验或者审美生活,或者说,这一对象是"活的"——是审美主体感受到的,且"活着的形象"的意味在于兴发着的、涌现着的、绽出性的并以艺术作品作为欣赏对象,在这种前提之下,才会把这一审美生活之中的对象描述为"活的"。

与"活的"相反的则是"死的""不动的",也就是与感性冲动的变化无常、形式冲动的无时间性相对立。因此,席勒说,在这里所说的"活的"并不仅仅限于生物界之中"活的"生物,而是就意义或者价值有没有体现为兴发着的、涌现着的生活或者人生而言,也就是说,意义或者价值自身呈显的原初的、原发性的状态正是兴发着的、涌现着的时间性过程,他说:"一块大理石虽然是而且永远是无生命的,但通过建筑师和雕刻家的手同样可以变成活的形象;而一个人尽管有生命,有形象,但并不因此就是活的形象。"[1]大理石如果被塑造成了维纳斯的形象,那么,大理石的材质就会消融于维纳斯鲜活的形象之中——而当我们这样陈述维纳斯的时候,当且仅当是我们正在凝神观赏维纳斯之时,也就是说,既有一个愉悦的审美生活得以诞生,又有一个美丽至极的女性形象存在于这一审美生活之中。但是,如果一个人只是满足于眼前的欲望寻求或者只是满足于对纯粹客观真理的寻求,那么,作为一个人并不就是"活的"。至此可知,"活的"所指的正是那些奠基于特定艺术作品材质或者结构之上的、兴发着的、涌现着的内时间意识过程,而且这一"活的"过程自身就其肌质而言是纯粹的、无

---

[1] 席勒:《审美教育书简》,冯至、范大灿译,北京:北京大学出版社1985年版,第77页。

第五章 "美,既是我们的状态,又是我们的行为"

杂质的、流畅的。席勒说:

> 要成为活的形象,就需要他的形象是生活,他的生活是形象。在我们仅仅思考他的形象时,他的形象没有生活,是纯粹的抽象;在我们仅仅感觉他的生活时,他的生活没有形象,是纯粹的感觉。只有当他的形式在我们的感觉里活着,而他的生活在我们的知性中取得形式时,他才是活的形象;而且不管在什么地方,只要我们判断他是美的,情况总是这样[1]。

在这里所说的"形象"并不是与"抽象"相对立的、具体可感的形象,其具体的含义正是抽象的范畴或者观念,其实,与"形式"是基本同义的。席勒说,当范畴或者观念变成生活自身,或者说,观念与范畴的原本的、原发性的存在状态自身正是感性的生活本身,而且是愉悦性的,那么,这就是审美生活或者游戏冲动。

游戏冲动的主要特性如下:

第一,游戏冲动或者审美生活的冲动是一种完全独立的意义寻求与实现行为。

席勒在第15封信对游戏冲动的陈述中,大部分笔墨都用在了对游戏冲动自身特性及其意义、价值的强调上,也可以说,它的自身特性正是意义与价值的独特之处。席勒意图通过这种笔墨恣肆的强调,来突出游戏冲动的必要性、冲动性;就其必要性而言,游戏冲动是实现完满人性的具体呈现与路径;就其冲动性而言,其意义或者价值作为一种冲力、冲动始终要求体现出来,实现于某一具体的、生动的审美生活,其实也就是体现为时间性的视野或者视域之内。

在席勒看来,游戏冲动是消除人性中两元对立诸因素的对立并形成全新的统一体的、使人性趋向完满的活动。这一活动虽然跟形式冲动之中的理性以及感性冲动之中的经验都有密切的联系,但是席勒说:"怎么才能是美,人性怎么才能存在,这不管是理性还是经验都无

---

[1] 席勒:《审美教育书简》,冯至、范大灿译,北京:北京大学出版社1985年版,第77页。

法教给我们。"[1]其根源就在于,在"理性"与"经验"之中,都必定会产生"限制",而完满人性的实现却要突破任何"限制",他认为,就"理性"而言,审美的状况是"理性根据先验的理由提出要求:应在形式冲动与感性冲动之间有一个集合体,这就是游戏冲动,因为只有实在与形式的统一,偶然与必然的统一,受动与自由的统一,才会使人性的概念完满实现。理性必然会提出上述的要求,因为它就是理性——因为按其本质它极力要求'完满实现',要求排除一切限制;但是,这一个或那一个冲动的任何排它性的活动都不允许人的天性完满实现,都要在人的天性中建立一种限制。只要理性据此做出断言:应该有人性存在,那么它因此也就提出了这样的法则:应该有美。"[2]而就"经验"而言,审美的状况就是:"是不是美,经验可以回答我们,而且只要经验给我们以教导,我们也会知道,人性是否存在。"[3]

正如席勒所言,"怎么才能是美"是理性与经验无法教导我们的,这正道出了游戏冲动的主体性或者作为一种意义与价值的特殊性,其与感性冲动与形式冲动不仅仅是相并列的关系,而且是完满人性的体现。

第二,游戏冲动以非物质对象为游戏目标,因而摆脱了形式冲动与感性冲动的双重强迫,其根本特质是轻松的、愉悦的、自由的。

席勒认为,游戏冲动是人性完满的体现,其既不是绝对纯粹的生活,也不是绝对的形象,他说:

> 在美的观照中,心情处在法则与需要之间的一种恰到好处的中间位置,正因为它分身于二者之间,所以它既脱开了法则的强迫,也脱开了需要的强迫。它对于物质冲动和形式冲动的要求都是严肃的,因为在认识时前者与事物的现实性有关,后者与事物的必然性有关,在行动时前者以维持生命为目标,后者以保持尊严为目标,二者都以真实与完善为目标。但是尊严一掺了进来,

---

[1] 席勒:《审美教育书简》,冯至、范大灿译,北京:北京大学出版社1985年版,第78页。

[2] 同上书,第77—78页。

[3] 同上书,第78页。

第五章 "美,既是我们的状态,又是我们的行为"

生命就变得无关紧要,一旦爱好在吸引,义务就不再强制;同样,一旦事物的现实性即物质的真实性同形式的真实性即必然的法则相契合,心情就会比较自由地、平静地接受事物的现实性即物质的真实性,只要直接的观照伴随着抽象,心情就不会再由于抽象而感到紧张。总之,一句话,当心情与观念相结合时,一切现实的东西都失去了它的严肃性,因为它变小了;当心情与感觉相遇合时,一切必然的东西就放弃了它的严肃性,因为它变得轻松了。[1]

在这段话中,席勒既指出了游戏冲动超越了感性冲动与形式冲动的强制与紧张,又指出了游戏冲动在存在状态上的基本特性——范畴直观或者观念直观,也就是说,理性的内容与意蕴虽然有可能是抽象的,但是在游戏活动或者审美活动之中,它却是也应该是形象的、生动的、直观的、感性的,而所谓的形象、生动、直观与感性只不过是对审美生活最基本、最原发性的兴发性、涌现性、绽出性等时间性特性的描述而已。

同时,游戏冲动之所以能与生活之中的物质性游戏区别开来,就是因为游戏冲动的对象不是物质性的,而是一种审美假象。审美假象不是现实之中真实的实在物,就席勒在第26、27封信中的陈述来看,其主要指的是艺术作品,因为绝大多数艺术作品都是使用符号来进行创作、制作的,而符号很显然只是指示、指称某物而并不就是某物本身,更为重要的是,符号只能够听和看,视觉与听觉器官应该是所有感官之中最具精神性的感官,它们绝不会直接消耗所听、所看的对象,也因此可以把所听、所看的对象与他人分享、共享,以至于在主体之间形成完全公共的交往,形成一个精神、情感乃至文化上的共同体。

当然,游戏冲动的对象不仅限于艺术作品,席勒对古代希腊的奥林匹克运动会颇多赞誉之词,他认为这也是一种审美假象的体现,他说:"如果一个人在为满足他的游戏冲动而走的路上去寻求他的美的

---

[1] 席勒:《审美教育书简》,冯至、范大灿译,北京:北京大学出版社1985年版,第78—79页。

理想,那是绝不会错的。希腊各民族在奥林匹斯赛会上寻欢,是通过不流血的力量、速度、灵巧的比赛以及更高尚的智力竞赛。而罗马民族则是通过一个倒在地上的格斗士或他的利比亚对手的垂死挣扎得到满足的。"[1]因而,席勒说:"美的事物不应该是纯粹的生活,不应该是纯粹的形象,而应是活的形象,这就是说,所以美,是因为美强迫人接受绝对的形式性与绝对的实在性这双重的法则。因而理性作出了断言:人同美只应是游戏,人只应同美游戏。"[2]

第三,不仅突出审美生活作为最佳游戏选择的重大意义,而且更为强调审美生活或者游戏冲动的原发性状态到底为何——对象或者作品的完整而不可分割的整体性以及游戏活动作为内时间意识的流畅性。

席勒说:

> 说到底,只有当人是完全意义上的人,他才游戏;只有当人游戏时,他才完全是人。[3]

这段话的前半段所说的是:只有人具备了这种进行游戏活动的能力,才有可能产生游戏冲动,才有可能去进行游戏;后半段所说的是:只有人在进行游戏活动的时候,人才完全是人。前面讲的是游戏冲动的能力、可能性、时机以及冲动、冲力,在这里所强调的是待机而兴发的游戏冲动或者所包孕着的时间性;后面讲的是游戏冲动作为一种兴发着的内时间意识过程,正在体现着游戏冲动之于完善人性的意义。因此,这段话的核心与机杼正是时间性,而且,在此所做的时间性维度的阐释绝不是一种激励的、强制性的、牵强的解释,只要与席勒在上文对感性冲动、形式冲动、游戏冲动在时间性上的显著差异的论述联系起来,就昭然若揭了。再者,这段话本身在字面上的时间性意蕴就足够强烈了。

---

[1] 席勒:《审美教育书简》,冯至、范大灿译,北京:北京大学出版社1985年版,第79—80页。
[2] 同上书,第80页。
[3] 同上。

第五章 "美,既是我们的状态,又是我们的行为"

席勒认为上述这段话的重大意义在于:"如果等到把它运用到义务和命运这双重的严肃上面去的时候,它就会获得巨大而深刻的意义。我可以向您保证,这个道理将承担起审美艺术以及更为艰难的生活艺术的整个大厦。其实,也只是在科学中这个命题才令人感到意外,而在艺术中以及在艺术最高贵的大师希腊人的感情中它早已存在并起着作用,只不过希腊人把在地上应该做的事情移到奥林匹斯山上罢了。"[1]

在席勒对古希腊游戏活动的赞美之中,有两处直接涉及游戏活动在时间性上的最关键枢机,其一是"闲散"时间之于游戏的重要性,其二是游戏活动作为内时间意识过程的完整性、流畅性及原发性。

就"闲散"时间及其相近的"淡泊"情怀而言,游戏冲动既需要有"闲散"时间的保证,又必须首先由游戏主体保持一份"淡泊"的情怀,否则,主体就会陷入感性冲动的紧张、促逼与形式冲动的无时间性,而且在社会时间上无从给游戏冲动分配相应的时间。席勒说:"希腊人既让使凡人的面颊皱纹纵横的严肃和劳作,也让使空空的脸面露出光泽的无聊的快乐都从幸福的群神的额头消失,他们使永远知足者摆脱任何目的、任何义务、任何忧虑的枷锁,使闲散与淡泊成为值得羡慕的神境的运命(运命只是为了表示最自由最崇高的存在而用的一个更合人性的名称)。"[2]而且,在席勒看来,古希腊人在游戏活动中已经完全做到了来自于自然法则与伦理法则之间的统一,实现了人性的完满与自由。其境界之高,以至于无法在游戏活动之中把自然法则与伦理法则辨认出来。这正是席勒把游戏冲动中"闲散淡泊"称为"神境运命"的原因。

就游戏活动作为内时间意识过程而言,席勒以精彩的笔调描述了一个"活的形象"——尤诺·路多维希雕像,他说:"尤诺·路多维希雕像那张壮丽的脸要向我们说的,既不是优美也不是尊严,不是二者中那一个,因为她同时是二者。在女神要求我们崇敬的同时,神一般

---

[1] 席勒:《审美教育书简》,冯至、范大灿译,北京:北京大学出版社1985年版,第80页。
[2] 同上。

的女子又点燃了我们的爱;但是,当我们沉浸于天上的娇丽时,天上的那种无所求的精神又吓得我们竭力回避。"[1]在这段文字中,表面上是在描述女神雕像的生动、鲜活,而事实上是在描述一个完美的、流畅的、兴发着的、涌现着的审美生活或者游戏活动过程,而且这一活动的对象是这一独特的、独一无二的雕刻艺术作品,因此,上述描述女神形象的诸如"生动""鲜活"之类的语言、词汇都应该从俗滥的、虽然字面上表达流畅清晰但是实质上黯黑、遮蔽中彻底苏醒过来,它们所指的正是审美生活或者游戏活动涌现着的、兴发着的、流畅的且主客不分离的时间性状态,因此,女神雕像是鲜活的、生动的,其实也就是时间性的。

席勒在第 15 封信的最后对这一女神雕像艺术本身在艺术上所达到的最高境界作了描述,他说:"这个完整的形体就静息和居住在它自身之中,是一个完全不可分割的创造,仿佛是在空间的彼岸,既不退让也不反抗;这里没有与众力相争的力,没有时间能够侵入的空隙。我们一方面不由自主地被女性的优美所感动,所吸引,另一方面又由于神的尊严而保持一定的距离,这样我们就处于同时是最平静和最激动的状态,这样就产生了那种奇异的感触,对于这种感触知性没有概念,语言没有名称。"[2]之所以说女神雕塑是"完整"的,绝不是仅仅就单纯自足的作品而言,而是在业已完成了一个理想的、完满的且流畅的审美生活或者游戏活动之后,才由衷地对这一审美对象所做的判断,因为审美主体的上述美妙感受正是奠基于这一雕刻作品独一无二的构成或者构造之上的,其既无任何多余部分,也不缺少任何材质,所有的部分或者材料都丧失了原有的特性,从而使得女神的形象从中绽出了,因而,这一雕像才是如席勒所说——"完整""不可分割"的。

也就是说,当描述一个审美对象是"完整"的"不可分割"的"寓杂多于统一""杂而不越"的时候,其实是在说我们基于这一对象获得了"流畅"的完美的、完善的、理想的美感,而且这一美感当然就是一个内

---

[1] 席勒:《审美教育书简》,冯至、范大灿译,北京:北京大学出版社 1985 年版,第 81 页。
[2] 同上。

时间意识过程。这种"流畅感"体现为我们的注意力完全被作品所吸引,我们具身投入到这种陶醉之中,其状态之纯粹、纯美、坚固、圆满,以至于"没有时间能够侵入的空隙"。

这正是席勒侧重从流畅的内时间意识角度来深入分析审美生活、游戏冲动及美育活动理想状态的一个开始。

第五节 美感形态分析中的时间性维度

席勒非但没有止步于对游戏冲动时间性的卓越分析,而且还把对游戏冲动的分析具体化为对溶解性的美与振奋性的美这两者之间互为因果、互为条件、互为存在的可能性的分析,而互为因果、互为条件与互为存在的可能性正是游戏冲动赖以存在的最为真实的、最为具体的时间性依据,也是游戏冲动体现为时间性过程的最为原初的状态。

如果说席勒对于形式冲动、感性冲动、游戏冲动的分析,是从宏观的角度所提出的人性完满实现之途,从而能够彰显游戏冲动、审美教育不可取代的重要性及其价值,那么,席勒对于溶解性的美与振奋性的美的分析则是从游戏冲动或者完全从游戏冲动自身——也就是从游戏冲动所包蕴的形式冲动、感性冲动因子出发,从游戏冲动往往侧重这两种因子的任何一方的现实状况,提出游戏冲动的原初存在状态是溶解性的美与振奋性的美这两者之间的互相激发及其前后相续,因此,席勒对于溶解性的美与振奋性的美的分析,在理论的贡献上远远超过了他对三种冲动之间关系及其时间性的分析。

可以说,席勒对美感形态的分析不是静态的,而是动态的,因而也就是时间性的。在这一论题上,席勒的思想显得极为独特而深刻,即便从世界美学史范围之内对于美感形态论述的演变历程来看,也是如此。就绝大多数论述而言,对美感形态的分析都是静止的、静态的,其中最为典型的体现就是两个方面,其一,只是把隶属于审美对象的一些特性罗列出来,而没有把美感形态视为主客不分的审美生活自身。其二,即使把美感形态作为主客不分的审美生活自身来进行陈述,所侧重的也只是把某一美感形态作为自足的、自持的事物来进行分析,并没有针对某一美感形态何以产生,尤其是针对各种美感形态之间的相继关系、互相激发关系进行阐释。以上两个方面在其表现状态上又是极为相似的,或者说完全相通的,那就是过于冷静地、孤立地看待美感形态问题,以至于取消了美感形态自身的涌现性、绽出性与冲动性,而涌现性与冲动性不仅仅是美感形态自身存在的特性,也是其最为原初的、原始的呈现状态。

事实上,当我们说维瓦尔第《四季·冬·第二乐章》是"优美"的时候,这首先意味着我们欣赏这一乐章本身就是一个时间性的生活过程本身,只不过,我们往往出于语言表述上的方便,仅仅说这一乐章是优美的而已。但是,事实上,这种陈述的方式与方法并不仅仅是语言自身的纰漏,而是一种悠久的美学传统的映射。这一美学传统正是主客二分,其在美感形态分析与陈述上的体现就是仅仅把优美、幽默、崇高、笑、荒诞等等完全归之于作品,认为以上美感形态只是作品的特性。另外,虽然在对美感形态陈述的过程中有所关注审美主体的感受,但是由于并没有对美感形态之所以产生的时机以及其自身的时间性给予足够的关注,因此也就只能对美感形态进行静态的分析,其实,静态的核心内涵、具体含义正是时间性。

席勒认为,审美冲动或者游戏冲动既然是形式冲动、感性冲动互相对立、冲突的结果,其最理想的形态当然是"实在与形式尽可能最完美的结合和平衡"[1],但是这种平衡永远只是一种观念,在现实之中是绝对不可能达到的,他说:"在现实中,总是一个因素胜过另一个而占优势,经验能做到的,至多也是在两个原则之间摇摆,时而实在占优势,时而形式占优势。因此观念中的美永远是一种不可分割的单一的美,因为只可能有唯一的一种平衡,而经验中的美则永远是一种双重的美,在摇摆时可以以双重的方式即从这一边和另一边打破平衡。"[2]诸种美感形态的产生就是在这样一种现实之中出现的自然而然的行为,而不是一种出自于观念的演绎。

---

[1] 席勒:《审美教育书简》,冯至、范大灿译,北京:北京大学出版社1985年版,第83页。

[2] 同上书,第83—84页。

第五章 "美,既是我们的状态,又是我们的行为"

席勒还进一步从观念演绎的角度,阐述了审美所同时起到的松弛作用与紧张作用,他说:"松弛作用就是使感性冲动与形式冲动各自停留在自己的界限之内,紧张作用就是使二者都保持自己的力。但是美的这两种起作用的方式,按照观念从根本上来说只是一种方式。美起松弛作用,是因为它使两种天性同样地紧张起来;美起紧张作用,是因为它使两种天性同样地松弛下来。这一点从相互作用这个概念就可推论出来,根据这个概念两个部分必然同时互为条件,又彼此制约,它们最纯洁的产物就是美。"[1]

而在现实之中的审美行为或者游戏行为却是一种时机化的行为,其在何时何地兴发并持存,绝不是一种抽象的观念演绎,也更不是一种时间性阙如的虚空事件,而是由生活自身所产生的意义与价值需要,而且这种意义与价值的需要是不断变动的,这种变动自身同样是生活或者生存价值与意义的具体体现。那么,在席勒看来,正是由于现实生活之中形式冲动与感性冲动之间的不平衡,才造就了溶解性的美与振奋性的美,也才造就了这两种美感形态的前后因果相续或者互为因果、互相激发。在席勒看来,这才是一种涌动着的、健全而和谐的审美状态,他说:"经验没有提供任何如此完美地相互作用的例证,而是随时都或多或少地有这样的情况:不平衡造成缺陷,缺陷造成不平衡。因此,在理想美当中,仅仅在意象中有所区别的东西,在经验美当中就是不同的存在。理想美虽然是不可分割的,单纯的,但在不同关系中显示出溶解的和振奋的特性,而在经验美中就有溶解性的美和振奋性的美。"[2]而且,席勒明确地把溶解性的美与振奋性的美归之于"时间性"与"永恒""绝对"的融合:

> 情况就是这样,而且在所有置绝对于时间的限制之中,人性中理性观念应予实现的情况下都将是如此。[3]

---

[1] 席勒:《审美教育书简》,冯至、范大灿译,北京:北京大学出版社1985年版,第84页。
[2] 同上。
[3] 同上。

在这里,席勒不仅指出了在审美生活或者审美活动之中的本质直观或者范畴直观状态,而且把范畴直观或者本质直观理解为原发性的时间本身,或者更为准确地说,不仅把审美活动之中的范畴与本质(诸如艺术作品之中的真、意蕴、情绪、哲理、思想等等)理解为直观,而且也把直观自身理解为时间性的,或者说,审美生活在其原发性、原初的存在状态上不仅是直观的,而且是时间性的,也可以说审美生活就其自明性的存在状态正是时间自身的直观呈现。很明显,在这里的时间绝不是由计时器来呈现的时间,也不是由空间中的某一点绝对匀速运动的时间,而是一种主观时间、人生时间或者现象学意义上的时间。

席勒在此基础上提出了美育的任务,他说:

> 反思的人想的是美德、真理、至乐,而行动的人仅仅是行美德之事,握真理之物,享至乐之时,把后者回溯到前者,即以伦理道德代替习俗,以认识代替知识,以至乐代替幸福,这是物质和道德教育的职责;把多种美变成一种美,这是审美教育的任务。[1]

这就清晰地表明,审美教育活动以及审美活动绝不是一种主观性的、在意识世界之中的反思,而是一种"行动"。在这种"行动"中,"美德"呈现为现实行为,"真理"呈现为直观性的行为,"至乐"也呈现为具体的行为与行动。而且,尤为重要的是席勒指出了"物质、道德教育"与审美教育在以上三个维度上的差异,"物质与道德教育"就是单独的感性冲动、形式冲动的教育,而审美教育活动则要把"多种美"变成"一种美"。在此,"多种美"正是指单纯存在的溶解性的美与振奋性的美,"一种美"则是指在一个审美主体身上实现的溶解性的美与振奋性的美之间的交织、交替、相因相续。这正是一个由无时间性向时间性的过渡,这一思想无疑是席勒美育思想的机杼。

具体来看,之所以把"多种美"变成"一种美"是美育的任务,正是基于席勒对振奋性的美与溶解性的美自身的长处与弱点的深刻洞察,他说:

---

[1] 席勒:《审美教育书简》,冯至、范大灿译,北京:北京大学出版社1985年版,第84页。

第五章 "美,既是我们的状态,又是我们的行为"

振奋性的美不能防范人有某些粗野与冷酷的痕迹,正如溶解性的美不能防止人有某种程度的软弱和衰竭一样。因为前者的作用是在物质和精神方面使心情紧张,增加它的反应力,所以容易发生这样的情况:气质和性格的反抗削弱了对印象的感受,较为温柔的人道受到本来只是针对粗野天性的压制,粗野天性也分享了本来只有自由人格应得的力的增加。因此,在力与(物质)丰富的时代,人们常常看到真正的伟大与狂妄冒险结下不解之缘,意向的崇高与情欲的最可恶的发作相伴而生,因此,在规则与形式的时代,我们不时会感到自然既受控制也受压制,既被超越又被凌辱。[1]

溶解性的美的作用是在精神与物质方面使心情松弛,所以又容易出现这样的情况:情感的潜能也随着欲望的暴力被窒息,性格也分担了本来只是针对情欲的力的减少。所以,在所谓的文明化了的时代,人们常常看到,柔和蜕化成软弱,广博蜕化成肤浅,准确蜕化成空洞,自由蜕化成任性,轻快蜕化成轻佻,冷静蜕化成冷漠,最可憎的漫画与最庄严的人性混为一谈。[2]

对于不是受物质的就是受形式的强迫的人来说,溶解性的美是一个需要,因为他在开始感受到和谐与优美之前,早已被伟大与力所触动。对于受到趣味宽恕的人来说,振奋性的美是一种需要,因为他在文明化的状态中太喜欢忽略一种他从粗野状态中带来的力。[3]

在以上三段文字中,席勒所论及的分别是振奋性的美的弱点、溶解性的美的弱点以及这两种美感形态的互补,其内在的含义就在于——溶解性的美与振奋性的美虽然都是必需的,但是如果在某一审美主体身上任由其中一种美感形态长时间地延续,那么振奋性的美就有可能衍化为粗野、冷酷,削弱对于印象的感受;溶解性的美就有可能

---

[1] 席勒:《审美教育书简》,冯至、范大灿译,北京:北京大学出版社1985年版,第84—85页。
[2] 同上书,第85页。
[3] 同上。

衍化为软弱、衰竭、轻佻，削弱对于最庄严的人与事物的感受。

而且，在此席勒所说的溶解性的美与振奋性的美绝不是就审美对象而言的，而是就两者作为审美生活或者审美活动而言的，那么，上述两者的弱点也就不是审美对象的变化，事实上，审美对象自身（尤其是艺术作品）的变化不在席勒的视野之内。他所说的弱点是通过对单调的、单一的审美对象的长时间的欣赏与审美，所导致的审美主体自身在性格、禀赋等心理上的变化——振奋与溶解都会导致单一、单调且过度的相应心理。因此，基于感性冲动与形式冲动所形成的溶解性的美与振奋性的美就在审美主体之内形成了对彼此的需要，这种审美需要与冲动的产生才是审美生活或者审美活动之所以持续涌现、涌动、兴发的源泉。当然，这种由于不平衡而导致的审美需要或者审美冲动在本质上又是一种审美能力的体现，或者只有源于良好、完满的审美教育所获得的审美能力，才能自然而然地产生相应的审美需要与冲动，否则，一个人就会把兴趣与意向放置在审美生活外围之外，那就很可能去进行粗鄙、野蛮、低劣的游戏活动；而一个审美能力得到充分、完满发展的人，就会自由地、自觉地、优游地在贝多芬的《命运》、李白的诗歌、李清照的词、凡·高的画作、宫崎骏的电影之间进行审美对象的选择与享用了。席勒对于两种美之间所形成的审美生活的冲动以及连续性的持存的阐述，既是符合人在审美生活中的深层心理的，也是符合审美教育内在规律的，更是对一个理想的审美生活活生生状态的坚实描画。

在席勒看来，这正是上述矛盾的解决，他说：

> 我认为，人们在判断美的影响和评价审美修养时常常遇到的那个矛盾，现在已经说明，已经解答。只要我们想到，经验中有一种双重的美，整体的这两个部分所坚持的，只是各自以自己的特殊方式能够证明的东西，这个矛盾就说明了；只要我们区分开与双重的美相适应的人类的那种双重需要，这个矛盾就解决了。所以只要这两部分彼此了解，它们在思想中是哪一种美，是哪一种

形式的人性,它们就有可能有存在的权利。[1]

这就更加清晰地表明,振奋性的美与溶解性的美作为审美活动,在其存在的权力上是毋庸置疑的,而且它们相互之间的激发、互为因果的前后连续持存,更形成了一个理想的审美生活,也是一个理想的审美教育活动的达成,正如席勒所说:"我要在紧张的人身上检验溶解性美的作用,在松弛的人身上检验振奋性美的作用,从而最后使美的两种对立的种类变成理想美的一体性,人性的两种对立的形式变成理想人的一体性。"[2]

第六节 流畅的内时间意识与作品的整体性

在第22封信之中,席勒对审美活动作为一种内时间意识的构成,尤其是其构成的完美、完善境界进行了论述,并且由此必然指向另外一个问题——作品的整体性。其实,当我们说一个作品具有整体性的时候,一定是在一个完美的审美活动业已完成之后,比如我们可能会发出赞美或者赞叹,原来我们那些美妙的感受是由这个作品所带来的,而且更为准确地说,我的审美活动或者美感作为一种内时间意识,就是奠基于这个作品才具有的那样一种特殊的形式或者构成之上的,也可以说,我们经由这个独一无二的作品获得了独一无二的感受。也就是说,在完美完善的审美活动结束之后,我们会极大地强化这一感受:就是"这一个"艺术作品,才会给我们带来如此美妙的体验。这种感受就是艺术作品给我们的整体感,具体地说,这个给我们带来美感的艺术作品,既不多余什么,也不缺少什么,这个作品的所有部分都在整体之中承担相应的、独一无二的、不可替代的作用或者功能,这就是一条最为重要的文艺美学原理。如果从形式或者作品构成的角度来说,我们就可以把这个原理表述为寓杂多于统一;如果从接受或者欣

---

[1] 席勒:《审美教育书简》,冯至、范大灿译,北京:北京大学出版社1985年版,第85页。
[2] 同上书,第85—86页。

赏的角度来说，我们就可以说我们获得了完善、完美而且流畅、纯粹的美感。当然，从后者而言才是最为根本的，即只有在审美活动进行之中或者最好是审美活动完成之后，我们才会对所指向的对象有所言说。

席勒在论及审美活动作为一种内时间意识的时候，首先关注的是"注意"，这显然是极为深刻与独到的。只有当审美主体的注意力被开启之时，审美生活才有可能产生；只有审美主体的注意力持存之时，审美活动才会体现为一个流畅而完整的时间性过程。这体现出审美活动作为一种价值寻求的特殊之处，而且在席勒此后的分析中，我们完全可以看到审美活动之中的"注意"与其他活动的"注意"之间在内时间意识构成上的差异。

席勒认为，根据审美活动之中的"注意"是否流畅的状况，可以划分为两种情况：

第一种情况是，如果审美活动之中的"注意"只是贯注于一个作品之中的部分或者细节或者由细节与部分所引发的作用之上，那么就"必须看做是零"[1]。原因就在于审美活动作为一种"注意"没有从头至尾流畅地延续下去，只有艺术作品之中的一小部分构成引发了审美主体的兴趣，而且，容易出现的最典型的情况就是，在艺术作品之中会出现导致内时间意识出现持续上的停滞、中断或者如王国维所言的"隔"，比如在艺术作品之中往往会出现的抽象道德说教、伦理、哲理等等，那就会把游戏冲动或者审美活动之中的"理性"与"感性"相融合的能力归化为单一的"理性"。席勒认为，这就是极不理想的审美状态。

第二种状况是，理想的、完善的审美活动的状态应该是如他所说："如果人们注意到这里不存在任何限制，注意到在这同一个实在中共同活动的各种力都汇成总体的话，就必须看做是一种实在性程度最高的状态。"[2]在这里，席勒所说的正是理想的审美活动之中"注意力"

---

[1] 席勒：《审美教育书简》，冯至、范大灿译，北京：北京大学出版社1985年版，第111页。
[2] 同上。

第五章 "美,既是我们的状态,又是我们的行为"

的贯注与流畅状态,只是席勒认为,在审美活动之中的能力是感性与理性的融合,当然,如果只是这样抽象地说两者的融合,那就跟胡话没有任何区别了。席勒认为,曾经发生或者已经完成的游戏活动、审美活动是"一种"活动,是在"一个"行为级之中完成的,尽管其构成可能是复杂的,但是无论如何都不能否定其完整性,更不能拿隶属于这个行为级之中的部分与作为整体的行为级相并列。因而,席勒所说的在审美活动之中感性与理性的凝结并不是说在事先存在单独的感性与理性因素,而后再叠加起来,而是理性内容诸如道德、哲理、真理等等观念或者范畴类的存在的呈现状态就是意向性的,就体现在一个时间性的审美活动之中,而且在这个过程之中,审美主体"始终—指向"审美对象,简单地说,理性在审美活动之中的呈现状态正是感性的。因而,席勒认为,隶属于理性冲动之中的那些因素,不管来自于道德,还是来自于哲理,都可以或者可能在审美活动之中安然栖身。可以说,席勒的这一美学思想在根本上改变了由于康德过于张扬审美价值的主体性而导致的"美"与"真""善""信"无干无涉的思想。这一美学思想的贡献丝毫不亚于康德的审美无关功利说。

因而,席勒说,如果有些人认为审美状态在认识与道德方面可以结出最丰硕的果实,那么就是完全正确的,因为"一种心绪的心境既然把人性的整体囊括在自身之中,那么按照功能它也必然把人性的任何个别的外显包括在自身之中,因为一种心绪的心境既然从人的天性的整体中剔除了一切限制,那么它必然也从天性的任何外显中剔除了一切限制。正因为它并不单独保护人性的任何一种个别的功能,所以它对任何一种功能都毫无区别地一律有利,而且正因为它是一切功能成为可能的基础,所以它并不特别地为任何一种个别的功能单独提供方便。"[1]这正是阐明了如果在审美活动之中存在"理性",不管这个"理性"的内容是来自审美主体还是来自于对象,其存在的状态都是主客不分离的"感性活动",而且席勒还明确地把审美活动与其他活动进行

---

[1] 席勒:《审美教育书简》,冯至、范大灿译,北京:北京大学出版社1985年版,第111页。

了对比,他认为:"一切其他的训练都会给心绪以某种特殊的本领,但也因此给它划了一个界限,唯独审美的训练把心绪引向不受任何限制的境界。"[1]在这里所说的"界限"与"限制"如果进行单独地理解,还是无法得出席勒的真实而全面的见解。

与下文联系起来,我们就可以清楚地看到,席勒所说的在审美活动之中的"理性"是运动着的、兴发着的、流畅地存在着的,就像席勒在分析游戏冲动时所言,由于对于美的渴望与寻求,才使得我们对某一审美对象的"注意"一经开启,一种持续的期待作为一种冲力就会产生,就会涌现出来,这就是一种不断地持续向前的、愉悦的内时间意识的产生与持存。席勒认为,"界限"与"限制"所指的正是那些不流畅的或者会出现停滞、停顿的内时间意识,很显然,其所指正是那些纯粹的道德之思或者认识之思——"我们可能进入的任何一种其他的状态,都指示我们要回顾前一种状态,而且在分析它时还需要看到下一种状态。"[2]而在审美活动之中,内时间意识的构成状态则是"唯独审美状态是自成一体,因为它把它的起源以及得以延续的一切条件都统一在自身之中。"[3]从这个充满时间性话语的鲜明对比之中,我们不难看出,席勒所要表达的极为丰富的或者说复合型的内涵——审美活动作为一种内时间意识的构成,其基本的特性之一便是"流畅",而"流畅"正是奠基于艺术作品的特殊结构或者形式之上的,在这种情况下,席勒把艺术作品称为"整体"。

而且,席勒认为,人只是在这样一种纯粹的、流畅的审美活动之中,才出离于日常生活那种纷然杂呈的、斑驳不一的,流畅与停滞、隔与不隔杂糅在一起的"时间"状态——"只是在审美状态中,我们才觉得我们像是脱开了时间,我们的人性纯洁地、完整地表现了出来,仿佛它还没有由于外在力的影响而受到任何损害。"[4]在这里,唯一让人

---

[1] 席勒:《审美教育书简》,冯至、范大灿译,北京:北京大学出版社1985年版,第111页。
[2] 同上。
[3] 同上。
[4] 同上。

第五章 "美,既是我们的状态,又是我们的行为"

感到遗憾的是,席勒还只是把日常生活的"时间"称作"时间",而没有特别明确地把审美活动称为"时间",不过通过其以上话语,我们已然能够清晰地把握其美学思想在时间性问题上的重大贡献。

这正是席勒在美育思想之中一再强调的——审美活动能够避免由于单纯的感性活动与单一的理性活动所导致的人性上的偏颇,尤其是由于教育的现代性所必然带来的理性的片面与孤立的发展。也正如他在论及感性冲动与形式冲动时所言:人如果过于偏向追求纯粹的、较为低级的感官享乐,那就不会去奋发图强,其意义的含量就较低,通过这个就不可能绽放出丰盈的时间性与可能性,人仅仅是盯着眼前的对象;人如果过于偏向理性能力诸如运用抽象概念进行思想,虽然可以增强我们的精神,但是却会使我们变得冷漠严酷,因为在抽象的概念里,没有时间性的因素存在,人又会仅仅存在于过于遥远以至于无法企及的虚空里。席勒认为,不管是前者还是后者,最后必然趋于疲竭。而在审美活动之中,席勒用充满时间性的词汇来描述:"假使我们置身于真正的美的享受之中,在这样一个片刻,我们就能均衡地主宰我们的承受力和主动力,我们就能够轻而易举地同时转向严肃和游戏,转向静止和运动,转向抽象思想和观照。"[1]

更为关键的是,如果是席勒仅仅关注到了在审美活动之中的感性与理性因素的并存,那就还是含糊其辞的说法,是完全站不住脚的,恰恰相反,席勒把理性因素寄寓于感性因素之中,也就是说,理性存在的源始状态就是感性化的,当然,不是所有感性化的活动里都必然有理性,也不是所有理性的存在都必然是感性化的,而只有在审美活动之中,理性的源始存在方式才是感性的。

在席勒看来,这种感性存在的方式就是"兴发"着的——"我们听完一段美的音乐,感觉就活跃起来;我们读完一首美的诗,想象力就恢复了生气;我们看完一座美的雕塑或建筑,知性就苏醒过来。"[2]席勒说,当一个高质量的审美生活完成之后,最好让一个人再持续一段时

---

[1] 席勒:《审美教育书简》,冯至、范大灿译,北京:北京大学出版社1985年版,第112页。
[2] 同上。

间,也就是让感觉、想象力作为内时间意识再持存下去,"谁要想让我们在高尚的音乐享受刚刚结束之后就去进行抽象思维,谁要想让我们在高尚的诗歌享乐刚刚结束之后就去从事日常生活中的一件须精确地按照规程办理的事情,谁要想在我们观赏美的绘画和雕像刚刚结束之后就刺激我们的想象力和惊动我们的情感,那他就是没有选好时间。"[1] 席勒之所以如此珍惜审美活动作为一种过程的绵延、延续,其机杼正在于流畅的审美活动作为一种内时间意识的构成是奠基于完美无缺的艺术作品之上的,而且理性(即席勒所言艺术作品中的"内容")正是在审美主体将"注意力""始终—指向"作品即"形式"之时,才会兴发着存在,才会被开启出来并在艺术作品的"形式"之中或者更为准确地说,在如此"形式显示"之中才得以自行持守。

在席勒看来,只有那些臻于创作的最高境界的作品才能完美地呈现理性或者"内容",他说:"在一部真正的美的艺术作品中,内容不应该起任何作用,起作用的应该是形式,因为只有通过形式才会对人的整体发生作用,而通过内容只会对个别的力发生作用。不管内容是多么高尚和广泛,它对我们的精神都起限制作用,只有形式才会给人以审美自由。"席勒在此所说的"内容"与"形式"绝不是孤立地把一个艺术作品划分为如此两个方面,也绝不是含糊地附加上一些教条——诸如世界万物都是内容与形式的统一体,世界上没有无内容的形式,也没有无形式的内容,且内容决定形式,处于主导作用,形式反作用于内容,等等;而是认为,只有在一个完美的审美活动之中,艺术作品的"内容"才会兴发性地开启出来,而在这个完美的审美活动之中,审美主体是"始终—指向"艺术作品——"形式"的。

正如海德格尔所说:"作品回归之处,作品在这种自身回归中让其出现的东西,我们曾称之为大地。大地乃是涌现着——庇护着的东西。大地是无所促迫的无碍无累和不屈不挠的东西。立于大地之上并在大地之中,历史性的人类建立了他们在世界之中的栖居。由于建

---

[1] 席勒:《审美教育书简》,冯至、范大灿译,北京:北京大学出版社1985年版,第112—113页。

第五章 "美,既是我们的状态,又是我们的行为"

立一个世界,作品制造大地。"[1]这里的"大地"正是指艺术作品的"形式"的完美已臻最高境界,只有这样的作品才会更好地吸引审美主体的注意力,审美活动才会开启并延续,在此,艺术作品的"内容"——即"世界"才会得以奠基。而"形式"的完美正是"寓杂多于统一"——"艺术大师的真正艺术秘密,就在于他用形式来消除材料。材料本身越是动人,越是难于驾驭,越是有诱惑力,材料越是自行其是地显示它的作用,或者观赏者越是喜欢直接同材料打交道,那么,那种既能克服材料又能控制观赏者的艺术就越是成功。观众和听众的心绪必须保持完全自由,不受任何损害;就像脱离创造者的保护时一样,它走出艺术家的魔圈时也必须是纯洁的、完善的。"[2]

在完美的艺术作品之中,此前单独存在的"材料"的个别特性消失了,艺术作品所要传达的"内容"被开启出来,就像刻画维纳斯的材料是大理石,大理石所具有的沉重、坚硬、冰冷等等特性虽然还存在,但是它们已然让位于生动的女神形象。可以看出,这才是在审美活动之中所存在的理性或者"内容"最佳的栖身之处,即栖身于一个完美的或者高质量的审美活动。鉴于审美活动作为一种意向活动与内时间意识的构成正是奠基于特定的作品形式之上的,那么,其最为基本的特性即"流畅"也就是奠基于"形式"的"寓杂多于统一"。

尽管席勒没有对审美活动的内时间意识的构成特性比如流畅等作极为细致而具体的分析,但是从他所反对的一些倾向来看,还是可以清晰地看出,他在《审美教育书简》之中一以贯之的正是上述这一思想,即审美活动在内时间意识上最为根本也是最为简捷的状态就是快感的流畅性。他认为:"一种美的教诲的(教育的)或去恶劝善的(道德的)艺术的概念也是矛盾的,因为再也没有比给心绪一个特定的倾向更与美的概念相冲突的了。"[3]这意味着,在这种低劣、平庸的艺术作品之中,"教诲"等等理性内容还只是"概念化"的存在,那就离兴发

---

[1] 海德格尔:《依于本源而居:海德格尔艺术现象学文选》,孙周兴编译,杭州:中国美术学院出版社2010年版,第32页。
[2] 席勒:《审美教育书简》,冯至、范大灿译,北京:北京大学出版社1985年版,第114页。
[3] 同上。

性的存在状态还太遥远,根本不能相提并论。

归根结底,席勒在此问题上的看法是极为辩证的,最为集中的体现就是他完善地把握住了审美活动作为一种价值活动的完整性,也就是在此活动的开启乃至延续的过程之中,审美主体的注意力是"始终一指向"审美对象的,因而,审美活动是否能够达成,这关系到审美主体与审美对象两个相关项的诸多因素。他说,如果一部作品仅仅通过其"内容"发生作用,那并不一定就证明这部作品就没有好的"形式",因为有可能是审美主体本身缺乏"形式感",而这种审美能力上的欠缺就会导致审美活动无从产生,根据席勒如下的陈述,更是具体地阐明了审美活动的内时间意识与艺术作品的有机整体之间的微妙关系,他说:"假使说,这位判断者不是太紧张,就是太松弛,假使说,他惯于不是纯粹用知性就是纯粹用感官去接受,那么,即使是最成功的整体他也只执于细节,即使是最美的形式他也只执于物质。这种人只能接受未经加工的元素,他要享受一部作品必须先把这部作品的有机体加以破坏,他细心搜罗的是艺术大师以无限的艺术使之消失在整体的和谐中的个别。他对艺术的兴趣,不是在道德方面,就是在物质方面,就是恰恰不在应该在的方面,即审美方面。这样的读者,当他们享受一首严肃的和悲壮的诗时,像是在听布道词,当他们享受一首朴素的或戏谑的诗时,像是在喝一杯醉人的饮料。"[1]这段话中最为核心的思想就是围绕着艺术作品的有机整体展开的,同时,言下之意就是,是否获得了流畅的、高质量的审美活动。提高审美主体的审美能力正是美育作为一种教育活动的目的。

第七节 "美,既是我们的状态,又是我们的行为"
——真理在艺术活动中的兴发性存在

在第 25 封信之中,席勒仍然坚守着康德审美超功利的思想,只不过这种思想正如前面所说,其合理的视域只限于对纯粹的艺术品的欣

---

[1] 席勒:《审美教育书简》,冯至、范大灿译,北京:北京大学出版社 1985 年版,第 114—115 页。

第五章 "美,既是我们的状态,又是我们的行为"

赏,并不包括其他诸如日用品、空间审美体验以及人与人之间的审美活动。由于构成纯粹的艺术作品的材质基本上是符号性的,那么就只能够使用视觉与听觉两种感官进行欣赏,其他诸如嗅觉、触觉、味觉、动觉等等从事消耗性活动的感官基本上是不参与其中的,所以,席勒一如康德那样,也是认为以纯粹艺术品为对象的审美活动就是静观的、观赏性的,这就是他们所称的"自由"的关系或者与"世界"的"自由关系",比如,席勒在第25封信开头就说:"只有当他在审美状态中把世界置于他自己的身外或观赏世界时,他的人格性才与世界分开,对他来说才出现了世界,因为他不再与世界构成一体。"[1]

那么,在第25封信之中,其"时间性"的思想就分为以下三个方面:

一、对纯粹艺术作品的欣赏"战胜了时间的法则"

席勒这一思想所指的是,以纯粹的艺术作品为对象的审美活动会跳脱于由感性欲望所引发的时间,即如此这般的人生,而获得新的人生,也就是新的时间。

席勒认为,对纯粹艺术品的观赏是人与世界的"第一个自由的关系"[2],在这里,"自由"的准确含义是摆脱了欲望与对象之间的直接攫取并占有的关系或状态,而且与此前席勒论及感性冲动相连接,就可以清楚地知道,欲望所要直接攫取并占有对象体现为一个迫近的、被迫的、被动的时间性过程,在这个由攫取并占有对象所引发的时间性就是一个对象不断变换、欲望不断地被挑起的"因果性"时间过程,或者说是欲望不断地被满足、而后又不断地期待占有新的对象的时间过程。席勒认为,这还只是人的一个低级的、粗稚的"自然"状态,它体现为人仅仅是感觉自然,仅仅是自然的奴隶。而在观赏活动之中,这种持续的"自然"状态之中的"因果性"时间链条就会被终结,席勒认为:"观赏则是把它的对象推向远方,并帮助它的对象逃开激情的干

---

[1] 席勒:《审美教育书简》,冯至、范大灿译,北京:北京大学出版社1985年版,第130—131页。
[2] 同上书,第131页。

扰,从而使它的对象成为它真正的、不可丧失的所有物。"[1]在这里所说的"真正的、不可丧失的所有物"正是指在《红楼梦》之中的林黛玉通过"语言"这种质料或材料获得了鲜活的存在状态,而其本身却没有生活之中那些迷人的女性所具有的真正的质感,在这个意义上,我们在欣赏或者只是用"眼睛"来看《红楼梦》的时候,就只是在欣赏其"形式"。

因而,席勒说,那在纯粹的、自然的感觉状态中支配着人的"自然的必然性"在"观赏"之时就离开了人,那么,"欲望时间"或者受欲望所支配的人生所具有的持续性就消失了,席勒把这种状态称为"战胜了时间的法则"[2]——"在感官中出现了瞬息的平静,时间本身即永恒的变换停止不动,这时分散的意识的光线汇聚在一起,形式——无限的摹象——反射在生灭无常的基础上。人身内一出现光亮,他身外就不再是黑夜;人身内一平静下来,宇宙中的风暴也就立即停止,自然中斗争着的力也就在稳定不变的界限中立即平息。"[3]

如席勒上述所言,对纯粹艺术作品的欣赏"战胜了时间的法则"就是"形式"的胜利,但是在审美活动之中的"形式"一如科学活动、道德活动、宗教活动中的"形式"一样,还都属于这一人从自然的奴隶变成自然的立法者的共同性。这种共同性体现为人的理性价值的创造——正如席勒在此前所言的"形式冲动",席勒认为:"原来作为强制力支配他的,现在在他审视的目光面前成了一种对象,而凡是对他来说是对象的东西,都不具有支配他的威力,因为要成为对象,它必须接受人的威力。在人赋予物质以形式的情况下,而且只要人赋予形式,物质的作用就侵害不了人,因为任何东西都不能侵害一种精神,除非是那种夺去了精神自由的东西。精神给无形式的东西以形式,从而表明它自己的自由。只有在沉重的和无定形的物质占统治地位,晦暗不明的轮廓在不确定的界限内摇摆的地方,畏惧才有它的地盘。自然

---

[1] 席勒:《审美教育书简》,冯至、范大灿译,北京:北京大学出版社1985年版,第131页。
[2] 同上。
[3] 同上。

中的任何令人惊恐的东西,只要人懂得给它以形式,把它转化成自己的对象,人就能胜过它。"[1]

这就是"形式"的"共同性",在此还没有展现出审美活动或者"形式"之于审美活动的特异之处。因而,席勒又说,在找寻"形式"或者"理性价值"的时候,"美"已经在我们的后面了,或者说:"我们已经跳过了美。"[2]因为在审美活动之中的"形式"并没有像其他理性活动之中的"形式"那样完全消除掉了"感性"或者"感性世界",审美活动之中的"感性"或"感性世界"不仅仅是存在的,而且正是奠基于艺术作品特定的"形式"之上,才被兴发起来的,并且在兴发的时间性过程之中自行持守,更为重要的是理性就实现于其中。

二、"美既是我们的状态,又是我们的行为"——审美活动作为内时间意识的特性

因而,由此进行推导,席勒在第 25 封信之中最为杰出的贡献在于,对理性活动与审美活动作为一种内时间意识过程的主体与对象之间构成关系进行了精准的划分。

一方面,从两者之间的共同性来看,都是主客不分离的活动,比如在科学活动中,科学家的注意力是"始终—指向"科研对象的;在审美活动之中,审美主体的注意力是"始终—指向"艺术作品的;而且,在这一主体"始终—指向"客体的行为之中,两者都会引发或者滋生出相应的"感觉",诸如欣喜、神秘、兴奋等等,但是这些"感觉"在两者身上的表现与状态确实判然有别。席勒说,当我们认识真理的时候,所要追求的最高目标是绝对的客观,而且往往是抽象的纯客体,不再保留任何来自于主体的局限,不掺杂任何被动性的成分,因而能够保持一种纯粹的自主性,即科学活动的目的在于通过主客不分的科研过程,最终获得纯粹的客观而抽象的真理。但是作为一种科研活动,席勒认为:"即便是从最高的抽象也有返回感性世界的道路,因为思想会触动

---

[1] 席勒:《审美教育书简》,冯至、范大灿译,北京:北京大学出版社 1985 年版,第 131—132 页。
[2] 同上书,第 132 页。

内在的感觉,对逻辑和道德的一体性的意象会转化为一种感性的和谐一致的感情。"[1]正如我们阅读李白的《静夜思》一样,一种流畅的美感也会油然而生。

另一方面,从理性活动与审美活动的区别来看,席勒认为:"当我们为认识而快乐时,我们非常精确地把我们的意象同我们的感觉区别开来,我们把后者看做是某种偶然的东西,完全丢开它,认识也不至于因此消失,真理也不会不是真理。"这意味着理性活动比如科学活动在其内时间意识的构成之中,虽然会出现诸如热情、痴迷、枯燥等等情感体验,但是科学家却要在科研活动之中始终保持科研对象的绝对客观、冷静与中立。正如海德格尔在分析科学活动的时间性构成时所言:"在理论性行为中,我定向于某个东西,但我并不(作为理论自我)向这个或者那个世界性的东西而生。"[2]这也就是说,比如在科学活动中的存在的"热情"既是科学家们从事科学研究的动力,也会贯穿于科研活动之中,但是这个"热情"却不会渗透进科学的客观真理之中并在其中得到体现。

但是,对于审美活动而言却绝对不是这样,席勒认为:"如果想要把对感觉功能的这种关系同对美的意象分离开来,那将是一桩徒劳的事情。"[3]就席勒此后的论述来看,他是把审美活动视为一个兴发着的、且奠基于特定艺术作品的独特结构之上的构成,也就是说,只有我们在阅读李白的《静夜思》之时,那种特定的美感才会流畅地绽放出来,或者更准确地说,我们那些流畅的美感是在这首诗的那20个字所组成的特殊组织之上,才得以奠基的。如果其中任何一个字词被更改、增减,都会在根本上把好作品变成坏作品,把美的感受变成丑的感受。而且,席勒指出了在审美活动之中主体与对象之间的特殊构成关系,他说:"仅仅把这个看做那个的结果是不够的,我们必须把这两者

---

〔1〕 席勒:《审美教育书简》,冯至、范大灿译,北京:北京大学出版社1985年版,第132页。

〔2〕 海德格尔:《形式显示的现象学——海德格尔早期弗莱堡文选》,孙周兴编译,上海:同济大学出版社2004年版,第12页。

〔3〕 席勒:《审美教育书简》,冯至、范大灿译,北京:北京大学出版社1985年版,第133页。

第五章 "美,既是我们的状态,又是我们的行为"

同时看做结果和原因,它们互为因果。"[1]从这句话来看,其"互为因果"的表述显得较为含糊,其实席勒所想表达的真正意思是:审美活动是一个审美主体"始终—指向"审美对象的兴发性过程。在其中,"时间性"的体现就在于,其一,审美主体"始终—指向"审美对象,这意味着特定的美感或者审美活动只能奠基于特定的审美对象,而且在审美活动开启与持存的过程之中,主体与对象或者客体是一种不能分开或者分离的关系,"始终"正是时间性的体现。其二,审美过程之所以是一个审美主体"始终—指向"审美对象的过程,原因就在于审美主体受到审美对象的吸引,而且是一种流畅的、持续性的兴发式过程,这既体现了审美主体的主动性,又体现出那种迷人的、陶醉的被动性。

因而,席勒从"主动"与"被动"的角度,在理性活动与审美活动之间进行了对比,他说:"当我们因认识而感到快乐时,我们就毫不费力地分辨出从主动到被动的转移,并且清楚地看到后者开始,前者消失。相反,当我们因美而感到赏心悦目时,我们就分辨不出主动与被动之间的这种更替,在这里反思与情感完全交织在一起,以至使我们以为直接感觉到了形式。"[2]可以看出,其中的语言充满了或者弥漫着来自"时间性"的色彩,对于理性活动而言,当"快乐"开始并持续的时候,那么,自足自立的科学真理等等本身就不在场了,这一"快乐"所指向的只是探究科学真理的行为。对于审美活动而言,就完全不存在这种"先后"之别,"直接感觉到了形式"更是直接意味着,在审美活动兴发式的过程之中,审美主体"始终—指向"审美对象,这正是一种在主观时间意义之上的、主客之间的"同时性"状态——审美主体与审美对象之间的"既不先,又不后"的构成状态。因此,席勒认为,一方面,从审美主体的主动性来看,艺术作品对于我们来说固然是对象,因为我们明白地知晓审美活动是我们主动且自觉的一种价值寻求,以至于我们常常说:我们在欣赏艺术作品,我们是审美生活的主体,等等,这就是席勒所说的"观赏"或者"反思",这意味着审美主体必须具备相应

---

[1] 席勒:《审美教育书简》,冯至、范大灿译,北京:北京大学出版社1985年版,第133页。

[2] 同上。

的审美能力,才会对相应的艺术作品进行欣赏与把握;而在另一方面,从审美主体的被动性来看,席勒认为,一个审美活动之所以产生还因为审美对象强烈地吸引着我们,而且其"形式"所起的作用就是既激发、开启我们的美感,又使这种美感限定于一定的视域之内,而且在这种审美过程之中,既有审美主体的积极作用,同时,审美主体又会被改变与提高,正像席勒所言,发达的美感能够移风易俗,这正是美育活动的功能与本性所在。

因而,席勒认为,审美生活作为人类游戏之中最佳的选择,其基本的构成特性是主客不分的,当然,科学活动、道德活动、宗教活动作为一种活动本身的构成特性同样是主客不分的,但是显然,席勒又深入一步,指出审美生活作为一种内时间意识是奠基于特定的对象即形式之上的,其根本的特性是兴发着的,而且,是一种奠基于特定的艺术作品的形式或者结构之上的内时间意识,审美主体与审美对象之间的关系不是一种主体始终把对象保持为冷静、中立、客观的关系。正如他所说:"因此,美固然是形式,因为我们观赏它,但它同时又是生活,因为我们感觉它。总之,一句话,美既是我们的状态又是我们的行为。"[1]在此,席勒不仅指出了审美活动或者审美生活是美学研究的唯一的、也是最高的对象,而且更指出了审美活动作为一种行为或者作为个体生活史中的一个历史事件的整体性。这种审美活动一旦发生,我们就要力图保持住其原貌,尤其是保持住其构成状态。

三、在艺术作品之中的真理是一种兴发着的存在

如上所论,正是因为在审美活动之中,理性活动与感性活动如此完美地融合在一体,而且按照席勒对审美活动之中"主客不分"关系在时间性角度即"始终—指向"的构成状态分析,那么,艺术作品中的理性内容诸如真理等等,就不仅仅是存在的,而且其存在的状态也必然带有审美活动自身构成的整体特性,也就是说,真理在艺术作品中是

---

[1] 席勒:《审美教育书简》,冯至、范大灿译,北京:北京大学出版社1985年版,第133页。

第五章 "美,既是我们的状态,又是我们的行为"

兴发着存在的。席勒说:"它就确凿地证明了被动性并不排斥主动性,材料并不排斥形式,局限并不排斥无限——因而人在道德方面的自由绝不会因为人在物质方面的依附性而被消除。美证明了这一点,而且我们还要补充说,只有美才能向我们证明这一点。"[1]

当然,同时,席勒还是把审美活动与理性活动进行对比,他说:"当享受真理或逻辑统一体的时候,感觉并不是必然地与思想是一体的,而是偶然地随着思想而来的,这样真理就只能向我们证明有这样的可能:感性天性会跟着理性天性而来,而不能证明这两种天性是并存的,不能证明它们彼此相互作用,不能证明它们可以绝对地和必然地合为一体。恰恰相反,只要思考,就排斥情感;只要感觉,就排斥思考。从这样的排斥中可以推论出两种天性是不能够相容的,因而分析家们为了证明纯理性在天性中的可实现性,除了说纯理性是'命令'以外,的确再也提不出任何更好的证据。"[2]虽然席勒还没有直接回答真理自身何以体现为感性以及真理在自明性的意义上如何存在的问题,但是,他已经直观地、天才地预见到在艺术作品之中存在的内容、真理或者意义是"已经发生过的"[3],之所以是"发生过的",正是因为曾经"发生着",也就是在一个审美活动正在进行或持存的过程中,艺术作品之中的意义或真理已经作为观念性的合成体立足于审美活动而显现出来,而且,这些观念的合成体不是此审美活动行为的制作物,不是如席勒所言,在抽象的理性活动之中的主体的功能。

席勒所言正是西方哲学史上长久以来悬而未决的古老问题,也就是感性与理性之间的对立。在这里,显然他所说的理性独立于感性之外,所指的正是康德。海德格尔在论及现象学三大伟大发现的第二大发现——"本质直观"或者"范畴直观"时认为:"如果人们坚持使用形式与质料这一对概念,那么可能就会这样来解决这一对立:感性属性将被规定为接受性而理智则被规定为自发性(康德),感性之物被看成

---

[1] 席勒:《审美教育书简》,冯至、范大灿译,北京:北京大学出版社1985年版,第133页。
[2] 同上书,第133—134页。
[3] 同上书,第134页。

质料而范畴之物被看成形式,这样,理智的自发性就将成为接受性质料的构形原则。"[1]海德格尔坚定地认为,由于行为自身构成的意向性特征,本质或者范畴是可以在行为中依凭自身就可以见出的对象。

其实,席勒之所以能够得出真理栖身于艺术作品并在艺术作品中自行持守,就是因为他始终把审美活动之中的主客体之间的"始终—指向"构成关系保持在自己的视野之中,他说:"当享受美或审美统一体的时候,在材料与形式之间,被动与主动之间发生着一种瞬息的统一和相互调换,这恰好证明这两种天性的可相容性,无限在有限中的可实现性,从而也证明了最崇高人性的可能性。"[2]就前面所列举的李白的《静夜思》而言,思乡之情就在我们对全诗的阅读过程之中自然而然地滋生、开启并持存着,而且这种思乡之情是运动着的、兴发着的,并带有阅读的流畅快感色彩。这表明席勒的美学思想是从审美活动的实情出发的,因为正如前文所述,他紧紧地把握着审美活动的两个相关项——即审美主体与审美对象之间时间性构成状态——审美主体"始终—指向"审美对象,因而,《静夜思》的思乡之情不是完成于审美活动或者阅读活动之外,而是完成于审美活动或阅读活动之中,且其本身的现身状态就是兴发着的、涌现着的。这是在西方美学史上,从兴发着的审美活动特性出发,第一次为真、善、信与美的融合所做出的杰出成就。

---

[1] 海德格尔:《时间概念史导论》,欧东明译,北京:商务印书馆2009年版,第92—93页。

[2] 席勒:《审美教育书简》,冯至、范大灿译,北京:北京大学出版社1985年版,第134页。

第六章 黑格尔美学中的"身体"与"时间性"问题

摘要 黑格尔美学在根本上是一种主客二分的美学,其根本的基点在于从一个纯粹主观的教条——"理念"出发,从而衍生出"心灵"高于"肉体"的美学观,而其"美是理念的感性显现"的命题,不仅在"时间性"上把"美的理念"体现为一个具有自身内容的孤立发展"过程",从而不可能把"审美生活"的"时间性"理解为"主客不分"的"整体性",而且这一美学观也必然忽视"身体"诸感官在"审美生活"整体中复杂的"时间性"构成,因而,黑格尔美学在整体上呈现为仅仅能够描述与阐释一小部分纯粹艺术品的"艺术美学""视听美学"或"残象美学"。

从"时间性"的角度理解黑格尔美学是合理的,因为在其"美是理念的感性显现"美学观念之中,"理念"如何与"感性"相结合,在黑格尔看来就必定存在一个由初始到发展然后到达最高状态的"时间性过程",而且在这样一个"理念"自身演化的"时间性"过程中,继中世纪神学美学之后,黑格尔的美学不仅将"身心二分""心灵至上"的美学推向了一个更加极端的阶段,而且把神学与唯理论糅杂在一起,可谓代表了"身心二分"美学的典型形态,是一种极端强调主体性的"心灵"维度而缺乏"质料感"的"艺术美学"或"视听美学"。

第一节 静赏花开?还是恭候果实?
——"理念"与虚幻的审美时间性

就黑格尔哲学的整体而言,他与柏拉图的哲学思想所追求的绝对的客观、绝对的主观是一致的,其结果与成就就是知识论与神学观。

在纯粹的知识论之中,虽然也存在主观性的活动,但是最终剩下的是没有时间性的知识。在纯粹的神学观之中,虽然也存在个体的信仰活动,但是最终剩下的是没有时间性的上帝。以上两者在黑格尔的哲学中都时常冠以"永恒"之名,其固定的归宿就是"理念"。

当黑格尔在绝对客观的领域与绝对主观的领域进行辛勤耕耘的时候,他取得了辉煌的成就。但是这些成就的有效性或者合法性却只能严格地限定在以上两个独立的领域之内,一旦其理念哲学运用于主客不分的领域,那么,就自然会以绝对的客观或者绝对的主观去肢解这一对象,而肢解的方式、方法与结果就是主客之间分离。

黑格尔在《精神现象学》一书序言中,曾针对知识论中的科学认识重在结果进行了生动论述,他说:"试问在什么地方一本哲学著作的内在含义可以比在该著作的目的和结果里表达得更清楚呢?试问用什么办法可以比就其与当代其他同类创作间的差别来认识该著作还更确切些呢?但是,如果这样的行动不被视为仅仅是认识的开始,如果它被视为就是实际的认识,那它事实上就成了躲避事情自身的一种巧计,它外表上装出一副认真致力于事情自身的样子,而实际上却完全不作这样认真的努力。"[1]这表明,虽然科学研究的热情与过程同样重要,但是这些热情与过程却必须以最终的客观的、普遍性的结果为最终的旨归,或者说,虽然科学研究的过程是主客不分的,但是这种主客不分的过程却必须连通那最终的正确的、绝对客观的结果。因此,黑格尔曾经把科学认识的这一根本特性生动地阐释在"花"与"果实"的比喻里,他说:

> 花朵开放的时候花蕾消逝,人们会说花蕾是被花朵否定了的;同样地,当结果的时候花朵又被解释为植物的一种虚假的存在形式,而果实是作为植物的真实形式而代替花朵的。这些形式不但彼此不同,并且互相排斥互不相容。但是,它们的流动性却使它们同时成为有机统一体的环节,它们在有机统一体中不但不

---

[1] 黑格尔:《精神现象学·上卷》,贺麟、王玖兴译,上海:上海人民出版社2013年版,第53页。

第六章 黑格尔美学中的"身体"与"时间性"问题

互相抵触,而且彼此都同样是必要的;而正是这种同样的必要性才构成整体的生命。[1]

黑格尔所赞赏的、认同的是:最终的"果实"是"花"的有效否定,"花"是"花蕾"的有效否定。如果从时间性的角度来看,"花"开的过程虽然是重要的、必不可少的,但是却必须上升为"果实"才是有效的、有价值的;"花蕾"形成的过程虽然是重要的、必不可少的,但是却也必须上升为"花"才是有效的、有意义的。因此,黑格尔就是这样来看待科学认识过程中的时间性的,他说:"只有真理存在于其中的那种真正的形态才是真理的科学体系。我在本书里所怀抱的目的,正就是要促使哲学接近于科学的形式——哲学如果达到了这个目标,就能不再叫做对知识的爱,而就是真实的知识。知识必然是科学,这种内在的必然性出于知识的本性,要对这一点提供令人满意的说明,只有依靠对哲学自身的陈述。但是,外在的必然性,如果我们抛开了个人的和个别情况的偶然性,而以一种一般的形式来理解,那么它和内在的必然性就是同一个东西,即是说,外在的必然性就在于时间呈现它自己的发展环节时所表现的那种形态里。因此,如果能揭露出哲学如何在时间里升高为科学体系,这将是怀有使哲学达到科学体系这一目的的那些试图的唯一真实的辩护,因为时间会指明这个目的的必然性,甚至于同时也就把它实现出来。"[2]只是黑格尔在此所言的"时间"正如贺麟先生所言,是一个"梯子",他说:"精神现象学之所以具有导言或入门的性质,就因为它的任务是提供一把'梯子'以引导那最初知识、普通常识或一般求知的人通过艰苦而漫长的道路,逐渐达到科学的立足点、达到绝对知识。现象学只是指出由低级知识达到绝对知识的矛盾发展过程,并且把'绝对知识'作为精神的一个现象、一种形态加以描述,而'逻辑学'则把'绝对知识'当作系统研究的唯一

---

[1] 黑格尔:《精神现象学·上卷》,贺麟译,上海:上海人民出版社2013年版,第52页。

[2] 同上书,第54页。

对象。"[1]

海德格尔在《存在与时间》中曾指出黑格尔哲学虽然对古希腊柏拉图、亚里士多德着重探索"存在"的传统有所偏离与润色,但是,"曾经以思的至高努力从现象那里争得的东西,虽说是么零碎那么初级,早已被弄得琐屑不足道了。"[2]这种对黑格尔哲学的判断是极为准确、深刻且独到的,他既指出了黑格尔哲学不可能把机杼置于时间之上,因为体现"存在"的"此在"正是涌现着的、绽出性的时间,也指出了黑格尔哲学的机杼——"绝对精神"是缺乏时间性的"存在",这正是切入黑格尔哲学的最佳的、最准确的突破口。

就整体而言,黑格尔的时间观是把时间理解为一个通向与达到"目的"的过程,而且这个过程只是一个手段而已。

在黑格尔的《美学》中,他不是从"审美生活"的"基本事实"出发的,而是从纯粹的、绝对的"主观"即"理念"出发的,而"理念"之所以是"绝对"的,就体现在:"正是当理念把自身建立为纯概念及其实在的绝对统一,从而使自身凝聚为有的直接性时,理念便作为这种形式的总体——自然。"[3]也就是说,是一个超时间、超空间的"永恒"存在,也可以说是一个无"时间性"的"实体",因而,这一"实体"曾被黑格尔阐释为无"时间性"的"上帝":"上帝不会永远地僵死,而是僵硬冰冷的石头会呼喊起来,使自己超生为精神。上帝是主观性,是活动,是无限现实性。"[4]而黑格尔本人对"时间"的最直接的看法,还限于把"时间"理解为"空间诸物的运动",他说:"作为己外存在的否定性统一,时间同样也是纯粹抽象的、观念的东西。时间是那种存在的时候不存在、不存在的时候存在的存在,是被直观的变易;这就是说,时间的各种确实完全瞬间的、即直接自我扬弃的差别,被规定为外在的、即毕竟对其自身外在的差别。"[5]因而,这种时间只属于那些具体的

---

[1] 黑格尔:《精神现象学·上卷》,贺麟译,上海:上海人民出版社2013年版,第18页。
[2] 海德格尔:《存在与时间》,陈嘉映、王庆节译,北京:三联书店2006年版,第3页。
[3] 黑格尔:《逻辑学》下卷,杨一之译,北京:商务印书馆2009年版,第552页。
[4] 黑格尔:《自然哲学》,梁志学等译,北京:商务印书馆1980年版,第21页。
[5] 同上书,第47页。

第六章 黑格尔美学中的"身体"与"时间性"问题

事物,离精神很远,离绝对的"理念"就更远了。正如海德格尔所说,还是一种"表现为流俗时间领会的最极端的而又最少受到注意的概念形态"[1]。当然,他也试图把"时间"与"精神"的实现相连接:"时间是作为自身尚未完成的精神的命运和必然性而出现的,而这个必然性就意味着必然使自我意识在意识里面具有的那一部分丰富起来,必然使自在存在的直接性——这是实体在意识中具有的形式——运动起来,或者反过来说:必然使被认作内在东西的自在存在、使起初是内在的那种东西实现出来和启示出来,这就是说必然促使自我意识能达到自身确定性。"[2]只是"精神"还不是那种主客不分的具体存在状态。这种基本的哲学观念延伸到美学之中,他就必定把"审美生活"当作"理念"外化的一个独特"手段"或者"工具",这不仅会导致对"审美生活"作为一种"价值"与"意义"在"可能性"——"时机"上的丧失,也会导致对审美生活"时间性"的构成的阐释过于虚幻,这两个后果所涉及的正是"时间性"在动态与静态上的两种源始状态。

因而,这就是"审美生活"的"基本事实"——所追求的就是某一审美生活"过程""本身",此"过程"就是一个完全体现为"时间性"的"体验流",在"时间性"的"过程"结束之后,"审美生活"本身就宣告结束;除此"过程"之外——因为"审美生活"一旦发生并实现就必然绝对地呈现为"时间性"的"过程",就再也没有任何其他的目的,也就是说,"审美生活"存在的"价值"与"意义"就在于这个"过程""本身";一旦完成,就已经实现了"审美生活"的"终极目的";而且,在这个审美生活"过程"之中,主客之间的关系是一种绝对的"同时性"并在或者同在的关系,审美主体的快乐奠基于审美客体之上,它所追求的是绝对的、亲历亲为的体验"过程";而且,这一仅仅体现为"过程"的"审美生活"所追求的永远是"独一无二"的快乐,因为不同的审美客体给审美主体所带来的快乐是完全不一样的;而且,即使是同一个审美对

---

[1] 海德格尔:《存在与时间》,陈嘉映、王庆节译,北京:三联书店2006年版,第483页。
[2] 黑格尔:《精神现象学》下卷,贺麟、王玖兴译,北京:商务印书馆2009年版,第303—304页。

象,审美主体在不同的时间里对其的感受,在很大程度上,也是完全不一样的,因为审美主体是在"生活—之中"存在着的,任何一次需要与选择审美对象的"时机"即"可能性"都是不一样的。但是,黑格尔却把隶属于"审美生活"过程之中的"相关项"之一的"主体"夸张到凌驾于整体之上的位置,并由"主体"生发出"时间性",因而这只能是一种"倒逆"的、"虚拟"的"时间性"。从此出发,黑格尔不仅会扭曲"审美生活"作为美学研究最高对象的完整性,而且也会肢解其中各种要素的"时间性"构成,包括把"身体感"从中清理出去。

具体来看,黑格尔认为,艺术的"内容"就是"理念",艺术的"形式"就是诉诸感官的形象,因而,艺术要把这两方面调和成为一种自由的统一的整体。在此方面,他提出了三个要求:"第一个决定因素就是这样一个要求:要经过艺术表现的内容必须在本质上适宜于这种表现。……第二个要求是从第一个要求推演出来的:艺术的内容本身不应该是抽象的。……第三,一种真实的也就是具体的内容既然应该有符合它的一种感性形式和形象,这种感性形式就必须同时是个别的,本身完全具体的,单一完整的。"[1]从此出发,他演化出三种类型和阶段的艺术,即象征型艺术、古典型艺术与浪漫型艺术。

这一绝对主观的"理念"在"时间性"上处于决定地位,进而就由"理念"衍化出在一种虚拟的意义上才存在的"时间性"过程。就象征型的艺术而言,"理念"还处于"开始阶段","自身还不确定,还很含糊,或则虽有确定形式而不真实,就在这种状况之下它被用作艺术创造的内容。既然不确定,理念本身就还没有理想所要求的那种个别性;它的抽象性和片面性使得形象在外表上离奇而不完美。所以这第一种艺术类型与其说有真正的表现能力,还不如说只是图解的尝试。理念还没有在它本身找到所要的形式,所以还只是对形式的挣扎和希求。我们可以把这种类型一般称为象征艺术的类型"[2]。就古典型的艺术而言,"古典型艺术克服了这双重的缺陷,它把理念自由地妥当

---

[1] 黑格尔:《美学》第1卷,朱光潜译,北京:商务印书馆2009年版,第87—88页。
[2] 同上书,第95页。

地体现于在本质上就特别适合这理念的形象,因此理念就可以和形象形成自由而完满的协调。从此可知,只有古典型艺术才初次提供出完美理想的艺术创造与观照,才使这完美理想成为实现了的事实"[1]。就浪漫型艺术而言,则是"又把理念与现实的完满的统一破坏了,在较高的阶段上回到象征型艺术所没有克服的理念与现实的差异和对立。"[2]所以,黑格尔把这三种类型归化为在时间上变化的三个阶段——"这三种类型对于理想,即真正的美的概念,始而追求,继而到达,终于超越。"[3]

应该说,黑格尔显著地指出了审美生活的"主客不分"构成特性,他在把艺术与哲学、宗教作比较时指出:"思想所穷探其深度的世界是个超感性的世界,这个世界首先就被看做一种'彼岸',一种和直接意识和现前感觉相对立的世界;正是由于思考认识是自由的,它才能由'此岸',即感性现实和有限世界,解脱出来。但是心灵在前进途程中所造成的它自己和'此岸'的分裂,是有办法弥补的,心灵从它本身产生出美的艺术作品,艺术作品就是第一个弥补分裂的媒介,使纯然外在的、感性的、可消逝的东西与纯粹思想归于调和,也就是说,使自然和有限现实与理解事物的思想所具有的无限自由归于调和。"[4]其中"彼岸"所指就是哲学与宗教所共有的"无时间性"特征,即哲学所追求的最终的"结果"——真理,宗教所追求的最终的"结果"——对神的信仰;而"此岸"则指的是由"艺术"所引发的、充满着饱满"时间性"的"现在感";但是,他没有把这种审美生活的"主客不分"特性作为美学的基本出发点,也没有始终坚守住审美生活的整体性,当然,也就更没有把处于这一"整体"之中的"部分"放置在如其所是的恰当的位置上,比如"理念""心灵""意蕴""形式"等等都只是构成审美生活的"部分"而已,但是黑格尔显然是把其中的一个部分即"理念"拔到了一个至高的、绝对的位置之上,绝对的"理念"是产生艺术、产生审美生活的来源。本来,"审美生活"是美学研究的唯一对象,也是最高的

---

[1] 黑格尔:《美学》第1卷,朱光潜译,北京:商务印书馆2009年版,第97页。
[2] 同上书,第99页。
[3] 同上书,第103页。
[4] 同上书,第11页。

"类属",但是,黑格尔显然反过来,把在"审美生活"的"过程"之中出现的"理念"变成了最高的类属。

也就是说,在李白的《静夜思》之中所呈现的"理念"或者"意蕴""心灵"——"思乡之情"是体现于读者对《静夜思》的"阅读过程"之中的,虽然离开这一"阅读过程","思想之情"在一个人心里仍然还是有可能存在的,但是,这一针对特定对象的"阅读过程"正是审美价值的唯一体现,而在"阅读过程"之中所出现的多种构成因素或者部分,都只能隶属于这一整体,我们甚至可以说,通过阅读《静夜思》所得到的"思乡之情"也是独一无二的,不可替代的。海德格尔在总结胡塞尔现象学贡献之一即"范畴直观"时说:"范畴直观这一发现的关键之点在于:存在着这样一些行为,在其中观念性的合成体立足于自身而显现出来,而这个观念的合成体不是此行为的制作物,不是思想的、主体的功能。"[1]但是,黑格尔显然是把艺术对于"理念"的显现当成了一种"手段"与"工具",是为了登上"理念"这座大楼的"梯子":"艺术的显现却有这样一个优点:艺术的显现通过它本身而指引到它本身以外,指引到它所要表现的某种心灵性的东西。"[2]"本身之外"意味着"审美生活过程"只是一个类似望月忽指、登岸舍筏、获月兔而弃筌蹄的"权宜之计",而达到那个"绝对"的、"普遍性"的"理念"才是"目的"。

如此,"审美生活"的"基本面貌"或"基本事实"便不可能得以保全,最直接的后果就是与绝对的、无限的"理念"相对立的相对的、有限的"材质"或"质料",必定受到教条的削减、缩小,其中最直接的对象就是"身体"。

第二节 过于高扬"主体"的"艺术美学"

黑格尔的大论——"艺术美高于自然美"为人所熟知,归根结底,正是由于自然美不符合他的"理念"自我运动的"时间性"过程的需

---

[1] 海德格尔:《时间概念史导论》,欧东明译,北京:商务印书馆2009年版,第94页。
[2] 黑格尔:《美学》第1卷,朱光潜译,北京:商务印书馆2009年版,第13页。

第六章 黑格尔美学中的"身体"与"时间性"问题

要,而"纯粹"的"艺术作品"则符合这种需要。

之所以如此,根本的原因就在于创作艺术作品的"材质"或者"质料"本身并不是所要表现的对象,即使用"符号"等"材质"来进行制作,比如用文字制作的文学作品,用音符制作的音乐作品,用大理石制作的维纳斯雕像等等,"文字""音符""大理石"所具有的共同特性就是离"身体"的"欲望"更遥远,它们本身既不能吃,也不能喝,其形式与外观一旦形成,便不会随着物理世界的变化而变化,更何况在黑格尔的眼里,它们本身还体现了"心灵"乃至"神性"呢。

而且,"艺术美高于自然美"完全可以替代为另外两个表述:"心灵高于自然"与"精神高于肉体"。在他的《美学》四大卷之中,研究的对象及其核心是"艺术美",其中最关键的枢机就是遍布于全书各个角落的"心灵"。黑格尔认为,艺术美高于自然美主要的原因之一就在于它在形态与形式上更为固定、稳定而且永久,更在于心灵不仅能把它的内在生活纳入形式之中,它还能使纳入艺术作品的东西,作为一种外在事物,具有永久性。他说:"我们可以肯定地说,艺术美高于自然。因为艺术美是由心灵产生和再生的美,心灵和它的产品比自然和它的现象高多少,艺术美也就比自然美高多少。从形式看,任何一个无聊的幻想,它既然是经过了人的头脑,也就比任何一个自然的产品要高些,因为这种幻想见出心灵活动和自由。"[1]并且还认为,心灵和它的艺术美"高于"自然,这里的"高于"也不仅是一种相对的或量的分别,而且是在本质上分属较高与较低的境界。

虽然黑格尔在《美学》中一再强调"身体"与"灵魂"的统一,但是却把身体看做是"概念的在这种实际存在里就提升到那些定性的观念性的统一",而"观念性的统一"就是"灵魂"[2],也就是说,在根本上他还是持"身心二分"的基本态度,只是这种"身心二分"的美学思想与神学美学过于夸张地分割身体与灵魂相比,黑格尔更多地注意到了身心的合一,这集中体现于他把人与无机物所作的对比,他认为:"因

---

[1] 黑格尔:《美学》第1卷,朱光潜译,北京:商务印书馆2009年版,第4页。
[2] 同上书,第153页。

为有机自然的生命既包括实在存在的各部分的差异面和在这些部分中单纯地自为地存在着的灵魂,同时却又包括这些差异面作为经过调和的统一,所以生命比起无机自然要较高一层。"[1]就是在这里,黑格尔深刻地描述了"主体"的两个"时间性"状态:

其一,各种"同时性存在"的感觉由一个主体的"统觉所把握":"生物的感觉并不只是独立地起于身体上某一部分,它就是全身的这种单纯的观念性的统一。感觉弥漫全身各部分,在无数处同时感到,但是在同一身体上并没有成千上万的感觉者,却只有一个感觉者,一个主体。"[2]

其二,"生命"的存在是一个"过程":"因为生命的力量,尤其是心灵的威力,就在于它本身设立矛盾、忍受矛盾、克服矛盾。在各部分的观念性的统一和在实在界的互相外在的部分之间建立矛盾而又解决矛盾,这就形成了继续不断的生命过程,而生命就只是过程。"[3]但是,他还是把带有"时间性"构成特性的"直接自然"仅仅最终归于"心灵的威力"自身的运动:"灵魂作为这种观念性的存在使它自己显现出来,永远把身体的只是外在的实在提升为显现,因而也使它自己在身体里客观地显现出来。"[4]

所以,黑格尔就从"心灵"原则提出"伟大""理性""理想""深刻""自由"等专属于"理念"或者"概念"而远离"身体"或者"身体性"的更加稀薄的"审美标准",当然,这些"审美标准"在黑格尔的论述中被缩小至"艺术标准"。

黑格尔认为,艺术存在的目的在于一种"较高尚"的推动力,它所要满足的是一种"较高的需要",有时甚至是"最高的""绝对的需要",甚至把艺术与整个时代与整个民族的一般世界观和宗教旨趣联系在一起。纯粹就字面而言,好像是对艺术的至高褒奖,其实,是以一种"雅正"的名义,把审美的疆域仅仅局限于"艺术作品",而且在对艺术

---

[1] 黑格尔:《美学》第1卷,朱光潜译,北京:商务印书馆2009年版,第153页。
[2] 同上。
[3] 同上书,第154页。
[4] 同上书,第159页。

第六章 黑格尔美学中的"身体"与"时间性"问题

作品的要求上也是把"心灵"充类至尽,把"身体感"扫荡殆尽。

就其强调"心灵"、弱化"身体"而言,这一观念的基本问题在于——黑格尔针对很多他列举的流行的说法一一进行了否定,其中的标准就是"主客二分""身心二分""心高于身"的混杂与交织。在客体方面,黑格尔强调,只要有美存在,就可以凭着审美的感官去直接发现它。但是事物的深刻方面却仍不是单凭这种"鉴赏力"所能察觉的,因为要察觉这种深刻方面所需要的不仅是感觉和抽象思考,而是完整的理性和坚实活泼的心灵;就主体方面而言,他把充满身体感的"鉴赏力""各种情感"等都归于浮泛、浅薄,他一再强调:艺术作品中的感性因素之所以有权存在,只是因为它是为人类心灵而存在的,并不是仅仅因为它是感性的东西而就有独立存在的权利。

黑格尔这一观念的必然后果是,在审美客体方面,审美对象疆域会急剧缩小,即只是保留那些不具第一度真实"质料感"的、"纯粹"的艺术作品。以此出发,他只是把"自然美"当作孤立存在的"客体",而不是把"自然美"理解为人以自然为对象并且业已完成的"审美生活",所以"自然美"在黑格尔那里只剩下了"抽象形式的外在美",诸如"整齐一律""平衡对称""符合规律""和谐"等等。而且,在论及自然环境中纷然杂陈的诸物比如"植物"时,黑格尔仅仅从"理念"出发,认为植物比结晶体要高一级,但是与人相比,那就低级得多了:"一般地说,植物尽管吞进食品,活跃地吸收营养,经常按照它的自由转变的在物质界活动的原则,来由自己确定自己,但是按照它的整个存在和它的生命过程来看,它却是经常困在外在性里,没有主体的独立性和统一性,而它的自我保持经常是向外增长。……在植物界里整齐一律固然不像在矿物界里那样统治得很严,只表现于抽象的线条和角度,却终于是占优势的。"[1] 更为关键的是,黑格尔在论及"植物"的时候只是进行抽象地谈论,而不是把"植物"置入空间环境之中,也更没有把人置于空间之中,比如描述人在森林之中的感受,从而进入身体生成的空间感。黑格尔对自然美的蔑视是其长期在西方美学中受到忽

---

[1] 黑格尔:《美学》第1卷,朱光潜译,北京:商务印书馆2009年版,第177页。

视的主要原因之一。其实,如果我们在一生中的每一天看到的都是完全、绝对相同的"秋水共长天一色,落霞与孤鹜齐飞",那这个世界还有什么值得留恋的呢？自然美正是因为其多变与形态上的不稳定,才获得了无穷的、不可预知的魅力。

第三节 被"捧杀"的美学

过于赞誉"心灵",势必"捧杀"美学。

在《美学》之中,黑格尔根据"理念""精神""心灵"这些绝对主体性的"实体"的外化要求,对纯粹的艺术品只设定了五种理想的形态,即"建筑""雕塑""文学""绘画"和"音乐",而"园艺"与"舞蹈"是属于"不完备的艺术",究其原因,"园艺"涉及"自然美"的"缺陷",而"舞蹈"则直接涉及"人的身体",也就是说,黑格尔寻求的是只能体现出"理念"与"心灵"的"主体",离"身体"愈远愈好。

黑格尔认为,视觉与听觉器官最适合把握他所钟爱的具有"第二度真实"特性的纯粹艺术品,因为"第二度真实"意味着艺术品本身并不是真的人与物,只是人与物的外观与形式而已,因而,他认为最低级的而且最不适合"心灵"特色的掌握方式就是单纯的感性掌握。这种对外在世界起欲望的关系之中,人是以感性的个别事物的身份去对待本身也是个别事物的外在对象,按照自己的个别的冲动和兴趣去对待本身也是个别的对象,用它们来维持自己,利用它们、吃掉它们、牺牲它们来满足自己。因而,如果不是仅仅的看和听,那就会在这种消极的关系之中,欲望所需要的不仅是外在事物的外形,而是它们本身的感性的具体存在。

因而,黑格尔认为,艺术作品固然要用感性事物,但是这种感性事物只应以它们的外表或外形显现出来,只是这些感性事物的这种显现(外形)就只能够以形色声等等面貌从外面现给"心灵"看,所以,黑格尔只能得出这样的结论:"艺术的感性事物只涉及视听两个认识性的感觉,至于嗅觉、味觉和触觉则完全与艺术欣赏无关。因为嗅觉、味觉和触觉只涉及单纯的物质和它的可直接用感官接触的性质,例如嗅觉

第六章 黑格尔美学中的"身体"与"时间性"问题

只涉及空气中飞扬的物质,味觉只涉及溶解的物质,触觉只涉及冷热平滑等等性质。因此,这三种感觉与艺术品无关,艺术品应保持它的实际独立存在,不能与主体只发生单纯的感官关系。这三种感觉的快感并不起于艺术的美。"[1]也就是力求最大限度地规避那些在"质料"上具有多种可感受属性的事物成为审美对象,这些对象一无例外地肯定与"心灵"相斥,而与"身体感"复杂的"时间性"构成直接相关。

也就是说,视觉与听觉之所以优于其他身体感觉,就是因为它们是"认识性"最强的感官,或者至少从物理特性而言,视觉与听觉与对象之间可以保持一定的距离,即"身体"自身不与对象发生近距离或者零距离的关系,这样的话,尽管以视觉与听觉来进行的审美活动也是"感性"的,但是这种"感性"之中的"身体感"早已经被大大降低,被完美地稀释了。他在分析"视觉"时说:"它和对象的关系是用光作媒介而产生的一种纯粹认识性的关系,而光仿佛是一种非物质的物质,也让对象保持它的独立自由,光照耀着事物,使事物显现出来,不像空气和火那样和对象有实践的关系,明显地或不知不觉地把对象燃烧掉。对于无欲念的视觉,一切在空间中互相外在或并列的物质性的东西都可以成为对象,由于这对象没有遭破坏,保持着它的完整面貌,所以它凭形状和颜色而显现出来。"[2]而听觉则"涉及的不是形状和颜色之类,而是声音,是物体的震动。听觉也不像嗅觉,它不需要对象经过分解,只需要对象的震动,对象在震动中也不受损伤。这种观念性的运动使物体仿佛凭它的声响表现出它的单纯的主体性和灵魂,人耳掌握声音运动的方式和人眼掌握形状或颜色的方式一样,也是认识性的,因此音乐使对象的内在因素变成为内在因素本身。"[3]对于视觉与听觉如何在审美"时间性"过程中呈现,黑格尔还是关注到了这一点,即通过"视觉"与"听觉"之外的"第三个因素"来完成:"这就是感性的表象功能,记忆,或是由个别的观照而进入意识的那种意象的保存,这些意象在记忆里是隶属到普遍范畴来想的,是由想象力来见出关系和形

---

[1] 黑格尔:《美学》第1卷,朱光潜译,北京:商务印书馆2009年版,第48—49页。
[2] 黑格尔:《美学》第3卷,朱光潜译,北京:商务印书馆2009年版,第13页。
[3] 同上书,第14页。

成统一体的,从此一方面外在现实本身就作为内在的和精神性的(观念性的)东西而存在,而另一方面精神性的东西在观念里也取得了外在事物(对象)的形式,作为一种既互相外在而又并列的东西而呈现于意识。"[1]这"第三个因素"就是"内时间意识",比如黑格尔提及构成"内时间意识"的一些内在要素或特性——"回忆""意象的保存""统一体"等等,但是他还是把这个"主客不分"的"意向活动"的"时间性"整体构成,让位于在整体时间性过程中有可能凸显的部分因素——"内在的""精神性的""观念性"的那些内容。

  可以看出,黑格尔在论及"审美感官"时所使用的根本态度方法仍然是"主客二分"的,而且只是从一个"预先"设定的"教条"出发,依据"绝对主体"来对审美对象进行分类,因为在黑格尔看来,为了避免审美对象的有限性——不是所有的审美对象都是完满的,具备通达"理念"的条件,因而,必须高扬主体的绝对性,并由离开客体的主体即"理念"出发,来对审美对象进行限定。黑格尔不是没有意识到"感觉整体",而是主动放弃,他说:"感觉既然是感觉,就要和物质发生关系,而物质是彼此外在的、多种多样的,所以感觉本身又有触觉、嗅觉、味觉、听觉和视觉之别。感觉整体的内在必然性以及其中各部分不是本书所要研究的问题,这是自然哲学的事。"[2]而他的出发点是"各种感觉按照它们的概念(本质)是否都有能力作为掌握艺术作品的工具?"[3]这样分类的后果在一定程度上是合理的,也就是,如果一个审美对象只具有在"材质"或"质料"上的"单一"的"可感受特性",而且只有满足了这种"可感受特性"条件,才有可能通达"理念""心灵",即只能满足"视觉"与"听觉"愉悦的对象,才是审美对象;事实上,这种特定的审美对象只占了审美资源的一小部分,而且,更为重要的是,即使是仅仅经由"视觉"与"听觉"来进行审美的对象,所引发的感觉也绝对不仅仅限于"视觉"与"听觉","视觉"与"听觉"仅仅是对审美对象进行把握的通道,至于所引发的实际感觉是什么,那就要取决于具体的对

---

[1] 黑格尔:《美学》第3卷,朱光潜译,北京:商务印书馆2009年版,第14页。
[2] 同上书,第4页。
[3] 同上书,第4—5页。

象了,取决于业已完成的审美生活状况。如果一个对象给主体带来了快乐的感觉,而且这个感觉的构成是复杂的,比如在自然环境中"同时"存在可以被视、被听、被触、被嗅、被呼吸等等诸多事物,比如一个事物本身就内在地具有多种质料上的属性——玫瑰花具有的"可看""可嗅"的特性,再比如一个仅仅"可听"或者"可视"的对象却会引发在"构成"上极为复杂的感受——阅读郁达夫的《沉沦》会引发性欲的冲动。以上所列举的这些感受都隶属于一个完整的"自我意识"或者一个完整的"审美生活",其构成上的特性是一种绝对的"同时性"——多种感受"同时"并存于一个完整的感受之中,但是正是因为黑格尔把易于引发"欲望"的"身体感官"归于低级之列,所以,他就顾不了那么多了。

按照这种观念进行推演,具有"第一度真实"的对象都被黑格尔从审美疆域中清洗出去了,因为这样的对象必须经由"身体"或者极为复杂的"身体感官"构成才能完成其活动。如果把以上属于"功能性"的、具有"第一度真实"的审美对象从美学当中清除出去的话,美学里就没有美色,没有自然美,没有日用品的审美设计,况且,仅存的艺术作品也只剩下了"伟大""深刻"等远离身体的原则,这样的美学只能是面目可憎的。

第七章 "艺术使时间的齿轮停顿了"
——叔本华美学思想中的时间性问题

  摘要 叔本华哲学是典型的人生哲学,在西方哲学史惯于以"主客二分"方式进行思考的情势下,叔本华的人生哲学在"主客不分"的维度上就显得尤为可贵。就其哲学观念整体而言,"表象"是主客不分的具体体现,"意志"则为"表象"的涌现提供源源不断的推动,尤其是提供未来时间涌出的"可能性",因而,"时间性"视野是叔本华人生哲学的枢机所在。

  在叔本华的人生时间账本中,向来是苦多乐少,而艺术则可以使得"意志"停滞乃至消除,从而延长并增加了人生的欢乐,但是叔本华认为,这也只是"一瞬间"。除此之外,叔本华美学中的时间性思想还体现在对审美活动的内时间意识构成流畅性的分析、"艺术使时间的齿轮停顿了"与审美生活之中审美主体与对象之间的"同时性"存在等方面。

第一节 基于"意志"的人生哲学中的时间问题及其与美学的关联

  就笔者对西方哲学史的不完全理解,到了叔本华,才开始了以如此酣畅铺张的笔墨、专门的视角连篇累牍地高论"人生"或者"生活"的新时代。其流韵所及,尼采更加发扬此哲学,因而,在哲学史上,他们便以"人生哲学""生命哲学""生活哲学"而著称。

  这种人生哲学在西方哲学史上显得极为独特,其原因就在于在此之前的西方哲学史在主观与客观之间一直采用了一种夸张的摇摆姿

第七章 "艺术使时间的齿轮停顿了"

态,即在孤立地探究纯粹的主观与纯粹的客观方面,都取得了堪称辉煌的成就,即唯心主义哲学与唯物主义哲学。在这两个维度上更为典型的体现就是神学哲学与科学哲学,相对应的是西方发达的宗教文化与科学文化;我们也可以把这两种哲学统称为"主客二分哲学",这种哲学在面对位于"主客之间"的"主客不分"的领域——即"生活""人生"或者"生活"之时,却显得笨拙不堪,因为其在主客之间的构成状态上是完全不同于纯粹主观与纯粹客观的,以"主客二分"领域之内滋生的术语与概念体系就无法描述"主客不分"领域。也正是因为这种别致的人生哲学,才能把艺术活动或者审美生活置于"人生之中",在"人生之中"自然而然地显露出艺术与审美活动的"意义"与"价值",这种"意义"与"价值"所指的正是人在"何时"产生对艺术与审美的需要,正是艺术与审美何以值得存在的"可能性",因而,如上所述,举凡"人生之中""可能性""意义""何时"等等,正是"时间性"的诸多体现。因而,本文所要涉及的第一个问题必然是"人生""生活"或者"生命"作为一种完整的活动,其基本的构成要素——主观与客观到底是如何构成的,以及在其构成中"时间性"何以浮现出来?

一、"表象"作为原发性的生活体验本身

叔本华先行解决的是人生世界中的两个基本相关项之间的构成关系,这是在静态意义上的;其后,叔本华解决的是人生世界何以呈现出如此面目,这是在动态意义上的,即为人生的运动找到根本性的时间性动力。

叔本华在其最重要的著作《作为意志和表象的世界》一书正文中,第一句话就是:"'世界是我的表象':这是一个真理,是对任何一个生活着和认识着的生物都有效的真理。"[1]而且,叔本华用生活化的语言表达——"表象"作为一种意向性活动的形成只能如此:"他不认识什么太阳,什么地球,而永远只是眼睛,是眼睛看见太阳;永远只是手,

---

[1] 叔本华:《作为意志和表象的世界》,石冲白译,北京:商务印书馆1982年版,第25页。

是手感触着地球;就会明白这围绕着他的这个世界只是作为表象而存在着的。"而这个"表象者"就是人自己,还说:"对于认识而存在着的一切,也就是全世界,都只是同主体相关联着的客体,直观者的直观;一句话,都只是表象。……一切一切,凡已属于和能属于这世界的一切,都无可避免地带有以主体为条件的性质,并且也仅仅只是为主体而存在。世界即是表象。"[1]叔本华尤为赞赏印度吠檀多哲学,认为这一哲学基本教义是:"纠正世俗对于物质的观念,在于主张物质没有独立于心的知觉以外的本质,主张存在和可知觉性是可以互相换用的术语。"[2]在讲完第一句话之后,第二个真理就是"世界是我的意志"[3],还说:"这世界的一面自始至终是表象,正如另一面自始至终是意志。"[4]

只是在对人生世界的两个相关项——主观与客观如何构成的考察上,叔本华并没有把这种主客不分特性的思想坚持下去,比如他尽管认为构成世界的主观与客观之间是一种"本质的、必然的、不可分的两个半面"的关系,但是他还是没有在这个最高的前提下在全书中一以贯之,显得摇摆不定,比如在很多陈述中,主观与客观还是分立的,比如他说:"一个半面是客体,它的形式是空间与时间,杂多性就是通过这些而来的。"[5]而"另一个半面是主体,这却不在空间与时间中,因为主体在任何一个进行表象的生物中都是完整的、未分裂的";但是紧接着叔本华又说:"任何一个半面都只能是由于另一个半面和对于另一个半面而有意义和存在:存则共存,亡则俱亡。"[6]这又回到主客不分的思路上去了。叔本华对此观念一再强调,那就是既未从主体出发,也未从客体出发,而是从表象出发。

叔本华认为,在美感之中存在两种"不可分"的"成分":"(一种

---

[1] 叔本华:《作为意志和表象的世界》,石冲白译,北京:商务印书馆1982年版,第26页。
[2] 同上书,第27页。
[3] 同上。
[4] 同上书,第28页。
[5] 同上书,第29页。
[6] 同上。

第七章 "艺术使时间的齿轮停顿了"

是)把对象不当作个别事物而是当作柏拉图的理念的认识,亦即当作事物全类的常住形式的认识,然后是把认识的主体不当作个体而是当作认识的纯粹而无意志的主体之自意识。这两个成分经常合在一起出现的条件就是摆脱系于根据律的那认识方式,后者和这里的认识方式相反的,是为意志和科学服务唯一适用的认识方式。"[1]这种"不可分"就是美感作为"一个"生活行为的整体性特征,构成这样"一个"生活行为的两个"相关项"是"审美主体"与"审美客体","不可分"具体说来就是审美主体"始终—指向"审美客体。这正是美感或者审美生活在构成上最为基本的特征,其中的"始终"显然就是时间的特性之一,而且,这也是所有行为构成特性。"始终—指向"不仅仅是指在审美生活的过程之中,审美主体"始终—指向"着审美对象,而且审美主体之所以发出这一"始终—指向"行动,正是因为审美生活自身的价值与意义作为时间性的动力在推动着审美生活在过程上的展开。这正是叔本华美学的主要方向。

当然,叔本华在此的思想显得很辩证,他认为,根据不同的意义与价值的需要,主客分立也是表象首要的、本质的形式,只不过这一属于客体的形式也必定要通过主体来认识与呈现。叔本华据此对同时代的哲学进行了评价,他说:"所有那些哲学,不从客体出发,便从主体出发,二者必居其一;从而总是要从客体引出主体,或从主体引出客体,并且总是按根据律来引申的。"[2]

此论断可谓是存在主义或者现象学的先声。他所提到的"世俗对于物质的观念",就是与西方哲学史主流的唯物主义、唯心主义对立的唯物主义,在此对立中,基本的观念就是心物二分或者主客二分。他之所以对印度的吠檀多哲学青睐有加,根本原因就在于其秉持的主客不分的世界观。当然,主客二分还是主客不分,这取决于所针对的特定对象。如果此对象是生活世界或人生,那只能采用或适用主客不分。叔本华的哲学之所以带有浓郁的人生哲学色彩,与此息息相关。

---

[1] 叔本华:《作为意志和表象的世界》,石冲白译,北京:商务印书馆1982年版,第273页。

[2] 同上书,第56页。

此主客不分的哲学观念对于美学而言,首要的意义就是在根本上确保了研究对象的完整性,因为美学所要研究的对象既不是单独的审美客体,也不是单独的审美主体,而是包含了这两个相关项的、更高的或者准确地说是最高的对象——"审美生活"。作为一门学科的美学就必须首先保证这一研究对象的整体性不受侵害、割裂,否则的话就会在主观与客观两端极端地发展,就会导致唯心主义美学与唯物主义美学,在西方美学史上这两种知识形态的典型体现就是神学美学与认识论美学。

那么,"审美生活"作为生活形态的一种,本身又是整体生活与人生的组成部分,而后,叔本华就在三个向度展开了美学之思,其一,如上所述,审美生活是生活形态之一,其构成的特性是主客不分的;其二,审美生活在内时间意识的体现上不同于科学生活的内时间意识;其三,尤其是在"意志"哲学参与之后,叔本华更是把"审美生活"的意义置于丰满的时间性视野之内,比如"审美生活"为何可能、如何在生活之中等等问题都得以昭示。

二、叔本华时间性思想的两个层面

叔本华哲学中的时间性思想主要是在两个层面,第一个层面是他仅限于客体形态的分析,在《作为意志和表象的世界》一书中他所直接提及的"时间"概念就是如此,这种客观时间受"根据律"支配,其特征是"前后相继";叔本华的时间观可以说大多体现在这个方面。这种直接的"时间"观念与美学的联系之处在于,叔本华把作为抽象思维活动要素的"概念"在"时间"上的体现与作为直观活动形态的审美活动进行了对比。第二个层面是带有"时间性"特质的思想,集中体现在以"意志"为时间推动力,以"表象"为体现者,比如涉及人生为欲所困、苦多乐少、人的未来意识、意志存在的"现在性"与"永恒"、瞬间等等人生层面的问题,还涉及内时间意识构成的诸因素,比如记忆、注意力、概念与理念如何体现于时间性的过程等等。就整体来看,第二个层面才是叔本华在哲学史上的重大建树,才是被世人常常称作可爱却不可信、不足取的哲学,才是叔本华在哲学史上产生影响的根基所在。

第七章 "艺术使时间的齿轮停顿了"

叔本华认为,对于世界与人生的认识如果仅仅局限于主客不分的静态构成,那就还不能彻底地认识表象本身,尤其是当把表象本身当作一个绝对封闭的范畴的时候。叔本华说得非常明确,在表象之外有一个本质的、根本的"存在",是它来推动、导致表象的形成,这样的表象才是可能的,才是为我们所熟悉的日常生活的状态,这种追问在一开始就指向了"意义"。他说:"我们要知道那些表象的意义,我们要问这世界除了是表象之外,是否就再没什么了;如果真是这样,这世界在我面前掠过,就必然和无实质的梦一样,就和幽灵般的海市蜃楼一样,不值我们一顾了。"[1]这里的"意义"就是驱使一个主体"始终—指向"那一特定客体从而形成特定表象的"动力",叔本华在此就揭开了人生的"时间性"序幕,说白了,正是因为人对意义的寻求、人对意义的可能性的渴望,才使得人生变得日夜不同、时刻相异。

这个"意义"就是叔本华称作的"谜底"——"意志",他说:"这,也唯有这,才给了这主体理解自己这现象的那把钥匙,才分别对它揭露和指出了它的本质,它的作为和行动的意义和内在动力。"[2]叔本华的"意志"之说正如他本人所言,是受到柏拉图"理念"与康德"物自体"的影响,因而,叔本华的整体学说在强调主客不分的同时又偏向了客观唯心主义,这一偏向不仅没有给他带来什么强劲的说服力,而且恰恰削弱了他的哲学理路,因为如他所言,"意志"是可以离开主体或者客体而孤立存在的"自在之物",恰恰削弱了在"表象"之论中的主客不分的建树,不过,叔本华也是在为人与万物的变化运动寻找一个"永恒"的源泉,因而,在他看来,财色之欲之于人就如同折弯了的铁板具有再次伸展平直的特性一样,这就是意志的作用。

在此,叔本华把"意志"看做是引发"欲望"更为本源的"自在之物"或者"本体",只不过,这种"意志"的"永恒性"——"永远的现在"尽管已经出离了"时间性",但是也必须在"时间性"的视域之内才能得到体现与理解。他认为:"意志的这些活动还永远有一个自身以外

---

[1] 叔本华:《作为意志和表象的世界》,石冲白译,北京:商务印书馆1982年版,第149页。
[2] 同上书,第151页。

的根据,在动机中的根据。不过动机所规定的决不超出我此时,此地,在此情况下欲求什么;既不规定我根本有欲求,也不规定我根本欲求什么,亦即不规定那些标志着我整个欲求的特征的行为规范。因此,我的欲求并不是在其全部本质上都可以以动机来说明的,动机只是在时间的某一点上规定这欲求的表出,只是促成我的意志把它自己表出的一个契机。"[1]这意味着"欲望"是"时机化"的,即欲望并不是在其全部本质上都可以依据"动机"来说明的,"动机"只是在时间的某一点上规定这欲求的表出,只是促成人的意志把它自己表出的一个"契机"。而"意志"本身则在以上这些"契机"或者"时机"之外,它不服从于"根据律",服从"根据律"的只是意志的表象,在这种意义上,它算是无根据的。而"表象"就表现为"可见"的"意志"的"客体化",即那些在空间和时间中无限杂多的事物。

"意志"的存在是绝对的、无条件的、永恒的,但又要在相对的、有条件的、变化中的"表象"中体现出来,为了更好地在"意志"与"现象"之间实现一个过渡,叔本华借用了柏拉图的"理念",当然这一借用是有所选择的,因为柏拉图的"理念"时常在客观与主观之间来回摇摆,在他持客观的"理念"一说时,所指的是各种人或事物之间的"共相"。因而,"现象"在体现"意志"之时,首先体现为"理念",然后经由"理念"才体现出"意志"来。在他看来,时间、空间与因果性都不是自在之物的规定,而只是自在之物成为表象之后才加之于它的,也就是说,时间只是隶属于现象,而不隶属于意志;在此,叔本华着重指出——"意志客体化的那些不同级别,在无数个体中表出,或是作为个体未曾达到的标准模式,或是作为事物的永久形式,它们本身是并不进入时间空间,不进入个体的这媒介的,而是在时间之外的,常住不变的,永久存在的,决不是〔后来才〕变成的;同时这些个体则有生灭,永远在变,从不常住。"[2]意志的可见性或者客体化的程度在不同的对象上有不同的体现,叔本华称作"级别",比如植物高于石头,动物又高于植

---

[1] 叔本华:《作为意志和表象的世界》,石冲白译,北京:商务印书馆1982年版,第160页。
[2] 同上书,第190页。

物,这种客体化的"等级"是无穷的。

这种"等级"所实现的最佳状况就是叔本华哲学里的"理念":"我对理念的体会是:理念就是意志的客体化每一固定不变的级别,只要意志是自在之物,因而不与杂多性相涉的话。而这些级别对个别事物的关系就等于级别是事物的永恒形式或标准模式。"[1]另外,他还认为意志显现为现象的形式或者体现为生命的形式,"真正说起来只是现在,而不是未来,也不是过去。"[2]他还强调:"没有一个人曾是在过去中生活的,也决不会有一个人将是在未来中生活的;唯有现在是一切生命、生活的形式,不过也是生命稳有的占有物,决不能被剥夺的。"[3]但是在根本上,叔本华还是把"现在"看成是一个"无广延的点"[4],也就是还是把自己著述中明确陈述为"时间"的"时间"看做只是客观时间。

三、"意志"的无尽之"流"与艺术的价值

当然,在叔本华的"意志"论中,更多地涉及的是"时间性"问题,他认为,"意志"的实现体现在时间之中,即某一主体之身体的具体情境之中。叔本华在此明确提出:"我不是整个地认识我的意志,我不是把它作为统一的,在本质上完整的认识它,而只是在它个别的活动中认识它,也就是在时间中认识它,而时间又是我的身体这个现象的形式,也是任何客体的形式"[5]叔本华在此提及奥古斯丁对欲望的分析,认为奥古斯丁正确地认识了与他所言"意志"等同的在一切事物的向上冲动中的东西;欲望导致人类对于未来的恐惧,这一未来并不是凡俗中所讲的"明天"或者"以后"如此这般的客观时间,而是人自身主观意识之内的时间性——即主观时间,基督教即为克服对未来的时间性恐惧而设。在他看来,"意志"是没有"时间性"的,也就是说,"意

---

[1] 叔本华:《作为意志和表象的世界》,石冲白译,北京:商务印书馆1982年版,第191页。
[2] 同上书,第381页。
[3] 同上。
[4] 同上书,第384页。
[5] 同上书,第153页。

志"是绝对的、"永恒的","永恒"虽在"时间性"之外,但却是通过"时间性"来存在的。

欲望之"欲"与"望"是永恒地指向未来的,在时间意识中的体现同样如此。叔本华在此对"希望"的时间现象学做了详尽的分析。他认为,使我们难受的、动心的不是善也不是恶,而是"愿望"——它由"希望"以及人所具有的提出"要求"的权利所滋生着,由"愿望"的实现与否或者实现程度的多少来决定善与恶。他说:"由于人的这种特性,如果没有'希望'在供应养料,任何愿望很快的就自行幻灭了,也就再不能产生痛苦。"[1]因而,一切幸福都建立在我们可能要求的和实际获得的两者之间的比例关系上,那么,一切痛苦就是由于我们所要求、期待的和我们实际所得到的不成比例而产生的,而这种不成比例的关系又显然只在人的认识中才能有。

在他看来,意志的客体化一级比一级明显,叔本华认为,人是理性的动物,因而,人比动物有着复杂得多的时间意识,这体现在:"缺乏理性就把动物限制在在时间上直接呈现的直观表象上,也就是限制在现实的客体上;我们人则相反,借助于抽象中的认识,在窄狭的、实有的现在之外,还能掌握整个的过去和未来,以及可能性的广大王国。"[2]还说:"动物还只有直观的表象,没有概念,没有反省思维;因此它们是束缚在'现在'上的,不能顾及将来。"[3]

而人则要设计自己的未来:"人,这复杂的、多方面的、有可塑性的、需求最多的、难免不受到无数伤害的生物,为了能够生存,就必须由双重认识来照明,等于是直观认识之上加上比直观认识更高级次的能力,加上反映直观认识的思维,亦即加上具有抽象概念能力的理性。与理性俱来的是思考,囊括着过去和未来的全景,从而便有考虑、忧虑,有事先筹划的能力,有不以当前为转移的行为,最后还有对于自己

---

[1] 叔本华:《作为意志和表象的世界》,石冲白译,北京:商务印书馆1982年版,第138页。
[2] 同上书,第133页。
[3] 同上书,第218页。

第七章 "艺术使时间的齿轮停顿了"

如此这般的意志决断完全明晰的意识。"[1]当然,人也会产生错误的、迷幻的认识,以至于把"意志"加以篡改,但是,理性的认识与错误、迷幻的意识一样,都是"意志"的产物,都是由"意志"作为一种盲目的冲力来推动的产物。叔本华对"意志"作为时间创造者的描述在《作为意志和表象的世界》一书中第二篇的最后做了总结性的描述:

> 意志本身在本质上是没有一切目的,一切止境的,它是一个无尽的追求。……它永远不可能有一个最后目的,……物质的这种追求永远只能受到阻碍,却决不,也永远不会得到满足或安宁。……每一目标,在达成之后,又是一个新的追求过程的开端,如此辗转以至于无穷[2]

> 永远的变化,无尽的流动是属于意志的本质之显出的[事]。最后,在人类的追求的愿望中也能看到同样的情况。这些欲望总是把它们的满足当作[人的]欲求的最后目标来哄骗我们,可是在一旦达成之后,愿望就不成为愿望了,很快的也就被忘怀了,作为古董了;即令人们不公开承认,实际上却总是当作消逝了的幻想而放在一边[不管]了的。如果还剩下有什么可愿望可努力的,而这从愿望到满足,从满足到新愿望的游戏得以不断继续下去而不陷于停顿,那么,这就够幸运的了。从愿望到满足又到新的愿望这一不停的过程,如果辗转快,就叫作幸福,慢,就叫作痛苦;如果限于停顿,那就表现为可怕的,使生命僵化的空虚无聊,表现为没有一定的对象,模糊无力的想望,表现为致命的苦闷。[3]

通过以上文字,可以很强烈地体会到叔本华对生活之"流"的精彩描绘,更为强烈的印象是"意志"成为推动生活之"流"的永恒动力。在这种几乎弥漫于《作为意志和表象的世界》全书的文字之中,叔本华仅仅限于"空间"视野的"客观时间"观念显得太微弱了,"主观时间"

---

[1] 叔本华:《作为意志和表象的世界》,石冲白译,北京:商务印书馆1982年版,第219页。
[2] 同上书,第235页。
[3] 同上。

观念凸显得很刺目。

自此而言,叔本华与后来者——现象学哲学就如出一辙了。正是在这里,叔本华的美学思想找到了最基本的根基与本源,他说:"某些个别的人,认识躲避了这种劳役,打开了自己的枷锁;自由于欲求的一切目的之外,它还能纯粹自在地,仅仅只作为这世界的一面镜子而存在。艺术就是从这里产生的。"[1]这意味着艺术活动的起兴与延续在人生时间上对"意志"导致的"现象"的中断,而且这种中断本身就是生活的一种过程或者行为的一种过程。正如海德格尔评价叔本华此思想时所说:"叔本华把艺术的本质解说为'生命的寂静',解说为某种对不幸和痛苦的生命起安抚作用的东西,某种取消意志的东西——因为正是意志的冲动导致了此在的不幸。"[2]

第二节 审美生活的"流畅性"及其构成

一、自直观表象与概念的区别来看

正如上文所述,叔本华在《作为意志和表象的世界》一书中非常频繁地直接使用"时间"术语,他的时间观念基本上还是固守在"客观时间"的视野之内,最为鲜明的就是时间受制于因果律或者根据律,以便为意志哲学打下基础。在叔本华的整体论述中,还是着重于客观时间的阐述,因为始终是与空间中存在的时间捆绑在一起的。

(一)概念没有时间性

叔本华认为根据律就是:"任何一个可能的客体都服从于这一定律,也就是都处在同其他客体的必然联系中,一面是被规定的,一面又是起规定作用的。……根据律将经验定为因果和动机律。"[3]在叔本华看来,表象的两个体现形态之一——"直观表象"在其形态上的表现

---

[1] 叔本华:《作为意志和表象的世界》,石冲白译,北京:商务印书馆1982年版,第220页。
[2] 海德格尔:《尼采》上册,孙周兴译,北京:商务印书馆2010年版,第32页。
[3] 叔本华:《作为意志和表象的世界》,石冲白译,北京:商务印书馆1982年版,第29页。

是"在时间上的各个瞬间的先后继起"[1],而且他还惯于以"瞬间"这种含混的术语来描述时间的过程:"如同在时间上,每一瞬只是在它吞灭了前一瞬,它的'父亲'之后,随即同样迅速地又被吞灭而有其存在一样;如同过去和将来(不计它们内容上的后果)只是像任何一个梦那么虚无一样;现在也只是过去未来间一条无广延无实质的界线一样。"[2]

在他看来,"根据律"的这一构成状态正是时间的全部本质,他说:"时间并不还是别的什么,而只是根据律的这一构成形态,也再无其他的属性。"[3]对时间最为简洁的表述是:"先后继起是根据律在时间上的形态,'继起'就是时间的全部本质。"[4]在叔本华自己所意指的明确的时间观之中,客观时间的体现形态是在理性认识之中,典型的领域就是"知"的领域,因为就是一个一个如上述所说的连续的点构成了时间,在他看来,直观的认识总只能对个别情况有用,而且也只能把握眼前的事物,他说:"因为感性和理智在任何一时刻,本来就只能掌握一个客体。"[5]而要把握住那连续的客观时间,只能依靠抽象认识。在抽象认识之中,时间上的量即"数"才是适合的。他举例说:

> 千这概念之不同于十这概念,有如这两种时间上的量在直观中的不同一样;我们把千想成一定倍数的十,这样就可以在时间上替直观任意分解千为若干的十,这就是可以数了。但是在一英里和一英尺两个抽象概念之间,如果没有双方的直观表象,没有数的帮助,那就简直没有准确的,符合于双方不同的量的区别。[6]

---

[1] 叔本华:《作为意志和表象的世界》,石冲白译,北京:商务印书馆1982年版,第31页。
[2] 同上。
[3] 同上书,第32页。
[4] 同上书,第32—33页。
[5] 同上书,第93页。
[6] 同上书,第94页。

还说：

> 人们如果要从空间关系获得抽象认识，空间关系就得先转为时间关系，即是先转为数。因此，只有算术，而不是几何，才是普遍的量的学说。[1]

为了追求知识的妥当性、准确性和可传达性，只有"数"才有可能在与之相符的抽象概念中被表示出来，而不是空间上那直观或"感"的量。因而，几何之中的"三进向"的空间就有必要转化为"一进向"的时间。他认为："在数的特有因素中，在单纯的时间中，不牵入空间，我们对数的直观几乎到不了十；十以上我们就只能有抽象的概念，不再是数的直观认识了。在另一方面，我们却能用数字和所有的代数符号把准确规定的抽象概念连结起来。"[2]那么，"三进向"空间中的几何图形是在"直观"中呈现出来的，这一"直观"就其基本的构成枢机而言正是主体在"始终—指向"对象之"时"才具有的感觉，而且这样的感觉是在只有"始终—指向"这一特定的具体直观对象的时候，主体的感官如眼睛、耳朵等等才可能具有的感觉；而"一进向"的时间中的"数"虽然同属叔本华所言之"表象"，但是它却属于"概念"，"概念"只能被思维，不能加以直观，是非直观的表象，是"抽象的""普遍的"，是"表象的表象"，对于概念与直观表象之间的联系，他说："概念的全部本质只在于它和另外一个表象的关系中产生的，可是，概念并不就是这另一表象自身；……一些表象虽有着非本质的区别，都能由同一概念而被思维，即是说都可包括在这一概念之中。"[3]那么，在时间性的角度，叔本华指出直观表象与概念之间的区别就在于其"有时间的、空间的以及其他的规定"，而且，在叔本华看来，只有使用"概念"所产生的作用或者后果才是真正经验的对象。这意味着"概念"乃至于"科学"是无"时间性"的，他说："原来每一种科学都是由关于某一类对象

---

[1] 叔本华：《作为意志和表象的世界》，石冲白译，北京：商务印书馆1982年版，第94页。

[2] 同上书，第95页。

[3] 同上书，第77—78页。

的普遍的,从而也是抽象的一套真理、规律、规则系统所组成的。"[1]

"知"的体现方式是:

> "知"根本就是:在人的心智的权力下有着可以任意复制的某些判断,而这些判断在它们自身以外的别的事物中有其充分的认识根据;即是说这些判断是真的。所以只有抽象的认识才是"知",它是以理性为条件的。[2]

叔本华也看到,在科学研究的过程当中会有主观因素的介入,比如"逻辑感""数学感",他的看法是即便"感"存在也不能直接介入到"概念"的"内容"之中并直接隶属于它。在这里,叔本华还没有对"感"的构成特性即意向活动的构成特性——"始终—指向"中的时间特性以及"感"所体现出的"过程"的时间特性做出直接的揭示,但是其中所揭示的"概念"的"纯粹客观性""抽象"等等特性已经揭示了其不可能具有的时间特性。

(二)"知"的活动可以"停顿",审美活动只能"流畅"

在他看来,抽象的"概念"与单纯直观的"表象"各有各的价值与意义。他说:"知或抽象认识的最大价值在于它有传达的可能性和固定起来被保存的可能性。因此,它在实际上才是如此不可估计的重要。任何人固然能够在单纯的悟性中,当下直观地认识到自然物体变化和运动的因果关系,因此而十分得意;但是为了传达于别人,那就要先把直观认识固定为概念才能合用。"[3]就是在这里,叔本华直接揭示了包括艺术活动、审美活动在内的单纯直观的在时间性上的体现——"流畅"或者"不间断":"既值得注意,又有些特别的,是在前面那种活动中,也就是独自一人想要在不间断的活动中完成什么的时候,知,理性的应用,思索,反而可能常是一种障碍;例如在台球游戏中,在击剑中,在管弦调音中,在歌唱中,就是这样。在这些场合,必须

---

[1] 叔本华:《作为意志和表象的世界》,石冲白译,北京:商务印书馆1982年版,第82页。
[2] 同上书,第90页。
[3] 同上书,第96页。

是直观认识直接指导活动;如果掺入思索,反会使这些活动不恰当,因为思索反而会使人分心而迷乱。"[1]

也就是说,审美活动就其价值与意义的本然的体现状态而言就是审美主体的注意力"始终—指向"审美对象的一个"流畅"的"过程",而包含着"概念"的"知"的活动却可能会是"停顿"的、"间断"的,比如一个人或更多的人在一起做一件复杂的机器、一座建筑物的时候,就必须预先有一个抽象的计划,而后在实施的过程中还可能需要不断地停下来修正计划。而在审美活动中,当我们欣赏贝多芬《命运》的时候,如果没有外力的强力甚至暴力的干预与干扰,我们不会一次只听一个音符,然后中断一下再听另外一个音符的。如果这样进行下去,"旋律""节奏""乐感"都将荡然无存。这意味着,我们欣赏《命运》之时所得到的快乐是奠基于《命运》之上,在时间性的角度就是奠基于《命运》这个作品的"独特构成",这个"独特构成"意味着它不仅仅是一个独一无二的天才之作,而且它绝对无待于上升为"概念",也就是说,虽然《名运》与《英雄》都是贝多芬的伟大作品,都冠之为"音乐"或者"器乐",两者的相同之处也不过是因为它们在质料即由弹奏乐器发出的声音所具有的相同之处,当然,两者的相同之处还在于都会给我们带来快乐的审美生活,但是这已经是两种截然不同的审美生活了。

当叔本华认为"知"的活动可以"停顿"而审美活动却只能"流畅"的时候,其实是在揭示审美活动或者艺术演出活动的"流畅性"是如何被奠基的。他提出对人的"面相"的识别与观鉴只能依靠让人"感到",如果想通过理性与概念,那就会无能为力,因为理性与概念无法应对像"面相"这样特别的构成物,更为可贵的是,叔本华把审美活动的流畅性与艺术作品的整体性完全内在地整合为同一个问题,他说:

> 抽象的知对于这些几微的差别关系,就如彩色碎片镶嵌的画对维佛特或滕勒的画一样。概念好比镶嵌的手艺一样,不管是如何细致,但是嵌合的碎片间总不能没有界线;所以不可能从一个

---

[1] 叔本华:《作为意志和表象的世界》,石冲白译,北京:商务印书馆1982年版,第96—97页。

第七章 "艺术使时间的齿轮停顿了"

颜色,毫无痕迹地过渡到另一颜色。[1]

就是概念的这一本性使概念近似于镶嵌画中的碎片,由于这一本性,直观永远是概念可近不可即的极限。这也是何以在艺术中不能用概念获得良好成绩的理由。如果一位歌唱家或音乐家用反复思索来指导他的演出,那就会是死症。这种情况在作曲家、画家、乃至诗人,也是一样的真实。概念用于艺术总是无结果的。[2]

在艺术上,概念本没有什么生产性,迂夫子也只能生出没有生命的,僵硬的,装扮起来的死婴。[3]

从字面上看,叔本华好像仅仅是论述艺术作品自身的整体性,也就是说,好的、真正的艺术作品作为一个有机整体是由互相支持、不可分割且各具不可替代功能或作用的部分构成的,但是究其根底,叔本华是在说一个完美的审美活动的构成是奠基于真正的艺术作品之上的,即审美主体的注意力为构成这一艺术作品的全部细节或部分所吸引,审美主体所获得的是一种"流畅"的快乐体验,因而,如果仅仅把艺术作品的有机整体性视作一个完全封闭的自足命题,就离开了审美生活作为一种生活形态所具有的主客不分的意向性。因而,当我们说一个艺术作品是一个整体的时候,其实,我们是在说我们经由这个艺术作品形成了"流畅"的快乐感,或者当"流畅"的快乐作为一种内时间意识发生之后,我们才会赞叹地说,"这个作品不缺少任何东西,也没有任何部分是多余的",而且,"流畅"显然是作为审美愉悦最为关键的特征之一,因为审美活动体现为一个自觉的价值与意义的实现活动,审美主体总是希望这种愉悦与幸福能够持续地、持久地进行下去,而且在此过程中不要出现任何"中断"。

叔本华非常深刻地指出了"概念"的特性——"一次构成便次次可用,在数量上虽然比较少,却包括着,蕴含着,代表着真实世界中无

---

[1] 叔本华:《作为意志和表象的世界》,石冲白译,北京:商务印书馆1982年版,第97页。
[2] 同上书,第98页。
[3] 同上书,第102页。

数的客体。"[1]叔本华并且认为语言功能之所以为人所独具,就是因为动物虽然跟人一样有说话的器官和直观表象,但是却没有理解语言所对应的"理性",从而不能理解语言及其意义。虽则叔本华在这里探讨的是"概念",其实这一探讨业已自然演进到了主客二分的领域之内,比如科学领域的价值与意义的体现到底在哪里,只有把科学的价值与意义如其本然地凸现出来,才有可能或者更好地解决审美价值与意义如何如其本然地凸现的问题。

诚然在此所论述的叔本华的时间观多是客观时间或者数学物理意义上的时间,与本文所说的主观时间并无直接的关联,但是,叔本华在这里恰恰道出了艺术的直观性与科学的抽象性之间的本质区别,因为科学是以抽象的概念来传达客观真理的,尽管科学家工作的过程是主客不分的过程,但是其价值却在于那最终所得到的、抽象的、客观的、准确的结论与规律,在主客之间的构成维度上属于主客二分之纯粹且抽象的客观,而艺术(艺术活动)则在此构成维度上是主客不分的。

二、自"理念"与"概念"的区别来看

在《作为意志和表象的世界》一书中的第三编,叔本华更进一步对艺术作品的"真"与"概念"的"真"进行了对比,其主要的思想是——艺术作品中的"真"不仅是"理念"的直观呈现,而且更为重要的是其在时间性上的诸多呈现特性与"概念"有着根本的差异。

(一)艺术中的"理念"作为时间化的直观呈现

虽然叔本华有关"理念"的思想有待在下文进行详述,但在此不妨对其做一个简单的说明,所谓"理念"就是位于意志与表象之间并受意志决定且由表象呈现出来的"一般"或者"本质"——即"真",在艺术作品之中"理念"的呈现尤为典型与理想。

叔本华认为,这种"真"既不是个别的事物,又不是理性思维和科

---

[1] 叔本华:《作为意志和表象的世界》,石冲白译,北京:商务印书馆1982年版,第75页。

学对象。虽然两者作为"一般"与"本质"代表着多种多样的实际事物,具有一定程度的相同之处,但是这丝毫不能掩饰两者之间的巨大差异。叔本华除了一再申明概念是抽象的,是经由推理而来,是任何人只要有理性就会理解和掌握的,而"理念"决不能被一般的个体所认识,只能被那些超然于一些欲求、个性已经上升为认识的纯粹的主体所认识,还把这一思想伸展至时间领域之中,表达了在美学思想上的很多创见。

总的来说,叔本华认为艺术中的"理念"体现为对一个作品的接受过程本身——即"直观",并在此"主客不分"的过程之中呈现出来,而"概念"则与之相反,体现为一个推理过程之后的结果,尽管其推理的过程之中主客之间同样是一种不可分离的关系。叔本华把这个思想描述为:"理念是借助于我们直观体验的时间、空间形式才分化为多的一。概念则相反,是凭我们理性的抽象作用由多恢复的一。"[1]并且,其更为卓绝的思想体现为直接对以上两者在时间性上的体现进行了对比——"(概念)可以称之为事后统一性,而前者(理念)则可称之为事前统一性。"[2]"事后统一性"指的是"概念"作为抽象思考的产物是纯粹客观的,但是其抽象思考的过程却是主客不分的,而且在这一过程中主导的思维不是直观,而是多样性事实失去其个性的外貌,最终形成一个无时间性的、普适性的概念,即这一概念不会随着不同主体的把握而产生变化;而"事前统一性"指的是艺术作品的"理念"只能在审美主体"始终—指向"艺术作品的过程之中才能得以如其所是地体现或实现,随着这一过程的结束,"理念"的呈现也得以结束,也就是说,其"始终—指向"的过程本身就是叔本华所谓的"直观"或者"直观表象","理念"作为一般性的"真"就是在这一过程中才得以"生发",而且这一"生发"的过程就是这一"理念"的独一无二的依寓之所。

因而,叔本华把"概念"比作一个无生命的容器,他说,人们放进去

---

[1] 叔本华:《作为意志和表象的世界》,石冲白译,北京:商务印书馆1982年版,第325页。
[2] 同上。

的东西在里面杂乱无章地陈设着,"除了人们原先放进去的(由于综合判断),就不能再拿出(由于分析判断)什么来。"[1]这是在说概念形成的过程及其产生的后果,"综合判断"不仅指的是抽象的认识每每将复杂的直观认识统括于一个单纯的形式或者概念之中,以至于再也无法分辨这些直观认识,从而失去了无比的丰富性,这一丰富性的丧失对于概念而言恰恰是其得以或值得存在的意义,概念虽与直观表象有关联,但是概念却要从直观表象抽出,一层一层地剥落下来,去掉了那些非本质的个性的外观与构造;而且更是在康德哲学的意义上指出"综合判断"离直观表象更加遥远,比如康德就认为:"在所有思维主词与谓词之关系的判断中,这种关系以两种不同的方式是可能的。要么谓词 B 属于主词 A,作为(以隐蔽的方式)包含在概念 A 中的某种东西;要么 B 虽然与概念 A 有关联,但却完全在它之外。在第一种场合里,我把判断称为分析的,在第二种场合里我则把它称为综合的。因此,(肯定的)分析判断是其中借助同一性来思维谓词与主词的联结的判断,而其中不借助同一性来思维这种联结的判断则应当叫做综合判断。"[2]这意味着 1 根香蕉加上 1 个苹果与 1 个手机加上 1 本书,其最终的结果都等于 2,但是在"2"之中已经不仅看不到苹果、香蕉、手机与书的直接外观,而且其四者之间不管如何替换,只要是 1 加 1,那么对于 2 都没有任何影响。

但是直观则与之相反,它是"自己代表自己,自己表出自己,不像概念那样只有假借来的内容"[3],其自身就"具有直接的、重大的意义"[4],因为意志以及理念在直观之中客体化了。对此,叔本华说出一番攸关时间性的话来:"理念则不然,谁把握了它,它就在他心里发展一些表象,而这些表象和它们同名的概念来说,都是新的。理念好

---

[1] 叔本华:《作为意志和表象的世界》,石冲白译,北京:商务印书馆 1982 年版,第 325 页。
[2] 康德:《纯粹理性批判·注释本》,李秋零译,北京:中国人民大学出版社 2011 年版,第 35 页。
[3] 叔本华:《作为意志和表象的世界》,石冲白译,北京:商务印书馆 1982 年版,第 644—645 页。
[4] 同上书,第 644 页。

第七章 "艺术使时间的齿轮停顿了"

比一个有生命的,发展着的,拥有繁殖力的有机体,这有机体所产生出来的都是原先没有装进里面去的东西。"[1]这段话极为意味深长,而且充满了文学性的张力。在他眼里,"理念"是在主客不分的生活之中体现出来,而且就是生活本身,甚至是那些更鲜活的生活本身,当然,生活本身的构成是丰富的或者复杂的,不仅仅局限于理念。

在此叔本华所使用的比喻无疑具有两方面的含义:

其一,之所以说艺术作品作为一个有机体,是因为审美主体在"始终—指向"艺术作品之时形成了流畅的审美生活,在此审美生活完满、完善且整体的前提之下,就意味着艺术作品本身既不多余任何部分,也不缺乏任何部分。

其二,审美生活本身的存在状态是时间化的,比如"拥有繁殖力的""有生命的""有机体"等等字眼,无疑把审美生活本身那种充满时机化、境域化、冲力化的时间特性描绘得酣畅淋漓。所以,叔本华说:"被体会了的理念是任何地道艺术作品真正的和唯一的源泉。理念,就其显著的原始性说,只能是从生活自身,从大自然,从这世界汲取来的,并且也只有真正的天才或是一时兴奋已上跻于天才的人才能够这样做。只有从这样的直接感受才能产生真正的,拥有永久生命力的作为。

正因为理念现在是、将来也依然是直观的,所以艺术家不是在抽象中意识着他那作品的旨趣和目标;浮现于他面前的不是一个概念,而是一个理念。"[2]究其根底,叔本华认为在艺术创造乃至在艺术欣赏的过程中,"概念"都是毫无用处的,尽管它本身对生活是有益的,对科学是有用的。

这种流畅的"理念"存在方式在叔本华美学思想之中有两个主要体现,具体表现在围绕两个典型事例寓意画与文学作品所做的分析,从中可以看出叔本华关于流畅的审美生活在内时间意识上的特殊构成思想。

---

[1] 叔本华:《作为意志和表象的世界》,石冲白译,北京:商务印书馆1982年版,第326页。
[2] 同上。

(二)"寓意画"与审美生活之"隔""阻滞""磕绊"

首先看叔本华对于寓意画的分析。

他认为,如果任何艺术的目的都是为了传达一个被领会了的理念,而且这一理念能在审美主体与艺术作品的交遇之中得以自然而然地涌现,就是因为艺术作品"已肃清了一切不相干的东西"[1],这意味着艺术作品中的所有部分都是其整体之中的有机构成部分,任何部分都在整体之中发挥着不可替代的、独特的功能,这是艺术作品在艺术性上所能够达到的至境。当然,在艺术作品当中有着良莠不齐的因素,叔本华说,有人故意地、毫不讳言地公然指定一件艺术作品来表示一个概念,那就会把事情弄糟。叔本华认为寓意画意味着其传达的不是画面上直接意蕴,而是别的。

叔本华认为理想的艺术作品应该是直接可以看到的东西,包括理念也是这样,都是在流畅的审美生活的进程之中可以体现出来的,无需其他的什么作为中介来进行暗示;如果自身不能显示为直观的对象,必须依赖这个中介来表达另外的含义,这种方式就是概念。因而,寓意画总要暗示一个概念,从而要引导接受者的注意力"离开画出来的直观表象而转移到一个完全不同的、抽象的、非直观的、完全在艺术品之外的表象上去"[2]。既然注意力被转移,而且这个注意力显然不是在观赏画作之时所生发的统整的注意力,那就意味着一个流畅的欣赏行为或者审美生活的结束,因为一个流畅的欣赏行为或者审美生活不仅是奠基于特定的审美对象之上的,而且在这一被奠基的过程之中,审美主体是"始终—指向"审美对象的,审美主体的内时间意识随着审美对象的构成的变化而持续地进行着变异,而且这一变异并不是对一个个完全不同的时间相位上的点进行立义,而是在变异之中维系着内时间意识的同一性,正如胡塞尔所说:"首先是现在瞬间被描述为新的东西,刚刚回坠的现在不再是新的东西,而是被新东西推开的东西。在这种推开中包含着一个变化。

---

[1] 叔本华:《作为意志和表象的世界》,石冲白译,北京:商务印书馆1982年版,第328页。
[2] 同上书,第329页。

但在它失去其现在特征的同时,它在其对象意向中却绝对保持自身不变,它是朝向一个个体客体性的意向,并且是一个直观的意向。"[1]就是在这样一个流畅的审美生活之中,理念才得以如其所是地体现,才能得以生成并持存,否则,就会变成"概念"了。而寓意画的"寓意"却产生于"画"之"外",更准确地说,是产生于欣赏者对这幅画的观赏过程之外,而且这一"寓意"甚至是可以离开这一主客不分的欣赏活动及其过程也可以存在。

所以,叔本华说,像这样的寓意画在艺术上的要求并不高,充其量也达不到很高的境界:"只要人们能看出画的是什么东西就足够了;因为一经看出了是什么,目的也就达到了。'此后'人们的精神也就被引到完全不同的另一种表象,引到抽象概念上去了。"[2]这正是上述文字所提到的,一个审美行为终止,继之而起的是抽象的概念活动,而且在审美行为本身之上无法自然而然地显露这一"寓意",继之而起的是另外的一种涉及"概念"而不是"直观表象"的注意力。因而,这一"寓意画"本身与"寓意"之间是一种松散的、含混、两可的关系,即使"寓意画"有了变化、改动,也不会对"寓意"产生关键的影响,所以叔本华说:"所以这里是教绘画或雕刻去做文字所做的工作,不过文字做得更好些罢了。"[3]还说:"一幅寓意画因为也恰好能以这种寓意的性质在〔人的〕心灵上产生生动的印象,不过在相同的情况下,任何文字也能产生同样的效果。"[4]他还举例说,如果要说明同一个关于"时间"的寓意,用一幅寓意画可以画出时间在揭开帷幕而让人们看到赤裸裸的真理,而使用"时间揭露真理"这个横幅也会起到同样的作用,就是说,即便"画"变成了"文字",所要传达的"寓意"作为抽象的"概念"都没有受到伤筋动骨的影响,而"寓意"本来就是"寓意画"的原来预定的目标,这一目标意味着在审美过程结束之后,还有一个要达成的根本

---

[1] 胡塞尔:《内时间意识现象学》,倪梁康译,北京:商务印书馆2009年版,第96页。
[2] 叔本华:《作为意志和表象的世界》,石冲白译,北京:商务印书馆1982年版,第329页。
[3] 同上。
[4] 同上书,第330页。

目的,审美过程只是要达到这一根本目的之手段或者工具而已。所以,叔本华对寓意画的态度就是可有可无,从"可有"的角度而言,寓意画仍然可以作为"直观的表出"来保有其艺术价值,不过这一艺术价值的存在也不是由所传达的"寓意"决定的;从"可无"的角度来看,寓意画并不是别的什么,实际上就是象形文字而已。

  叔本华进一步分析了观赏寓意画的内时间意识,认为在一个流畅的内时间意识之中,注意力必须得以完满地持续,与之相反的因素尽管可能存在,但是在欣赏之时必须"忘记"。他认为,要区分一幅寓意画的"实物意义"与"名称意义",后者正是一幅画所寓意的东西。他举例说:"(《荣誉之神》的)实物意义就是真正画出来的东西,这里是一个长着翅膀的美少年,有秀丽的孩子们围着他飞。"[1]叔本华认为,通过这幅画本身就已经表出了一个理念,并主张只有在"忘记""名称意义"以及其"寓意"之时,"实物意义"才会起作用。在这里,"忘记"意味着只是纯粹地观赏寓意画本身,不让"概念"或者"寓意"来干扰这一持续进行的、流畅的内时间意识,因为一旦有"概念"或者"寓意"的干扰发生,而且这个"概念"与"寓意"并不是依寓于作品之中的,那么就会造成离开直观的对象,造成欣赏过程的中断、停顿,这一切发生在流畅的快乐正在进行之时,总是让人扫兴的。

  究其根底,原因还是在于构成作品的质料与寓意之间缺乏一种直接的、直观的且唯一的对应关系,他对此进行了细致的描述:"如果在所表出的东西和以此来暗示的概念之间,甚至连以这一概念之下的概括或观念联合为基础的联系都没有了,而只是符号和符号所暗示的东西,两者完全按习惯,由于武断的,偶然促成的规定而连在一块。"[2]这里所说的便是象征,他说,就像棕榈是胜利的象征,十字架是基督教的象征,贝壳是香客朝圣的象征,黄色表示诈伪,蓝色表示忠贞等等,以上种种可能在生活之中会有些用处,但是在艺术上就与价值不相干了。如果像叔本华所说的那样,在作品里存在一些间接的甚至勉强的

---

[1] 叔本华:《作为意志和表象的世界》,石冲白译,北京:商务印书馆1982年版,第329页。
[2] 同上书,第331页。

第七章 "艺术使时间的齿轮停顿了"

象征,那么这些象征在作品的整体之中与其他质料的关系就不是一种和谐共存的关系,那么,它的存在就很刺眼而突兀,最终影响的是流畅的感受。因而,叔本华很讨厌这种与直观表象相对立的概念如此出现——"从理念转移到概念总是一种堕落"[1],还说:"那名称的意义,寓意的企图,每每有损于实物意义,有损于直观的真实性。"[2]

就整体而言,叔本华是从艺术作为一种独特价值的视角去思考这一问题,尽管他自己并没有直接指明艺术的价值体现为流畅的审美生活的内时间意识,但是从以上分析之中就不难发现其中蕴含的此类思想。从此出发,叔本华倡导一种独立的艺术价值观:"如果一幅寓意画也有艺术价值,那么这价值和这幅画在寓意上所成就的是全不相干的,是独立的。这样一种艺术作品是同时为两个目的服务的,即为概念的表现和理念的表出服务。只有后者能够是艺术的目的;另外那一目的是一个外来的目的。使一幅画同时又作为象形文字而有文字的功用,是为那些从不能被艺术的真正本质所歆动的人们取乐而发明出来的玩意儿。"[3]可见,叔本华认为造型艺术中的寓意是一种错误的、为艺术莫须有的做法;如果因为生硬地、勉强地表现思想、真理而把作品搞得荒唐可笑,那就完全不能容忍了。

(三) 文学阅读活动作为内时间意识的流畅性及"时间视域"——"不隔"

其次要关注的,是叔本华对文学作品接受过程作为内时间意识的构成思想。

文学作品与造型艺术有着显著的差异,因为其质料是语言,语言就单个的字词来看,都是"概念",因而,叔本华提出第一步是在文学作品中直接使用的是概念,第二步是从概念过渡到直观的东西,读者的想象力承担着表出直观事物的任务。

关于在文学作品中存在的概念或者抽象的思想,叔本华认为这并

---

[1] 叔本华:《作为意志和表象的世界》,石冲白译,北京:商务印书馆1982年版,第329页。
[2] 同上书,第329—330页。
[3] 同上书,第330页。

不鲜见,而且认为,这些概念与抽象的思想虽然其自身并无直观地直接呈现的可能性,但是在语言的隐喻、比喻、比兴和寓言中,它们可以得到直观的体现。叔本华举例说,柏拉图在《理想国》之中的洞喻就很优美地说出了一个极为抽象的哲学主张。他认为很多杰出的寓言作品给予了道德真理很华丽的轻松外衣,并赋予它们以最大的直观意味,但是,他还是看到在文学作品中象征的两个缺点,其一是"如果在直观表出的形象和用此以影射的抽象事物之间,除了任意规定的关联外并无其他关联,那么,在造型艺术也和在文艺一样,寓言就变为象征了。"[1]其二是"因为一切象征实际上都是基于约定俗成的东西,所以象征在其他缺点外还有一个缺点,那就是象征的意义将随日久年远而被淡忘,最后完全湮没。"[2]并举例说:"如果人们不是事先已经知道,谁能猜得出为什么鱼是基督教的象征呢?〔能猜得出的〕除非是一个香波亮,因为这类东西已完全是一种语音学上的象形文字。因此,〔使徒〕约翰的启示作为文学上的寓言,直到现在仍和那些刻画着《伟大的太阳神米特拉》的浮雕一样,人们〔至今〕还在寻求正确的解释呢。"[3]以上由于象征本身与语言关系的含糊、摇摆、曲折以及在历史中的淡化,都会使得在文学作品出现的象征成为整体之中的不谐音,最终导致的还是阅读过程的阻碍、中断,导致流畅感受质量的降低。我国学者王国维作为叔本华思想的追随者,其在《人间词话》中所列举的"谢家池上""江淹浦畔"就是对叔本华此思想的化用,这种掉书袋式的炫学用典不仅使得"春草"无从直接得以直观表达,而且更为重要的是影响到了阅读的流畅体验,这正是王国维所云"隔"的两方面含义。

最为精彩的是叔本华对文学作品阅读过程中必然会出现的"时间视域"的解释,当然,在字面上,叔本华是在分析纯粹的作品构成比如语句的构成,但实质上是在说一个流畅的阅读内时间意识奠基于这一作品的构成之上。既然文学作品赖以安身立命的是语言文字,而世界

---

[1] 叔本华:《作为意志和表象的世界》,石冲白译,北京:商务印书馆1982年版,第336页。
[2] 同上书,第336页。
[3] 同上。

第七章 "艺术使时间的齿轮停顿了"

上几乎所有的语言文字从单个而言都是概念,那么,在作品之中就要做到恰如其分的字词之间的连接,才有可能形成好的文学作品,并在此之上奠基出流畅的阅读快感体验,叔本华的看法是:"为了符合文艺的目的而推动想象力,就必须这样来组合那些构成诗词歌赋以及枯燥散文的直接材料的抽象概念,即是说必须使这些概念的含义圈如此交错,以致没有一个概念还能够留在它抽象的一般性中,而是一种直观的代替物代之而出现于想象之前,然后诗人继续一再用文字按他自己的意图来规定这代替物。"[1]

在此所说的正是文学作品阅读过程中的"时间视域",而且是已经实现了的、高质量的文学作品阅读活动中的内时间意识的构成状态。在这里的"时间视域"指的是主观时间,因为在客观时间之中的时间构成正如叔本华所说的——瞬间接着瞬间,一个点接着下一个点均匀地流逝着,虽然叔本华在《作为意志和表象的世界》一书中,把意志的体现规定为始终存在的"现在"——就像矗立在一条流动的河流之中的礁石,虽然"将来"在不断地成为"过去",但是"现在"却是岿然不动的,可惜叔本华没有把"现在"理解为主观时间意识之内的一个"过程"——即"现在感",总的来说这个"现在"还是很含混、神秘的。

但在叔本华对文学作品中的句子进行分析的时候,已经天才地流露出,"现在感"不是物理时间中的一个点,而是一个流动的、有宽度的"视域",比如"床前明月光,疑是地上霜"两句诗共有 10 个字,就纯粹单独存在的这 10 个字来看,都分别是概念,因为在世界上没有一张个别的床被单独地称为"床",但是在李白的《静夜思》之中,"床"这个字是整首诗的开始,在内时间意识之中是一个触发点,所引发的是内时间意识过程中的原印象,而后的"前明月光"继之而起,我们感受到的并不先是"床",而后"床"在时间上就成为过去,然后又分别读到了"前""明""月""光",这 5 个字乃至这 10 个字在时间上都是物理时间的一个点,事实上,当我们阅读到"明"的时候,"床前"并没有消失,只

---

[1] 叔本华:《作为意志和表象的世界》,石冲白译,北京:商务印书馆 1982 年版,第 336—337 页。

是在这个时候,"明"在视域中显得最亮,"床前"只是稍逊,甚至是同样明亮的,在内时间意识的"回坠"之中的"滞留"里得以保存,并且,从"明"向着"月光"也存在着内时间意识中的"前摄"。

但是上述要素在我们面对"床前明月光"之时,完全是一个完整的内时间意识,因为正如叔本华所说,"床前明月光,疑是地上霜"这10个字之中的任何一个字已经在前后持续的连接之中,最大限度地克制了作为字典上单独的字词即概念所具有的中性的、抽象的意义,他说:"诗文里面的许多修饰语就是为这目的服务的,每一概念的一般性都由这些修饰语缩小了范围,一缩再缩,直到直观的明确性"[1],从而成为一个整体,在阅读之时,身在异乡的游子所处的"景"与"情"或者"情景"便从中凸现,而且只在这个独一无二的结构之中凸现,而且其凸现的状态之中涌动着的注意力被持续地吸引——即"流畅"。

胡塞尔在分析"旋律"之时曾说:"它开始和停止,而整个延续的统一、它在其中开始和结束的整个过程的统一,都在结束之后'移向'越来越遥远的过去。在这个回坠过程中,我还"持留住"它,还在一种'滞留'中拥有它,而只要这个滞留还在维续,这个声音就具有它的本己时间性,它就还是这同一个声音,它的延续就还是这同一个延续。"[2]也就是说,在我们聆听音乐的整个意识的流动"期间",构成这一音乐作品的所有音符都是作为同一个声音被意识延续着的,被意识为现在延续着的,这正是"旋律"的生成,也正是美感——其感性面貌就是"流畅"的生成。如此,在叔本华看来,"思乡之情"或者"旋律"就会成为理想的、完满的"理念"。

叔本华因而也把作家比作高明的"化学家",他说:"化学家把〔两种〕清澈透明的液体混合起来,从而获得固体的沉淀,与此相同,诗人也会以他组合概念的方式使具体的东西、个体的东西、直观的表象,好

---

[1] 叔本华:《作为意志和表象的世界》,石冲白译,北京:商务印书馆1982年版,第337页。
[2] 胡塞尔:《内时间意识现象学》,倪梁康译,北京:商务印书馆2009年版,第56—57页。

比是在概念的抽象而透明的一般性中沉淀下来。"[1]对于文学作品中的节奏与旋律何以具有那么强烈的效果,叔本华说不知道会有什么其他解释,"除非是说我们的各种表象能力基本上是束缚在'时间'上的,因而具有一种特点,赖此特点我们在内心里追从每一按规律而重现的声音,并且好像是有了共鸣似的。"[2]在此所说的"追从"既是对流畅的内时间意识之中的"持续吸引"的确认,又是对在审美生活之中主体与客体在"同时性"构成关系的揭示。

第三节 "艺术使时间的齿轮停顿了"

正如本文第一部分所述,意志经由理念然后才实现为最为具体直观的表象,这一客体化的进程又有很多固定的级别,沿着清晰和完备的程度而逐级上升。而且,这些级别在叔本华看来就是一定物种或有机或无机的一切自然物的原始状况,具有不变的形式和属性。而在不同的时间、空间和因果性之中,杂多的表象才呈现出来,叔本华提出:"根据律是一切有限事物,一切个体化的最高原则。并且在表象进入这种个体的'认识'时,根据律也是表象的普遍形式。"[3]"根据律"可以说就是"时间性"的最直接的呈现,因为一切人乃至事物在生存的持续过程都必然是由一个个具体的"根据"引发的,而且这一"根据"就始终作为一种推动力体现于过程之中。而且,根据叔本华上述对"意志"作为时间创造者的描述,这种"根据"更是不断地变化,不断地产生着"意义"的"可能性",从而绽放出叔本华人生哲学的独特风采。

一、"理念"消除"根据律"——"艺术使时间的齿轮停顿了"

而"理念"作为比"意志"更具体、比"表象"更一般的存在于时间

---

[1] 叔本华:《作为意志和表象的世界》,石冲白译,北京:商务印书馆1982年版,第337页。
[2] 同上。
[3] 同上书,第246页。

上的体现就是"常驻的现在"[1]——"时间却只是一个个体的生物对这些理念所有的那种化为部分,分成片断的看法,理念则在时间以外,从而也是永恒的。所以柏拉图说'时间是永恒性的动画片'。"[2]其中的原因在于:"事实上我们就会根本不再认识个别的物件,也不会认识一桩事件,也不会认识变换和杂多性,而是在清明未被模糊的认识中只体会理念,只体会那一个意志或真正自在之物客体化的那些级别。"[3]人对无"时间性"的或者"常驻的现在"的"理念"的"认识"就其本身而言还是"意志"的客体化,但是很显然,这种对"理念"的"认识"与"意志"的关系已经很远很远。但是,叔本华一再强调,不管这种关系有多远,认识还是为意志服务的,即"认识"永远只能是一个表象而已。但是"认识"可以把握"理念",更准确地说,可以把握从客体而来的、依据"根据律"建立起来的各种"关系"——"时间、空间、因果性",叔本华说:"原来只有通过这些关系,客体对于个体才是有兴味的,即是说这些客体才和意志有关系。所以为意志服务的'认识'从客体所认取的也不过是它们的一些关系,认识这些客体也就只是就它们在此时此地,在这些情况下,由此原因,得此后果而言。"[4]如果把这些关系取消了,对于认识而言,这些客体也就消失了。

而且,叔本华把这种复杂的关系置于"时间"的视域之中:"任何关系本身又只有一个相对的实际存在;譬如时间中的一切存在就也是一个非存在,因为时间恰好只是那么一个东西,由于这东西相反的规定才能够同属于一个事物;所以每一现象都在时间中却又不在时间中。这又因为把现象的首尾分开来的恰好只是时间,而时间在本质上却是逝者如斯的东西,无实质存在的、相对的东西,在这里〔人们就把它〕叫做延续。"[5]尽管在此叔本华还是局限在那种"流俗的时间观"之中——只是把"时间"理解为"空间"之中的物与物之间位置上的关

---

[1] 叔本华:《作为意志和表象的世界》,石冲白译,北京:商务印书馆1982年版,第246页。
[2] 同上。
[3] 同上。
[4] 同上书,第247页。
[5] 同上书,第248页。

系,而没有意识到那"延续"在"意志"作为生活的价值与意义上的原始存在状态,他还是强调:"然而时间却是为意志服务的知识所有的一切客体的最普遍的形式,并且是这些客体的其他形式的原始基型。"[1]

而"认识"作为对"意志"与"理念"的"认识",在个体的心理上却会出现与受"意志"支配的消极感受相反的积极性的感受——"超越感":"这正是由于主体已不再仅仅是个体的,而已是认识的纯粹而不带意志的主体了。这种主体已不再按根据律来推敲那些关系了,而是栖息于、浸沉于眼前对象的亲切观审中,超然于该对象和任何其他对象的关系之外。"[2]在这里的"认识"就不再是仅限于认识论意义上的、由抽象的概念和理性的思考所构成的科学认识,而是在"直观活动"之中而且始终体现为"直观活动"的"认识"。叔本华在此所描述的也正是现象学意义上的"内时间意识"的构成,总的来说,由"意志"推动的"内时间意识"的过程(即表象)被这一"认识"所中断,取而代之的是离开了"意志"的"宁静观审"过程,他把这种过程出现的原因称之为"精神力"的提高:

> 如果人们由于精神之力而被提高了,放弃了对事物的习惯看法,不再按根据律诸形态的线索去追究事物的相互关系——这些事物的最后目的总是对自己意志的关系——即是说人们在事物上考察的已不再是"何处"、"何时"、"何以"、"何用",而仅仅只是"什么";也不是让抽象的思维、理性的概念盘踞着意识,而代替这一切的却是把人的全副精神能力献给直观,浸沉于直观,并使全部意识为宁静地观审恰在眼前的自然对象所充满,不管这对象是风景,是树木,是岩石,是建筑物或其他什么。人在这时,按一句有意味的德国成语来说,就是人们自失于对象之中了,也即是说人们忘记了他的个体,忘记了他的意志;他已仅仅只是作为纯粹

---

[1] 叔本华:《作为意志和表象的世界》,石冲白译,北京:商务印书馆1982年版,第248页。

[2] 同上书,第249页。

的主体,作为客体的镜子而存在;好像仅仅只有对象的存在而没有觉知这对象的人了,所以人们也不能再把直观者〔其人〕和直观〔本身〕分开来了,而是两者已经合一了;这同时即是整个意识完全为一个单一的直观景象所充满,所占据。[1]

从这一描述中可以看出,其核心的概念是内时间意识之中的"注意力",当然,"注意力"也与内时间意识之中的"自我"概念一脉相承,"自我"的变化往往就体现在"注意力"所始终—指向的对象变化之上。在此"认识"之中,贯穿的正是对"意志"的不注意和对与"意志"无涉的直观事物的注意,而且在这一"认识"体现为完满的"注意力"得以延续之时,其整体的面貌正是上述审美生活的"流畅感"。正是对"意志"的放弃,导致杂多性的时间、空间以及因果性的"根据律"才消失,人的全部"注意力"在时间上的延续过程才会为"超越性"的直观对象所充满和占据。而且,在这一超越性的"认识"体现的过程之中,人与对象之间是一种"不能分开来"的"始终—指向"关系,人与对象共属于一个完整的直观行为。正如海德格尔所说:"意蕴乃是原初的东西,是直接给予我的,并没有通过一种实事把握而造成的任何思想上的拐弯抹角。"[2]因而,在这个时候,客体就如叔本华所言——以这种方式脱离了与其他任何事物的一切关系,也就摆脱了与意志的关系,人所认识的也就不再受根据律支配,不再是处在时间之中的个别事物,而是"理念""永恒的形式""是意志在这一级别上的直接客体性"[3]。

所以,叔本华说,正是由于这一点,置身于这一直观中的主体也就不是个体的人——"他已是认识的主体,纯粹的、无意志的、无痛苦的、

---

[1] 叔本华:《作为意志和表象的世界》,石冲白译,北京:商务印书馆1982年版,第249—250页。
[2] 海德格尔:《形式显示的现象学:海德格尔早期弗莱堡文选》,孙周兴编译,上海:同济大学出版社2004年版,第10页。
[3] 叔本华:《作为意志和表象的世界》,石冲白译,北京:商务印书馆1982年版,第250页。

无时间的主体。"[1]那么,在这一观审之中的对象也已成为其种类的理念,人成为认识的纯粹主体。总的来说,是"认识的纯粹主体"使得"作为表象的世界才能完美而纯粹地出现,才圆满地实现了意志的客体化,因为唯有理念才是意志恰如其分的客体性。"[2]不过,在叔本华试图强调"理念"的时候,把"主体""客体"之间构成关系错误地理解为"主体"消失,成为"客体"自身,其原因就在于没有彻底地把"理念"与"认识活动"本身之间的关系及状态讲清楚,因为"认识活动"本身正是"理念"的体现者或者存在的状态,在这一由"理念"所推动的"认识活动"之中,"理念"并不是在"认识活动"之外可以孤立存在的,而且与"认识活动"相并列,"理念"在主客体不能"分离"而不是不能"分辨"的"认识活动"之中,但是叔本华还是把主体与客体之间无法"分离"的且包蕴着"时间性"的"始终—指向"关系转换为无法"分辨"关系,势必会产生一种描述主客体在意向活动中构成关系的"含混语法"——"主客体统一论":

> 主体,当它完全浸沉于被直观的对象时,也就成为这对象的自身了,因为这时整个意识已只是对象的最鲜明的写照而不再是别的什么了。[3]

> 在理念出现的时候,理念中的主体和客体已不容区分了,因为只有在两者完全相互充满,相互渗透时,理念,意志的恰如其分的客体性,真正作为表象的世界,才发生;与此相同,此时能认识的和所认识的个体,作为自在之物,也是不分的。[4]

> 使自己浸沉于对自然的直观中,把自己都遗忘到了这种地步,以至他已仅仅只是作为纯粹认识着的主体而存在,那么,他也就会由此直接体会到[他]作为这样的主体,乃是世界及一切客观

---

[1] 叔本华:《作为意志和表象的世界》,石冲白译,北京:商务印书馆1982年版,第250页。
[2] 同上。
[3] 同上书,第251页。
[4] 同上书,第251—252页。

的实际存在的条件,从而也是这一切一切的支柱。[1]

"理念"本身就是"时间化"的、"过程化"的,由于叔本华过于强调"理念"的无"时间性",反而把自己鲜活的受意志引导生活之"流"描述变得逊色不少。这也正是叔本华哲学之中的"时间性"之争。

叔本华举例说,如果我们看到水的漩涡、波浪、泡沫,那就还是无所谓的、非本质的,如果我们看到水随着引力就往下奔流,那就看到了水的"无弹性、易于流动、无定型、透明"等等属于水的"本质"。叔本华说:"这些如果是直观地被认识了的,那就是理念了。"[2]而且,在叔本华看来,理念显现的完满程度随着无机物到有机物逐级上升——"在浮云、溪水、结晶体中显现的〔已〕是那意志最微弱的尾声了,它若出现于植物中那就要完满些,在动物又更完满一些,最完满是在人类。"[3]因而,一方面,只有意志的客体化所具有的那些级别在"本质上的东西"才构成理念,另一方面,理念显现的完满程度却受到多样化的"根据律"的强有力的影响,也就是说,在时间、空间、因果性的推动下,理念已经分散得七零八落了,其完美的程度不一,分布各异,而且在人类生存的形态上更加显得诡谲,诸如时过境迁,事态层出不穷,因为偶然性急剧增长,已然置理念于黑暗之中了。

因而,叔本华说,世上倘有人具有这样的天赋——能把意志、理念、现象区分开来,那么,这世间的滚滚红尘便只是些"符号"而已,"我"审视着这些"符号","我"置之度外,这样就可以发现"理念",这才具有"意义"。这完全是一个看戏的人的态度。不过要达到这一境界,那是很难很难,因而叔本华会对佛教哲学尤为推崇。叔本华认为,在这个时候,"时间"就消失了,丧失了它的作用:"他也就不会和别人一样,相信时间真的产生了什么新的和重要的东西,相信根本有什么绝对实在的东西是通过时间或在时间中获得具体存在的;或甚至于相

---

[1] 叔本华:《作为意志和表象的世界》,石冲白译,北京:商务印书馆1982年版,第253页。
[2] 同上书,第254页。
[3] 同上书,第254—255页。

信时间自身作为一个完整的东西是有始终,有计划,有发展的。"[1]而"理念"则是超越时间性的"常住"的"本质":"在人类生活纷纭复杂的结构中,在世事无休止的变迁中,他也会只把理念当作常住的和本质的看待。"[2]而且,对于人来说,"生命意志"在诸"理念"之中有着最完美的客体性。叔本华列举了世间那些数不清的特性、那些个别的体现——"小"至情欲、错误和特长、表现于自私、仇恨、爱、恐惧、勇敢、轻率、迟钝、狡猾、伶俐、天才,"大"到"一切一切汇合并凝聚成千百种形态而不停地演出的大大小小的世界史",都不过是"理念"的体现,上述那大大小小的方面,不管导致它们产生的原因是什么——是胡桃还是王冠,与"理念"的自在的本身存在而言都是毫不相干的。但是这些大大小小的现象却有着惊人的相似或者相同——即相同的人物、相同的命运、相同的剧情精神。

在叔本华看来,艺术就可以很完满地承担认识"理念"的重任,而且本色当行,自有其不可替代之处。之所以得出这样的结论,叔本华是基于与自然科学的比较。叔本华认为,自然科学比如数学研究的是那些赤裸裸的形式,在这些形式中,对于作为个体的主体的认识,理念就分化为杂多,因而,所研究的就是时间和空间。因而,叔本华总结说:"这一切以科学为共同名称的〔学术〕都在根据律的各形态中遵循这个定律前进,而它们的课题始终是现象,是现象的规律与联系和由此发生的关系。"[3]这表明科学尤其是自然科学的价值在于始终要追求最新的成果,而且这一成果就是体现于对新的"关系"——即由"时间"参与其中并造成的"关系"的发现,当然,这里所说的时间是自然科学意义上的时间,而且新的发现一定要取代旧的,而科学活动的过程自然也是受到这样一种价值的推动才是可能的,才是有意义的。

科学活动一刻也不能停留,因为新的现象一定会在新的时间关系之中产生,叔本华说:"科学追随着四类形态的根据和后果〔两者〕无

---

[1] 叔本华:《作为意志和表象的世界》,石冲白译,北京:商务印书馆1982年版,第255页。

[2] 同上书,第256页。

[3] 同上书,第258页。

休止的、变动不尽的洪流而前进的时候,在每次达到目的之后,总得又往前奔而永无一个最后的目标,也不可能获得完全的满足,好比人们〔向前〕疾走以期达到云天和地平线相接的那一点似的。"[1]因而,在这里,叔本华直接提出了一个问题,即与自然科学无法摆脱"时间"、无法摆脱"关系"相反的维度:"然则在考察那不在一切关系中,不依赖一切关系的,这世界唯一真正本质的东西,世界各现象的真正内蕴,考察那不在变化之中因而在任何时候都以同等真实性而被认识的东西,一句话在考察理念,考察自在之物的,也就是意志的直接而恰如其分的客体性时,又是哪一种知识或认识方式呢?"[2]他的回答非常简洁明确——"那就是艺术。"[3]以下论述可以说是叔本华美学思想中时间性因素的精华所在:

> 艺术复制着由纯粹观审而掌握的永恒理念,复制着世界一切现象中本质的和常住的东西;而各按用以复制的材料〔是什么〕,可以是造型艺术,是文艺或音乐。[4]

> 艺术的唯一源泉就是对理念的认识,它唯一的目标就是传达这一认识。[5]

> 与此(自然科学)相反是艺术,艺术在任何地方都到了它的目的地,这是因为艺术已把它观审的对象从世界历程的洪流中拔出来了,这对象孤立在它面前了。而这一个别的东西,在那洪流中只是微不足道的一涓滴,在艺术上却是总体的一个代表,在空间时间中无穷"多"的一个对等物。[6]

这也就是——"艺术使时间的齿轮停顿了"[7]

叔本华进一步解释说,在艺术之中,那些体现为"时间"的"关系"

---

[1] 叔本华:《作为意志和表象的世界》,石冲白译,北京:商务印书馆1982年版,第258页。
[2] 同上。
[3] 同上。
[4] 同上。
[5] 同上。
[6] 同上书,第258—259页。
[7] 同上书,第259页。

消失了,而"只有本质的东西,理念,是艺术的对象。"[1]而且,他还把艺术直称为独立于或者脱离了"根据律"的观察事物的方式。根据"根据律"来观察事物的方式是经验和科学的道路,是理性的考察方式,就像一根无尽的、与地面平行的横线,这是在实际生活和科学中唯一有效而且有益的考察方式;而撇开"根据律"的考察世界的方式则是"艺术"的方式和"天才"的方式,好比在任何一点切断上述根根横线的垂直线。

二、艺术天才与时间齿轮的停顿

在此叔本华之所以把"艺术"观察世界的方式与"天才"相等同,其中的机杼也正在时间上。他认为,天才是能够完全浸沉于对象的纯粹观审的人,因而只有天才才能掌握"理念",天才的本质就在于进行这种观审的卓越能力。在叔本华看来,"这种观审既要求完全忘记自己的本人和本人的关系,那么,天才的性能就不是别的而是最完美的客观性,也就是精神的客观方向,和主观的,指向本人亦即指向意志的方向相反。准此,天才的性能就是立于纯粹直观地位的本领,在直观中遗忘自己,而使原来服务于意志的认识现在摆脱这种劳役,即是说完全不在自己的兴趣,意欲和目的上着眼,从而一时完全撤销了自己的人格,以便(在撤销人格后)剩了为认识着的纯粹主体,明亮的世界眼。"[2]以上所述就是一个"旧我"消失之后出现的"新我"的"无功利感"。

当然在这里叔本华只用了一个"我",即受制于"意志"并经由"理念"所形成的那个在"时间"中流变为杂多性的"我"。这个"新我"的特性是在直观中遗忘"旧我",很显然这种心理正是"注意"的产生与持续。所以,叔本华在"注意"的产生与持续即"时间性"上又增加了描绘:"并且这不是几瞬间的事,而是看需要以决定应持续多久,应有多少思考以便把掌握了的东西通过深思熟虑的艺术来复制,以便把

---

[1] 叔本华:《作为意志和表象的世界》,石冲白译,北京:商务印书馆1982年版,第259页。
[2] 同上书,第259—260页。

'现象中倘恍不定的东西拴牢在永恒的思想中'。"[1]他并且认为要上升到"定量"的时间性维度:"这好像是如果在个体中要出现天才,就必须赋予这个体以定量的认识能力,远远超过于为个别意志服务所需要的定量;这取得自由的超额部分现在就成为不带意志的主体,成为〔反映〕世界本质的一面透明的镜子了。"[2]在这里的"定量"在字面上看是空间化的,也可以说是好像具有物理强度似的,但是究其根底还是时间性上的,因为衡量"认识"能力与"意志"体现之"表象"之间孰强孰弱的标准,就在于谁占据的"注意力"最多,即一个人的"注意力"总是有限的,总受到"瓶颈"的制约,因而上述两者的强弱就体现在内时间意识的构成上,体现在哪一方所占据的内时间意识更长之上,当然这里所说的"长短"绝不是物理时间意义上的,而是主观时间意识之上的。

因而,叔本华认为,天才总在做无休止的追求,不断寻找更有观察价值的对象,因为"现在"远远无法满足他们对于"理念"寻求的"可能性",而且"又因为现在不能填满他们的意识"[3]。而凡夫俗子们则与天才不同,他们"是由眼前'现在'完全充满而得到了满足的,完全浸沉于这'现在'中,并且他们到处都有和他们相类似的人物,在日常生活中他们也有着天才不可得而有的那种特殊舒服劲儿。"[4]可以看出,凡夫俗子们为盲目意志所牵引着,时刻只想获得眼前的满足,而天才的本质却在于——"他的对象就是永恒的理念,是这世界及其一切现象恒存的,基本的形式。"[5]其中所提及"永恒的理念""恒存的、基本的形式"的基本机枢正是在时间性之上才能得以理解的无时间性。

叔本华的天才论的重点并不在"天才"自身,也并不是倡导凡夫俗子们要向天才奋进,在此"天才"之"天才",乃是因为天才是这样一个仅仅反映着"理念"的"镜子"的"作者"。他认为:"通过艺术品,天才

---

[1] 叔本华:《作为意志和表象的世界》,石冲白译,北京:商务印书馆1982年版,第260页。
[2] 同上。
[3] 同上。
[4] 同上。
[5] 同上。

第七章 "艺术使时间的齿轮停顿了"

把他所把握的理念传达于人。……我们所以能够从艺术品比直接从自然和现实更容易看到理念,那是由于艺术家只认识理念而不再认识现实,他在自己的作品中也仅仅只复制了理念,把理念从现实中剥出来,排除了一切起干扰作用的偶然性。艺术家让我们通过他的眼睛来看世界。至于艺术家有这种眼睛,他认识到事物的本质的东西,在一切关系之外的东西,这是天才的禀赋,是先天的。"[1]

说到底,通过上述文字,可以看到"艺术让时间的齿轮停止了跳动"这一叔本华美学中时间性之思的精粹,并不是停留在"艺术作品"本身,也不是止步于好像可以孤立而自足地存在的"艺术作品"之中的"理念",而是——"天才"在"艺术作品"中所传达的"理念"或者说蕴涵着"理念"的"艺术作品"只是构成天才或者凡夫俗子们审美生活的一个"相关项"之一,唯有在审美生活之中,"理念"才有可能呈现出来,而且仅仅呈现为"审美生活"的形态,因而,"审美生活"才是意义与价值的体现,只不过"审美生活"的价值与意义被叔本华的意志哲学沾染了太多的个人色彩,但是究其整体而言,他的美学思想是其人生哲学的有机组成,他是西方现代美学史继席勒之后最为系统的、在"主客不分"的视野中展开美学知识的美学家。

本文之所以给叔本华如此定位,就是因为他如 20 世纪的现象学哲学一般,把那混融不可分裂的、原发性的"生活"本身作为一个整体来把握,其美学思想中的"理念"的显现方式就是最典型的体现。他认为:"认识理念却又必然是直观的而不是抽象的。"[2]这就与前文所述叔本华关于审美生活在内时间意识体现上的"流畅性"思想完全对接起来了。也就是说,叔本华学说之中的"理念"不是柏拉图思想中完全无时间性的、绝对的、自足的"理念",尽管他自己在著作中常常流露出对柏拉图此说的赞誉。

因而,叔本华关于"天才"之于"理念"关系所阐述的,其实就是这样一个看似简单但却深刻的道理——只有那些为"天才"所创造的杰

---

[1] 叔本华:《作为意志和表象的世界》,石冲白译,北京:商务印书馆1982年版,第272页。
[2] 同上书,第260页。

出的或者经典的艺术作品,才有可能在与审美主体的相遇之中,形成更高质量的审美生活;也只有在高质量的审美生活的基础上,理念才能充盈地绽放出来,从而,"理念"就不单单是"理念",而是具有"时间化"属性的或者"内时间意识化"属性的呈现状态,而且这一属性并不是外在的一种状态,是在审美生活即审美主体对艺术作品的接受过程、欣赏过程结束之后再附加上去的,而是就其本质的构成而言,这种属性是内在的、先验的。

叔本华曾说,现实当中的客体往往在"理念"的体现上是有缺陷的,而"天才"就在弥补这个缺陷上体现出特殊的才能,这个才能的特殊之处就体现在天才的艺术作品只是纯客观地掌握该客体的"理念",而那些与之相反的极无天才的所谓艺术作品则还是按照"根据律"来看待客体,尤其是把客体放在与本人产生的"关系"之中进行观察,在叔本华看来,这样的作品也会使人迷恋一时甚至心旷神怡,但是在欣赏的过程之中会引发个人的私欲或是把作品当作现实中无法实现的那些欲望的代用品。在他看来,这都是普通人,千千万万的普通人的审美心理。

三、艺术天才"内时间意识"的卓越之处

叔本华进而在"内时间意识"绵延、延续的角度比较了天才的理想审美生活与普通人不理想的审美生活之间的差异。总的来说,前者在内时间意识构成上的特征是,在对待不带有"意志"的"纯粹直观"的时间上是"持续的""贯注的""流连忘返的""持久地注集的";而后者则是"不持续的""不贯注的""不流连忘返的""走马看花似的",在以下的文字中,叔本华对两者之间的差异做了精彩的描述:

> 这种普通人至少是断不可能持续地进行一种在任何意义之下都完全不计利害的观察——那就是真正的静——;他只是在这样一种范围内,即是说这些事物对他的意志总有着某种关系,哪怕只是一种很间接的关系才能把他们的注意力贯注到事物上。就这一方面说,所要求的既然永远只是对于关系的认识,而事物的抽象概念又已足够应用,在大多数场合甚至用处更大;所以普

第七章 "艺术使时间的齿轮停顿了"

通人就不在纯粹直观中流连了。不把他的视线持久地注集于一个对象;而只是迅速地在呈现于他之前的一切事物中寻找概念,以便把该事物置于概念之下,好像懒怠动弹的人要找一把椅子似的,〔如果找到了,那么〕他对这事物也不再感兴趣了。因此,他会对于一切事物,对于艺术品,对于美的自然景物,以及生活的每一幕中本来随处都有意味的情景,都走马看花似的浏览一下仓促了事,他可不流连忘返。他只找生活上的门路,最多也不过是找一些有朝一日可能成为他生活的门路的东西,也就是找最广义的地形记录。对于生活本身是怎么回事的观察,他是不花什么时间的。天才则相反,在他一生的一部分时间里。他的认识能力,由于占有好的优势,已摆脱了对他自己意志的服务,他就要流连于对生活本身的观察,就要努力掌握每一事物的理念而不是要掌握每一事物对其他事物的关系了。[1]

我们就必须承认在事物中认识其理念的能力,因而也正就是暂时撇开自己本人的能力,是一切人所共有的。天才所以超出一切人之上的只在这种认识方式的更高程度上和持续的长久上,这就使天才得以在认识时保有一种冷静的观照能力,这种观照能力是天才把他如此认识了的东西又在一个别出心裁的作品中复制出来所不可少的。[2]

叔本华的天才说并不是要对人类进行分类,他所说的更是一种人生的态度,是一种在生活之流中如何灵活地在不同的境域与时机中采取诗意的人生态度的哲学。他说,天才人物只是指人真正沉浸于天才的认识方式而言,并且只以此为限,还说:"这决不是说天才的一生中每一瞬都在这种情况中的,因为摆脱意志而掌握理念所需要的高度紧张虽是自发的,却必然要松弛,并且在每次紧张之后都有长时间的间

---

[1] 叔本华:《作为意志和表象的世界》,石冲白译,北京:商务印书馆1982年版,第262页。

[2] 同上书,第272页。

歇。"[1]那么,在这些"间歇"之中,天才和普通人大体上都是相同的;他还认为,天才的这种暂时脱了"意志"盲目控制的"超人"禀赋只是"周期"地占用个体而已。

叔本华还对艺术天才与数学家在"内时间意识"方面的差异做了对比,他说天才不愿把注意力放在根据律的内容上,因而很多天才人物都很讨厌数学,因为数学是研究现象的最普遍的形式,是研究时间和空间的,而时间与空间又是根据律的两种形态而已。进行数学研究需要赤裸裸地按照根据律而导出一系列的推论链条,所以叔本华说,进行这样的研究就需要"记忆力",以便在心目中保存前面所有的以其为根据的命题。总的来说,直观的认识与理性的认识是根本对立的,前者的视域是理念,后者则是以根据律为最终的旨归。

在《作为意志和表象的世界》一书中的第三编,叔本华还探讨了很多内时间意识的构成因素及其状态问题。他认为疯子在内时间意识上的问题在于"记忆力":"一般说来,他们也能正确地对待眼前的事物,能理解因果的关系。……在大多数场合,疯人在直接认识眼前事物时根本不犯什么错误,他们的胡言乱语总是和不在眼前的和过去的事物有关,只是因此才乱说这些事物和眼前事物的联系。因此,我觉得他们的病症特别和记忆有关;但这并不是说他们完全没有记忆,因为很多疯人都能背诵许多东西,有时还能认识久别之后的人,而是说他们的记忆的线索中断了,这条线索继续不断的联系被取消了,始终如一地联贯着去回忆过去已不可能了。"[2]他还说,即使疯子正确地认识了当前的现在,随即又要与幻想出来的过去相连接,那么"现在"也就成了糊涂的了。另外,叔本华把疯子与动物之间的内时间意识也做了对比,认为两者有相似之处,即他们都是局限于眼前的;不同之处在于——动物对自己的过去一无所知,疯子则在他的理性中还有抽象的过去,不过,叔本华认为这只是虚假的过去,而这种虚假的过去又会影响他不能正确地认识现在,但是这样的一种在疯人身上出现的现象

---

[1] 叔本华:《作为意志和表象的世界》,石冲白译,北京:商务印书馆1982年版,第263页。

[2] 同上书,第268页。

第七章 "艺术使时间的齿轮停顿了"

在动物身上却没有。

至于剧烈的痛苦会引发的疯癫,叔本华给予了特别的关注,也进行了精彩的解释。他认为如果每一种痛苦都是眼前的,因而也是暂时的,这样的痛苦就不算是很过分沉重的。只有那些长期而持久的痛苦才会引发更大的悲剧,但是,在叔本华看来,这样的痛苦也是已经过去了的,但是这样的痛苦是可以作为一种思想存在的,因而就成为记忆中的东西。如果这样一种关于痛苦的回忆如此折磨人,人就受不了,最后就会自然地求助于疯癫作为救命的最后一根稻草。他说:"痛苦如此之深的精神好像是扯断了记忆的线索似的,它拿幻想填充漏洞,这样,它就从它自己力所不能胜的精神痛苦逃向疯癫了——也好比人们把烧伤了的手脚锯掉而换上木制的手脚一样。"[1]

叔本华之所以要在论及艺术天才的时候将之与凡夫俗子、数学家、疯子、动物等等进行对比,其根本的目的还是要凸显艺术天才的内时间意识的本质的独特之处。他认为,由于天才只是把握了在直观之中显露出来的理念,从而也就抛弃了对事物关系即"根据律"的关系,独立于"根据律"之外,他不再是个体的人,而是纯粹认识的主体,以便单纯地把握在直观之中的真正本质,就好像张若虚的《春江花月夜》写出了世界上最好的月夜一样,那么,这个作品就能够代表整个这一类的美。当然,正如前文所述,叔本华的天才论的重点是在于形成一个高质量的审美生活,因而,就此例而言,叔本华更为看重的当然是阅读与欣赏《春江花月夜》作品的这个过程本身,因为月夜的意境作为叔本华所说的理念就蕴涵在这个过程之中。

叔本华认为这个过程的"现在感"特别强烈——"他静观中的个别对象或是过分生动地被他把握了的'现在'反而显得那么特别鲜明,以致这个'现在'所属的连锁上的其他环节都因此退入黑暗而失色。"[2]他揭示出这种在审美体验中普遍且必然的现象——愉悦的"现在感",当然,他在此的观点还没有上升到如胡塞尔对内时间意识

---

[1] 叔本华:《作为意志和表象的世界》,石冲白译,北京:商务印书馆1982年版,第270页。

[2] 同上书,第270—271页。

所做的"时间视域"的高度,还失之笼统,因为这种在审美生活之中出现的"现在感"绝不是客观时间之上的一个"点"。当然,通过上文对"天才"在内时间意识之上的"持续""持久""流连"等特征的生动描述,"现在感"的"视域性"已经跃然纸上了。

第四节　审美生活之中的"动力""冲力"及其"同时性"

一、叔本华的人生时间账簿与审美生活之动力

在中外哲学史上,叔本华给人的快乐的多与少所算的一笔账是很精彩的,也是很独到的。在这里,叔本华的语言系统完全跳脱出了与客观时间论纠缠不清的迷茫,人生哲学得以大行其道。在其中,叔本华一方面是大张旗鼓地张扬人生苦痛的至多至本与无聊,一方面自然而然地推导出消除意志的必要性,从而走向消极、安静如古井的镜子状态。

其一,痛苦至多至本。

> 一切欲求皆出于需要,所以也就是出于缺乏,所以也就是出于痛苦。这一欲求一经满足也就完了,可是一面有一个愿望得到满足,另一面至少就有十个不得满足。再说,欲望是经久不息的,需求可以至于无穷。而〔所得〕满足却是时间很短的,分量也扣得很紧。何况这种最后的满足本身甚至也是假的,事实上这个满足了的愿望立即又让位于一个新的愿望,前者是一个已认识到了的错误,后者还是一个没认识到的错误。在欲求已经获得的对象中,没有一个能够提供持久的,不再衰退的满足,而是这种获得的对象永远只是像丢给乞丐的施舍一样,今天维系了乞丐的生命以便在明天〔又〕延长他的痛苦。——因为这个缘故,所以说如果我们的意识还是为我们的意志所充满;如果我们还是听从愿望的摆布,加上愿望中不断的期待和恐惧;如果我们还是欲求的主体,那

么,我们就永远得不到持久的幸福,也得不到安宁。[1]

在这里,那"欲求"显然就是推动人生并使之得以持存的动力,"欲求"本身不但是一个意向活动,即欲求始终指向所欲求的对象,而且更为重要的是这个"欲求"始终力求得到实现与充实,它是始终指向未来的;"欲求"还是一种可能性,一种可能性被实现,另外一种可能性就会出现,因而人生的过程就是这样的可能性不断出现并不断更新、提升的过程。就此而言,叔本华的确看到了人生的本源的时间性及其在意义与价值上的构成特性,但是他的哲学显然是个性化的,被赋予了极悲观的色彩——"欲求"本身即痛苦,"欲求"是经久不息的,而满足却是短暂、虚浮的,因而人生之中痛苦的时间远远多于幸福的时间,一切生命尤其是人在本质就是痛苦,因为意志在人身上体现出的现象臻于完美,而且随着一个人的智力的提高,他的痛苦也就愈多,因为认识愈明确就愈痛苦。

其二,无聊无可躲避。

叔本华在《作为意志和表象的世界》一书中的第四章为他的人生账本增加了一项开支记录,那就是无聊。他说:"如果相反,人因为他易于获得的满足随即消除了他的可欲之物而缺少了欲求的对象,那么,可怕的空虚和无聊就会袭击他,即是说人的存在和生存本身就会成为他不可忍受的重负。所以人生是在痛苦和无聊之间像钟摆一样的来回摆动着,事实上痛苦和无聊两者也就是人生的两种最后成分。"[2]所以,他说,一方面人躲过了困乏和痛苦,一旦得以喘息,生存得以巩固,但就不知道怎么应付这生存本身了,空虚无聊就立刻围拢来,因而人又需要消遣。那么,相对于人类为了生存进行挣扎这第一种动力而言,"摆脱生存负担的挣扎,使生存不被感觉,也就是消灭时间,逃避空虚无聊的挣扎"[3]就成为人生的第二种动力。

叔本华说,空虚无聊不是一种可以忽视的灾害,他认为从很多无

---

[1] 叔本华:《作为意志和表象的世界》,石冲白译,北京:商务印书馆1982年版,第273页。
[2] 同上书,第427页。
[3] 同上书,第429页。

聊空虚的人脸上刻画出的真正的绝望就知道它的厉害了。因而,他说,本来不怎么互爱的生物们因之开始互相急切地追求了,生物们开始热衷于社交了,而且作为人类为了抵制空虚无聊,单单从政治上考虑就设立了那么多文化乃至文艺的机构与设备,或者说,人类为了克服无聊空虚而创造出了灿烂的游戏、文化与艺术。他深刻地指出:"'面包和马戏'是群众的需要"[1],如果不能克服无聊与空虚,其后果也是异常可怕的:"费城的忏悔院以寂寞和闲着无事使空虚无聊成为惩罚的工具;而这是一种可怕的惩罚工具,已经导致囚犯们的自杀。困乏是平民群众的日常灾难,与此相似,空虚无聊就是上层社会的日常灾难。在市民生活中,星期日代表空虚无聊,六个工作日则代表困乏。"[2]

因而,叔本华认为最幸福的生活过程就是把由"愿望"与"满足"两者所产生的"痛苦"减少到最低限度,在这一痛苦与无聊交织与交替的生活过程之中,充塞一些"生活中最美妙的部分,最纯粹的愉快"的话,那就很幸运了,因为只有这种愉快能把我们从现实生存中拔出来。但是,即使如此,叔本华说,这种美的欣赏、艺术上的愉悦只能是少数人才能享受;而且,即使如此,这种快乐对于这少数人也只是过眼云烟,因为这些智力较高的少数人的痛苦远远大于常人,因而,这一点快乐也就抵消了。人生就这样在痛苦与无聊的"钟摆"之间来回摇摆着——"这些人好像钟表机器似的,上好发条就走,而不知道为了什么要走。每有一个人诞生了,出世了,就是一个'人生的钟'上好了发条,以便一句又一句,一拍又一拍地再重奏那已演奏过无数次,听得不要再听的街头风琴调子,这些调子即令有些变化也微不足道。"[3]

尽管叔本华对于人生持如此悲观的态度,对于审美与艺术的态度也同样如此,但是当我们抛开其个人化的"悲观"色彩之时,就不难发现叔本华的美学观与作为一门学科的美学知识是可以直接沟通的,其

---

[1] 叔本华:《作为意志和表象的世界》,石冲白译,北京:商务印书馆1982年版,第429页。
[2] 同上。
[3] 同上书,第441页。

第七章 "艺术使时间的齿轮停顿了"

一,从审美生活时间性动态性的存在而言,因为上述人生时间的详尽账本事实上是把审美生活的价值牢牢地扎根于生活自身的欲求与动机,与其说审美价值是人的主动而自觉的追求,不如说是出自于生活自身的内在需要产生与持存审美生活过程,一旦一个审美生活过程终结,那么这一内在的需要还会在持续地产生动力与作用。其二,叔本华的各种生活状态或形态相交织的思想,实际上是指出了审美生活存在的时间性状态,且其自身就是生活形态之一,这无疑同样指出了审美价值存在的状态。其三,叔本华对无聊与空虚的分析具有重大的美学价值,尤其是对于闲暇时间不断增多的当代人的生活更是如此,保持心理生态的健康、和谐、完满是迫切的社会问题。为了应付无聊,无聊总在等着去填补忧虑让出来的每一段空隙,鬼神与宗教因而就派上了用场。叔本华认为,人要在真实世界之外另造一个幻想的迷信世界,把自己的时间与精力都浪费在这世界上,诸如"必须经常对这些东西奉献牺牲、祈祷、修葺寺院、许愿还愿、朝香、迎神、装饰偶像等等"[1],以至于和鬼神打交道就占去了人生一半的时间,而且很多时候跟鬼神打交道比跟人打交道更有趣。他说:"这是人们双重需要的表现和症候,一重是对救援和帮助的需要,一重是对有事可做和消遣时间的需要。"[2]

他在内时间意识的角度提出:"不管在哪种形态之中,为不断提出要求的意志这样操心虑危,将无时不充满着、激动着意识。"[3]正如前文所述,如果能从欲求的无尽之流中挣脱出来,要么是靠自己的个人情调,要么是靠外来因素。当"注意力"不再集中于欲求本身,而是离开了意志与所欲求事物之间的关系,即超越利害,没有主观性,只剩下纯粹客观地、冷静而中立地观察事物,只是观察这些事物外在的形式与形体,而不涉及其实质上的存在,那么,"宁静"与"安宁"的情绪或者意识就会产生,其作为一种注意力就会得以延续。叔本华称之为摆

---

[1] 叔本华:《作为意志和表象的世界》,石冲白译,北京:商务印书馆1982年版,第442页。
[2] 同上书,第443页。
[3] 同上书,第274页。

脱了可耻意志驱使的"瞬间"。

二、审美生活中"主客"之间的"同时性"及叔本华的禁欲主义美学

而且,在叔本华对这一"宁静"的"瞬间"即"内时间意识"的描述中,他不仅对"宁静"本身做了描述,诸如"认识理念""纯粹的观审""在客体中自失""一切个体性的忘怀""根据律的取消",而且更为重要的是他绝没有把这一情绪或者意识看做是"主观"的心理活动,而是视作"主客不分"的生活或者行为的过程——"这时直观中的个别事物已上升为其族类的理念,有认识作用的个体人已上升为不带意志的'认识'的纯粹主体,双方是同时并举而不可分的,于是这两者〔分别〕作为理念和纯粹主体就不再在时间之流和一切其他关系之中了。"[1] 在上述关键的陈述中,最值得关注的是叔本华指出了在意向活动之中的主体与客体之间在"时间性"上的构成关系——"同时"地"并举"从而"不可分",或者说"不可分"在时间性上的体现——"只有当……的时候"——即在一个审美生活之中的主体与对象之间是一种"同时性"的关系,其实也就是"始终—指向"的关系。很显然,在这里的"同时并举"或者"同时性"不是在客观时间或者物理时间范围之内,不是指两个或者多个物体、事件、人在同一个时间点上的毫无关系的绝对并陈与并列,比如"我在上课"与"北冰洋下一只海豹在觅食"发生在同一时刻,而是指在一个绝对不能进行分解的整体之中的两个相关项之间的事态或者其构成上的时态关系。至于在一个审美生活之中主观条件与客观条件占有多大的成分,他认为,主观条件显然更优先一些,当然,这个主体之所以产生对"意志"的"遗忘"从而跳脱于时间的根据律之外,还是因为——与"不可少的对应物而'同时'出现的客观方面"[2],在此才会形成对于"柏拉图的理念的直观的把握"[3]。

在他看来,以上由无"意志"的主体以及无"个别性"的客体这两

---

〔1〕 叔本华:《作为意志和表象的世界》,石冲白译,北京:商务印书馆1982年版,第274—275页。
〔2〕 同上书,第278页。
〔3〕 同上。

个相关项所构成的审美生活才是理想的,一旦在一瞬间产生,那就会得到十足的愉悦。他曾以古希腊神话中那位无耻的伊克西翁为例,伊克西翁为了满足自己的色欲,可以毫无廉耻地瞒和骗,可以去杀人放火,甚至见到了众神之王宙斯的妻子赫拉,他都要肆意挑弄求欢,以至于宙斯给他的脚戴了一副风火轮,让他永远备受煎熬,这个"风火轮"正是那滚滚转动的时间之轮,因而叔本华说:"我们在这样的瞬间已经摆脱了可耻的意志之驱使,我们为得免于欲求强加于我们的劳役而庆祝假日,这时伊克西翁的风火轮停止了转动。"[1]这两个前提在叔本华看来是必备的,自主体的审美素质而言,认识对欲求保持着优势,就能够在任何环境之下引发与唤起这种超越利害的心境;自对象而言,同样如此。以上两者相结合,就能够积极地形成无功利感的审美生活,并进行长时间的保持。

就主体的审美素质而言,他很欣赏荷兰画家在静物写生上的杰作。叔本华认为,他们能够把纯客观的直观集注于那些不显眼的静物之上,解脱了意志的束缚,只是对其进行聚精会神的观察,那么,这就说明他们具备这样的胸襟。

就客体的内涵而言,叔本华很赞赏自然界的美,认为只要自然界的丰富多彩每次一下子展开于我们的眼前,就几乎总是成功地使我们摆脱了意志的支配与奴役,抛却了欲求的主观性,只是纯粹地观赏自然美本身。

在叔本华对审美生活过程的描述中,此时的我们就已经进入到了另外一个世界,意志与欲求消失,情欲与愿望匿迹。自时间性或者内时间意识的角度而言,他的审美注意力力度不仅更强,以至于在内时间意识之中不再存有个体的人——即"遗忘"了"意志"的人,更希望这样安宁的情绪能够持续地更长久一些,叔本华不无遗憾地说:"但是谁有这份力量能够长期地留在这个领域之上呢?只要这纯粹被观赏的对象对于我们的意志,对于我们在人的任何一种关系再又进入我们

---

[1] 叔本华:《作为意志和表象的世界》,石冲白译,北京:商务印书馆1982年版,第274页。

的意识,这魔术就完了。"[1]代之而起的是我们又回到了根据律所支配的生活之流中了,我们就又成为欲望时间链锁之上的一个环节,就又重新回到了痛苦的人生过程。这就是叔本华为人生所计算的时间账本之中的审美时间账本。

从以上对叔本华美学思想的分析可以看出,其贡献在于把审美生活作为一个行为的整体加以把握,从而就把握住了审美生活在构成上最为本质的机枢,那就是主客不分——即主客之间是一种"同时性"的"始终—指向"的时态关系;而且更为重要的是叔本华是把审美生活置于生活的时间之流中,审美生活只是生活的形态之一,只是绵绵不绝的生活之流中的一段,其价值与意义正是产生于"生活"之中,正如叔本华所分析的那样,是生活受到意志的促逼和欲求的折腾,在人生的历程中,快乐只是占了很少很少的、不足挂齿的比重,正是在这里,那无关利害的审美快感才获得了扎实的"契机"或者触发的"时机",从而显得弥足珍贵;而且其价值与意义的体现本身也是一个生活的过程,受意志支配的彼生活消失,代之而起的是纯粹观照的此审美生活。因而,审美生活就是一个受价值与意义驱使并实现为主体与客体"同时并举"的生活过程。在这个意义上,叔本华的美学思想把捉住了美学研究对象——审美生活的整体性。

但是叔本华的美学思想并没有在这个路上很纯粹地一直走下去,就整体而论,他的美学思想还是在"主客不分"的维度上更加偏于主体性——即以个体的好恶来任意剪裁、拼接审美生活,具体来说就是以消除意志、欲求为基准,凡是不符合这个要求的,都被排除在审美生活之外。这意味着叔本华美学同时又是一种主体性极强或过强的主客不分的美学,而且这种主体性又会体现为具体的教条与先入之见。这种先入之见与教条在叔本华美学中的体现,一如其对审美生活两个相关项成分的分析。

就对审美主体的要求而言,叔本华尤其喜爱经由视觉带来的美

---

[1] 叔本华:《作为意志和表象的世界》,石冲白译,北京:商务印书馆1982年版,第276页。

感,因而这突出地体现在对"身体"其他感官的蔑视与排除。他认为:"各种色彩直接引起生气生动的喜悦,如果色彩是透明的,这种喜悦便达到了最高度。"[1]至于其中的原因,叔本华认为这一切仅仅是由于光是完美的直观认识方式的"对应物"和"条件",而这正是"唯一决不直接激动意志的认识方式",还说:"原来视觉不同于其他官能的感受,自身根本不可能直接地或通过视觉的官能效果而在器官上具有适不适的感觉,即是说和意志没有什么直接联系;而只有在悟性中产生的直观才能有这种联系,那么联系也就是客体对意志的关系。"[2]

但是对于"听觉"而言就不是这样了——声音可以直接引起痛感,并且也可以是官能上的快感,而并不涉及谐音或者乐调。对于触觉而言,叔本华认为它是遍布全身,并直接受意志的直接影响。嗅觉则经常是快适或者不适的,味觉尤甚,这是两种与意志"最有勾搭的感官,从而也是最低级的,康德称之为主观的器官"。[3]因而叔本华高度称赞了以视觉为感官的审美活动:"光既是最纯粹、最完美的直观认识方式之客观的可能性,因此对于光的喜悦,在事实上就只是对于这种客观的可能性的喜悦;并且作为这样的喜悦就可以从纯粹的,由一切欲求解放出来的,摆脱了欲求的认识是最可喜的〔这事实〕引申而得,而作为这样的东西就已经在审美的快感中占有很大的地位了。"[4]

自此进行推论,那么,就势必会造成审美对象属性的减少,也就势必会造成审美对象数量上的锐减,因为能引发视觉与听觉快感的审美对象只能局限于纯粹的艺术作品,即以"符号"作为质料的作品。叔本华提出,自愿的、彻底的不近女色是禁欲或否定生命意志的第一步。这就是禁欲主义在美学上的时间性体现。

---

〔1〕 叔本华:《作为意志和表象的世界》,石冲白译,北京:商务印书馆1982年版,第279页。

〔2〕 同上。

〔3〕 同上。

〔4〕 同上。

第八章 "实践感""时间性"与马克思美学思想

摘要 本章认为,马克思美学在美学史上所引发的革命在于其彻底摆脱了"主客二分"的窠臼,使美学的研究对象得以本原地呈现,甚至改变了美学的语言风貌,其中根本的原因在于马克思从"时间性"维度对审美生活中主体与客体关系及其结构所做的卓越描述,即审美主体与审美客体"同时性"地处在一个业已完成的"实践感"之中。

正是由于马克思对审美生活的"时间性"存在方式的奠基,才使得马克思的美学思想被安置于"社会时间"之中,使得休闲美学在"时间"的角度既获得了结构清晰的内在构造描述,又获得了其根本的"存在"价值与意义,从而使得马克思的休闲美学显得尤为卓越。休闲美学不仅是马克思美学思想的重要组成部分,而且其更能凸显以"时间性"为维度的"实践美学"所独具的介入生活的魅力。

国内学界对马克思的美学思想的研究已经有了相当深入的进展,但是对马克思美学思想的研究还欠缺一个根本性的维度——"时间性"。我认为,由于马克思的美学把以"时间性"为核心结构的"实践感"作为美学的研究对象,因而完善地解决了审美主体与审美客体在存在状态上的"同时性"难题,因而,在马克思主义经典作家在休闲论述中最为关键的"时间性要素"——"休"与"闲"才在社会生活实践过程之中,找到了最根本的奠基,所以,本文论述马克思的时间性美学思想,所遵循的学术进路就是:

首先,马克思以"实践感"解决了审美主体与审美客体的构成问题,并必然引导出鲜明的"时间性陈述"。

其次,马克思把充满"时间陈述"的审美实践置入人类社会实践之中,阐明了包含休闲在内的审美实践受到社会时间强有力的制约与决定,即"私人时间"的"内时间意识"本身就是"主体间性"的"社会时间"的体现。

再次,马克思转向对"社会时间"的深入思考,从而把审美实践所需要的"私人时间"实现在"自由时间"之中。

第一节 "实践美学"的核心与本质在于"时间性"

首先要申明的是,本文所说的"现象学"不是作为一种20世纪始兴起、以胡塞尔为主要创始人并涉及存在主义哲学林林总总思想家的哲学思潮,也不是用作为思潮的现象学来机械地解释马克思,而是作为一种方法与观念而言的。当然,作为一种思潮的现象学使得"现象学"这一名称和基本观念得以广泛流传,这一基本观念就是:"对于某一生活中的具体感受所做的忠实描述与还原"。从这一基本观念之中自然而然就会分离出三个基本概念:"主观""客观"以及"时间性",或者"主体""客体"与"时间性",即"感受"产生于"主观"与"客观"之间所达成的"同时性"。唯其是一种"同时性"的"主观"与"客观"的构成关系,所以,再用"唯"字来分析这一感受无论如何都是行不通的,不管"唯"了"主观"还是"唯"了客观,都会取消"时间性"的,也就是说单独的"心"与单独的"物"尽管存在绝对的时间性,但是只是一种抽象的理念或者自然科学意义上的绝对物理时间而已(如牛顿力学)。

一、马克思"实践美学"的"时间性语法"——"只有当……的时候"

一般认为,就西方哲学史来看,自从以胡塞尔为主将的现象学大潮席卷哲学界以来,西方哲学才开始突破要么纯粹主观要么纯粹客观的"主客二分"的模式,进而解决不适合采用"主客二分"方法的领域中的问题。但是,我认为,这一哲学史上的巨变理应从马克思开始。

马克思主义哲学关于"实践"的理论是西方哲学史上一次划时代

的重大革命,因为"实践"理论正是马克思主义哲学与其他西方哲学思想得以根本区分的最后分水岭。

　　西方古典哲学史的弊端在于——要么从纯粹的主观,要么从纯粹的客观,来进行哲学探索,而且往往是在这两个极端之间来回摇摆不定,最为欠缺的就是对"主客不分"的"领域"或"世界"无法做出如其所是的认识与分析。因而,西方哲学史在"宗教哲学"(神学哲学)与"科学哲学"(认识论哲学)两大领域取得了辉煌的成绩,其实,这也是对于宗教与科学都达到极为发达状态的西方文化的一个映射,也就是说,西方文化的发展在纯粹主观与纯粹客观的方面都极为发达。

　　使擅长进行"主客二分"探讨的西方哲学得以完全改观的,正是马克思主义的"实践哲学",因为"实践活动"一旦发生,或者说一经存在,就必定是"主客不分"的,即"实践"必然是"主体"或者"主观"始终指向"客体"或者"客观",如同现象学自布伦塔诺在心理学角度进行发轫,在胡塞尔那里得以发扬光大,提出了现象学的最为核心的概念——"意向性"活动或者"意向行为"。在马克思对"实践"进行论述的早期,尤其是在《1844年经济学哲学手稿》之中,最经常使用的就是,实践是一种"对象化"活动,即"对象"总是内在化地寓于"主体"的活动之中,而且这一对象有可能是"物",有可能是"他人",也有可能是"自身"。到了《关于费尔巴哈的提纲》等之后,马克思便认为无须再对"实践活动"的"相关项"之间的"构成"再做细致的论述论证,因为任何"实践活动"都是"对象化"的,即"主体"与"对象"只是属于"一个"完整的"实践活动"中的两个"因素"或者要素而已;既已属于或形成了"一个""实践活动",它们之间就必定是一种"不可分开"的关系,而且,又如何能够分开呢? 所以,"对象化"与"意向性"在构成机制上虽完全相同,但是马克思"对象化""实践哲学"中的"实践"是一种"社会化"的"实践",即其不仅仅注重个体的意向性行为,更强调的是"社会意向性"活动,因而,马克思的"现象学"是一种"境界"最为博大的"现象学",马克思的经济学、政治学、阶级分析、宗教思想、教育思想、休闲思想、伦理思想、科学思想、人性论、美学观念等等,都是从"主客不分"的"实践"出发的;而胡塞尔的"意向性"概念却更多的与"意识"的"构成"相关联,只是在后继者的发展中,如海德格尔对"存在"价值与意义的强调,舍勒对伦理活动的现象学分析,许茨对社会现象学的分析,哈贝马斯对交往活动现象学的分析,等等,才走出一条更为广阔的现象学之路。我认为,胡塞尔及其之后的思想家们的学说,都在马克思"实践论"的视野之内。

马克思的《手稿》就是在这个现象学的意义上来具体展开的,整体来说就是一个人的生活在理想上应该达到一个怎样的境界才是完美的,才是自身本质力量的完全实现,在现实当中却还存在什么弊端应该克服,简单地说就是,人"现在"活得怎样,"未来"应该怎么做才能生活得更幸福?"现在"的和"未来"的"幸福生活"是《手稿》当中最主要的核心关键词,马克思的一切论述都是围绕这个来进行的。唯其思考的对象是整一或者源本的"生活"或者"实践",这一对象域的确定必定导致其采用特定的方法。

马克思认为黑格尔有双重错误,而且"第一个错误在黑格尔哲学的诞生地《现象学》中表现得最为明显。例如,当他把财富、国家权力等等看成同人的本质相异化的本质时,这只是就它们的思想形式而言。它们是思想的本质,因而只是纯粹的即抽象的哲学思维的异化。因此,整个运动是以绝对知识结束的。"[1]具体分析就体现在这样两个方面,一是"唯于心",一是"唯于物",并且在根本上是一个错误:在一个绝不能把主客分开的领域强行把主客二分,这个领域就是"生活的世界",或者说是"生活着"的"实践世界"。简单地说就是,在"我"吃着东西的时候,如果把食物拿开,"吃"生活便不复存在。当然,就其整体来看,黑格尔是倾向于客观唯心主义的,马克思对他的分析可谓一针见血,也就是说,依据黑格尔的思维方式,势必会使得对"人生"和"生活"的认识模糊不清,但是只要一个有着清醒的自我意识的成人都知道:"我"在"现在"过着一种什么样的"生活",我在"过去"过着一种什么样的"生活",我还对生活有什么期待?如此鲜活的生活状态如果经黑格尔的理论的过滤与洗礼,就会变得玄而又玄,好像我们自己从

---

[1] 马克思:《1844年经济学哲学手稿》,北京:人民出版社2000年第3版,第99页。

来没有现在的生活。所以,黑格尔的"现象学"是"抽象学"。

当然,"主客二分"并不是不能存在的,而是有其必然性和合理性的,只是这种必然性与合理性仅仅适合特定的对象领域,"主客不分"亦然。在对"实践感"的理解上,马克思有以下两点看法:

一是"唯心不可":

> 请你问一下自己,那个无限的过程本身对理性的思维说来是否存在。既然你提出自然界和人的创造问题,那么你也就把人和自然界抽象掉了。你假定它们是不存在的,然而你却希望我向你证明它们是存在的。那我就对你说:放弃你的抽象,那么你也就放弃你的问题,或者,你要坚持自己的抽象,那么你就要贯彻到底,如果你设想人和自然界是不存在的,那么你就要设想你自己也是不存在的,因为你自己也是自然界和人。不要那样想,也不要那样向我提问,因为你一旦那样想,那样提问,你就会把自然界和人的存在抽象掉,这是没有任何意义的。也许你是一个假定一切都不存在,而自己却想存在的利己主义者吧。[1]

二是"唯物错误"。

"自然科学"当然是需要"主客二分"的,即通过主观的努力最终达到抽象的真理,在真理的客观里看不到主观,但是"自然科学"一旦成为"生活"中的一分子就不能再"主客二分了":

> 自然科学展开了大规模的活动并且占有了不断增多的材料。但是哲学对自然科学始终是疏远的,正像自然科学对哲学也始终是疏远的一样。过去把它们暂时结合起来,不过是离奇的幻想。存在着结合的意志,但缺少结合的能力。甚至历史学也只是顺便地考虑到自然科学,仅仅把它看做是启蒙、有用性和某些伟大发现的因素。然而,自然科学却通过工业日益在实践上进入人的生活,改造人的生活,并为人的解放做准备,尽管它不得不直接地完成非人化。工业是自然界同人之间,因而也是自然科学同人之间

---

[1] 马克思:《1844年经济学哲学手稿》,北京:人民出版社 2000 年第 3 版,第 105 页。

的现实的历史关系。因此,如果把工业看成人的本质力量的公开的展示,那么,自然界的人的本质,或者人的自然的本质,也就可以理解了;因此,自然科学将失去它的抽象物质的或者不如说是唯心主义的方向,并且将成为人的科学的基础,正像它现在已经——尽管以异化的形式——成了真正人的生活的基础一样;至于说生活有它的一种基础,科学有它的另一种基础——这根本就是谎言。[1]

这里的"自然主义"指的就是对于"实践感"的理解不能从"教条"出发,而应该从其可直接通达的"实事"即"实践"出发。这一现象学学术语式的"实事"对于哲学而言,是一个"最高的领域",而不是一个"种"或者"属"从而隶属于某一个更高的领域,也不是一个在逻辑性质上可以与主体、客体相并列的类属,"实践"作为自明性的"实事"是一种主体指向客体的"对象化"的"活动",在这一作为先行的"整体"存在的"实践活动"中,由"主体"与"客体"来构成;绝不意味着"主体"与"客体"作为构成"实践活动"的"相关项"可以从作为"整体"来存在的"实践活动"中被剥离、抽离出来,然后独立地存在;绝不意味着在一个正在进行的"实践活动"之中,"主体"或者"客体"作为"相关项"可以互相之间是一种"游离"的自足关系。马克思在《1844年经济学哲学手稿》之中,费尽笔墨,对这一包含主体与客体"相关项"的"实践活动"的"整体性"的"构成"进行了分析:一方面,仅仅作为理论阐述来说,自主体而言,"人作为自然存在物,而且作为有生命的自然存在物,一方面具有自然力、生命力,是能动的自然存在物;这些力量作为天赋和才能、作为欲望存在于人身上。"[2]自客体而言,"人作为自然的、肉体的、感性的、对象性的存在物,同动植物一样,是受动的、受制约的和受限制的存在物,就是说,他的欲望的对象是作为不依赖于他的对象而存在于他之外的。"[3]另一方面,就作为实存的而不是理论阐述层

---

[1] 马克思:《1844年经济学哲学手稿》,北京:人民出版社2000年第3版,第89页。
[2] 同上书,第99页。
[3] 同上书,第105页。

面的"生活现象"而言,一个绝对的、先在的前提是——"这些对象是他的需要的对象;是表现和确证他的本质力量所不可缺少的、重要的对象。说人是肉体的、有自然力的、有生命的、现实的、感性的、对象性的存在物,这就等于说,人有现实的、感性的对象作为自己本质的即自己生命表现的对象;或者说,人只有凭借现实的、感性的对象才能表现自己的生命。"[1] 而且,马克思拿植物与太阳之间的关系来比喻"实践"之中的"主客关系":

> 太阳是植物的对象,是植物所不可缺少的、确证它的生命的对象,正像植物是太阳的对象,是太阳的唤醒生命的力量的表现,是太阳的对象性的本质力量的表现一样。[2]

这一来自于"自然"的比喻,更是形象性地演化了在"实践"之中的"主客"之间是一种绝对"不可二分"的"铁律"。

如上文所述,马克思在《1844年经济学哲学手稿》中确立了哲学的最高"对象域"——"实践",而对这一"对象域"的描述必然会产生独特的方法,甚至独特的语言风格,因为在描述中必须保持这一对象的完整性,不能仅仅用出自主体或者出自客体的术语系统对其进行描述,整体来看,马克思在《1844年经济学哲学手稿》中基本的描述方式就是"对象化"——

> 一个存在物如果在自身之外没有自己的自然界,就不是自然存在物,就不能参加自然界的生活。一个存在物如果在自身之外没有对象,就不是对象性的存在物。一个存在物如果本身不是第三存在物的对象,就没有任何存在物作为自己的对象,就是说,它没有对象性的关系,它的存在就不是对象性的存在。非对象性的存在物是非存在物。[3]
>
> 一个存在物如果不是另一个存在物的对象,那么就要以没有

---

[1] 马克思:《1844年经济学哲学手稿》,北京:人民出版社2000年第3版,第105—106页。
[2] 同上书,第106页。
[3] 同上。

第八章 "实践感""时间性"与马克思美学思想

一个对象性存在物存在为前提。只要我有一个对象,这个对象就以我作为对象。但是,非对象性的存在物,是一种非现实的、非感性的、只是思想上的即只是想象出来的存在物,是抽象的东西。说一个东西是感性的即现实的,这是说,它是感觉的对象,是感性的对象,从而在自身之外有感性的对象,有自己的感性的对象。说一个东西是感性的,是说它是受动的。[1]

因而,马克思极为简洁地提出,"人作为对象性的、感性的存在物,是一个受动的存在物。"[2] 至此,马克思明确地描述了对"实践"进行追问的基本路径——"主体"与"客体"同属于一个作为"整体"来存在的"实践"之中,如果只是孤立地论及"主体"与"客体"都是可能的,但是这种论述只能隶属于"整体性"的"实践",才有可能是合理的、合法的;如果在论述中出现了对"整体性"存在的"实践"的越界,那就会破坏、扭曲"实践"的原貌以及"实践"源初的存在与构成方式。

在《关于费尔巴哈的提纲》一文中,马克思更是直接提出哲学研究的最高领域是"实践":

> 从前的一切唯物主义(包括费尔巴哈的唯物主义)的主要缺点是:对对象、现实、感性,只是从客体的或者直观的形式去理解,而不是把它们当作感性的人的活动,当作实践去理解,不是从主体方面去理解。因此,和唯物主义相反,能动的方面却被唯心主义抽象地发展了,当然,唯心主义是不知道现实的、感性的活动本身的。[3]

因而,"实践"的"基本构成方式"就是"对象化",即"主体"在"现成"的角度上是"受动"的,即"受动于客体","须臾"不可离开"客体"这一对象;这是本文到目前为止所得到的结论,但是这还只是一个"浮泛"的"基本构成方式",因为仅仅作为"受动"的"主体",还无法开示

---

[1] 马克思:《1844年经济学哲学手稿》,北京:人民出版社2000年第3版,第106—107页。

[2] 同上书,第107页。

[3]《马克思恩格斯选集》第1卷,中共中央马克思恩格斯列宁斯大林著作编译局编,北京:人民出版社1995年6月第2版,第54页。

出其生存或存在的"依据",也还无法开显出其生存或存在的"内驱力"或者"动力";在此所获得的对实践"基本构成方式"的理解还只是在"自然状态"上,而不是在"人化的自然状态"上;如果仅仅满足于这一对实践的构成方式的探讨,那么所取得的就只能是在"事实"方面的收获,但是却会错失根本的哲学问题。这正是马克思所言"从前的一切唯物主义的主要缺点",以上这句取自于《关于费尔巴哈的提纲》的话,可以划分为三个并列句:

1. 当作感性的人的活动。
2. 当作实践。
3. 从主体方面去理解。

这三个并列句中所包含的核心命题就是,具有"对象化"的"基本构成方式"的"实践"何以"可能"?而且,其何以"可能"的答案就在回答唯心主义的偏执时显露出来——"能动",那么,何以"能动"呢?那就是,在"理想""价值""意义"的角度上,主体对于客体则是"能动"的、"主动"的,即"主体"在"理想""价值""意义"的指引与推动下,去创造一个在"未来"维度上的"新实践",因而,"实践"才有了从"现成"到"未来"的"历史"。就历史的发展来看,马克思的实践论在《1844年经济学哲学手稿》中最为根本的表述是"人的本质力量的对象化",在其后的马克思思想的发展中,他已经把"本质力量的对象化"这一"基础实践论"实现于政治、经济、社会、性别、宗教、艺术、教育、休闲、历史哲学的具体论述中。

因而,马克思的"实践"之思的"时间性"视野或者说"未来性"的视野,应运而生。

二、"实践美学"的"时间性"

正如上文结尾所说,马克思没有把哲学的基本视野放在作为"现成状态"的"实践"之上,而是为"实践"的发生与发展设定了一个"意义""价值"作为"未来"的"理想",以此来指引、推动实践的发生与发展。这正是马克思实践哲学的最高视野,也是实践哲学中的精粹所在,即为了美好未来而奋斗,而且这样就自然而然地体现为对"时间

第八章 "实践感""时间性"与马克思美学思想

性"的独到理解。

亦如上文所引述,在马克思《1844年经济学哲学手稿》中论及"实践"的现成状态所说的"受动"之后,他接着就论述了引发实践"时机"的"动力":

> 因此,人作为对象性的、感性的存在物,是一个受动的存在物;因为它感到自己是受动的,所以是一个有激情的存在物。激情、热情是人强烈追求自己的对象的本质力量[1]

"人"的"本质力量"正是作为"能动"的"实践"得以触发并呈现于世的唯一"动力"或者"内驱力",它体现为在实践的"时间性"过程中不断地追求"本质力量"的"可能性"。如果"能动"的"实践"存在于世,那么,一定有一个"本质力量"的"可能性"在前,而且这一"本质力量"的"可能性"正是被不断的"当下实践"所体现出来的,而且只能由"当下实践"来体现,正像海德格尔把"此在"作为"存在"分析的"优先者"一样,马克思与海德格尔在对时间性把握的枢机在此是相通的。马克思在此把"本质力量"归为人的"激情"与"热情",可谓令人热血沸腾。正是"激情"作为一种当下的"实践"本身,同样是"对象化"的,"激情"向往着"未来",始终指向"未来",始终指向"改变"。在这里,马克思高扬了"人的自然存在物"之所以不同于"自然存在物"的区别就在于"人不仅仅是自然存在物,而且是人的自然存在物,就是说,是自为地存在着的存在物,因而是类存在物。"[2]正是作为"本质力量"的"热情"与"激情"促使着"人"不断地走向更高、更好的"未来"——"他必须既在自己的存在中也在自己的知识中确证并表现自身。"[3]因此,马克思认为,如果只是局限于"现成状态"的"实践",如果只是满足于"直接"存在着的"实践感",那就意味着把"实践"理解为绝对封闭的、自满自足的领域,最终只能导致"实践"产生的"时机"无从被激发,更为严重的后果是导致"实践"丧失对于"意义""价值"的指向,

---

[1] 马克思:《1844年经济学哲学手稿》,北京:人民出版社2000年第3版,第107页。
[2] 同上。
[3] 同上。

即"未来"——"变动"与"革命"的丧失。马克思在《1844年经济学哲学手稿》中,就否定了以"直接性"为表征的"实践"的现成状态:"正像人的对象不是直接呈现出来的自然对象一样,直接地存在着的、客观地存在着的人的感觉,也不是人的感性、人的对象性。自然界,无论是客观的还是主观的,都不是直接同人的存在物相适合地存在着。"[1] 马克思把这个由"本质力量"引发并推动的"实践观"运用于历史观,即由"激情""热情"所激发、推动的实践过程形成了真正的人的历史:

> 正像一切自然物必须形成一样,人也有自己的形成过程即历史,但历史对人来说是被认识到的历史,因而它作为形成过程是一种有意识地扬弃自身的形成过程。历史是人的真正的自然史。[2]

这意味着,"实践"不仅仅在构成上是"对象化"的,也即"主客不分"的,而且这一构成的根本枢机来自于"主体"对"客体"的"激情",因而,实践是在"激情"推动下发生、延续,并形成一个"扬弃自身"的"过程"。"实践",总是作为它的可能性来存在,对"实践"的把握唯在于把它作为"可能性"来把握,而正是"激情"作为人的"本质力量",才不断地实现着各种"可能性";如果欠缺了指向"未来"的"激情","实践"就会变异、变态,不仅不会有向着"未来"的延伸,反而会萎缩、迟滞;不仅不会走向丰富、丰满,反而会陷于空乏、呆板。这就是马克思的基础实践论。

马克思在《1844年经济学哲学手稿》中,既有对"基础实践论"的精彩的构成分析,同时又据此走向"事实性实践论",核心体现就在于对"工人"在当时所处状况的分析,马克思对"人"的"可能性"进行了富于诗意的描述,这一描述是通过两种方式来进行的:

其一,是肯定式的描述,比如,马克思认为,不能撇下人的活动的如此广泛的丰富性而只用"一般需要"和"需要"来表达;他认为:"只是由于人的本质客观地展开的丰富性,主体的、人的感性的丰富性,才

---

[1] 马克思:《1844年经济学哲学手稿》,北京:人民出版社2000年第3版,第107页。
[2] 同上。

一部分发展起来,一部分产生出来。"[1]还说:"人不仅通过思维,而且以全部感觉在对象世界上肯定自己。"[2]诸如此类的论述在马克思的著述中是极为丰富的。

其二,是否定式的描述,比如,马克思在《1844年经济学哲学手稿》中极为频繁地运用反面例证,诸如,"动物"、"机器"、"牲畜"等等,来强有力地衬托出"人"的丰富的"可能性":

1. "机器":

> 这样,随着工人在精神上和肉体上被贬低为机器,随着人变成抽象的活动和胃,工人也就越来越依赖于市场价格的一切波动,依赖于资本的使用和富人的兴致。[3]

> 劳动用机器代替了手工劳动,但是使一部分工人回到野蛮的劳动,并使另一部分工人变成机器。劳动生产了智慧,但是给工人生产了愚钝和痴呆。[4]

2. "牲畜":

> 国民经济学把工人只当作劳动的动物,当作仅仅有最必要的肉体需要的牲畜。[5]

3. "动物":

> 人(工人)只有在运用自己的动物机能——吃喝、生殖,至多还有居住、修饰等等——的时候,才觉得自己在自由活动,而在运用人的机能时,觉得自己只不过是动物。动物的东西成为人的东西,而人的东西成为动物的东西。[6]

4. "物":

> 国民经济学家抽象地把劳动看做物;劳动是商品;价格高,意

---

[1] 马克思:《1844年经济学哲学手稿》,北京:人民出版社2000年第3版,第87页。
[2] 同上。
[3] 同上书,第10页。
[4] 同上书,第54页。
[5] 同上书,第15页。
[6] 同上书,第55页。

味着对商品的需求很大；价格低，就意味着对商品的供给很多。[1]

5. "马"：

工人完全像每一匹马一样，只应得到维持劳动所必需的东西。[2]

人类对"审美生活"的需要无疑是这种丰富的、属于人的"可能性"的主要体现之一，马克思在《1844年经济学哲学手稿》之中的"美学"毋宁说是一种"广义"的"美学"，即在任何领域、通过任何对象所得到的"快乐""快感"都在马克思的视域之中，他并没有刻意地使用那种狭义的"美学"名称来指引自己的陈述，当然，这同时就避免了在学院化、体制化的美学史中存在的各种弊端，他只是考察一个"整体"的对象——人的"生活"或者人的"实践"，何以在"现在"的实践中达到最为完善的境界——最美好、最幸福。这正是一种广义的，也是最经得起历史检验的"美学"。所以，当后世学者拿"狭义"的美学观来审视马克思美学的时候，总会觉得不适应，那些"狭义"的美学观不是蔽于"主体"，就是蔽于"客体"；不是蔽于"心灵"，就是蔽于"身体"，等等，其形态各异，在本书中未及详细论述，但是这些狭义的美学都有一个共同的特性，那就是从教条出发，从预先设置的成见出发，而不是从实际出发，从某一发生于此时此地的实践事件出发，尤其是不能从"饱含意义"而且实现于"时间性"的"实践"出发。偏于主观的美学与偏于客观的美学都发展出了各自系统的、用于思维与学术著述的话语、词汇、语法体系，使用"体系"来解释马克思的美学思想，自然会显得完全不匹配，完全丧失效用也就完全不足为怪。

因而，既然马克思已经建立了以"未来"的价值维度为基准的"基础实践论"，那么，把马克思美学思想中牵涉到"时间性"的"语法系统"稍加整理，就不仅仅是完全必要的，而且是完全可能的。

---

[1] 马克思:《1844年经济学哲学手稿》,北京:人民出版社2000年第3版,第18页。
[2] 同上书,第14页。

第八章 "实践感""时间性"与马克思美学思想

马克思美学在美学史上的伟大地位和划时代的贡献在于——他不仅完全突破了"主客二分"的传统美学窠臼,而且把审美生活植入一个在不断变动的实践中实现"人的本质力量"的"可能性"过程——"时间性"之中,因而,也就是突破了唯物主义美学与唯心主义美学的惯常方法与原则,使得美学的研究对象得以原本地凸显出来,然后从这一原本地凸显出来的对象出发,自然地生发出美学的方法、原则、概念、命题以及特殊的描述方式,即在一个人的审美生活之中,审美主体与审美客体之间是一个虽有"分别"却不可"分离"的关系,即审美主体的感受是"对象化"的——奠基于审美客体之上而且"须臾"不可离开的——这是一个绝对的规定,这就是说,审美生活实践既是"主客不分"的,而且是在一种统一的、绵延的"时间性"过程中绝对"同时性"地包含了审美主体与审美客体。更为重要的是,审美生活作为一个时间性过程,其何以被激发?激发于何时?持存、相继、绵延的时间性状况如何?这必定是一个有"意义""价值"的事件,即"意义"与"价值"作为生活的"目的"充当"动力"激发审美生活的初始时机并一直推动着审美生活的进行,一直到某一审美生活史的结束;而且,这一"动力"也绝不是像一部汽车里的发动机一样,是一部汽车里的一个组成部分,而是这个"动力"本身即自我活动体现为"激情"或者"热情"的一个表征,"意义"与"价值"即"激情"或"热情"本身而已。众多马克思美学研究者对其中所包含的"时间性"因素至今缺乏把握,直接的后果就是把"实践"变成了"主客二分"之后的抽象存在,对于"实践"或"实践美学"的论述流于含混、模糊、懵懂,从而把马克思的"实践美学"混同于马克思所反对的美学,也就顺理成章。"时间性"维度的缺席会导致无法对在审美生活实践中的审美主体与审美客体之间的关系做出清晰的判定与维系,事实上,"唯于物"的美学与"唯于心"的美学里必然没有"时间性";尽管两种美学形态都关注审美生活的"时间性"或者"过程性",但是审美生活的"时间性"或"过程性"只是为了达到"纯粹主观"与"纯粹客观"的"工具"而已,一旦达到了目的,这种"时间性"的审美生活史就只是如药到病除一般,而后"药"就是完全无用的"异物"了。

在《1844年经济学哲学手稿》中，"现在"的和"未来"的"幸福生活"是《手稿》当中最主要的核心关键词，而且，马克思是在指向"未来"的"幸福生活"——即"价值"与"意义"，或者马克思在更多的情况下表述为"激情"或"热情"——"人的本质力量"的指引之下，对"实践"的"现在"或者"现成"的状态进行反思与评判，而且，这一"未来"并不是在客观物理时间意义的那种尚未到达的时间，而是指"未来"就体现于"现在"或"现成"的"实践"状态中体现出了多大程度的"未来"的"可能性"，就有"可能"在"现在"的"实践""生活"之中，或者说"应该"在"现在"的"实践""生活"之中。马克思的一切论述都是围绕这个关键词来进行的。唯其思考的对象是整一或者源本的、朝向"未来性"的"生活""实践"，这一对象域的确定必定导致其采用特定的方法，而且，如上文所述，其表现于语言上的陈述方法、术语、范畴等语法体系都要发生变化。

就整体来看，马克思这一"实践美学"的时间性语法就是，"意义"与"价值"实现于"只有当……的时候"，即"审美生活"作为人类生活的基本"目的"之一，同时也是人类生活的基本"价值"与"意义"之一，实现于"当审美主体对审美客体或审美对象的听、看、游历、使用、交流等等的时候"；而且这一语法对于美学而言就成了它的基本语法，其他美学之下的所有分支与类属的语法都要以此语法为基本阈限和前提。这一时间性语法在马克思的《手稿》中最直接的体现就是，他认为人的"本质力量"——"激情"与"热情"是内在于主体之中的，它既推动实践的产生与发展——"实践"就是"激情"的"对象化"，同时，"本质力量"也是在"实践"的历史中形成，随着人类实践的丰富与提升，这一本质力量必然也应该愈来愈丰富，走向更高的境界。正如前文所述，马克思在此所说的"实践"既不是"唯于物"，也不是"唯于心"，而是针对"对象"的"整体特性"而采取了主体、客体"同时性"并存的态度，而且这种"同时性"也绝对不是在绝对的物理时间意义上的"同时性"，比如说，当同一教室里，教师正在上课，而学生正在跑神，虽然这两个事件是绝对处在同一个时间段内发生的，但是作为理想的教育活动的课堂而言，教师与学生却不是"同时性"的，因为没有实现与完成一个完整的课堂活动;只有当教师在上课,学生在倾听,一个理想的课堂活动在持续中,教师的授课内容持续地吸引了学生的注意力,在这个时候,一个完整的理想课堂得以实现与完成,在这个课堂活动之中,教师与学生才是"同时性"的,它体现为教育的"意义"与"价值"的实现。这正是无法进行"主客二分"的根本所在,马克思说:"人不仅通过思维,而且以全部感觉在对象中肯定自己。"[1]"以全部感觉在对象中肯定自己"中的"在……中"所指的就是对象性活动中的"同时性",也就是说,一个已经完成的"实践"或者一个已经完成的"实践感"的相关项必然包含主体与客体,而且两者必然地是一种"同时性"存在的关系,如果只是事实性地在某一空间中存在其中的任何一方,那么"实践"或者"实践感"将不复存在。这正是"人的本质力量的对象化"中的"同时性"语法。

所以,马克思在《手稿》中如此明确地表述对"生活"的理解,即"实践感"产生于、存在于"主客之间",而且这里所说的"之间"就是在"时间性"角度而言的"同时性"关联,在"无法二分"的领域或者对象之中,即这一领域的主体与客体只有处于在"时间性"上绝对"同时性"并存的前提下才存在,否则就只剩下单独的主体或者客体。因而,"时间性"在"主客不分"领域之中自然而然地承担的,就是解释主体与客体构成关系的根本维度。我认为,马克思关于"实践"尤其是关于"实践感"的思想的卓越之处,在于以一种犀利、简洁、晓白的文风把"主客不分"领域或对象完整地保存下来,并且其描述与解决主客构成状态的逻辑就是经由"时间性"出发的,进而,把"审美实践"(本书中基本上称为"审美生活")置于社会实践"之中",而马克思、恩格斯在共产主义理想社会论述中的"休闲美学"的应有之义——"闲"所涉及的"时间"要素因此落实到一个理应自然通达的"社会实践时间"之中。

"实践感"是对主客二分的突破,尤其是当马克思对"实践"的描

---

[1] 马克思:《1844年经济学哲学手稿》,北京:人民出版社2000年第3版,第86—87页。

述充满了"时间性"的时候,他以充满"时间性"色彩的词汇所描述的"实践"以及"实践感"来区别于以往的唯心主义与唯物主义,其突破点就在于"意义"与"价值"作为开显出"未来"的"可能性"实现于"只有当……的时候"——对"实践"的最为彻底的现象学式的描述,由于此类陈述在《手稿》中太过丰富,本文只援引以下三段话:

> 1. 只有当对象对人来说成为人的对象或者说成为对象性的人的时候,人才不致在自己的对象里面丧失自身。只有当对象对人说来成为社会的对象,人本身对自己来说成为社会的存在物,而社会在这个对象中对人来说成为本质的时候,这种情况才是可能的。[1]
>
> 2. 人(工人)只有在运用自己的动物机能——吃、喝、生殖,至多还有居住、修饰等等——的时候,才觉得自己在自由活动,而在运用人的机能时,觉得自己只不过是动物。[2]
>
> 3. 当物按人的方式同人发生关系时,我才能在实践上按人的方式同物发生关系。[3]
>
> 4. 从主体方面来看:只有音乐才激起人的音乐;对于没有音乐感的耳朵来说,最美的音乐毫无意义,不是对象,因为我的对象只能是我的一种本质力量的确证,就是说,它只能像我的本质力量作为一种主体能力自为地存在着那样才对我而存在,因为任何一个对象对我的意义(它只是对那个与它相适应的感觉来说才有意义)恰好都以我的感觉所及的程度为限。[4]

所以,马克思认为,"主观主义和客观主义""唯灵主义和唯物主义"都将在社会实践状态中才失去它们彼此间的对立,从而失去它们作为这样的对立面的存在;也就是说"对象化的活动"中的主体与客体正是由于"同时性"的存在而无法孤立存在。马克思说:"我们看到,

---

[1] 马克思:《1844年经济学哲学手稿》,北京:人民出版社2000年第3版,第86页。
[2] 同上书,第55页。
[3] 同上书,第85页。
[4] 同上书,第87页。

理论的对立本身的解决,只有通过实践方式,只有借助于人的实践力量,才是可能的;因此,这种对立的解决绝对不只是认识的任务,而是现实生活的任务,而哲学未能解决这个任务,正是因为哲学把这仅仅看做理论的任务。"[1]

第二节 "时间剥削"与审美撕裂

一、"同时性"的裂变

马克思以"同时性"解决了实践活动中主体与客体之间的关系,当然,审美活动中的主体、客体关系也随之迎刃而解,这一思想由于其涉及的领域因而具有两个特性:第一,"同时性"只是局限于对个体的单一审美实践中主体客体关系的描述;第二,这是一种静观的时间描述,还只是处在"内时间意识"之内。这两个特性都有待于用更高的前提来进行限定,因为"同时性"所指的绝不是某物与某物在客观时间上的并存状态,而是指的主观时间领域中的对象,也就是说,"同时性"是绵延中的、变化中的、过程中的主体与客体之间的关系,也是在绵延、变化与过程中才得以持存的,而且,在"同时性"之中已然含有动态的、发展的趋向,在《1844年经济学哲学手稿》中,就体现为马克思是以"美的规律"而提出的"人的本质力量的对象化",而且这一"过程"也必须置身于"社会时间"之中,才会得到合理的解释与描述。这也正是马克思休闲美学的立足之处。

马克思在《手稿》中所探讨的美学问题是:人的感官如何能够达到最大化的、最高境界的幸福和享受?他认为,只有通过共产主义,在劳动的创造中消除劳动的异化和通过消除私有制来消除异化,才有可能做到。具体来说就是"美的规律"的陈述,"美的规律"属于主体的"理想"与"价值",是有待实现的"期许"与"可能性",只是这种"理想"与"期许"并不是一个虚无缥缈的存在,而是处在一个绵延的时间性过程

---

[1] 马克思:《1844年经济学哲学手稿》,北京:人民出版社2000年第3版,第88页。

之中的绝对组成部分,也可以说是一个在时间意义上的未来目标,也是一个在现实中已然实现的实践结果,同时又是当下现实实践的一个指引,当下现实实践必须时时实现着"美的规律",才有可能在现实之中生发出实在的未来。这是马克思审美生活思想对美学史最为重要、最为重大的贡献。

在马克思"美的规律"论述中最核心的概念是人的"激情"或"热情"("本质力量"),没有"激情"和"热情"——"欲望"与"需要",人的生活无法产生具有真正时间性的延续和发展,或者更准确地说,如果没有合乎"本质力量"的"需要"和"欲望",人的生活的时间性就只是一个停滞的时间状态,只是一个存在于客观的物理学、数学意义上的"绝对时间",也就丧失了"时间性",甚至是"时间性"的"胆怯""退却"与"萎缩";同时,"需要"和"欲望"又是一种在漫长的人类实践史中形成并积淀的"能力","能需要什么","能欲望什么","对什么抱持'激情'与'热情'"就决定了"对象化"的水准和境界。所以,马克思说:"对于没有音乐感的耳朵说来,最美的音乐也毫无意义"[1]。在论及审美感官时,马克思认为:"只是由于人的本质客观地展开的丰富性,主体的、人的感性的丰富性,如有音乐感的耳朵,能感受形式美的眼睛,总之那些能成为人的享受的感觉,即确证自己是人的本质力量的感觉,才一部分发展起来,一部分产生出来"[2],也就是说,审美生活是人内在的本质力量实现的重要表征之一,是由视觉、听觉等感官实现了审美的欲望与需要所带来的幸福和"享受"。

具体来看,"美的规律"含义就是围绕"需要""欲望"是否体现了、实现了人的"本质力量"。这就展开了一个"意义"与"价值"的"可能性"与"现成"状态的撕裂。

一方面,"需要"和"欲望"的满足即马克思所说的"享受"是"现在"的。马克思认为,一个人活着,就是要在"现在"的生活中有不同于动物的具体体验与经验,"人以一种全面的方式,就是说,作为一个

---

[1] 马克思:《1844年经济学哲学手稿》,北京:人民出版社2000年第3版,第87页。
[2] 同上。

总体的人,占有自己的全部本质。人对于世界和任何一种关系——视觉、听觉、嗅觉、味觉、触觉、思维、直观、情感、愿望、活动、爱——总之,他的个体的一切器官……通过自己与对象的关系而对对象占有,……是人的一种享受。"[1]人活在世,为了幸福,这就是最高的生活与实践的最高的无从推理的目的。在劳动实践中,审美的尺度表现在:"动物只是按照它所属的那个种的尺度和需要来建造,而人却懂得按照任何一个种的尺度来进行生产,并且懂得怎样处处把内在的尺度运用到对象上去,因此,人也按照美的规律来建造"[2],关于审美感官,马克思认为:"只是由于人的本质客观地展开的丰富性,主体的、人的感性的丰富性,如有音乐感的耳朵,能感受形式美的眼睛,总之那些能成为人的享受的感觉,即确证自己是人的本质力量的感觉,才一部分发展起来,一部分产生出来"[3],也就是说,审美生活是人内在的本质力量实现的重要表征之一,是由视觉、听觉等感官实现了审美的欲望与需要所带来的幸福和"享受"。

另一方面,在现实的功利层面却给审美活动与审美生活的实现造成了种种必然的阻碍。具体表现为:私有制所导致的异化使大部分人丧失了积极的、肯定性的、正面的时间感,如上所述,"同时性"中的主体之内包含有动态的、发展的、完善的驱力,即人的本质力量的对象化,但是异化却造成了"同时性"的裂变或变异,即本质力量无法实现,异化劳动创造美,但是"美的成果"却走向主体的对立面,"实践感"体现为异己、否定自己的力量。是异化劳动与私有制影响阻碍了生活的"幸福感"。这种异化劳动对劳动者来说很少有愉快,而经常是在非常痛苦的状态下进行劳动。一切美的成果都不属于自己所有,这时不会产生愉快。因此这里马克思在描述工人的生存状态时说:只有在不劳动的时候才感觉到自己是人的存在,当劳动时却感觉不到自己是人的存在。主体因而迷失于狭隘的"现在",而且只有"现在",而没有发展,没有以"现在"为根基而生发的"未来",这就在根本上取消了"实

---

[1] 马克思:《1844年经济学哲学手稿》,北京:人民出版社2000年第3版,第85页。
[2] 同上书,第58页。
[3] 同上书,第87页。

践的历史性"。之所以说丧失"时间性",原因就在于私有制及其异化劳动对"需要"与"欲望"的削弱、压制、转移、钝化。在劳动的过程中,人的感觉、感受是异化的。在劳动之余的闲暇生活中,人的感受也是异化的。马克思说:

> 一方面所发生的需要和满足需要的数据的精致化,在另一方面产生着需要的牲畜般的野蛮化和最彻底的、粗糙的、抽象的简单化,或者毋宁说这种精致化只是再生产相反意义上的自身。甚至对新鲜空气的需要在工人那里也不再成其为需要了。人又退回到洞穴中,不过这洞穴现在已被文明的熏人毒气污染。他不能踏踏实实地住在这洞穴中,仿佛它是一个每天都可能从它身旁脱离的异己力量。如果他交不起房租,他就每天都可能被赶出洞穴。工人必须为这停尸房支付租金。明亮的居室,曾被埃斯库罗斯笔下的普罗米修斯称为使野蛮人变成人的伟大天赐之一,现在对工人说来已不再存在了。光、空气等等,甚至动物的简单的爱清洁习性,都不再成为人的需要了。肮脏,人的这种腐化堕落,文明的阴沟(就这个词的本义而言),成了工人的生活要素。完全违反自然的荒芜,日益腐败的自然界,成了他的生活要素。他的任何一种感觉不仅不再以人的方式存在,而且不再以非人的方式因而甚至不再以动物的方式存在。[1]

在这段话中,马克思考察了工人阶级的生存现状,他指出,工人的"需要"只是"牲畜般的野蛮化和最彻底的、粗糙的、抽象的简单化",工人不仅没有向"未来"敞开自己的本质力量,反而在时间性上退回"洞穴时代",而且工业革命初期生态环境的恶化,使得自然环境陷于"荒芜""腐败""毒气熏人"。那些属于"人"这一"类存在物"的、使"人"成为"人"的"激情""热情"——"本质力量"或者"需要""欲望"在异化劳动之中丧失自身,因而理应实现的"完满"的、"丰富"的、向前"持存"的"对象化"活动——"实践"就无从实现;从"实践"构成的

---

[1] 马克思:《1844年经济学哲学手稿》,北京:人民出版社2000年第3版,第121—122页。

相关项而言,首先是由于"主体"在生存"意义"与"价值"上的沉沦、退化,导致"可能性"——即"生存境界"程度的最小化,因而,更美好的"对象"就无法自然地凸现于主体可能性绽开的时间视野之中。这就是"审美实践"在"同时性"上的裂变。

二、时间剥削

马克思在《1844年经济学哲学手稿》以及《资本论》等著作中,把对个体与阶层实践感中的时间感的静态构成置入到自然以及社会之中,使得静态的、类似于"内时间意识"的实践感处在一个动态的时间过程之中,也就是说,单一的、个体的静观时间分析只是在进行学术研究时才存在的,但是实践中主体与客体的"同时性"要获得绵延、发展与突变,却必须置身于主体间性的"社会时间"之间,即"社会实践时间"之中。个体闲暇时间在数量上的获得是在人与人之间的关系中实现的,而且,个体在闲暇时间之中的价值实现质量如何也受主体间性的制约。马克思认为,国民经济学家把尽可能贫乏的生活(生存)当作计算的标准,而且是普遍的标准,把工人变成没有感觉和没有需要的存在物,他把工人的活动变成抽去一切活动的纯粹抽象。因此,工人的任何奢侈在他们看来都是不可饶恕的,而一切超出最抽象的需要的东西——无论是被动的享受或能动的表现——在他看来都是奢侈。因此,国民经济学这门关于财富的科学,同时又是关于克制、穷困和节约的科学,而实际上它甚至要人们节约对新鲜空气或身体运动的需要。

就闲暇时间数量的获得而言,异化劳动最为明显的表现之一就在于对于时间的剥削。马克思在《手稿》中引用舒尔茨《生产运动》里的数据说,英国工人的劳动时间已由于企业主追逐暴利而增加到每日十二至十六小时。尽管因机器改进而节省了时间,工厂中奴隶劳动的持续时间却有增无减。他很赞成舒尔茨的话:"国民要想在精神方面更自由地发展,就不应该再当自己的肉体需要的奴隶,自己的肉体的奴仆。因此,他们首先必须有能够进行精神创造和精神享受的时间。带动组织方面的进步会赢得这种时间。如果说为了满足一定量的物质需要所必需耗费的时间和人力现在比过去减少了一半,那么,与此同时,在不损害物质生活舒适的情况下,给精神创造和精神享受提供的余暇也就增加一倍。"[1]就此而言,马克思的《手稿》中人是一种社会存在就获得了生动的含义,即"私人时间"是产生于人与人之间的"同时性"关系的。在此,我们可以看到马克思对"实践感"的更深入的探究——除了"主体"与"客体"之间在"实践"中存在的"同时性"之外,还包括了"主体"与"主体"之间即"主体间性"的"同时性"。马克思在"主体间性"上的理想是共产主义社会,即异化劳动消失,时间剥夺因而消失,这为马克思后来对"自由时间"与"休闲美学"的探讨打下了基础。

具体来看,由于"时间剥削"引发的对审美生活质量的危害,可以概括为以下三个方面:

其一,劳动过程中"实践感"的"痛苦"。

马克思认为,在资本主义发展初期的私有制社会,人的劳动是受雇佣受剥削的异化劳动。这种异化劳动对劳动者来说很少有愉快,而经常是在非常痛苦的状态下进行的。因为这个劳动是异化的,自己创造出来多少力量就意味着创造出来多少压迫自己的力量、统治自己的力量。你创造的越多你受到的压迫就更加严重,你摆脱这种压迫的难度就更大。尤其是创造出来的产品不属于劳动者,建造的是宫殿,自己住的是洞穴,自己创造出来科学技术知识但自身却不能享用这种科学技术知识,一切美的成果都不属于自己所有,这时不会产生愉快。因此马克思在描述工人的生存状态时说:只有在不劳动的时候才感觉到自己是人的存在,当劳动时却感觉不到自己是人的存在。

在这里,马克思解决了由康德美学遗留的一个空白领域。康德关于"美是无关利害的快感"的伟大命题,只适合解释满足视觉、听觉的"纯粹艺术品",因而,在很大程度上,这一只能解释局部的审美对象或者审美对象之下的某些类属的美学思想,会引发严重的弊端——从教条出发,以先行的观念理解审美对象,由此来理解审美生活,必然使得

---

[1] 马克思:《1844年经济学哲学手稿》,北京:人民出版社2000年第3版,第15页。

第八章 "实践感""时间性"与马克思美学思想

美学研究对象在完整性上陷于缺失、扭曲、残破[1];而且,"审美无关利害"的命题还潜含着这样一个功利性的要求,即超越性的美感的获得或者说审美生活的实现必须由功利环境提供一个合适的、适宜的环境,或者,更准确地说,审美主体是在其所处的自然与社会的实践过程之中,才会实现某一具体的审美生活史,审美生活史内在地置身于整体性的生活史之中。马克思虽然没有直接提及超功利概念,但是对于功利层面造成的本质性的负面环境,使得作为劳动者的大多数人无法以安静的心态顺利进入审美活动、审美生活也有大量阐述,而且,更为重要的是,"劳动过程"的"快感"或者"幸福感"也毫无疑义地属于"美感",也同样是属于美学的研究对象,比如属于"日常生活美学"的研究对象。

其二,经济生活的过于贫穷与过于利欲熏心都使得审美生活的需要无从产生,如同马克思所说:

> 囿于粗陋的实际需要的感觉只具有有限的意义。对于一个忍饥挨饿的人说来并不存在人的食物形式,而只有作为食物的抽象存在;食物同样也可能具有最粗糙的形式,而且不能说,这种饮食与动物的饮食有什么不同。忧心忡忡的穷人甚至对最美丽的景色都没有什么感觉;贩卖矿物的商人只看到矿物的商业价值,而看不到矿物的美和特性;他没有矿物学的感觉。[2]

马克思在这里道出了一个在美学中最为重要的核心概念"形式"与"审美"的关系问题,它也同样与"时间性"问题休戚相关。正如前文所说,马克思在《手稿》里最为关注的就是人的身体的各种感官怎么才能更快乐,饿了吃饭、欲望强烈时做爱、渴了喝水、热了吹空调,这都是快感,也都是美感,而且这些快感与贝多芬的交响乐给我们的感觉一样,并无二致,都是美感。但是,对于某一个体而言,美感也存在一个在修养上提升自己的可能与空间,这正是一个时间性的过程,就像马克思所说的应该超越"有限的意义",而去追求"形式感"更强的对

---

[1] 参见本书对康德美学分析的章节。
[2] 马克思:《1844年经济学哲学手稿》,北京:人民出版社2000年第3版,第87页。

象,因而,人类可以在饮食、做爱、取暖、空间等等生活上发展出各种各样的精致文化来。这是马克思在审美生活未来的角度对个体生活所作的期许。

其三,马克思认为,在西方世界资本主义发展时期起主要作用的清教徒式的禁欲主义,强调自我克制,这同样会取消感官的享乐,也就意味着"时间性"的消失:

> 国民经济学,尽管它具有世俗的和纵欲的外表,却是真正道德的科学,最最道德的科学。它的基本教条是:自我克制,克制生活和克制人的一切需要。你越少吃,少喝,少买书,少去剧院,少赴舞会,少上餐馆,越少想,少爱,少谈理论,少唱,少画,少击剑,等等,你积攒的就越[多],你的既不会被虫蛀也不会被贼偷的财宝,即你的资本,也就会越大。你的存在越微不足道,你表现自己的生命越少,你拥有的就越多,你的外化的生命就越大,你的异化本质也积累得越多。国民经济学家把从你的生命和人性中夺去的一切,全用货币和财富补偿给你。你自己不能办到的一切,你的货币都能办到:它能吃,能喝,能赴舞会,能去剧院,它能获得艺术、学识、历史珍品、政治权力,它能旅行,它能为你占有这一切;它能购买这一切;它是真正的能力。但是,货币尽管是这一切,它除了自身以外不愿创造任何东西,除了自身以外不愿购买任何东西,因为其余一切都是它的奴仆,而当我占有了主人,我就占有了奴仆,我也就不需要去追求他的奴仆了。因此,一切情欲和一切活动都必然湮没在贪财欲之中。工人只能拥有他想活下去所必需的那么一点,而且只是为了拥有这么一点,他才想活下去。[1]

宗教的产生可谓原因多多,至少在"时间性"的角度,我认为,是与对"未来"的恐惧相关联的。世上大多数宗教的基本世界观是禁欲主义的,"欲"则是因为对"现在"的不满足而永远指向"未来"的。即如基督教而言,最根本的禁欲主义世界观就是:"现在"之"欲"无所得

---

〔1〕 马克思:《1844年经济学哲学手稿》,北京:人民出版社2000年第3版,第123—124页。

偿,因而必禁;在现世的彼岸设立一个永恒的、美好的天国,用以寄托对于未来的期冀。韦伯认为,这种时间性观念的根源在于修道院中的多种时间体系:"根据已经明确启示的上帝的意志,只有劳作而非懈怠和享受,才有助于增加上帝的荣耀。因此,虚掷时光便成了万恶之首、万恶之最。人生短促,时间宝贵,要'确保'个人自己的选民地位。由于社交、'闲聊'、'奢侈',甚至超过健康所必需(至多为六至八小时)的更多睡眠,而浪费时间都是在道德上绝对应受谴责的。"[1]虽然马克思并不曾详细阐述时间是如何内在化的,但是他始终将人们构成为时间主体,看到在工人劳动的时候,既受钟点时间的纪律约束,又被培育出的这样一种时间的倾向所束缚。

也就是说,休闲时间的获得既是权利分配的结果,同时,一旦获得休闲时间,还面临着同样重要的被充实的需要,即在休闲时间之内完成高质量的、尤其是包含审美活动在内的各种活动。

第三节 属己的"自由时间"与完善的审美休闲

马克思在《1844年经济学哲学手稿》中一直在执着地探询"异化劳动"与宗教之间的关联,他认为,宗教的异化与异化劳动之间的相同之处在于使自身和自然界跟另一些与他不同的人所发生的关系上,只不过,宗教的异化体现在世俗的人对僧侣或者世俗的人对耶稣基督——因为这里涉及精神世界——等等的关系上,而劳动的异化则体现在实践领域,即通过异化劳动,不仅生产出敌对的产品、人际关系,也生产出劳动过程中的不悦体验。异化劳动与宗教之间的连接处就在于"时间"。根据韦伯的说法,新教伦理要使人们免于依赖"自然冲动",把自己培养成以节约时间、尽可能提高活动效率为导向的主体,因此,时间的浪费是首要的罪,原则上也是最致命的罪。要想确保自己成为上帝选民,人的一生实在是太短暂、太珍贵了。在交际、闲聊、

---

[1] 马克斯·韦伯:《新教伦理与资本主义精神》,苏国勋等译,北京:社会科学文献出版社2010年版,第101—102页。

享乐甚至是超出健康之所需的过多睡眠中流失的时间,都会遭到绝对的道德谴责。虽然马克思并不曾详细阐述时间是如何内在化的,但是他始终将人们构成为时间主体,看到在工人劳动的时候,既受钟点时间的纪律约束,又被培育出的这样一种时间的倾向所束缚。以"劳动"为依据划分时间,这是马克思的伟大贡献。

在《1844 经济学哲学手稿》之后,马克思关于休闲美学的思想最为注重的是对于社会分工与人的全面发展以及从休闲思想中以时间概念对审美生活的界定。这使得关于休闲美学的思想进一步成熟与丰富起来。下面分而述之。

第一,在关于社会分工与人的全面发展的思想中,马克思认为,工业进步的现代性弊端之一在于,在闲暇时间中,人会丧失包括审美能力在内的多种享受生活的能力,在自我时间构成的多维流型中只剩下了劳动技能。他说:"在发展的早期阶段,单个人显得比较全面,那正是因为他还没有造成自己丰富的关系,并且还没有使这种关系作为独立于他自身之外的社会权力和社会关系同他自己相对立。……在这里,无论是个人还是社会,都不能想象会有自由而充分的发展。"[1],这是一种"原始的丰富";而在近现代,"工场手工业把工人变成畸形物,它压抑工人全面的生产旨趣才能,人为地培植工人片面的技巧……个体本身也被分割开来,成为某种局部劳动的自动的工具"[2],这种分工的细化必然对教育造成了分科教育以及注重理工等科学课程的后果;而在更高的社会形态及共产主义社会里,马克思认为:共产主义是以"每个人的全面而自由的发展为基本原则的社会形式"[3]。在这里,马克思对于人类未来美好生活的描绘,尤其是其中关于审美能力发展在全面发展中的地位的见解,是对《手稿》中审美活动、生活思想的极大丰富。

第二,马克思认为,只有在整个社会进步到提供较多的"自由时间"的前提下,一个社会的全体成员才有可能公平地安然享有"自由时

---

[1] 《马克思恩格斯全集》第 46 卷上,北京:人民出版社 1975 年版,第 485 页。
[2] 《马克思恩格斯全集》第 23 卷,北京:人民出版社 1975 年版,第 399 页。
[3] 同上书,第 649 页。

第八章 "实践感""时间性"与马克思美学思想

间"。在休闲享受与时间的角度,马克思认为:"休闲"一是"用于娱乐和休息的余暇时间";二是"发展智力,在精神上掌握自由的时间"。"休闲"就是"非劳动时间","不被生产劳动所吸收的时间"[1]。马克思指出:"自由王国只是在由必需的和外在的目的规定要做的劳动终止的地方才开始,因而按照事物的本性来讲,它存在于真正物质生产领域的彼岸。"[2]而且,在安然地享有"个体"的"自由时间"的基础上,从"个体"被提高了的"自由时间"之中,又可以生发出更完善的"社会时间":"个人的充分发展又作为最大的生产力反作用于劳动生产力"[3]。马克思说:"自由时间——不论是闲暇时间还是从事较高级活动的时间———自然要把占有它的人变为另一主体,于是他作为这另一主体又加入直接生产过程"[4]。

但是,现实的状况却是"自由时间"的减少。马克思认为,对劳动时间的调控和剥削是资本主义社会的核心特征。商品的交换其实也就是劳动时间的交换。资本主义必然要求资本家做出一些努力,要么延长工作日,要么加大工作强度。时间被商品化,它开始成为一种衡量工作的尺度,构造了劳动分工,限定了人们与其物质环境关联方式的结构。

在马克思看来,只有到了共产主义社会,异化劳动被消灭,个人在"劳动时间"与"自由时间"之间才能真正突破完整自我的撕裂感,在历史时间与个人时间之间实现完美的融合,他指出:"整个人类的发展,就其超出对人的自然存在直接需要的发展来说,无非是对这种自由时间的运用,并且整个人类发展的前提就是把这种自由时间的运用作为必要的基础"[5],在这个基础上,他对社会主义和共产主义做了这样的描绘,"在个人全面发展和他们共同的社会生产能力成为他们的社会财富这一基础上建立自由个性"[6],接着他说:"我们的目的是

---

[1] 《马克思恩格斯全集》第26卷,第3分册,北京:人民出版社1975年版,第287页。
[2] 《马克思恩格斯全集》第25卷,北京:人民出版社1975年版,第926页。
[3] 《马克思恩格斯全集》第46卷下册,北京:人民出版社1975年版,第225页。
[4] 同上书,第225—226页。
[5] 《马克思恩格斯全集》第47卷,北京:人民出版社1975年版,第216页。
[6] 同上书,第532页。

要建立社会主义制度,这种制度将给所有的人提供健康而有益的工作,给所有的人提供充裕的物质生活和闲暇时间,给所有的人提供真正的充分的自由"[1]。

第三,马克思从"时间绽放"的角度对进行休闲的"审美活动"与其他活动进行了对比,认为休闲中的"审美活动"更为高级,也更为必须,堪为优先的选择。

马克思写道:"如果音乐很好,听者也懂音乐,那么消费音乐就比消费香槟酒高尚。"[2]在此,马克思不仅把自由时间区分为两种:一种是从事较高级活动的时间,另一种是从事普通活动的闲暇时间,而且更为重要的是对"内时间意识"中所体现的"意义""价值"的分析与对比。对"消费音乐"与"消费香槟酒"的比较,可以视为马克思本人曾经经历过的生活,即"审美生活"与"普通生活",因为所有的美学研究的都首先是第一人称的"私人体验"。"消费音乐"指的是音乐欣赏可以作为人的一种"修养"或"教养",在人生的"时间性"历程中有无限被提高的"境界"与"可能性",不断地得以突破、生长、生成,音乐作为审美对象显然比香槟酒更为精致、微妙、复杂;而香槟酒给人味觉的感受虽然也同样是愉快的,但是作为消费的对象,相对于音乐而言,却显得简单、直接、粗稚,本身不能作为一种"修养"与"教养"来持续地进行提升,甚至随着人身体的日渐衰老,味觉会一天不如一天。我们甚至也可以把"消费香槟酒"与"消费音乐"都看做"美感",但是这样两种美感的差异还是存在的。所以,世界上会有那么多专门从事音乐创作的音乐界人士,有那么多专门学习音乐的大学、学院与学术机构,一个人要从小接受音乐的学习和训练,从幼儿、儿童到受教育的各个阶段,却很少有专门培养人的味觉的大学、学院与学术机构,一个人在味觉上的进步、发展并不存在一种持续提升的、有强烈境界差异的过程。但是,这并不是说,休闲时间里只能出现音乐,不能出现香槟酒,而是说,从其存在的时间方式上的对照来看,"闲"的时间即个体的生命理

---

[1]《马克思恩格斯全集》第21卷,北京:人民出版社1975年版,第570页。
[2]《马克思恩格斯全集》第26卷,第1册,北京:人民出版社1975年版,第312页。

第八章 "实践感""时间性"与马克思美学思想

应托付给一个更好的对象。

总之,马克思的实践美学思想,既注重对于个体意识中主体与客体的"同时性"关系构成的分析,也注重对于个体意识在社会实践的生动时间性过程中,何以产生以及如何更好地激发与保持的探究,并且把两者交织起来。对于审美活动与审美生活来说,自由时间是其得以实现的前提,而且本身也是由自由时间构成的。马克思说:"个性得到自由发展,因此,并不是为了获得剩余劳动而缩减必要劳动时间,而是直接把社会必要劳动缩减到最低限度,那时,与此相适应,由于给所有人腾出了时间和创造了手段,个人会在艺术、科学等等方面得到发展。"[1]带有共产主义理想社会色彩的休闲美学的关键就在这里。

---

[1]《马克思恩格斯全集》第 46 卷下,北京:人民出版社 1975 年版,第 218—219 页。

第九章 涌现着的意义
——什克洛夫斯基文学思想中的时间性问题

摘要 什克洛夫斯基的文学思想是针对文学作品存在的意义与价值入手的,他认为杰出的文学作品的意义在于为读者提供高质量的阅读快感,而且此阅读快感体现为时间性过程,因而他针对文学作品的语言与日常语言的差异入手,认为文学语言与日常语言各有特点,奠基于文学作品语言之上的阅读快感是直观的、新鲜的,不仅强度被增强,而且长度被延长。在他的论著中,对作品中"延缓""阻滞"等的精彩分析都展露出他对文学阅读过程之中内时间意识构成的精彩见解,而且在其晚年更是提出了文学作品中意义的运动性存在思想。

第一节 时间的节约——思维经济学与日常语言

"时间性"问题是什克洛夫斯基文学思想中的核心内容。就整体而言,他是从强化、延长、延缓审美活动及其感受出发,得出文学语言、诗歌语言不同于日常语言、科学语言的"省力"与"节约",而且在与日常语言行为与科学语言行为构成的时间性进行比较过程中,凸显文学语言行为对其所进行的"去自动化"与"去习惯化"价值与意义。具体来看,什克洛夫斯基的文学思想的演进过程是——从对波捷勃尼亚"形象思维"说、寓言观等的批评,到对斯宾塞等所持的"思维经济学"的批评,再过渡到对文学语言与日常语言的比较,其所涉及的有的是当时的思潮、思想,有的是文学理论学科自身问题的问题,虽然其针对的对象各异,但是其基本的思想及出发点却是一致的,那就是文学的价值与意义何在。

一、"不即"与"不离"——重"结果"与重"过程"的差异

"思维经济学"在整体上的体现是用形象的作品作为手段来阐明那些深奥的、抽象的道理与真理。什克洛夫斯基认为——"艺术就是形象思维"这一观念在很多人头脑中根深蒂固,但是他认为这实在是一个误解,比如波捷勃尼亚就是这一观念的先驱之一,他说:"没有形象就没有艺术,具体说来,就没有诗。"[1]还说:"诗,散文亦然,首先是,而且也主要是某种思想和认识方式。"[2]

在这里的"形象思维"并不是在当今中国学术界所理解的与"抽象思维"相对应的思维方式,而是利用"形象"作为工具与手段进行的"抽象思维"活动。"抽象思维"活动的目的是为了获得抽象的、普遍性的、一般性的真理或者规律,可以体现为人生的哲理或者道理、科学上的原理等等。什克洛夫斯基说,波捷勃尼亚及其影响的弟子们都认为这种思维的方式能在某种程度上"节约智力",产生"过程的相对轻松感"[3],而且"形象的任务"是"把各种不同的事物和动作分门别类,并通过已知之物来解释未知之物。"[4]比如,波捷勃尼亚就曾说过:

> 形象与被解释之物的关系是:1)形象是可变主语的固定谓语——是吸聚多变的统觉经验的固定手段;2)形象是某种比被解释之物更简单明了得多的事物,……也就是说,既然形象性的目的是使我们更容易理解形象的意义,既然舍此则形象性失去意义,所以,形象应当比它所解释的事物更为我们所熟悉。[5]

什克洛夫斯基指出,这样一种现象在文学之中无疑是存在的,那就是"象征"。什克洛夫斯基认为,如果按照上述的说法,"形象"其实

---

[1] 转引自什克洛夫斯基:《散文理论》,刘宗次译,南昌:百花洲文艺出版社1994年版,第4页。
[2] 转引自同上。
[3] 同上。
[4] 同上。
[5] 转引自同上书,第4—5页。

不是指由特定语言及其结构所体现的特定形象,比如通过李煜的《虞美人》所揭示的"愁绪"就是这样,这样一种"愁绪"是只能由我们阅读这一作品时才能生发出来的;当然,由于《虞美人》的艺术感染力之强,往往会导致读者在抒发或面对"愁绪"之时,会使用"问君能有几多愁,恰似一江春水向东流"来表达,但是我们都会体会到"愁绪"不再是一个抽象的概念或名词,而是在对整首诗的阅读"过程"之中"生发"起来的,而且是奠基于对整首诗阅读的"内时间意识"之上的,简而言之是"时间化"的。因而,什克洛夫斯基认为,"形象"——比如"愁绪"往往是固定不变的,甚至可以从一个世纪到另一个世纪,从一个国度到另一个国度,从一个诗人到另一个诗人之间流动,却毫无变化,变化的是使用何种语言结构或者组织去表达这一"形象"。

正如上述所言"象征",其在文学作品出现的情况是不同的,有的象征是作为整个作品中的一种修辞手法出现,有的作为整个作品的表达手段,不可一概而论。正是在这里,什克洛夫斯基提出能够辨别"纯文学"与"准文学"标准的设想。

什克洛夫斯基在解决"思维经济学"问题时,并没有匆忙地进行直接否定,而是找到了一个合适的抓手,即包括文学作品在内的所有语言制作品都有一个共同的"质料"——即"语言",而且,更为关键的是他把这一"物性"的分析置于"价值"与"意义"的视域之中,从而自然而然地绽放出"时间性"视野。他认为,一个用语言制作的文本到底是不是文学作品,这取决于"主客不分"的文学阅读活动。他首先对很多语言文本可能发生的阅读情况进行了两种划分:"(1)作为一般事物而创造,但被感受为诗,(2)作为诗而创造,但被感受为一般事物。"[1]这表明,创作一个语言制作品的"动机"并不能左右它会作为什么被使用,然后他说:"这说明,这一事物的艺术性,它之归属为诗,是我们的感受方式产生的结果。"[2]在此所说的"感受方式"正是衡量一个语言制作品是否属于文学抑或其他的"价值"与"意义"所在,而

---

[1] 什克洛夫斯基:《散文理论》,刘宗次译,南昌:百花洲文艺出版社1994年版,第6页。
[2] 同上。

且"感受"一词显然指的是一个完整的、"主客不分"的、主体"始终—指向"客体的阅读活动,其中所隐含的"时间性"思想之一就是在一个完整的行为之中主客之间的构成关系——"始终—指向"的"时间性语法"。仅就什克洛夫斯基《散文理论》一书而言,他是始终坚持这一立场的,因而把什克洛夫斯基称为"形式主义",实在是那些持"内容—形式"文学作品两分法的学者们给起的恶名。

当然,本文无意对"内容—形式"文学作品两分法进行全面的分析,但是只需一个简单的反问就会发现其褊狭之处——在对一个文学作品的"内容"与"形式"做出分析与描述之时,有没有一个文学阅读行为且是一个有价值、有意义的文学阅读行为发生在"前"?而且,持这种两分法者也不得不承认,其对内容抑或形式的分析与描述都是且只能是根源于一个关于这一行为的"记忆"。这意味着文学作品的"内容—形式"即便是存在的、成立的,也只能是隶属于一个文学阅读行为。因而,什克洛夫斯基对于真正的文学作品的存在提出了两个要求:"我们(在狭义上)称为艺术性的事物则是用特殊的手法制作,制作的目的也在于力求使之一定被感受为艺术性的事物。"[1]具体而言,就是创作的动机与制成之物的完全合一,这一动机不是指任何具体的作家针对某一作品的创作动机,而是就其是否为了"纯文学"的价值与意义而作,当然,关于"纯文学"与"准文学"的探讨在下文可见。因而,什克洛夫斯基对"形式"——即由"特殊的手法制作"之物的分析,其实是对文学阅读活动的构成分析。在上文已经说过什克洛夫斯基一直持主体"始终—指向"客体的"文学阅读过程"为价值与意义依归的思想,因而,这一分析又必然是"时间性"分析。

什克洛夫斯基文学思想中的时间性精义就起源于对波捷勃尼亚的"象征"说进行的批评,并涉及他的寓言说。

什克洛夫斯基认为波捷勃尼亚的结论可以表述为,诗等于形象性,继而又可以表述为,形象性等于象征性,并发展为"形象成为可变

---

[1] 什克洛夫斯基:《散文理论》,刘宗次译,南昌:百花洲文艺出版社1994年版,第6页。

主语的不变谓语的能力的一整套理论"[1]。并且认为,这一观念源自于波捷勃尼亚对诗的语言与一般语言的不加区分,诗的语言是"作为加强印象的手段的形象",而一般语言则是"作为实际的思维手段、把事物进行归类的手段的诗的形象"[2],前者是指"纯文学",后者则是带有一定程度的文学性的"准文学"。前者作为"纯文学"体现为:"作为方法,它与诗的语言的其他手法相同,与正反的排比、比较、重复、对称、夸张相同,与一切被称为修辞格的东西相同,与这一切增加事物实感的方法相同(词或者作品本身的声音都可以是一种事物)。"[3]这意味着"诗"作为"纯文学",其构成是整体上的,而波捷勃尼亚的"象征说"所指的更多是生活中那些带有一定诗意的部分字词、语句而已,因而什克洛夫斯基说:"一般语言的形象是抽象的手段:用小西瓜来代替圆灯罩或用小西瓜代替头只是把事物的诸多品质之一抽象出来,它与头——圆球,西瓜——圆球的说法毫无二致。这是思维,但与诗毫不相干。"[4]并继而指出,诗的形象只是在表面上与作为寓言的形象和作为思想的形象相似。

波捷勃尼亚的寓言论曾被著名学者维戈茨基称为两种完整的寓言心理学之一[5],他认为寓言能够成为"属于取自人类生活领域的多变主词的不变宾词"[6],在对印度寓言《鹬与大海》的分析中,他指出:"这篇寓言名气很大,因为它身后留下了一大群子孙。这篇寓言分成两个部分。在第一部分,大海抢走母鹬的蛋(还有其他表现不可同大自然抗争这一主题的寓言);另一部分却证明,弱者能和强者抗争,并能战胜强者。因此,寓言的两部分在内容上并不互相矛盾:大海卷走了母鹬的蛋,公鹬决定向大海复仇,并复了仇。但如果注意一下作为宾词的寓言能否适用于我所说过的多变的主词,你们就会看到,适合

---

[1] 什克洛夫斯基:《散文理论》,刘宗次译,南昌:百花洲文艺出版社1994年版,第6—7页。
[2] 同上书,第7页。
[3] 同上。
[4] 同上。
[5] 维戈茨基:《艺术心理学》,周新译,上海:上海文艺出版社1985年版,第112页。
[6] 转引同上。

于寓言第一部分的那些情况同适合于寓言第二部分的那些情况性质完全相反。证明自然力量不可抗拒的情况适合于第一部分;说明人尽管力量看似弱小,但却能同自然力量抗争并取得胜利的情况适合于第二部分。因此,在这篇寓言内部是有逻辑上的毛病的。它没有我们在其他例子上所看到的故事的统一。"维戈茨基对波捷勃尼亚此说的评价是:"对波捷勃尼亚来说,寓言是对问题的迅速回答,是复杂的日常生活关系的适当的模式,是认识或者说明难以理解的日常关系、政治关系或者其他关系的手段。"[1]

在这里的"迅速回答"一语与什克洛夫斯基所论的"节省智力"如出一辙。波捷勃尼亚认为,寓言曾经在历史上发挥过巨大的作用,比如曾经是威力强大的政治批评力量,是有力的政论工具,他对寓言中的很多奥妙有着自己非常独到的见解,比如在寓言之中大量使用兽类为主角,他如此解释:"由寓言的使命所产生的寓言形象的第三个属性是,为了不费很多笔墨去描画主人公,寓言便挑选这样一些动物,只要一提起它们的名称,观众便有明确的认识,它们都是现成的概念。众所周知,寓言就是为此而使用动物的……寓言由于恪守这一惯例所得到的实际好处可以同以下情况相比:在有些游戏中,例如在象棋中,每个棋子都有一定的走法,马这么走,王和王后那么走;每个玩棋的人都知道这一点,这很重要,因为不这样,每次下棋就要先商量好条件,这样的棋也就玩不成了。"[2]

他还认为:"为了使寓言便于使用,寓言就不应着力于行动和场景的详细描写。"[3]这一切都是为了使寓言更好地实现其价值——即为了更好地说明、阐明某一哲理、道理,一旦这一道理、哲理能够得以说明,寓言本身就不是特别重要了,因而波捷勃尼亚特别重视寓言自身的一些独特要求;而且为了阐明、体现同一个哲理、道理,采用不同的寓言故事也完全是可以的,尽管故事本身可能良莠不齐,但是对哲理与道理而言,却没有致命的影响。

---

[1] 维戈茨基:《艺术心理学》,周新译,上海:上海文艺出版社 1985 年版,第 112 页。
[2] 转引自同上书,第 127 页。
[3] 转引自同上书,第 129 页。

二、"思维经济学"与精力、时间的节省

当然,什克洛夫斯基重点要批评的是"思维经济学",并就此提出关于"日常语言"的思想。

什克洛夫斯基提出:"节省创造力的规律也是公认的规律之一。"[1]就他所提到的几个学者来看,的确抓住了此思潮的核心。这几位学者便是斯宾塞、阿芬那留斯与维谢洛夫斯基等等。

斯宾塞的"精力节省"思想在美学史上素有其名,他说:"我们发现,决定选词用字的一切规则的基本共同点是:节省注意力……通过最容易的途径把思想引向想要达到的概念,往往是唯一目的,并且永远是主要目的。"[2]在此所说的还只是更多地与儿童学习语言相关,在文学上,他更是直接提出:"在安排诗歌或小说的主要部分时,在组成一句话的单词时,效果的好坏就看有无技巧使读者少费精力和不过分受刺激。"[3]在他看来,这是"优美感"的主要标志,人能在一种轻松愉悦的过程中生活是很幸福的。

另外,什克洛夫斯基还引用了德国哲学家阿芬那留斯在《哲学是按最少耗力原则进行的关于世界的思考》中的言论:"如果心灵拥有的力量不可穷尽,那么,从这永不干涸的源泉中要耗费多少的问题对它当然无关宏旨。重要的看来只是必需耗费多少时间的问题。但是,既然心灵的力量是有限的,所以它力图最合理地完成统觉过程就是顺理成章的事,也就是说,要最少地耗费力量,或者说,要得到最大的效果。"[4]阿芬那留斯还说:"但只要心灵服从有机生存的条件和合乎目的要求,这里所说的原则便成为一种进化的原则:心灵在进行统觉时并不必付出不必要的气力,并且,如果有几个可能的统觉,那么,心灵

---

[1] 什克洛夫斯基:《散文理论》,刘宗次译,南昌:百花洲文艺出版社1994年版,第8页。
[2] 转引自同上。
[3] 斯宾塞:《斯宾塞教育论著选》,胡毅、王承绪译,北京:人民教育出版社2005年版,第37页。
[4] 转引自什克洛夫斯基:《散文理论》,刘宗次译,南昌:百花洲文艺出版社1994年版,第8页。

便偏好那个能获得相同功效而费力较少的统觉,或者说,心灵偏好那个费力相同却获得更大功效的统觉;在有利的情况下,心灵本身不愿做那种暂且费力较少,但效果也较小或较短的事,而情愿去做一件一时比较吃力,但却能得到大得多或长得多的效果的事。"[1]

但是正如胡塞尔所说,这种思维的经济学在表面上有其合理之处,比如"一个生物要做出一些对它自身发展来说必要的或者有利的成就,它能够做得愈快,费力愈少,那么显然它的构造便愈合乎目的。"[2]说到底,只是与某些生物学尤其是进化论有关,而且胡塞尔认为"思维经济学"是对"逻辑之物的倒逆论证"[3]——"不管是认识论原则还是心理学原则,节省原则似乎毕竟是一种原则,实际上这是一个假象,这个假象之所以产生,原因主要在于人们混淆了事实被给予之物和逻辑观念之物,后者是前者隐含的前提。"[4]而且胡塞尔更简洁地指出:"最大可能的合理性这个目标或原则也就是理性科学的最高目标。非常明显,对那些比我们已掌握的规律更普遍的规律的认识确实是更好的认识,因为这种认识可以追溯到更深的和更全面的基础上去。但这个原则显然不是一个生物学的和单纯思维经济学的原则,而毋宁说是一个纯粹观念的并且恰恰是规范的原则。"[5]

胡塞尔还认为:"将最大可能的合理性这个趋向等同于一个生物学的适应趋向,或者,从后者之中推导出前者,然后再赋予前者以心理基本力量的作用——这都是错误的,这种错误与心理主义对逻辑规律的误释,即将逻辑规律作为自然规律来理解的做法是相同的。"[6]这表明"思维经济学"只是看起来很合理,但是在其适用的领域却是特定的。

什克洛夫斯基从思维经济学之中敏锐地看到了日常语言的特性,

---

[1] 转引自胡塞尔:《逻辑研究》第1卷,倪梁康译,上海:上海译文出版社2006年版,第191—192页。
[2] 同上书,第193—194页。
[3] 同上书,第200页。
[4] 同上书,第203页。
[5] 同上书,第204页。
[6] 同上。

他说:"省力是创作的规律和目的,就语言的局部状况而言,这一思想是正确的。"[1]但是,这一日常语言的特性却不能适用于诗歌语言或文学语言,因为两者之间存在着根本的区别。正是什克洛夫斯基对于日常语言特性的分析,才使得与之相对应的诗歌语言或文学语言的特性得以浮现,才使得"纯文学"的特性得以彰显,才使得什克洛夫斯基的思想尤其是陌生化的思想对世界文论史造成了重大的贡献。

三、日常语言、科学语言的"自动化"与"注意"的自动加工

在整体上看,什克洛夫斯基关于"日常语言"的探讨是从"价值"或"意义"出发的,也就是把日常语言作为一种人类的价值活动加以把握,因而,这一价值活动的相关项就包括两个层面,其一是使用日常语言的个体与日常语言之间是一种不可分离的"始终—指向"关系,其二是使用日常语言交流的个体之间同样是一种不可分离的"始终—指向"关系,这两个层面是体现在一个日常语言行为之中的,而不是一种隔离的关系,这意味着一个主体在专注地说着日常语言,而且这一行为指向一个或者多个其他主体,因为他力求自己所说的日常语言被其他主体所理解。可以看出,日常语言行为一如其他行为一样,其中的核心问题是"注意"的产生及其延续,也可以说,所有的意向活动作为一种体验,其结构不仅是"始终—指向",而且其本身就是一种"注意"的凸显行为。在这里所存在的时间性因素就包括两个方面,其一,"注意"是"现在时"的,日常语言行为的价值在于其在主体之间达成迅捷的理解,而不是迟滞、滞后;其二,这种日常语言行为的"现在时"是一种绵延的行为,因为日常生活本身是持续性的,在人的有生之年,在人必须与他人打交道之时,这种持续性就显得尤为迫切。

"注意"在心理学之中属于认知心理学,时至今日,关于"注意"业已有了很多众所认同的规律。"注意"不是一个独立的心理现象,它是很多心理现象所共有的一种特质——集中精力专注地、更加有效地处

---

[1] 什克洛夫斯基:《散文理论》,刘宗次译,南昌:百花洲文艺出版社1994年版,第8页。

理一个或者一个系列之中的某一个事或物的信息,之所以要"一心一意""全神贯注""心无二用"就是因为一个人的心理能量与资源实在有限或者存在心理能量与资源的瓶颈,而且从与什克洛夫斯基所说的"日常语言"的"耗费与节约规律"相连接来看,显然与注意的"自动加工"与"控制加工"直接相通。

注意的"自动加工"其特性在于不需要努力,不需要有意识地进行控制,消耗极少的心理能量与资源,在整体上可以进行并行加工——即多个操作可以同时进行而没有产生互相影响并在直觉之中完成流程,其完成的速度较快捷,就其所完成的任务而言通常是那些熟悉的、日常的且必须重复地去做的稳定信息,就其加工层次而言属于相对较低层次的认知加工,不需要复杂的分析与综合,难度较小;但是注意的"控制加工"则相反,它需要有意识地努力才能完全地进行信息加工,消耗的心理资源与能量较多,在整体上必须严谨地按照序列或者步骤进行,完成所需的时间较长,就其所完成的任务而言通常是那些新鲜的、较少重复的且任务特性变化较大的信息,就其加工层次而言属于相对较高层次的认知加工,需要复杂的、高级的综合与分析,难度当然就较大。就日常语言而言,对于咿呀学语的婴幼儿而言属于"控制加工",而后一旦掌握了这一预言就成为"自动加工",那么,一个信息处理的步骤从高度控制转向相对自动的过程,就叫做"自动化"。什克洛夫斯基敏锐地说出了这种注意心理学之中的"自动化":"动作一旦成为习惯,就会自动完成。譬如,我们的一切熟巧都进入无意识的自动化领域。谁要是记得自己第一次握笔或第一次说外语的感受,并以之与自己后来第一万次做这些事时的感受相比较,就会同意我们的意见。"[1]在这段话中,"习惯""自动""自动化""熟巧"等都是注意的"自动加工"最为重要的核心关键词。虽然什克洛夫斯基没有关于日常语言行为的鸿篇大论,但是我们仍然可以想见——人们为了完成每天繁复的交往、交流活动,势必把语言交往活动变得"自动化"了,正如

---

[1] 什克洛夫斯基:《散文理论》,刘宗次译,南昌:百花洲文艺出版社1994年版,第9页。

什克洛夫斯基所说：

> 我们的日常言语中有不完全句或只说出一半的词语,这种规律性现象就归因于自动化过程。[1]

> 正是由于这种感受,日常语言中的词语不会被全部听见,因而也就不会全部被说出(一切口误、失言皆来源于此)。[2]

这种日常语言的"自动化"在人类正常生活的角度而言自有其重要的价值,如果日常语言交流中的每一句话都是困难的、谨严的、完整的、新鲜的、一步一步进行控制加工的话,我们就必定会遭受生活的极端不便之苦。事实上,正是我们从小到大所积累的那些巨量的注意"自动加工"能力,才使得我们每天的生活能够流畅地、正常地进行与持续。

什克洛夫斯基除了着重论及日常语言的"简化"或者"残缺"的注意"自动化"现象之外,还论及另外一种语言现象——"科学语言",他认为"科学语言"比日常语言更加在注意之中实现为"自动化"："代数学是这一过程的理想表现,在代数学里一切事物都为符号所代替。"他还说："在用这种代数的思维方法时,事物是以数量和空间来把握的,它不能被你看见,但能根据最初的特征被认知。事物似乎是被包装着从我们面前经过,我们从它所占据的位置知道它的存在,但我们只见其表面。"[3]这表明"科学语言"作为科学著作之中所使用的语言是一种高度逻辑化的、抽象而普遍性的语言,在其中存在的"概念"就以其固定、清晰、决不因使用主体的不同而产生变异为根本属性,不允许语言有任何的混乱、交叉、短缺、残缺,这同样会造成注意力更高度的"自动化"。这种"自动化"的益处在于使得科学研究活动能够得以完成,而且使用概念、符号等作为其载体,也使得科学知识的传播得以固定、稳定、流畅。

---

[1] 什克洛夫斯基：《散文理论》,刘宗次译,南昌：百花洲文艺出版社1994年版,第9页。

[2] 同上书,第10页。

[3] 同上书,第9页。

第九章　涌现着的意义

从以上的分析可知,"日常语言"与"科学语言"都是"省力"的"自动化"的语言,从两者自身来看都是人类文化及其价值的正面体现,但是这种"自动化"与"习惯化"的语言也会造成语言自身或者语言自身可能性的丧失,因为在以上两种语言自动化的形态之中,"语言"都是在行使着忠诚的牺牲者的角色。之所以说它们是忠诚的牺牲者,就是因为两者都是日常交流与科学知识承载的"工具"与"手段"而已,一旦在日常语言之中达成了交流,一旦在科学表达与传输中实现了目的,那么,其作为"目的"与"手段"就"丧失"了其自身,其实更为准确地说,"丧失"其实是完全"消弭"而并不是完全消失。在注意心理学上,就可以陈述为——语言作为一种刺激物随着人们对这种刺激的熟悉,会越来越意识不到这种刺激,因而,什克洛夫斯基说:

在这种感受的影响下,事物就会枯萎,起先是作为感受,后来也在它自身的制作中表现出来。[1]

在事物的代数化和自动化过程中感受力量得到最大的节约:事物或只以某一特征,如号码,出现,或如同公式一样导出,甚至都不在意识中出现。[2]

生活就是这样化为乌有。自动化吞没事物、衣服、家具、妻子和对战争的恐怖。[3]

如果许多人的全部复杂生活都不自觉地度过,这种生活如同没有过一样。[4]

因而,这正是什克洛夫斯基文学语言论之始——即面对由以上两种语言所造成的注意力"自动化"与"习惯化",必须由语言凸显其自身的存在来"去习惯化"与"去自动化"。

---

[1] 什克洛夫斯基:《散文理论》,刘宗次译,南昌:百花洲文艺出版社1994年版,第9—10页。
[2] 同上书,第10页。
[3] 同上。
[4] 同上。

第二节 "感受过程本身就是目的,应该使之延长"
——"陌生化"命题中的时间性

什克洛夫斯基之所以能够名扬世界,全在于其所提出的"陌生化"辉煌命题,而"陌生化"命题之中的核心与机杼则是时间性。

一、审美价值仅在于时间性过程且绝不可化约

什克洛夫斯基针对文学语言如何突破日常语言及科学语言的"自动化"与"习惯化"说了一段最为经典的话:"正是为了恢复对生活的体验,感觉到事物的存在,为了使石头成其为石头,才存在所谓的艺术。艺术的目的是为了把事物提供为一种可观可见之物,而不是可认可知之物。艺术的手法是将事物'奇异化'(又译'陌生化',鉴于'陌生化'一词为我国学界广泛采纳,下文陈述中即采用此概念)的手法,是把形式艰深化,从而增加感受的难度和时间的手法,因为在艺术中感受过程本身就是目的,应该使之延长。艺术是对事物的制作进行体验的一种方式,而已制成之物在艺术之中并不重要。"[1]这段话在我国文学理论、美学教材中大量出现,在很多学人的阐述中得到极为广泛的认同,尤其是"陌生化"一词更是深入人心,成为常谈,可见其影响之大之深。

这段话的核心与价值所在就是指明了审美价值、艺术价值与其他价值的不同之处——其愉悦的感受"过程"本身就是目的,当然应该使之"延长",这意味着美学的基本问题或者文学理论的基本问题是"时间性"。在1982年所撰写的《散文理论》中,什克洛夫斯基更加简捷地表达着自己的这一思想:"艺术就是被延缓的快感,或者正如奥维德在《爱的艺术》中所说,做爱时不要急于得到快感。"[2]当然,在这里的"时间性"就绝不是在客观时间意义上的时间,而是时间赖以体现的时

---

[1] 什克洛夫斯基:《散文理论》,刘宗次译,南昌:百花洲文艺出版社1994年版,第10页。
[2] 同上书,第80页。

间特性或者时间状态,而且,这种时间特性或时间状态就是指个别的、具体的心理活动抑或行为本身。

一方面,正如上节所述,什克洛夫斯基把语言置于主客不分的"始终—指向"活动之中,尤其是置于"注意"之中,作为一个语言行为的相关项而存在,这种"始终"或者"现在时"正是一个行为或心理活动之中主客之间在时间性上的构成状态;另一方面,这种"始终—指向"的心理活动或行为在人类不同的价值领域会有完全不同的体现,比如对于文学阅读活动、艺术欣赏活动或审美活动而言,其价值就体现为愉悦感或者美感作为一个时间性过程的自身,而其他价值则体现为"主客二分",比如孤立存在的主观的极端形态是宗教,孤立存在的客观的极端形态是科学,宗教与科学虽然必须经由主客不分的过程——宗教活动与科学活动都是主客不分的,但是这一过程却是为了最终的目的——纯粹的"主观"与纯粹的"客观"服务的。

在这段话之中,尤其是最后一句话还是显露出其对"形式"的偏执与偏颇,但是就整段话而言,很显然,这种被加大了强度并延长了长度的"体验""感觉""可观可见"的对象或者内容就是"生活""事物",只不过,什克洛夫斯基是要强调文学语言与日常语言、科学语言的差异而已。而且,更为重要的是,什克洛夫斯基在这段话中为"内容"("生活"与"事物")找到了原本的存在方式,那就是"内容"绝不是抽象的概括,而是"时间化"的、"过程化"的,即"内容"只有在审美主体"始终—指向"艺术作品之时,并在一种注意力得以触发并持续存在的"视域"或者"目光"之中,艺术作品的"内容"才持续地生发出来,甚至这一"内容"必然是"愉悦化"的,即在注意力被吸引之下,"内容"本身的生发受到一种冲力的引导与指引,而且这种冲力并不是在"内容"之外的他物在推动着"内容",而是"内容"自身的内在、原生而质朴的状态。因而,什克洛夫斯基在晚年如此描述文学阅读者的身体姿态:"读者抓住书本和手稿的篇页,就像孩子抓住母亲的衣襟,要母亲安慰他一样。"[1]

如果把文学作品乃至艺术作品中的"内容"视作或者完全等于阅读或者欣赏之后的"概括"与"总结",那就把"内容"等同于概括之后的"概念",就是一种无"时间性"的存在了,这在根本上把"内容"的"过程性""时间性"等这些活生生的生发特性完全消除了,"内容"也就逃之夭夭了,从而也就在根本上取消了文学乃至文艺的价值。什克洛夫斯基在自己的著作之中反复地引用一个例证,那就是诗行是"一种奇怪的运动,作者要数着脚步,在韵脚上蹲一蹲"[2]。这分明道出诗人在创作之时就要想到他的作品的价值要能够实现在读者兴发着的过程之中,而且读者对于"诗行"的接受也绝不是在一个点上抽象地运动,而是被此"诗行"形式化了的"行走",因而"道路"成为他特别喜欢用的一个时间性思想的比喻:"为什么奥维德从做爱中提炼出'爱的艺术'时,建议在享受快乐时不要急急忙忙？弯弯曲曲的道路,脚下感受到石块的道路,迂回反复的道路——这就是艺术之路。词与词相互贴近,相互感觉,如同两人的面颊。一些词语被分开,于是产生一个词一种声音,而不是如同自动机弹出的一块巧克力那样自动发出的词,词是一个发音运动。舞蹈——是感觉得到的行走,或者更准确地说,是为了被感觉到而做出的行走。"[3]

在下面这段话中,他更是指出文学阅读过程就像我们在走路的时候所感受到的"步态":"艺术的步态——就是意欲理解我们称之为现实之物的人们的步态,但他们并未注意到,诗本身也是现实,而且是很坚固的现实,这种现实似乎被排除于时间之外,因为,在产生诗的事物应该被干脆忘掉的时候它才重又复活。"[4]虽未明言艺术欣赏或接受的时间性过程同样是一种生活,但还是如其他来自于"道路""步行"的喻体群一样,生动而传神地影射着主客不分的、时间性的、生发着的

---

[1] 什克洛夫斯基:《散文理论》,刘宗次译,南昌:百花洲文艺出版社1994年版,第335页。
[2] 同上书,第290页。
[3] 同上书,第25页。
[4] 同上书,第4页。

过程。

什克洛夫斯基始终坚持着艺术或者审美的价值体现为"时间性"的"过程"且仅仅如此,反对仅仅把审美活动这一"时间性"的直观显示化约为"无时间性"的抽象概念,他说:"诗的(艺术的)作品的生命——是从可见走向可知,从诗走向普通文字,从具体走向一般,从在公爵府邸里半昏半醒地忍受屈辱的迂夫子和穷贵族堂吉诃德发展到屠格涅夫笔下那个虽则豁达然而空虚的堂吉诃德,从查理大帝到'皇帝'的名字。"文中所列举的5个"从形象直观到抽象、枯燥"事例,其中丧失的、丢掉的正是审美活动的时间性生成特性,也就是如前文所述的"注意力"的节省所导致的自动化与习惯化。

二、纯文学的内时间意识及其"形式显示"的"专属专对"

可以看出,只有与其他人类活动的价值相比,艺术的价值及其构成状态才能凸显。把艺术活动与科学活动进行比较就是什克洛夫斯基多次运用的案例。他认为:"艺术与概括是如此格格不入,而与分解则十分接近。"[1]其中的根本枢机就在于"艺术"是时间性的、过程性的,而"概括"则是无时间性的,当然,这样说很抽象,什克洛夫斯基则描述得极为形象:"艺术当然不是音乐伴奏下的行军,而是能感觉到的走路式的舞蹈,说得更准确些——是为了被感受才进行的运动。实际的思维走向概括,走向建立最广泛的、囊括一切的公式。"[2]就如李白的《静夜思》是对"想家"的"分解"一样,而且只是由于这样一种杰出的、独一无二的"分解","想家"才演化为一个在时间性过程中生发、生成的质朴的情绪,用什克洛夫斯基的语言来说就是——"艺术'怀着对具体性的渴望'(卡列尔语)建立在梯级性和分解的基础上,甚至对已经被概括和统一的事物进行分解。"[3]这种"阶梯性"或者"阶梯式构造"正是内时间意识的构成性,正是如《静夜思》等艺术作品所引发的

---

[1] 什克洛夫斯基:《散文理论》,刘宗次译,南昌:百花洲文艺出版社1994年版,第33页。
[2] 同上。
[3] 同上。

所有感受的最为质朴的存在状态,也正是被延长了且被完美地延长了的、被强化了且被完美地被强化了的带有注意力被持续地吸引的生活本身或者感受本身。什克洛夫斯基说:"重复及其具体表现——韵脚和同义反复、排比反复、心理排比、延缓、叙事重复、童话的仪式、波折和许多其他情节性手法——都属于梯级性构造。"[1]以上诸种在字面上属于"形式"的要素,其实只能是在一个前提之下才能成立,那就是,一个高质量的、完美的审美活动、艺术活动或者文学阅读活动已经发生在前,我们才会说我们的活动与感受是奠基于且只能奠基于那些形式之上。

按照什克洛夫斯基的说法,只有"纯文学"作品才能完美地、充分地体现审美价值——奠基于特定作品之上的审美生活仅仅体现为愉悦的过程本身,而那些"准文学"作品——即那些虽然可以带来形象性的、愉悦的感受过程,但是其根本的目的却在于这一过程结束之后所要达成的哲理、道理或者思想等等的文字制作品,如果也被视作文学作品的话,那么文学作品在数量上就会大大增加,比如"寓言比长诗更有象征性,而谚语较之寓言又有过之。"[2]但是"作品和艺术"就会"消亡"[3]。就整体而言,什克洛夫斯基还是对"准文学"进入文学领域持开明的态度,在此他对波捷勃尼亚持完全的赞成态度:"波捷勃尼亚的理论在研究寓言时最能自圆其说,他正是以自己的观点对寓言进行了透彻的研究。"[4]但是,他认为:"但这一理论并不适用于'实实在在'的艺术作品。"[5]在此所说的"'实实在在'的艺术作品"正是那些纯粹的艺术作品或者"纯文学"。关于为何不适用,他并没有给出清晰简洁的回答,但是我们根据上下文已然可以看出,"寓言""谚语"等等成为文学作品是没有问题的,但是却不能不看到"寓言"与"谚语"作为"准文学作品"的特性,也就是以其为对象的审美活动过程只是一个

---

[1] 什克洛夫斯基:《散文理论》,刘宗次译,南昌:百花洲文艺出版社1994年版,第33页。
[2] 同上书,第11页。
[3] 同上。
[4] 同上。
[5] 同上。

"工具"或者"手段",是为了所要阐明的那些哲理、道理或思想服务的,一旦达成了目的,手段与工具就是可有可无,而且,甚至变换了"寓言"与"谚语"的构成或者形象,所要阐明的哲理、道理或思想并没有受到什么影响。

钱锺书先生曾经对作为纯文学的"诗之象"与作为说理手段的"《易经》之象"做了杰出的对比:"《易》之有象,取譬明理也,'所以喻道,而非道也'(语本《淮南子·说山训》)。求道之能喻而理之能明,初不拘泥于某象,变其象也可;及道之既喻而理之既明,亦不恋着于象,舍象也可。到岸舍筏、见月忽指、获鱼兔而弃筌蹄,胥得意忘言之谓也。词章之拟象比喻则异乎是。诗也者,有象之言,依象以成言;舍象忘言,是无诗矣,变象易言,是别为一诗甚且非诗矣。"[1]

钱锺书先生的论述与什克洛夫斯基既理有相通,又更加深入地指出了"纯文学"与"准文学"在对待文学阅读活动的相关项之一——语言上的根本差异,前者在阅读过程之中是读者"始终—指向"作品之中的语言组织的且仅仅如此,而后者虽然在阅读过程之中读者是同样"始终—指向"作品之中的语言组织的,但是这一过程还另外指向一个目的。当然,如果把纯文学与准文学之区分与注意心理学连接起来,就能对审美生活的价值在于且仅仅在于时间性过程本身的特性洞若观火了,对纯文学作品的阅读是日常语言注意与科学语言注意的断裂,自动化与习惯化消失,且注意力在持续地附着于作品的语言组织之上,纯文学作品的起始就是审美活动作为一种注意的内时间意识的起始;而对准文学作品的阅读则不然,在准文学作品的起始之外,其注意力作为一种内时间意识并没有结束,继之而起的是对"哲理""道理"或"思想"的注意,而这就是另外一个意义或者价值事件了。如果按照从直观到一般、从感受到概念来理解纯文学,什克洛夫斯基认为,那就还是不能把事物从感受的自动化里跳脱出来。

因而,什克洛夫斯基认为,事物被感受若干次之后,就如同上述抽象化的程序或者动作一样,沦为通过"认知"来被感受,他说:"事物就

---

[1] 钱锺书:《管锥编》第1册,北京:三联书店2007年版,第20页。

在我们面前,我们知道这一点,但看不见它。所以,我们关于它无话可说"[1]要脱离或打破感受的自动化,他认为艺术有各种手段,其中他最为青睐的就是"陌生化"。

在他论述"陌生化"的时候,最为钟爱的作家是托尔斯泰,引自其作品的例证也是最多的,比如:"列·托尔斯泰的奇异化手法在于他不说出事物的名称,而是把它当作第一次看见的事物来描写,描写一件事则好像它是第一次发生。而且他在描写事物时,对它的各个部分不使用通用的名称,而是使用其他事物中相应部分的名称。"[2]

再比如"第一马称"的叙事方式就更加精彩了:

> 我怎么也不懂,把我称为某人的所有物是什么意思。"我的"这几个词是针对我,一匹活生生的马说的。在我看来,这几个词和"我的土地"、"我的空气"、"我的水"这些词一样奇怪。
>
> ……像"我的这,我的那"就属于这种词,他们用这些词来说种种不同的事物、物件和东西,甚至用来说土地、人和马。他们约定,关于某一件事物只有一个人能够说:我的。谁按照他们之间规定的这种游戏能够把最多数量的东西称为'我的'谁就被他们认为是最幸福的人。为什么要这样,我不知道,但事情就是这样。原来在很长时间里我努力以有某种直接的好处来解释这件事,结果这并不正确。……譬如,许多把我叫做他们的马的人并没骑过我,骑过我的完全是另外一些人。喂养我的也不是他们,而完全是另一些人,为我做好事的也不是那些把我叫成他们的马的那些人,而是车夫、兽医。
>
> ……有人把一块土地称作他自己的,可却从未见过这块地,也没在上面走过。有人把另一些人称作自己的,可也从未见过这些人,他们与这些人的全部关系就是对他们作恶。有一些人把一些女人称作自己的女人或妻子,可是这些女人却和别的男人住在

---

[1] 什克洛夫斯基:《散文理论》,刘宗次译,南昌:百花洲文艺出版社1994年版,第11页。

[2] 同上。

第九章 涌现着的意义

一起。人们在生活中追求的不是去做他们认为是好的事,而是尽可能把更多的东西称作自己的。我现在确信,这就是人们与我们之间的根本区别。[1]

在什克洛夫斯基看来,陌生化不仅仅是一种局部的修辞手法或手段,而是一种普遍的规律,即哪里有形象,哪里就有陌生化。在此,他对波捷勃尼亚的观点进行了改写,认为:"形象不是可变谓语的不变主语。形象的目的不是使其意义易于为我们理解,而是制造一种对事物的特殊感受,即产生'视觉'而非'认知'。"[2]其实,陌生化所指的就是语言或者形式的创新,创新的、新鲜的语言组织会更容易引发注意力的产生与持续,也就会把对事物的感受从通常的领域转移到一个新的领域。也就是说,既然审美活动或者艺术活动的根本价值在于仅仅关注其有始有终的时间性过程自身,而且这一体验活动的结构是主体"始终—指向"客体的,那么至少在审美活动的相关项之一的审美对象——文学作品来看,其语言组织或结构都是为了摆脱日常语言与科学语言的自动化或习惯化而造就的,什克洛夫斯基明确地在审美对象构成的角度提出了审美活动过程的时间性:"创造者的目的是为了提供视感,它的制作是'人为的',以便对它的感受能够留住,达到最大的强度和尽可能持久。同时,事物不是在空间上,而是在不间断的延续中被感受。"[3]尽管什克洛夫斯基并没有对审美活动的内时间意识构成做精细的构成分析,但他还是天才地指出了这种审美活动的"直观性"必须被"留住",而且事物是在"不间断"的"延续"中被感受的,在此什克洛夫斯基道出了审美活动作为一种快感体验的本质属性所在——"流畅",而且是纯粹的、没有任何阻碍的"流畅"。这就是什克洛夫斯基在"感受过程本身"是审美价值唯一体现的精华所在。

从什克洛夫斯基对诗歌语言的分析来看,在留住、强化并延长阅读快感方面诗歌更为典型。他一再强调诗歌语言是一种困难的、阻碍

---

[1] 转引自什克洛夫斯基:《散文理论》,刘宗次译,南昌:百花洲文艺出版社1994年版,第12—13页。
[2] 同上书,第16页。
[3] 同上书,第20页。

重重的、扭曲的、奇怪的语言,并提出:"扭曲而艰涩的、使诗人变得笨口拙舌的诗歌言语,奇怪的、不同寻常的词汇,异乎常规的词语排列——这一切的缘由是什么?"[1]那就是为了破坏一般语言的节奏,因而,诗歌语言与日常语言、科学语言之间的间隔更大,他认为:"散文——则是普通言语:节约、易懂、正确的语言(散文女神是正确的、易产的女神,婴儿'胎位正常'的女神)。"[2]但是,他同样深刻地提出,这种破坏不是"节奏复杂化的问题,而是打乱节奏的问题,这种打乱是无法预测的。如果这种打乱成为一种范式,它就失去了效用"[3]。这也是什克洛夫斯基文学史观的确立,即文学的发展与创新体现于形式与语言上,只不过这样一种创新有着特殊的规律而无法预知与操作。

三、愉悦感的延缓与阻缓

就什克洛夫斯基文学思想整体而言,为了延长审美快感,他集中进行论述的是"延缓""阻缓",较为集中的对象有两个:第一是诗歌与童话中的"重复"现象,第二是情节编织中的"延缓",比如穿插。下面简要论述其主要体现。

第一,诗歌与童话中的"重复"手法会造成"阻缓"。

在日常语言及科学语言中,如果出现语词乃至句子的重复甚至大量重复,一般来说就是附赘悬疣,既不符合语法,也更不符合省力的规律。什克洛夫斯基列举了许多来自俄罗斯民间诗歌的作品,认为这一形式往往在诗歌中体现为同一词语的简单重复、意义相同的词的重复、前置词的重复、相邻诗句中的一行诗重复上一行诗末尾的同一个词等,在故事中的重复体现为整个片段的简单重复,在修辞手段中运用中体现为同义词组的重复,等等。鉴于什克洛夫斯基所列举的例子来自俄罗斯,我国读者不易于理解其中的重复,在此我们列举《木兰辞》中的"东市买骏马,西市买鞍鞯,南市买辔头,北市买长鞭",就会

---

[1] 什克洛夫斯基:《散文理论》,刘宗次译,南昌:百花洲文艺出版社1994年版,第24页。
[2] 同上书,第23页。
[3] 同上书,第25页。

知道,这四句诗中的重复正是意味着"阻缓",因为这四句诗在整首诗之中显得一方面有实在的意义——木兰为出征做细致的准备,即木兰长于织布,(这正是中国传统文化中由"男耕女织"所规定的女性美最典型的特征之一)而不善打斗搏击,所以家里能用于战争的什么器具都没有;另一方面,买骏马的地方未必有鞍鞯与长鞭,但是一定有辔头,但是这样的重复其真正的或者重要的作用是起到了"阻缓",从作品的情节而言是不让木兰早早地奔赴征途,从对作品的阅读而言,是审美活动过程的延长。

什克洛夫斯基在此认为,这一现象体现了一条普遍的规律——"形式为自己创造内容"[1],其具体的状况就是,"在语言中没有相应的对偶词时,同义语的位置由一个任意的词,或派生词取而代之。这些延缓的梯级性结构的各种形式不会全都集中在一处,对这种结构的每次出现往往都使其各具理由。"[2]他说在艺术中往往有一个非常普通的现象——"一定的形式要求被填满,就像抒情诗里要用词填满声音的空白一样"[3],这一现象用于我国"词"的创作之中的"词调"或者"填词"也是非常恰当的。再比如,《摽有梅》在《诗经》中是比较典型的"重章"之作:"摽有梅,其实七兮!求我庶士,迨其吉兮!摽有梅,其实三兮!求我庶士,迨其今兮!摽有梅,顷筐塈之!求我庶士,迨其谓之!"钱锺书先生在分析时说:"首章结云:'求我庶士,迨其吉兮',尚是从容相待之词。次章结云:'求我庶士,迨其今兮',则敦促其言下承当,故《传》云:'今,急辞也。'末章结云:'求我庶士,迨其谓之',《传》云:'不待备礼',乃迫不乃缓,支词尽芟,真情毕露矣。此重章之循序渐进者。"[4]可以看出,这部作品中的重复既是作品中人物情感的渐深,同时,也是阅读过程的延长。

第二,什克洛夫斯基认为,在叙事作品之中所存在的"延缓"手法

---

[1] 什克洛夫斯基:《散文理论》,刘宗次译,南昌:百花洲文艺出版社1994年版,第35页。
[2] 同上。
[3] 同上。
[4] 钱锺书:《管锥编》第1册,北京:三联书店2007年版,第131页。

与诗歌相比存在着差异,主要是体现在情节的编织上。

他认为,很多叙事作品在力图达到"阶梯式"的感受的时候,都会采用一种很方便的做法——"姗姗来迟的救援",比如在冒险小说与童话之中就很常见,比如:"猎犬啃咬十二扇铁门,王子死期临近,他请求允许他洗个澡。他搬石头,生炉火。但生着后又弄灭,以拖延时间。这时他的狗分三次把十二扇门咬开,于是王子得救。"[1] 当然,在此所说的"延缓"并不只是使故事发展的进程变慢,而是指的要把一个故事写好,让读者喜欢阅读,而且,什克洛夫斯基更为深层的意味在于——与日常语言当中我们在讲述一个故事的时候往往只能做到述其概要相比,在那些杰出的小说之中,作家能够让我们鲜活地经历这个故事,而且这个故事是作家人为的作品,因而作家的才能就显得尤其重要。

在很多冒险小说中,有很多惯见的母体,他举例说:"主人公不会马上被杀害,因为还要用他来进行相认。如果想要除掉他,就把他强带到某处。这些附带种种转移、逃跑和其他徒劳无功的动作的情节常常因其中的受害者相互钟情并试图通过漫长的途径达到自己的目的而更形复杂。这些片断一个紧接着一个,相互之间的差别不大,它们在冒险小说中所起的阻缓作用正如难题和童话模式在童话中、或排比与延缓在民歌中所起的作用一样。"[2] 在《西游记》之中,唐僧遇到那么多妖怪,死到临头的时候,总有徒弟或者神仙救他,每一回的故事都是大同小异,但是这只是在陈述母题的相似而已,事实上每一回的文字组织都是不同的,带给我们的感受也是不同的,甚至我们在阅读完第一遍之后,已经知道了所有的故事情节,但我们还是愿意第二次、第三次地持续阅读下去,其中的原因就在于我们为每一回的文字组织所奠基起的感觉所着迷,我们情愿让我们的注意力沿着字词句的顺序慢慢地展现开来。

因而,文学家的创作是为了强化与延缓读者的愉悦感,他们所要做的就是把那些质料构成为一个怎样的结构、组织或者形式,正如什

---

[1] 什克洛夫斯基:《散文理论》,刘宗次译,南昌:百花洲文艺出版社1994年版,第48页。

[2] 同上书,第50页。

第九章 涌现着的意义

克洛夫斯基所说的,很多情况下我们认为一些小说中的人物无疑是内容的体现之一,但是从创作的目的以及阅读的内时间意识的构成角度看,却是属于"质料"的,比如,托尔斯泰就曾说:"我的小说是从奥斯特列茨战役开始的,在我要描写的这次战役中,我要让一个出色的青年人被打死。小说进一步展开时我只需要老包尔康斯基和他的女儿。但写一个与小说毫无关系的人不太合适,所以我决定让这个出色的青年人做老包尔康斯基的儿子。后来他引起了我的兴趣,我让他在小说的进一步发展中担任角色,所以我赦免了他,没让他死,而只让他受重伤。亲爱的公爵夫人,这就是我给您提供的完全真实的、虽然因此反而并不清楚的解释——包尔康斯基是谁。"[1] 什克洛夫斯基在论及"穿插"时认为,像在《一千零一夜》里,转述故事的特点正是又缓慢又漫长,目的是为了拖延死刑的执行。什克洛夫斯基认为,这种阻滞作用就是"时间的假定性"[2],与"大街上的时间,城市大钟上的时间是不同的。"当然,他只是在强调这种被强化、被延长了的审美感受的时间性与客观时间的差异,其实,如果把这种审美感受的时间性理解为真正的攸关生存状态的主观时间或者被立义的时间客体,才是最好的。

因而,什克洛夫斯基在晚年开始很仔细地专门思考时间的问题,在《艺术中的时间问题》一文中,他这样总结那被强化与被延长的文学阅读的感受:"文学的时间容量很大,却可以停顿,可以加快,可以延宕。它有自己的王国,自己的世界,这世界有着自己的计时方式。"[3]

---

[1] 转引自什克洛夫斯基:《散文理论》,刘宗次译,南昌:百花洲文艺出版社1994年版,第57—58页。
[2] 同上书,第83页。
[3] 同上书,第299页。

第三节　涌动着的意义——反对结构主义

一、晚年的什克洛夫斯基对自身思想的修正

在什克洛夫斯基思想的前期或者青年时期，在整体上还是坚持了审美价值在于愉悦的时间性过程本身这一思想，其"形式主义"的倾向——即离开或者剥离文学作品内容（诸如人物、意蕴、主题等等）纯粹地谈论"形式"以及在此基础上谈论时间性、过程化的愉悦感及其强化、延缓、延长，虽然不是其主流思想，但还是不时地流露出来，诸如：

> 在文学理论中我从事的是其内部规律的研究。如以工厂生产来类比的话，则我关心的不是世界棉布市场的形势，不是各托拉斯的政策，而是棉纱的标号及其纺织方法。[1]

> 艺术是对事物的制作进行体验的一种方式，而已制成之物在艺术之中并不重要。[2]

> 我们扶着犁跳舞，这是由于我们耕作，而耕地我们并不需要。[3]

> 在分析艺术作品时，从情节性的观点而言，"内容"这个概念是不需要的。[4]

而且从他对很多作品的分析来看，也是更多地把作品中的情节或者故事作为纯粹的形式因素来进行分析。什克洛夫斯基在此问题上的失误之处，绝不是像持文学作品"内容—形式"两分法思想的学者所指出的那样——文学作品就像世界上任何一个事物一样，都是内容与形式的统一体，既没有无内容的形式，也没有无形式的内容，而且在两者之间的关系之中，内容处于决定者，形式要为内容服务，形式又反作

---

[1] 什克洛夫斯基：《散文理论》，刘宗次译，南昌：百花洲文艺出版社1994年版，第3页。
[2] 同上书，第10页。
[3] 同上书，第25页。
[4] 同上书，第60页。

用于内容。因为这种说法的不合理之处就在于完全忽略了一个发生在述说作品的内容与形式之"前"的行为——即对一个文学作品进行阅读的有意义、有价值的行为,而且,更为根本的是"内容—形式"两分法所述说的内容与形式都在这个阅读行为之内或者之中,也只能寓于或者保存于这个阅读过程之中。

因而,如果用这种两分法去找出什克洛夫斯基的弱点,那就只能把问题指引向更大的一个谬误,这个谬误就在于执著地认为阅读文学作品的目的就在于把作品的内容与形式分析出来,而且仅仅如此,而完全没有顾及任何文学作品的内容与形式只能在对文学作品的阅读过程之中才得以涌现,并作为文学阅读行为这一整体的所有构成部分的要素之一而存在,而且关于文学作品的内容与形式的任何述说都要以此文学阅读行为作为衡量其合理性、正确度的唯一基准或本源。

因而,什克洛夫斯基的偏颇不在于上述这一维度,而在于既然他自己一再坚持审美价值的体现仅仅在于感受过程本身,那么,在"扶着犁子跳舞"的感受中,"犁子"明明是插在土地里的,"耕地"本身正是一个价值行为,而且是由这一价值推动着"耕地"行为的进行,在艺术中的"已制成之物"已然生发在"感受本身"之中,又如何能把它从一个源始的、质朴的、完整的感受之中剥离出去呢?这不仅仅是绝对无法做到的,而且,更为深层的问题理应在此自然而然地凸显出来——即"已制成之物"在"感受过程本身"之中的存在状态是怎样的?如果"感受过程本身"是一个整体的话,那么"已制成之物"就必然在整体之中,因而与整体就不是一个并列的种属关系,而是一个隶属的种属关系,那么它就必然带上或者服从于整体所具有的各种特征;如果"已制成之物"与"感受过程本身"是并列之物,那么,这显然是绝对行不通的,因为如果没有"已制成之物"作为审美对象,那么感受就自然无从产生,而且在什克洛夫斯基早年的著述里,正如前文所述,他是一再强调文学语言与日常语言、科学语言之间的差异,其价值正是在于"恢复对生活的体验""感受到事物的存在"[1]。因而,"内容"或者"意义"如何在时间性的"感受过程本身"之中存在,这才是什克洛夫斯基要进行纠偏的症结所在。

在晚年,他说过很多补救之类的话:

> 我说过,艺术是超情绪的,艺术里没有爱,艺术是纯粹的形式,这是个错误。[2]

> 不向艺术里注入意义——正是怯懦。[3]

> 我限制了运用艺术的范围,重蹈了老唯美派的覆辙。他们认为,韵脚、格律以及某些修辞手法——这是艺术的事业,而约伯的怨言以及《雅歌》里的男女恋情、恰尔德·哈罗尔德的流浪、普希金的嫉妒和陀思妥耶夫斯基的争论——这一切只不过是艺术所披的外衣。[4]

> 当维克多·什克洛夫斯基说艺术没有内容时,他是愚蠢的。[5]

> 艺术中的内容是隐蔽的。[6]

> 正因为如此,我们几个世纪,甚至几千年来,都在破解一部伟大作品的情节的奥秘。[7]

什克洛夫斯基认为,在文学作品中的内容或者意义不仅是存在的,而且更为重要的是"意义"的存在是时间性的、生发的、运动着的。在这一思想上,他是从对结构主义文学观尤其是对自己相交四十年的朋友罗曼·雅各布森的思想的批评展开的。

总体而言,他在对自己青年时期的不足与偏颇进行着"内容"或者"意义"存在方式上的补救,他说:"艺术是对话的,有生命的,如果让

---

[1] 什克洛夫斯基:《散文理论》,刘宗次译,南昌:百花洲文艺出版社1994年版,第10页。
[2] 同上书,第80页。
[3] 同上书,第81页。
[4] 同上书,第82页。
[5] 同上书,第356页。
[6] 同上。
[7] 同上书,第357页。

它停止,他就会枯萎。人的心都绷紧得如同弓弦,谁要是不想从这根弦上射出箭矢,以为词仅仅是词,文本仅仅是文本,谁首先就不是艺术家,不是武士。"[1]在这段话中隐藏着他对内容与意义存在的时间性的异常简洁的回答,"对话"意味着艺术活动或者艺术行为指的是审美主体与艺术作品之间须臾不可能分离的——即主客不分的关系,"生命""箭矢"就是指"对话"之间的"意义"的向前流动着的生成性。什克洛夫斯基引用了雅各布森对普希金一首诗的结尾的"我这样真挚,这样温柔地爱过你,愿上帝赐给你一个人像我一样爱你"的分析,"雅科勃森(雅各布森)在分析中断言,这只是词的组合,那里没有形象。"[2]也就是说雅科勃森(雅各布森)认为,艺术可以没有形象而存在。他则认为:"结构主义者力图通过词的规律来理解文学。我们则从这一点出发:词是不同的,诗的词与日常生活的词是另一回事。"[3]在他的陈述中,结构主义者们把作品分层次进行研究,从第一层次到第二层次再到第三层次,但是在艺术里的一切比这要复杂得多。当然,什克洛夫斯基认为,结构主义者尤其是俄国的塔尔图学派是贡献颇多的。什克洛夫斯基同样列举了来自普希金《努林伯爵》中的一个例子,在作品中伯爵把占有女人比作猫抓耗子——"突地一下——把可怜的小东西抓住。"他认为:"这是对贞节的嘲讽,这也就是这部作品的形式。不言而喻,这是最名副其实的形象。"[4]

二、"如波浪般的涌动"——内容与意义的呈现方式

与年轻时期只是对形式因素进行分析不同,什克洛夫斯基在晚年更加强调"内容"或"意义"对于文学的存在的重要性。

其一,在文学史观方面,他认为文学的发展除了受形式的内在规律支配之外,内容与题材上的创新也是重要的因素。他提到拉伯雷小

---

[1] 什克洛夫斯基:《散文理论》,刘宗次译,南昌:百花洲文艺出版社1994年版,第95页。
[2] 同上。
[3] 同上书,第102页。
[4] 同上书,第96页。

说里的庞大固埃是从母亲的耳朵里生出来的,这是对福音书的揶揄,认为正是对基督教的重新认识才产生了像这样的新艺术,还认为艺术是在不同时代和不同的世界观之中的冲撞中产生的。他说:"无论我们怎么计算词语和字幕,如果我们看不到其中的思想争论,见不到生死攸关的斗争,我们就了解不了艺术。"[1]在此,他也没有简单地否定结构主义,他说:"计算是需要的,这是结构主义者做的事。但在此之前,要阅读。"[2]也就是说,"阅读"作为一种有价值的行为必须发生在前,然后对阅读行为的研究就必须保证这一研究对象的完整性,当然,在阅读行为之中就包含着"内容"或"意义"。

因而,什克洛夫斯基在此完全变成了一个社会历史学派,在从事着历史上多次重现的社会历史批评:"不了解时代,不了解俄国正孕育着一场大革命,就无法理解陀思妥耶夫斯基。读托尔斯泰而不知道他说社会革命不是'可能发生',而是'不可能不发生'的事,同样无法理解托尔斯泰。不了解这一点,就不能分析陀思妥耶夫斯基和托尔斯泰。为什么拉斯柯尔尼科夫杀死如此身高体重,喉咙如公鸡的老太婆?他为什么用斧子劈死她?要知道他拿着把斧子上街很不方便,而且他没有斧子。拉斯柯尔尼科夫要到门房那里去拿斧子。本来,杀死老太婆也可以用石头,哑铃。"[3]

其二,在文学作品所揭示的"真理"方面,什克洛夫斯基认为:"艺术,它之所以是艺术,正因为它能看到不会成为过去的真理。"[4]这意味着文学作品不是"照相",也不是"镜子"一般的反映。关于"照相",他说:"因为艺术本身之所以产生,并不是为了给人们照相,并在照相的时候,把他们的头固定在三脚架的套圈上,使之不动。"[5]这就是说,那些杰出的文学作品所揭示的既不是个别的生活现象,也不是把生活或者历史作为一个客观的对象进行模拟、仿像,然后再把所反映

---

[1] 什克洛夫斯基:《散文理论》,刘宗次译,南昌:百花洲文艺出版社1994年版,第98页。
[2] 同上。
[3] 同上。
[4] 同上书,第101页。
[5] 同上书,第99页。

的结果与其进行相比,如果相符就是真实,反之则不然。这种狭隘的反映论在文学理论乃至美学领域有着极其悠久的历史。什克洛夫斯基认为,万物皆动,但是文学作品所揭示的"真理"却可以成为"世界"与"世界模式",也就是说,这种"真理"远远跳脱了客观时间的变动不居,成为"永恒的现象",而不是"今天的现象"[1]。他说:"我读吉尔伽美什的故事,它大概有7000年历史了,但我觉得它仿佛是今天的故事。艺术,它之所以是艺术,正因为它能看到不会成为过去的真理。"[2]因而,他说文学与艺术所感兴趣的应该是"被掩盖着的、被预言过的、被预见过的、被分析过、并已存在于过去,但尚未显露出来的世界。"[3]这句话其实就是在说,文学作品之中所揭示的是那些被遮蔽着的、普遍性的而不是个别的"真",而不是如上述所言狭隘的反映论所说的"相符论"的"真"或者命题式的"真理",而是它本身就是"真"的揭示并显示为"真"。

而且这种"真"在作品之中的体现不是"静止的状态"[4],他主张要"分析运动"[5],而且在晚年的思想中,他明确地表示不会放弃"形式主义"一词,只不过,他要赋予"形式"一词以"作家赋予它的意义"[6]。在这里,"作家赋予它的意义"所指的并不是把作家的生平、思想或者创作的具体过程与作品完全对接起来,以至于把作品还原为作家的生平、思想或者创作过程,而是指作家应该为了"内容"的如何更好地"生成"去努力进行创作,甚至在创作时不得不为了这一目的而否定了自己的初衷,什克洛夫斯基以塞万提斯创作的堂吉诃德性格的发展为例,最初的时候是塞万提斯嘲笑堂吉诃德,但是在后来的创作中堂吉诃德愈走愈远,做的荒唐事愈多,他就变得愈聪明,所以尽管在字面上还是在分析作家的创作过程,但是实际上还是最终归根于读者

---

[1] 什克洛夫斯基:《散文理论》,刘宗次译,南昌:百花洲文艺出版社1994年版,第101页。
[2] 同上。
[3] 同上。
[4] 同上。
[5] 同上。
[6] 同上。

所感受到的作品之中堂吉诃德的性格的"运动",也就是说,堂吉诃德的性格是在读者的阅读活动或阅读行为之中一步步地生成着,而且如果与本文第二部分对审美价值的分析——即"审美愉悦仅仅体现在感受过程本身"这一思想结合起来,我们还可以说,堂吉诃德的性格不仅仅是在时间性的过程之中被生成着、兴发着的,而且是在一种愉悦感的冲力的支配下完成的,而以上在本文述说中的一切因素皆隶属于一个完整的阅读行为。

什克洛夫斯基使用了一个来自深谷中的涌动着的波浪来比喻这一"内容""意义"或"真理"显现的过程性、生命性、整体性与生发性:"这些想要载入未来并为未来所需要的人们,他们如果不在波涛汹涌的顶峰,就会在巨浪之间的深谷。波浪永不停歇地冲刷着海岸,以此来哺养种种非主要的生物,它们不是鱼,但它们感觉到水的运动和生命就是生活环境。"[1]这意味着一个文学的阅读行为既是简捷性的——一个读者清醒地、投入地进行着对作品的愉悦阅读,又在其不可分割的整体之中包蕴着那些复杂的构成的因素或因子,它们便成为一个世界,其中就包涵着"真理"等称作"内容"的要素;而且这样一个"感受过程本身"是一个多重意义的交响运动:"艺术在运动,把各种意义联合起来,似乎是把旧金属变成新的。"[2]

三、时间性不可化约为"结构"

因而,什克洛夫斯基认为雅各布森在对作品的语言分析上走火入魔了,因为这种分析事实上是把语言及其构成当成了绝对自足自持的存在,他认为雅各布森应该关注"感受过程本身"的整体性与运动性,他这样规劝自己的老朋友:

> 不能分析单个的,似乎会遵照您的命令停止不动的情境,应该通过对比矛盾现象来分析运动。

---

[1] 什克洛夫斯基:《散文理论》,刘宗次译,南昌:百花洲文艺出版社1994年版,第103页。
[2] 同上书,第124页。

不能在分析整体的同时又把正在变化中的整体的一部分放在有福尔马林的罐子里,并在这时念念有词地说,这只是"一小片刻的事",只是一部分,您不能有别的办法。

您不能——您不能。

不能杀死运动,也就是生命。

为什么?因为否则的话,词就没有明确的意蕴,没有身份确定的标明性别、年龄的护照。

词的负载量是作品中的环境给予的。[1]

上述话语委婉而中肯,所指的正是雅各布森与施特劳斯这两位结构主义大师联袂之名作《波德莱尔的猫》。此作对波德莱尔的《猫》所做的分析,由于笔者无法体味到法语诗歌特有的语言美,因而无从进行具体论述,但是至少从其内容来看,与我们分析中国的格律诗中的平仄、对仗、押韵是相通的。就整体而言,此作是意图总结出:诗之为诗,就在于纯粹语言上字与词的构成,把"诗"所具有的整体性的、生发情感的语言结构归化为、化约为科学意义上的抽象"结构",比如"外在—内在""经验—神秘""现实—非现实—超现实"[2],尽管他们两位一再强调此诗的"整体性",但是这种"整体性"只是一种自持的、自足的纯粹、绝对的客体之内的"整体性":"不同层次是如何混为一体、互为补充或相互结合,从而赋予全诗以一种纯粹客体所具有的性质的。"[3]而且,尽管他们在分析此诗的最后提到诗的语言会让读者意会到一个双重的非现实的领域,但还是固执地主张:"本诗看上去似乎是由一种像配套的盒子一样的等同关系构成的,这些关系构成一个具有封闭体系的整体。"[4]这无异于利用在当今网络上的格律诗软件,写出"结构"完全一致、"语法"绝对谨严的所谓"诗歌"。事实上,唐诗之中的五律这一类格律诗的数量不计其数,但是其具体状况则是良莠

---

[1] 什克洛夫斯基:《散文理论》,刘宗次译,南昌:百花洲文艺出版社1994年版,第117页。

[2] 赵毅衡编选:《文学符号学论文集》,天津:百花文艺出版社2004年版,第357页。

[3] 同上书,第354页。

[4] 同上书,第357页。

不齐,或者虽然同样经典,但是却绝对不能相互取代。

这些在雅各布森与斯特劳斯认为相同的"结构"在什克洛夫斯基看来,就是完全脱离了"感受过程本身"整体的存在,事实上是不可能存在的,因为这样的结构丧失了存在的意义与价值,他举例说:"譬如,有跨越河流的桥梁的美学。这是结构。房屋的圆顶——另一种结构。二者有共同的因素,但目的用途不同。它们引起的审美感受不同。它们的相似成分被改造。"[1]所以,他总结说:"不能把分析归结为列出一系列零碎的名称和罗列各个局部,而不把这些局部置于统一的相互关系中去。结果就会得出某种分析语法的东西,这本身不简单,也不坏,但作品的共性消失了,这种共性是不容置疑的,但却存在于复杂的外表下。"[2]因而,结构主义的弊病在于把审美活动自身作为一种价值的存在丢掉了,审美的价值一如什克洛夫斯基所说正在于"感受过程"本身,比如文学的"感受过程本身"是由读者与作品这两个相关项所构成的,而且是一种"始终—指向"关系,只有在确保"感受过程本身"完整性的前提之下,才能去就审美主体及作品进行言说。

就像两位结构主义大师所分析的波德莱尔的《猫》一样,一定是这个作品深深打动了他们,他们才把这首诗奉为经典之作,才分析这首诗,而不是其他的平庸的甚至恶劣的所谓的"诗";而且这种感受是在一首诗特定的语言结构或组织中奠基起来的特定的过程性的、完整性的、生发性的感受,在其中,不仅这首诗的语言结构或组织是固定的、不容更改的,而且这种完整性的感受本身也绝对无法被简化、化约、转述为另外一种对象——通常是一种概念化的语言表达。什克洛夫斯基在早年就曾经反对文学研究中的民俗学派的做法,认为他们只注重"以生活习俗形式和宗教观念相同来解释叙述母题的相似",其错误就在于"对童话故事模式相互影响的意义只稍微提及,对情节编构的规

---

[1] 什克洛夫斯基:《散文理论》,刘宗次译,南昌:百花洲文艺出版社1994年版,第152页。
[2] 同上书,第153页。

律全然不感兴趣。"〔1〕由于他在晚年更加注重对"感受过程本身"之中的"内容"或"意义"的生成性或运动性分析,这一观念更加圆融了,也更完满地保全了审美活动的整体性,而不是致使其残缺、片面、扭曲、歪曲。正如海德格尔在描述神庙时所说:"神庙作品由于建立一个世界,它并没有使质料消失,倒是才使质料出现,而且使它出现在作品的世界的敞开领域之中:岩石能够承载和持守,并因而才成其为岩石;金属闪烁,颜料发光,声音朗朗可听,词语得以言说。"〔2〕人处在神庙的建筑、道路、石柱、树木、草地进行游历活动之时,就有神的形象产生,而且是被持守在这一主客不分的游历活动之中,因而,海德格尔很无奈地说,诸如"神庙"之中的神的形象的"真理"的存在一方面是自行设置入作品之中的,另一方面——"真理同时既是设置行为的主体又是设置行为的客体,但主体和客体在这里是不恰当的名称,它们妨碍着我们去思考这种模棱两可的本质。"〔3〕这种无奈其实仅仅是在语言表达方式之上的,因为我们在使用语言进行表达的时候,总是习惯于说"我阅读了作品很开心"或者"作品的内容与形式是什么",这种语言上把主体与客体分而述之的无奈方式,恰恰确证了如什克洛夫斯基所说"感受过程本身"作为审美价值体现的完整性。

因而,什克洛夫斯基反对结构主义的起点就在于把审美生活的过程理解为一个向前运动着、充满对愉悦与幸福寻求的冲力的整体性过程,且审美对象的"内容""意义"或"意蕴"的体现状态同样如此。他说:

> 诗歌作品里存在着意义的运动。〔4〕
> 诗歌作品里存在着意义上的运动,情节的构建富于诗节的意

---

〔1〕 什克洛夫斯基:《散文理论》,刘宗次译,南昌:百花洲文艺出版社1994年版,第28页。
〔2〕 海德格尔:《依于本源而居》,孙周兴编选,杭州:中国美术学院出版社2010年版,第33页。
〔3〕 同上书,第54页。
〔4〕 什克洛夫斯基:《散文理论》,刘宗次译,南昌:百花洲文艺出版社1994年版,第132页。

义之中。[1]

　　文学的主题是活生生的——其所以活生生是因为它运动着。[2]

　　韵脚使前面的词的意义反复,并似乎对声音相近的词之不同义感到惊奇。它使这些词重复,并在另一种声音和意义中对之端详。[3]

以上这些话尤其是最后一句话,分明道出了"意义"存在的时间性方式,尤其是在那涌动着的内时间意识之中"意义"才得以现身并始终保持着这一"运动"的姿态。所以,他一再反对结构主义的错误:"结构主义者的错误——这是研究语法而不研究文学的人的错误。……结构派滋生了很多术语。并自以为创立了新理论,换言之,他们研究的是事物的包装,而不是事物本身。"[4]那么,这些意义的运动是如何展开的呢?什克洛夫斯基认为只能是在一个主客不分的感受之中才可能得以完成与被保存,或者更为准确地说才能被生动地、强度被增强且长度被延缓地生成、兴发着。

他认为,作家在创作文学作品的时候,应该向猫学习怎么控制行走的速度,他说诗人就是能控制速度的人,而且有义务控制。在作品中的意义不仅是运动着的、生发着的,而且当然也有着自己生发、运动的速度:"人类的悲欢离合不仅取决于元音和辅音的声音,不仅取决于我们所读到的词是形容词还是名词。这是意义构建的一部分。而形容词和名词的位置,如果仅就俄语作品而论,是变化的,——而且在不断变化,不过不是随意发生。"[5]其中"不是随意发生"正是指出了作品中文字的意义是给定的,而且读者在阅读的时候只能把自己的注意力"始终—指向"作品,更准确地说是指向作品的特定的语言组织。他

---

[1] 什克洛夫斯基:《散文理论》,刘宗次译,南昌:百花洲文艺出版社1994年版,第134页。
[2] 同上书,第159页。
[3] 同上书,第134页。
[4] 同上书,第148页。
[5] 同上书,第125页。

说:"对一首诗的结构的分析,还有对词的分析,对重音的分析,对韵脚的分析,这是思想和感情的运动的记号。否则就会弄成,人们不是分析艺术,而是分析术语。"[1]他不无讽刺地指出,如果单纯地分析一首诗所用的阴韵还是阳韵,那么阴韵不会怀孕生孩子,阳韵也长不出胡子。什克洛夫斯基列举了普希金的一首诗来说明"爱情"在作品中但是其实在本源上是在读者阅读过程中的运动:

  是时候了,她爱上了人……
  是时候了——树木张开嫩芽;然后安安静静地发黄,……树叶飘落,并留在落叶堆中或是留在诗行里。

他说,正是那些杰出的作品才使得诸如"爱情"之类的意义是运动着的、生发着的:"钟情艺术的人们面对艺术的创造似乎毫无防御之力——这正是艺术生命之所在。"[2]其实,我们只需利用一个最简单幼稚的童谣就可以理解这个道理,如果我们把"一二一,一二一,我吃苹果你吃梨!"连续念上10遍,如果在刚刚停顿下来,有一个人说"一二一,一二一",那么我们就会在心里自动地把"我吃苹果你吃梨"给延续出来。这就是文学作品乃至一切艺术作品所具有的强大的生发情感的作用。

所以,他把文学作品中的结构解释为一个"整体":"应当学会把个别的东西看成总体的一部分,把轮船的停靠看成航程的一部分。"[3]他还认为:"结构是某一事物的构造及其在与自己产生联想并在起源上有联系的其他事物中的位置。"[4]而且这一"整体"就当然不是只在文学作品之中自持与自足的结构,而是指在读者阅读活动得以完满地完成这一前提下,而且作品的意义与内容也自然而然地运动性地存在着,才会说这一作品的结构是一个整体,即构成文学作品的所

---

[1] 什克洛夫斯基:《散文理论》,刘宗次译,南昌:百花洲文艺出版社1994年版,第126—127页。
[2] 同上书,第160页。
[3] 同上书,第140页。
[4] 同上书,第148页。

有字词或部分都在整体之中发挥着独特的、必不可少的、不可替代的独特的功能,且整体并不是像一个容器那样大于所有字词或部分的总和,然后才能包裹着它们,而是所有部分与字词的不可分割乃至彼此之间相亲相爱,才构成了文学作品这一整体。

其实这是一个问题的两种言说方式而已,一方面,当我们说我们从阅读一个作品的过程中得到了完美的体验的时候,我们才会说这个奠基起我们完美体验的作品是如此的独特的"这一个",它有着独一无二的构成与组织结构,既不缺少什么,也不多余什么;另一方面,当我们说一个作品是一个有机的整体的时候,其实正是意味着我们在"始终—指向"这一文学作品的阅读过程中得到了完美的体验。

更为重要的是,我们所说的完美的"感受过程本身"的完整性以及作品的"完整性"这两个方面的时候,其实是在说"整体性"其实也就是运动着的"感受过程本身",什克洛夫斯基说:"结构——就是分解运动的部分,运动和距离变化使结构变化。结构运动着,又停顿,在诗行和描写的散文中运动;一面运动,一面克服矛盾——并以此来仿佛进行自我创造——参加新事物的创造。"[1]在此行文中尽管只是提及"结构"的运动,但是什克洛夫斯基所指的正是"感受过程本身"是"结构化"的,而且这种"结构化"在文学作品内容或意义上的体现正是运动的"流畅性"特性。这正是读者在文学作品的阅读之中感受到的。他在提及很多人对马雅可夫斯基诗作的不当态度时指出:"革命诗人们的伟大诗章被剪断分割成语录、口号,使马雅可夫斯基的诗失去了运动,失去诗的联系和动力。"[2]而马雅可夫斯基在诗歌上的伟大贡献就在于"带来了思想的节奏,为此他才把诗行打散。他改变了诗行的运动负荷,诗行有声调,吸取民间诗的经验,创造了节奏——句法排比,创造了新的诗歌分节法。"[3]什克洛夫斯基在此雄辩地阐述的意

---

[1] 什克洛夫斯基:《散文理论》,刘宗次译,南昌:百花洲文艺出版社1994年版,第140页。
[2] 同上书,第160页。
[3] 同上。

第九章 涌现着的意义

义的运动性,其实也就是审美价值的实现,也就是审美感受过程本身的完整性、流畅性。

什克洛夫斯基的思想对那种狭隘的、只是对文学作品进行"内容—形式"绝对划分的方式是一种全新的扬弃,只是在解构的意义上保留了与其相同的术语而已。"内容—形式"的文学作品划分方式其实正是"镜子式的反映论"的一个自然而然的推导结果,此说认为文学作品应该是对生活的反映,那么,反映的是否正确的标准就是与那外在的物,即生活、历史进行比较,如果相符那就是正确,就是好的反映,就是好的作品,反之则不然,因而这种观念就自然对文学作品的内容极为关注。

这种"镜子式的反映论"在什克洛夫斯基看来是片面和不当的,"镜子只能反映一个时刻,不能反映一个运动。"他认为自己有一个观念是自青年时期一直在坚持的,那就是,文学本身就是生活,就是生活的一个组成部分或者段落,而且,"文学有时走在生活前面,有时又跟随其后。但它像领路人一样引导人,走向遥远的聚会。文学不反映生活。或者,如人们所说,反映,但不是镜子似的。文学反映与生活的斗争。人们走入文学像进杂技场一样,是为了看看谁打赢谁。"[1]文学作品之中的"内容"或"意义"就是在这样一种生活而且是充满冲力、强度被加强、长度被延长、愉悦被延缓的"感受过程本身"中得以现身,并始终保持这一时间性的运动性。什克洛夫斯基说:"结构应该为读者——听众所领悟。但丁长诗中的话——'所有的歌曲如同星辰。'由此而产生读者的期待,——愈往后愈多。"这意味着读者为文学作品所打动并投入到持续的阅读过程,而"意义"或者"内容"正是在内时间意识之中的"期待"(或者"前摄")指引、吸引之下逐渐地产生出来、生发着的。他举例说:"在俄国的《伏尔加船夫曲》中,起先是平静的歌唱,平静的节奏,但最后一行的内容是随便的,甚至好像是一句与性有

---

[1] 什克洛夫斯基:《散文理论》,刘宗次译,南昌:百花洲文艺出版社1994年版,第398页。

关的玩笑骂人话。它使人松弛,发笑,接着就是一声'哎哟哟'。使人先在情绪上做好准备,接着是紧张,然后是'放'他自由。"[1]这种对阅读过程的内时间意识构成的精彩描述,正如他所说:"艺术比聪明而落后的结构主义者们所希望的更简单,更易理解。"[2]

所以,综上所述,什克洛夫斯基为文学作品的"意义"找到了其赖以寓居的坚实之所,并为其刻画了运动性的存在形态且只能如此。

---

[1] 同上书,第128页。
[2] 什克洛夫斯基:《散文理论》,刘宗次译,南昌:百花洲文艺出版社1994年版,第128页。

后 记

　　这本书是我的第二部对审美时间性进行研究的专著。前一本《时间性——美学关键词研究》于2013年在人民出版社出版,其重点是把时间性作为一个美学的关键词进行研究,除了提出时间性是美学的基本问题之外,还对时间性问题在西方美学、中国美学、电影美学、园林美学、文学理论、生态美学、马克思主义美学中的典型案例进行了探讨,以体现这一关键词在美学知识体系与美学史中的位置与脉络。这一本研究的重点则在现象学哲学与美学之外的西方美学史中的时间性问题,其实,这本书如同前一本书一样,还是一个"副产品",因为美学知识体系之中的时间性问题之所以成为一个我所认为的富矿,就是因为现象学哲学对于时间性问题的开创性研究与体系性奠基。

　　就现象学哲学而言,胡塞尔、海德格尔对时间性哲学的建树堪称高不可及,胡塞尔对时间性、内时间意识的细腻而卓越的分析,使得时间性成为现象学哲学的核心问题,也成为现象学哲学之中最难的问题之一;对于美学而言,胡塞尔最为伟大的贡献之一就在于:把内时间意识构成的诸因素昭然于世界,诸如时间意识、滞留、前摄、原印象、时间透视、时间视域、持续欲、流畅等概念或术语成为滋养与发展美学知识体系的有效资源,而且,这些资源由胡塞尔最为忠实的弟子英加登在美学上发扬光大,因为从宏观现象学到相对具体的现象学,其间相距之远、难度之巨,都是显而易见的。如果没有英加登对文学阅读过程以及音乐接受过程的时间性分析,宏观现象学或者基础现象学就绝不可能运用于现象学美学之上。

　　而海德格尔则在胡塞尔的基础上开创性地为相对静态的时间性哲学、内时间意识现象学加入了生动的动态基因。现象学视野中的时间之所以不同于客观时间或者物理时间,就是因为人生自身应该是由意义与价值引领的,这样的人生因此才是绽出性的、绽放性的、涌现性的、生生不息的人生。海德格尔自早期的弗莱堡现象学探索到后期的《艺术作品的本源》《哲学论稿》等著作,都一直在关注艺术欣赏活动自身的涌现性,而且愈到后期,他就愈加关注涌现性的艺术欣赏活动的对象或者作品的构成特性,也可以说,当我们获得一个完美的、完善的艺术欣赏活动之时,其内时间意识过程必定是流畅的、兴发的、涌现的,事实上,就等于说——这个作品的构成达到了最高境界——"寓杂多于统一",而这正是那坚实的"大地"比喻的真意。

因而,这本《西方美学中的时间性问题——现象学美学之外的视野》虽然是自柏拉图、奥古斯丁、康德、席勒、黑格尔、叔本华、马克思、什克洛夫斯基以来的、自古及今的时间性美学史,但又是一个自今及古、自今视古的时间性美学史——即以现象学哲学与美学为根基,来对西方美学史中的时间性问题进行梳理与勾勒。我最关注的是美学之中的时间性问题,而且是从基本理论的角度去思考这一问题,而且,在哲学史与美学史上最为集中探究这一问题的莫过于胡塞尔、海德格尔及其追随者或者其所深深影响的那些思想家们,比如英加登、许茨、伽达默尔、萨特、利科等等。由此看来,这两本书都是"副产品"。

时间性问题在中国当代哲学界业已得到极为充分而深刻的研究,尤其集中地体现在对现象学哲学的研究上。我对时间性问题的思考,与叶秀山先生、张祥龙先生、倪梁康先生等的著译之作有着根本的关系,比如张祥龙先生对"牵挂"一词的拆解以此描述胡塞尔的内时间意识现象学学说中的"视域"就是杰出的案例,他所说"前牵后挂"正是现象学中国学派的典型风格。特别感谢张祥龙先生数年来对我的指导、指引,尤其是他对先秦哲学、礼乐教化思想的现象学解读以及他对"诗可以兴"的时间性解读,都使得我顿悟其中奥秘,那深存于时间性哲学与美学的机杼与境界也愈来愈显现出来,我想下一步要完成的"主业"应该是对西方现象学美学中的时间性问题的研究,在此基础上还应完成时间性美学导论的撰写,并对中国古典美学中的时间性问题进行深耕。

特别要感谢对现象学美学素有专攻的中国人民大学张永清教授、浙江大学苏宏斌教授、华东师范大学王峰教授、上海师范大学刘旭光教授,他们的真知灼见使我在时间性美学的研究上既有所拓展,又有所缩减,拓展的是收获,缩减的是弯路。同样要特别感谢华东师范大学朱国华教授、温州大学马大康教授、南京大学汪正龙教授与赵奎英教授、杭州师范大学单小曦教授在2013年"丽娃论道"活动中对我的指教、指瑕。要深深感谢我的导师曾繁仁教授,他一直在关注我在此领域的进展。感谢张法教授与中国人民大学哲学院张志伟教授的引介,使我能够聆听专治现象学哲学师友们的高见。对我的这一研究持续关注的是首都师范大学王德胜教授,我的很多想法都是先对他陈述,然后又由他出题,在他那里宣讲出来的,一并要感谢的还有薛勤编审与辽宁大学宋伟教授,感谢他们一如既往的关注、鼓励与支持。

　　数年来,我最爱的、最经常使用的词是"涌现""兴发",这既是时间性哲学、美学最质朴、最本真的术语,也更是与此相应并滋生这些词语的人生。个中既有对时间性美学的冷静之思,又有对人生真切的美好体验、回忆、滞留,这是极美妙的。